浙江省民族乡（镇）志

第十二卷

老竹畲族镇志

《浙江省民族乡（镇）志》编纂委员会 编
莫幸福 主编　　施 强 执行主编

方志出版社
Publishing House of Local Records

图书在版编目（CIP）数据

老竹畲族镇志 / 《浙江省民族乡（镇）志》编纂委员会编 ； 莫幸福主编 ； 施强执行主编. -- 北京 ： 方志出版社, 2023.10

（浙江省民族乡（镇）志 ； 第十二卷）

ISBN 978-7-5144-5783-4

Ⅰ. ①老… Ⅱ. ①浙… ②莫… ③施… Ⅲ. ①乡镇－地方志－丽水 Ⅳ. ①K295.55

中国国家版本馆 CIP 数据核字(2023)第 220206 号

责任编辑：刘方圆
责任校对：张玉霞
责任印制：梅中英
出 版 者：方志出版社
地　　址：北京市朝阳区潘家园东里 9 号（国家方志馆 4 层）
邮　　编：100021
网　　址：http://www.zgfzcb.cn
发　　行：方志出版社图书营销中心（010-67110500）
印　　刷：丽水市旺盛印刷有限公司
开　　本：889 毫米×1194 毫米　1/16
印　　张：24.25
字　　数：472 千字
版　　次：2023 年 10 月第 1 版
印　　次：2023 年 10 月第 1 次印刷
定　　价：368.00 元

《浙江省民族乡（镇）志》编纂委员会

主　　任：冯志礼（2012.9—2017.1）
楼炳文（2017.1—2021.3）
鲍秀英（2021.4—　　　）

副主任：莫幸福
李俊杰（2015.9—2020.7）
汪亚明（2020.8—　　　）

委　　员：（排名不分先后）

王传良　方土新　叶梦梅　许积高　李旭琴　杨　杰　吴友波
余厚洪　陈仁伟　邵根松　金　伟　金　茹　金伟庆　金国平
金黎萍　周国文　周祖平　郑　浩　胡建平　钟芳源　钟胜男
施　强　娄　恒　贺再军　夏朝敏　徐宇波　高成锋　蓝　青
蓝　建　蓝　涛　蓝　菲　蓝水林　蓝永慧　蓝伟军　蓝伟明
蓝丽芬　蓝幸杏　蓝素华　蓝晓慧　蓝智伟　蓝瑞仙　蓝德超
楼剑涛　雷文宾　雷华林　雷菊香　蔡松芝　樊国斌　潘胜华

主　　编：莫幸福

执行主编：施　强

副 主 编：杨　杰
蔡松芝（2015.3—2018.4）
贺再军（2018.5—　　　）

编　　辑：（排名不分先后）

万中一　王闰吉　包才德　刘凌宇　汤陈生　李祖平　杨道敏
吴伯卿　吴海波　陈水根　林臣波　林兴亮　胡　健　钟昌元
钟桂鸿　施　展　徐世槐　蓝双一　雷　霄　雷土根　雷火元
雷柏成　雷朝欣　蔡蓉蓉

《浙江省民族乡（镇）志第十二卷·老竹畲族镇志》
编纂委员会

主　　任：叶　东（2016.7—2017.1）
　　　　　周建伟（2017.1—2019.12）
　　　　　徐　清（2019.12—2021.8）
　　　　　叶刘军（2021.8—　　　）

副 主 任：蓝海霞（2016.7—2016.7）
　　　　　蓝伟军（2016.7—2020.10）
　　　　　蓝丽芬（2020.10—2023.12）

委　　员：（排名不分先后）

毛方贵	毛克总	包旭恩	卢晓平	朱建生	吴族清
叶　波	陈良富	莫永勤	梁媛媛	雷金荣	陈菁和
罗益锋	张　丽	叶仙美	蓝　韬	王　盛	刘　渊
章华祥	翁靖靖	蓝　青	林伟伦	蓝津燕	周　洵
杨耀武	陈俊俊	钟文焕	叶伟权	徐　科	金正武
应永生	何翠球	杨裕斐	郭起平	蔡建辉	朱小波
钟佳承	包　慧	史　品	饶钦茂	梅浙赣	胡　帅

主　　编：李祖平　章定海

编　　辑：

夏华飞	舒炳伟	梁玉林	钟国友	陈祖朝	赖俊武
陈　宏	应高月	蔡洪生	周立川	陶建文	吴新富
江良友	张国良	梁云玉	雷金生	梁士远	徐的云
邓增芳	雷锦锟	朱秀琴			

图版12-01-1　2015年老竹畲族镇政区图（《浙江省民族乡（镇）志》编辑部提供）

图版12-02-1　老竹畲族镇政府所在地俯瞰图（老竹畲族镇人民政府提供　2015年摄）

图版12-02-2　莲都区老竹畲族镇人民政府（梁寅伍　2015年摄）

图版12-03-1 东西岩日出（陈丽勇 2021年摄）

图版12-03-2 老竹畲族镇东西岩景区（王建平 2015年摄）

图版12-03-3 老竹畲族镇东西岩景区（李咏梅 2019年摄）

图版12-04-1　藏于丽水博物馆的1亿年前恐龙足迹化石点图（梁寅伍　2019年摄）

图版12-04-2　老竹畲族镇出土的有孔石矛（梁寅伍　2019年摄）

图版12-04-3　建于宋代的浙江省文物保护单位——梁村渥溪桥（梁寅伍　2011年摄）

图版12-04-4　宋代曳岭脚蔡促龙状元厅门坛旧址（梁寅伍　2012年摄）

图版12-04-5　位于老竹畲族镇新屋村的古民居（老竹畲族镇人民政府提供　2015年）

图版12-04-6　原国民党曳岭区公所旧址（梁寅伍　2019年摄）

图版12-04-7　建于明嘉靖年间的河桥，位于梁村水口（梁寅伍　2012年摄）

图版12-04-8　建于清代的桥（梁寅伍　2015年摄）

图版12-05-1　位于老竹畲族镇新屋村的南乡革命纪念馆（老竹畲族人民政府提供　2018年）

图版12-05-2　1928年中共中央办公厅新屋村党支部旧址（梁寅伍　2019年摄）

图版12-05-3　曳岭区农民协会在横塘村成立旧址
（梁寅伍　2019年摄）

图版12-05-4　位于老竹畲族镇新屋村的红军桥
（老竹畲族人民政府提供　2018年）

图版12-05-5　梁村办事处旧址
（梁寅伍　2019年摄）

图版 12-05-6　人民英雄纪念碑
（梁寅伍　2019年摄）

图版12-06-1　老竹畲族镇前街入口（梁寅伍　2019年摄）

图版12-06-2　老竹畲族镇街道老树（梁寅伍　2013年摄）

图版12-06-3　状元桥（梁寅伍　2019年摄）

图版12-06-4　建于民国22年（1933年），坐落在老竹通往宣平虎迹溪的仁宅桥（梁寅伍　2006年摄）

图版12-06-5　老竹廊桥（梁寅伍　2000年摄）

图版12-06-6　老竹大桥（梁寅伍　2000年摄）

图版12-06-7　建于清康熙年间的丁公村古井（梁寅伍　2006年摄）

图版12-06-8　梁村门楼（梁寅伍　2019年摄）

图版12-07-1　1986年1月，崇义畲族乡（老竹畲族镇前身）成立大会召开（梁寅伍　提供）

图版12-07-2　2015年1月30日，中共老竹畲族镇第十二届代表大会第四次会议召开（梁寅伍　2015年摄）

图版12-07-3　2015年4月23日，老竹畲族镇第十三届人民代表大会第五次会议召开（老竹畲族镇人民政府办公室提供）

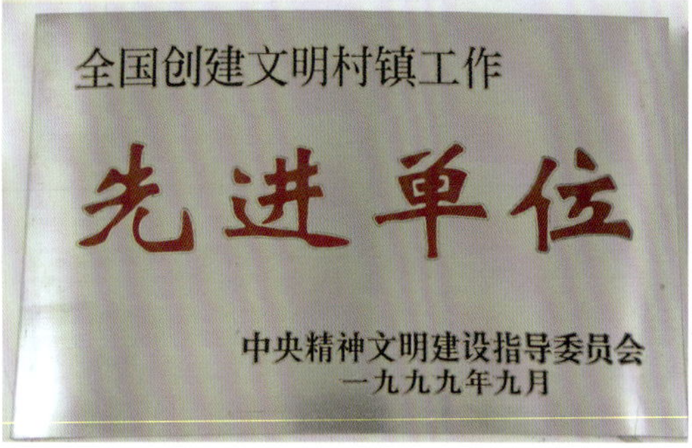

图版12-08-1 1999年9月，老竹畲族镇荣获“全国创建文明村镇工作先进单位”称号（梁寅伍 2019年摄）

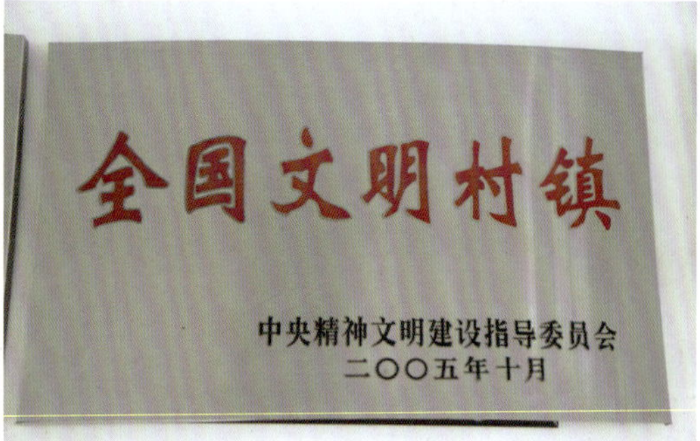

图版12-08-2 2005年10月，老竹畲族镇荣获“全国文明村镇”称号（梁寅伍 2019年摄）

图版12-08-3 老竹镇行政便民服务中心（梁寅伍 2019年摄）

图版12-08-4 老竹派出所（梁寅伍 2019年摄）

图版12-08-5 老竹畲族镇国土资源所、城市建设所（梁寅伍 2019年摄）

图版12-08-6 老竹畲族镇水利水电中心站（梁寅伍 2019年摄）

图版12-08-7 曳岭医院（梁寅伍 2003年摄）

图版12-08-8 老竹文化广播电视中心站（梁寅伍 2019年摄）

图版12-09-1　老竹畲族镇民族门楼（老竹畲族镇人民政府办公室提供　2015年摄）

图版12-09-2　镇沙溪畲族村（盛顶立　2015年摄）

图版12-09-3　周坦村
（盛顶立　2021年摄）

图版12-09-4　新屋村
（吴进军　2021年 摄）

图版12-09-5　陶村（盛顶立　2021年摄）

图版12-09-6　景都村（梁寅伍　2015年摄）

图版12-10-1 老竹畲族镇稻谷生产
（陶国胜 2015年摄）

图版12-10-2 老竹畲族镇梁村农民晒谷场
（李咏梅 2015年摄）

图版12-10-3 老竹畲族镇农民喜获莲蓬丰收
（胡兰园 2015年摄）

图版12-10-4 老竹畲族镇火龙果生产基地
（夏冬冬 2015年摄）

图版12-10-5 老竹畲族镇处州白莲
（老竹畲族镇人民政府提供 2015年摄）

图版12-10-6 老竹畲族镇莲子种植园（梁寅伍 2012年摄）

图版12-11-1 老竹畲族镇商业街（老竹畲族镇人民政府办公室提供 2015年摄）

图版12-11-2 2013年6月26日，处州白莲休闲园——莲都园开园（梁寅伍 2013年摄）

图版12-11-3 老竹市集交易（老竹畲族镇人民政府提供 2015年摄）

图版12-11-4 丽水市莲都区风景旅游区在老竹畲族镇挂牌（梁寅伍 2007年摄）

图版12-11-5 位于莲都区老竹畲族镇老竹村的白莲精品园（老竹畲族镇人民政府提供 2015年摄）

图版12-12-1 丽武公路老竹段（梁寅伍 2014年摄）

图版12-12-2 老竹珊溪桥（梁寅伍 2000年摄）

图版12-12-3 底金弄隧道（梁寅伍 2014年摄）

图版12-12-4 建于1965年的老竹畲族镇赤坑水库（梁寅伍 2014年摄）

图版12-12-5 破桥神仙坝（梁寅伍 2014年摄）

图版12-12-6 老竹畲族镇河道整治（老竹畲族镇人民政府提供）

图版 12-13-1 **老竹畲族镇老竹村容村貌**（老竹畲族镇人民政府提供）

图版12-13-2 **老竹畲族镇新农村建设（一）**（老竹畲族镇人民政府提供）

图版12-13-3 **老竹畲族镇新农村建设（二）**（老竹畲族镇人民政府提供）

图版12-13-4 **老竹畲族镇老竹村村容**（老竹畲族镇人民政府提供 2018年摄）

图版12-14-1 曳岭脚村贡元匾额（梁寅伍 2019年摄）

图版12-14-2 老竹畲族镇幼儿园（梁寅伍 2011年摄）

图版12-14-3 梁村中心幼儿园（梁寅伍 2019年摄）

图版12-14-4 老竹民族学校全景（梁寅伍 2008年摄）

图版12-14-5 莲都区老竹畲族镇成人教育中心（梁寅伍 2013年摄）

图版12-14-6 老竹畲族镇活动中心（陈碧鑫 2018年摄）

图版12-14-7 2008年5月19日，莲都区老竹畲族镇首届农民运动会开幕式举行（梁寅伍 2012年摄）

图版12-14-8 2012年11月11日，莲都区老竹畲族镇实施省“银龄行动”医疗保健操展示大会召开（梁寅伍 2012年摄）

图版12-15-1 老竹畲族镇畲族文化中心
（梁寅伍 2019年摄）

图版12-15-2 老竹村文化礼堂
（梁寅伍 2018年摄）

图版12-15-3 2010年4月16日，第十七届“竹柳新桥”三月三风情东西畲族歌会在老竹举行
（梁寅伍 2010年摄）

图版12-15-4 畲族“三月三”歌会现场
（梁寅伍 2000年摄）

图版12-15-5 2007年4月13—22日，老竹畲族镇举办浙江风情东西“三月三”畲族文化节活动
（梁寅伍 2007年摄）

图版12-15-6 2015年2月12日，老竹畲族镇举办老竹村春节文艺晚会（梁寅伍 2015年摄）

图版12-15-7 2012年11月11日，老竹畲族镇进行腰鼓表演（梁寅伍 2012年摄）

图版12-15-8 老竹畲族头饰 （徐丽芳 2015年摄）

图版12-16-1　老竹畲族镇沙溪村畲族婚礼
（金献光　2015年摄）

图版12-16-2　老竹畲族镇畲族迎客礼
（陈雄　2021年摄）

图版12-16-3　老竹畲族镇沙溪蓝氏宗祠
（梁寅伍　2013年摄）

图版12-16-4　老竹畲族镇梁村宗祠
（梁寅伍　2019年摄）

图版12-16-5　宋代曳岭脚村蔡氏祠堂
（梁寅伍　2019年摄）

图版12-16-6　老竹畲族镇丁公村邓氏宗祠
（梁寅伍　2019年摄）

图版12-16-7　赤岩悬空寺（梁寅伍　2014年摄）

序 一

中国是一个统一的多民族国家。在中华民族历史演进过程中，各民族在分布上交错杂居、文化上兼收并蓄、经济上相互依存、情感上相互亲近，形成了多元一体格局。生活在浙江大地的56个民族，就是这种多元一体格局的具体体现。

2015年3月，省民宗委决定编纂《浙江省民族乡（镇）志》，目的是通过编纂"一方之史"的18个民族乡（镇）的志书，客观记述一乡一镇区域范围内自然和社会诸方面的历史和现状，达到"资政、存史、育人"之功效，发挥其繁荣乡镇经济、促进社会和谐发展的作用。历届民宗委领导高度重视，各民族乡（镇）党委政府尽心尽责。《浙江省民族乡（镇）志》是少数民族地方经济、政治、社会、文化、生活的全方位、多角度呈现，更是民族团结的重要成果，也是全体编纂人员无私奉献与辛勤耕耘的结晶。

浙江属少数民族散杂居省份。世居少数民族有畲族、回族和满族，其他少数民族大多是中华人民共和国成立后，特别是改革开放以来因工作、经商或婚嫁而落户浙江的。2010年，浙江省56个民族成分齐全，少数民族人口总数1214697人，其中畲族人口为166276人。

1956年12月，经平阳县委、县政府批准建立的凤阳畲族乡，是浙江省最早成立的畲族乡。几经撤建，至1992年5月，全省有18个民族乡（镇），其中14个是革命老区。2015年，18个民族乡（镇）行政区划面积为1068.30平方千米，耕地面积9138.67公顷，人口19.61万人，其中少数民族人口4.41万人，辖245个行政村,其中80个民族村。18个民族乡（镇）分布在杭州、温州、金华、衢州和丽水的13个县（市、区），已经全部实现通公路、通自来水、通电与通邮。

进入21世纪，省民宗委根据省委、省政府对民族工作的部署，牢牢把握铸牢中华民族共同体意识及各民族"共同团结奋斗，共同繁荣发展"的主题，深入实施"八八战略"。通过目标引领，强化区域特色，推进全省民族地区经济社会的发展;通过深化民族事务的依法治理工作,推进民族地区治理体系现代化;通过强化帮扶机制,提升浙江民族地区小康社会建设的“加速度”。

中国特色社会主义文化,源自中华民族五千多年文明历史所孕育的中华优秀传统文化,熔铸于党领导人民在革命、建设、改革中创造的革命文化和社会主义先进文化,植根于中国特色社会主义伟大实践。《浙江省民族乡(镇)志》的编纂出版,体现了民族文化的传承与创新,也是推动浙江畲族文化研究工作向广度拓展、向深度推进的重要实践。通过民族文化的创新性发展,将浙江畲族源远流长的灿烂文化转化为现实经济优势,对提高浙江畲族文化软实力,增强浙江畲族文化的竞争力,扩大浙江畲族文化的影响力,加快地方经济社会发展和促进社会和谐,推动民族地区政治文明、精神文明、物质文明、社会文明和生态文明的协调发展,都具有重大的现实和深远的历史意义。

《浙江省民族乡(镇)志》在篇章布局上既体现乡(镇)志编纂要求,又体现畲族文化特色。这样,有裨于贯彻党和政府的民族政策,进一步推动民族平等、民族团结、各民族共同繁荣;有裨于民族间的学习交流与文化互动;有裨于畲族民众更加了解自己民族的发展历史,提高民族凝聚力;有裨于畲族教育文化工作者更加深入全面了解浙江畲族文化内涵和现代畲族文化现象;有裨于广大民众了解民族地区社会、经济与文化发展情况。具有丰富的资料性与较高的学术价值。

“修史之难,无出于志。”值此本志出版之际,谨对承担项目的丽水学院与参加编写的全体编纂人员,以及对志书编纂工作提供帮助和付出艰辛劳动的社会各界人士、专家学者及相关人员,致以衷心感谢与崇高的敬意!

浙江省民族宗教事务委员会主任 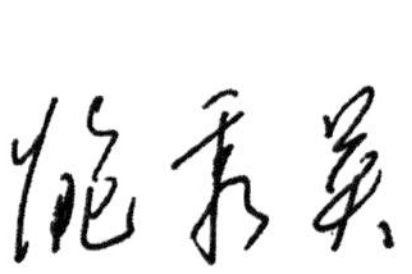

2020年11月

序 二

丽水市莲都区老竹畲族镇历史悠久，物产丰富，人杰地灵，民风淳朴。千百年来，畲汉人民在这片美丽的土地上辛勤耕耘，写下了无数壮丽诗篇。

老竹有一亿年前的恐龙足迹，商周晚期出现“有孔石矛”，有“嫩竹青青老竹黄”“虎迹斑斑烙溪旁”之千古传奇。曾有“唐朝章侯拒贼寇，宋代仲龙登金榜”的事迹，是状元府第、进士之乡，名震婺处两州。民国时期革命烽火遍畲寨，红色诗篇映南乡。在中国共产党的领导下，老竹畲族镇在莲都区域内建立农村党组织时间最早，参加革命人数最多，农民武装斗争声势最大，为红色革命老区。

中华人民共和国成立后半个多世纪以来，老竹畲族镇党委和镇政府认真贯彻执行党和政府的民族政策，畲镇人心稳定，民族经济振兴。伴随着中国共产党十一届三中全会带来改革开放的强劲东风，老竹畲族镇发生了日新月异的变化，交通便捷、百业俱兴、社会和谐、欣欣向荣，人民安居乐业。

老竹山川秀丽，自然景观迷人。国家AAA级旅游景区——东西岩风景得天独厚，如诗如画。这里堰坝层叠、溪水潺潺、构树成荫、三廊五桥，同时还有十里荷花长廊、百座历史古迹、千年畲乡风情、万古丹霞奇观任君畅赏。畲乡“农家乐”应运而生、遍地开花，沙溪、新屋、周坦、梁村10多家“农家乐”成为游客之家，游客可品尝畲家土菜、麻糍、山珍野味，喝几盅畲乡米酒，听山歌，赏美景，品一杯山泉清茶，惬意无比，是人们向往的养生福地。

《浙江省民族乡(镇)志第十二卷·老竹畲族镇志》明古详今，求实存真，是一部集古今历史、人文环境、社会沿革、畲族风情习俗、自然物产、交通旅游于一体的老竹史书。一方乡土，开卷有益；千年事迹，翻阅可知。对于为后人积累材料、保存文献、弘扬畲族文化、了解民情、指导工作和进行爱国主义教育、革命传统教育，促进物质文明和精神文明共同发展将起到积极的作用。我们有幸目睹老竹兴盛,实感振奋。

《浙江省民族乡(镇)志第十二卷 ·老竹畲族镇志》今得完稿,凝聚着多人心血,是一件名载史册的大好事。借此,欣然挥笔,作序为贺。

老 竹 畲 族 镇 党 委 书 记

老竹畲族镇党委副书记、镇长

2022 年 6 月

凡　例

一、指导思想

本志以马克思列宁主义、毛泽东思想、邓小平理论、“三个代表”重要思想、科学发展观、习近平新时代中国特色社会主义思想为指导，坚持辩证唯物主义和历史唯物主义的立场、观点和方法，全面、客观、系统记述浙江省民族乡（镇）自然、政治、经济、文化和社会的历史。服务当代，垂鉴后世。

二、起讫时间

上溯事物发端，下限为2015年12月31日，必要时以注释等形式作适当下延。

三、地域范围

以下限时浙江省民族地区的行政区域为界，原则上越境不书。

四、体裁

采用述、记、志、传、图、表、录等体裁，以志体为主，图照辅之，表随文设置。全志首列序、凡例、概述、大事记。

五、结构

以卷章结构为主。设章、节、目、子目4个层次，横排门类，纵述史实，力求充分体现地方特色和时代特点。

六、文体

使用规范的现代语体文。直接引用资料使用原文文体。

七、文字

以经中华人民共和国国务院批准、1986年10月10日国家语言文字工作委员会重新发布的《简化字总表》，1955年12月22日中华人民共和国文化部、中国文字改革委员会发布的《第一批异体字整理表》，以及2013年6月5日中华人民共和国国务院公布的《通用规范汉字表》为准；异形词以2001年12月19日中华人民共和国教育部、国家语言文字工作委员会发布的《第一批异形词整理表》为准。

人名、地名、书名、文章篇名及引录的原著文句,凡可能引起歧义、误解者,仍用原繁体字或异体字。

八、标点符号用法

采用 2011 年 12 月 30 日中华人民共和国国家质量监督检验检疫总局、中国国家标准化管理委员会发布的《标点符号用法》(GB/T 15834—2011)。

九、称谓

中华人民共和国成立前的国家、民族、地名、组织、机构、职官等名称,除明显带有歧视、污蔑含义者加以适当处理外,原则上仍用文献记载的原名称。

志书下限时的地名使用各级政府审定的标准地名,必要时括注俗称地名。地名古今不同者,各章首次出现时在其后括注志书下限时的标准地名;隶属地域变化者,注明志书下限时所属地域。

外国的国名、地名、人名、民族名,以及政府机构、党派团体、报刊等名称,主要依照《辞海(第六版)》译名及新华通讯社译名室常用译名。

生物名称使用学名,记述自然资源涉及有关生物名称的,各章首次出现时采用二名法,必要时加注当地俗名。

十、简称

各种较复杂的名称重复出现时,各章首次出现时使用全称并括注简称,其后出现直接使用简称;简称均以《有关机构、单位全称与规范化简称对照表》为准;有关机构单位 2015 年前的简称及其他简称采用社会上通行、不产生歧义者,且全卷保持一致。

十一、纪年

干支纪年、年号纪年及其他非公历纪年等,以汉字书写,括注公历纪年;非公历纪年后有月日的,同时括注经换算后公历纪年的月日。

民国纪年以阿拉伯数字书写,括注公历纪年。

同一自然段中同一纪年多次出现时,只在首次括注公历纪年,其后不再括注。

括注公历纪年于年份后加“年”字;括注某一时间段,则只在后一个公历纪年后加“年”字。

括注公元前年份,年份前冠“前”字;括注公元元年后年份直接书写年份,不冠“公元”。

自 1949 年 10 月 1 日起,采用公历纪年。

公历纪年及公历的世纪、年代、月、日和时分，均以阿拉伯数字书写。

十二、数字用法

采用2011年7月29日中华人民共和国国家质量监督检验检疫总局、中国国家标准化管理委员会发布的《出版物上数字用法》(GB/T 15835—2011)，凡一个数字与“以上”“以下”“以内”等连用的，均含该数字。

十三、数据

中华人民共和国成立前的数据按文献记载入志。

中华人民共和国成立后的数据以统计部门公布数据为准。统计部门缺失者，则采用相关部门经过核实的数据，并以注释形式说明资料来源。同一内容数据有不同者，也以注释形式加以说明。重要地理信息数据采用测绘部门公布的法定数据。

十四、计量单位

采用国家技术监督局1993年12月发布的《量和单位》系列国家标准规定。

中华人民共和国成立前的计量单位根据需要沿用旧制。

十五、货币

中华人民共和国成立前的货币币值均按文献记载入志。

中华人民共和国成立后，货币币值均指人民币币值。1953年3月1日前后人民币各按当时币值记载，不作换算。

外国货币按文献记载入志，币值不作换算。

十六、地图

执行2015年11月26日中华人民共和国国务院公布的《地图管理条例》和浙江省人民政府2014年11月11日公布、2015年12月28日修正的《浙江省地图管理办法》规定，采用经浙江省测绘行政主管部门审核的地图。

十七、注释

直接引用(引文)、地图、图片、表格及有关重要内容，均注明资料来源，其他需要说明者亦酌情加以注释。

引用清代及清代以前编纂的志书，注明朝代、纪年、志书名称及卷次(或卷次与篇名)；引用民国时期编纂的志书，注明“民国”两字和志书名称、卷次(或卷次与篇名)；引用1949年10月1日(含)以后编纂、出版的志书，注明志书名称、出版单位、出版时间及页码。志书名称与篇名均用书名号。引用私修志书除上述各项内容外，于志书名称前注明作者姓名。

十八、资料

取于档案、书籍、报刊、网络及社会调查等,均经考订、核实。凡记载不一者,正文采用其中一说,其余说法以注释形式记述。

十九、人物

以"生不立传"为原则,专设"人物传略""人物名录"予以记载;所涉人物按"以事系人""人随事出"加以记述。

目　录

概 述

老竹畲族镇位于浙江省丽水市莲都区西北部，北纬 28°50′35″、东经 119°74′78″，镇政府驻地老竹村，海拔 108 米，地处莲都、松阳、武义三（区）县交界处，东与太平乡接壤，南与联城街道相连，西与丽新畲族乡毗邻，北与武义县柳城畲族镇交界，镇辖区面积 83.9 平方千米。镇政府距丽水市区 19 千米。

至 2015 年，全镇共有 12 个行政村，1 个居委会，139 个村民小组，总人口 16216 人，其中有 5 个畲族行政村，29 个畲族自然村。畲族人口 3604 人，占总人口的 16.64%。全镇地区生产总值由 1986 年的 501.5 万元增加到 16399.6 万元，增长近 32 倍；农民人均收入由 1986 年的 621 元增加到 12804 元，增长近 20 倍。其中，第一产业 8968 万元，第二产业 1892 万元，第三产业 5539.6 万元，分别占生产总值的 54.7%、11.5%、33.8%。财政收入 1990 万元，财政支出 1985 万元。

一

老竹畲族镇域，属典型丹霞地貌，由沉积岩自然形成，区域四面环山，中间丘陵，为小块溪谷盆地。1 亿年前，草食恐龙足迹曾留老竹区域。商周晚期（前 11 世纪）留下“有孔石矛”（存丽水市博物馆）。隋开皇九年（589 年）至唐、宋、元代，属处州府括苍县懿德乡。明景泰三年(1452 年)置宣平县，明、清至民国时期，属处州府宣平县曳岭区崇义乡。1958 年 9 月，划归丽水县。1962 年 2 月划金华专区武义县，4 月复归丽水。1961—1983 年置曳岭区崇义人民公社。1986 年 1 月 20 日成立崇义畲族乡，1988 年 2 月 9 日建立老竹畲族镇，是浙江省第一个畲族建制镇。1992 年 5 月撤曳岭区，原永丰乡并入老竹畲族镇。

畲族是一个古老并有自己语言的少数民族。1956 年国务院确定畲族为法定族称。畲民长期生活在偏僻山区，主要以“狩猎”和“刀耕火种”的生产方式生活。畲族大量迁入丽水，是在明末清初，共有蓝、雷、钟 3 个姓 28 个支族 74

批。最早迁入老竹镇的是蓝姓。据《宣平蓝氏宗谱》记载,明崇祯八年(1635年),蓝应瑞由龙游县塘山头迁至今老竹镇沙溪行政村仁宅自然村。清康熙年间(1662—1722年)至民国初期,蓝可亮、雷有旺、钟明芝、钟文麟等先后迁至老竹镇上井村、上村畈、郑坑、樟塘垵等29个自然村,繁衍生息。

《中华人民共和国宪法》总纲第四条规定"中华人民共和国各民族一律平等",同时,"国家根据各少数民族的特点和需要,帮助各少数民族地区加速经济和文化的发展"。1985年,中共丽水县委、县人民政府制定《关于对少数民族扶持优惠政策若干决定》,市委(莲都区)出台《关于进一步加强少数民族工作的若干意见》。对畲族乡镇的农业、林业、水利、文化、教育、卫生等多领域给予民族政策优惠。1998年,补助老竹镇的板栗基地1.5万元、老竹镇"三月三"歌会1.5万元、高丰村碾米厂2000元、郑坑村修路2000元、老竹小流域治理第一期工程60万元、港周公路改建工程10万元,返还44个少数民族村的农业税28.1万元。为老竹、丽新科技兴农"绿证"培训130人。县教委对少数民族乡镇中、小学校舍改、扩建给予50%的资金补助。民族学校的少数民族教师比例高达60%。公办高中录取高一少数民族新生降低10分,对9名畲族学生入学给予优惠政策。2006年,补助黄桂村自来水工程20万元、高丰村修康庄路20万元、后坑村道路改造工程25万元、"三月三"歌会60万元。2007年,老竹民族学校校园扩建总投资2000多万元。老竹镇区标准化供水工程投资253万元。2009年,老竹镇发放救灾救济款4万元,特殊病种医疗救助款10万元,门诊农医优惠10.3万元,住院优惠13万余元。老竹中心卫生院扩建工程投资605万元。2006年换届时,有区畲族党代表23人、人民代表13人、政协委员16人,分别占总数的8.3%、6.4%、7.8%。1952年,后坑村的蓝培兴到北京参加国庆观礼,与中共中央主席、中央人民政府主席毛泽东,政务院总理周恩来等党和国家领导人合影。2015年,全镇5个畲族行政村的党支部书记和村主任中有6名是畲族。镇人代会人民代表中畲族代表占20%。

二

老竹畲族镇是丽水市莲都区农业重镇。至2015年12月底,镇辖区内有耕地面积1018.6公顷,其中水田743.7公顷、旱地274.9公顷。林地面积6445.7公顷。主要种植水稻、大小麦、玉米、荞麦、番薯等粮食作物和大豆、油菜、棉花、吊瓜、莲子、柑橘、茶叶、板栗、油茶、食用菌等经济作物,利用林地发展松、杉、毛竹和药材等。

1968 年通过“农业学大寨”运动，全镇兴起劈山造田活动，先后在老竹、陶村、周坦、西岸、赤坑、梁村、榴溪溪滩新造农田 29.4 公顷，开辟大岗后、道弄源、东西岩油茶、茶叶基地 56.67 公顷。

清代与民国时期大部分耕地集中在地主、土豪手中，农民靠租种田地养家糊口。民国 7 年(1918 年)，崇义农商会成立。中华人民共和国成立后，老竹畲族镇经历了 1953 年的互助组、1956 年的合作社和 1958 年的人民公社等土地制度变革。1980 年，实行农村家庭联产承包生产责任制，老竹畲汉人民紧跟党的步伐，努力发展生产。20 世纪 90 年代，开始重新调整农业产业结构，农业生产步入合理、科学发展轨道。2014 年，全镇 12 个行政村全部成立村股份经济合作社，全面完成农村产权制度改革试点工作。

20 世纪 50 年代，农民一直沿用传统农具，主要有锄、弯刀、犁、耙、耖、龙骨水车、稻桶、木风车等。1971 年，老竹大队购回第一台 10 匹马力(7.35 千瓦)手扶拖拉机开始机械化耕作后，其他各村陆续开始购置，至 90 年代全镇有手扶拖拉机 124 台。2010 年，有柴油机 26 台、抽水机 19 台、打稻机 2305 台、微耕机 265 台，机耕面积达 80%。至 2015 年，农业总产值 7431 万元。全年粮食播种面积 898.2 公顷，粮食总产量 5837.1 吨；水果种植面积 541 公顷，干鲜水果总产量 13351 吨；蔬菜种植面积 609 公顷，产量 21923 吨；食用菌 167 吨；茶叶种植面积 135.93 公顷，产量 40.3 吨。

全镇有林地面积 6445.7 公顷。1987 年省林业厅划定老竹为重点商品林基地之一。自 20 世纪 80—90 年代开始，林业发展采取“山顶松杉戴帽，山腰板栗毛竹，山脚油茶柑橘”的山区经济模式，合理利用，消灭荒山，林业经济连续增长。1992—1995 年，人工造林 670 公顷，其中松杉木 403.33 公顷、板栗 266.67 公顷。1995 年起在上官山、陶村、下桥、黄桂、曳岭脚新建油茶基地 148 公顷。大片村的板栗、梁村的柑橘享誉全市，名扬省内外。大片村有 53.33 公顷杉木基地，木材蓄积量达 7874 立方米，活林木材蓄积量达 158949 立方米。有 300 年以上挂牌古树 51 株，其中新屋三官殿前有一株香樟树树龄 460 年。

老竹畲族镇人民响应毛泽东主席“水利是农业命脉”号召，1965—1969 年建成赤坑水库和红旗水库，并兴建 10 万立方米以上的小型水库 2 座，1 万立方米以上的山塘 20 处，堰坝 29 条，渠道 24 条 65 千米，电灌站 8 座。建有小型水电站 4 座，装机容量为 785 千瓦，年发电量 201 万千瓦时。

镇境内动植物资源丰富。主要野生动物有野猪、山羊、山狗、刺猬、獾、獐、麂、野鸡、野兔等。清、民国至 1958 年前，沙溪、后坑、黄桂、赤坑等畲族村的畲民狩猎均用土枪、土铳、毒矢、竹制吊、夹等工具。境内野生植物种类繁多,常见的有野生猕猴桃、黄栀、金银花、水昌蒲、石昌蒲、山石榴、山柿、山楂、野菊花、野芥菜、马兰头、金英子、车前草、千里光、金钱草等漫山遍野,随处可见,多为畲医畲药。

畲民历来就有饲养猪、牛过年与肥田之习俗。1950年崇义乡生猪饲养量有1200头。1964年,村村办有养猪场,加之农户散养,年饲养量达4750头,1971年增加到7108头,1994年底老竹镇生猪存栏数达14200头,户均3头,耕牛950头。

渔业生产不断发展,从1971年到2005年,赤坑水库年产活鲜鱼6吨。加之红旗、下官山、黄塘弄等山塘水库人工养鱼,2015年,全镇年产活鲜鱼15吨。

老竹镇工业生产日益发展。民国时期,老竹仅有一家周氏染坊(仁宅)。中华人民共和国成立初永康打铜匠李仕初在仁宅办有铜铁铺。1956年转至老竹新屋底,开始铸造铁锅、铁铲、犁头、犁壁。1967年始办崇义农具厂(后称农机厂),生产脚踏打稻机和其他农机具零配件。1993年在老竹桥头水碓下开辟工业小区,1994年上半年开工投产,主要生产农机具零配件、油泵附件、旅游鞋、香皂等,年产值达500万元,实现利润47万元。1996年全镇有油泵附件厂、运动鞋厂、老竹镇香皂厂、凉尔康竹木机械厂、抛光厂、大通制笔厂、新屋木制品厂、老竹食品厂、饲料加工厂、棒冰厂、砖瓦厂等148家,年工业总产值达10577.2万元。

老竹地处丽(水)、松(阳)、宣(平)三县交界之地,利于工商贸发展,民国时期镇区就开有杂货铺、水产铺、药铺、染坊(仁宅),且有竹簟、竹席、草毡、竹箩、铁件(锄、弯刀、柴刀、剪刀、菜刀)、茶油、桐油、莲子、草药、山货等在此交易。境内的桐油、莲子、竹木制品经北乡(雅溪)沿古道源源不断运往金华等地。20世纪70年代后,老竹每年举行1—2次大型物资交易会,主要有食品、棉布、针织、百货、水产等生活用品和本地土特产,货物品种达300余个,参加集市交易人数最多日超2万人。1962年,老竹桥头车站东面建有固定的小猪市场,将农历每旬逢二、七确定为集市日,一直沿袭至2015年。1985年,政府投资2万元在镇前街东端重建占地400平方米的小猪、耕牛交易市场。1994年,老竹镇政府投资47万元在新华路东端建成占地4168.23平方米的集工业品、农副产品于一体的曳岭综合市场。2011年,重新改建为老竹综合市场,内设固定摊位。商贸活动日趋繁荣。

三

老竹畲族镇是丽（水）、松（阳）、宣（平）三县的交通枢纽。明景泰三年（1452年）增辟了括苍至曳岭古道，为丽水经曳岭头至宣平之驿道。其中，路湾至白前段3千米路面用青石板铺成，古朴精湛。老竹至巨溪、丽新、新屋、高畔、曳岭头等古驿道均以石头铺成。梁村渥溪桥，建于北宋大观年间（1107—1110年），2011年1月2日被列为浙江省文物保护单位。

中华人民共和国成立后，老竹镇交通事业得到快速发展。1965年1月1日，全程32千米经稿岭的丽曳公路正式通车。1975年2月，老竹至巨溪16.6千米公路建成通车。1984年新建港周公路，由此，丽曳公路由32千米缩短为28千米。2001年8月，丽武公路老竹至畎岸段进行了拓宽改造。到2015年底，老竹12个行政村全面建成通村水泥康庄公路，总长113千米，全镇的交通条件得到全面改善。

1979年以来，镇区基础设施建设力度加大。1981年，镇前街北端进行第一次拓宽改造。1988年成立老竹畲族镇后，经丽水市人民政府批准，修编了《丽水市莲都东西岩区域城镇总体规划（2004—2020年）》建设规划。镇区面积由0.64平方千米扩展到2.25平方千米，分别为镇前街、新和路等纵横12条街道，有序建成行政管理、文化教育、卫生医疗、综合商贸、养生风情、下山脱贫、人口宜居、滨水景观等区块，镇区有便民服务中心、公安、国土、城建、农商银行、邮电通信等17个部门单位，服务功能齐全。1999—2015年，全镇有1355户新建楼房38万平方米，其中郑坑、后坑、上村畈、梁村、沙溪、老竹等村推行旧村改造，通过开展"五水共治""三改一拆""六边三化三美"等创卫活动，人居环境全面翻新，生活质量不断提升。

民国《宣平县志》载，唐中和二年（882年）"贼党侵逼扰民，章承趣率乡人登东岩拒之"。老竹始祖章承趣曾有徒手捉"山猫"（老虎）之说，武功威震一方。宋代在高畔村东赤岩山依洞建寺，名曰赤岩寺，亦称悬空寺，佛教文化甚盛。老竹镇曳岭脚以"浙江省历史文化名村"著称。南宋嘉定十六年（1223年），曳岭蔡仲龙高中榜眼，擢升为状元，位高至端明殿学士。唐、宋、明、清代，曳岭脚、梁村2个村考取进士26人，解元1人，举人22人，贡生57人，曾享有"一家双桂""一门三人同扣龙门"之誉。梁村自古民风淳朴，注重教化闻名处州。梁安世13岁游东西岩时，写下《游岩》一诗留存被称为"神童"，18岁荣登金榜,官至三品。南宋绍兴四年(1134年)至明洪武十八年(1385年)的251年中,曾有12名进士。

民国时期,老竹镇办有初小17所,学生398名。抗日战争期间,浙东第二中学曾临时迁至榴溪。中华人民共和国成立后,文化教育迅猛发展,农村举办扫盲班、速成班。二十世纪六七十年代,把学校办到家门口。1973年黄岗山顶上只有11户畲民,也办有9个学生的小学。原崇义公社14个生产大队,共设幼儿班9处16个班,幼儿398名;小学16所,小学生1649名;初中4所,学生452名。"五·七"高中1所2个班,学生98名。1997年有小学51个班,学生1721名。1959年和1963年曾两度在榴溪创办曳岭中学(初中)。1971年,曳岭中学(高中)两届4个班。1990年9月,曳岭中学由榴溪迁到老竹,教育质量稳步提升,中考升学率由1989年的42%上升到1994年的89.3%,名列丽水市第一。2007年8月,曳岭中学更名为老竹民族学校,实行九年一贯制义务教育,校园占地面积33300平方米,建筑面积17925平方米,体育运动场(馆)5876平方米。有31个教学班,1302名学生,教职工104人,其中畲族学生281名。2015年,民族学校有41个教学班,1486名学生,其中畲族学生278名,教职工116人。在完成常规教育的同时,老竹民族学校将畲族文化融入教育课题,开辟畲族山歌、彩带编织、剪纸、竹编、舞蹈等教育活动,传承畲族非遗文化,体现了民族学校的教育特色。老竹民族学校被评为省课外阅读先进集体、省绿色学校、省中小学远程教育先进单位和市教科研先进集体。2015年,全镇具有大专以上学历的有621人,其中博士4人,硕士5人;教授3人,留学生2人;畲族大学生111人,占总数的17.87%。

老竹畲族镇两级医疗卫生网络完善。曳岭中心医院始建于1954年4月,有8名职工。1990年底,全院有职工38人,中、西医主任医师4人。2008年投资605万元建造住院楼,曳岭中心医院2010年总面积5734平方米,有核定床位40张。院设内科、外科、妇产科、中医科、骨伤科、口腔科、五官科、放射科;功能检查及其他辅助科室有胃镜室、心电图室、化验室、中西药房等。配有全自动生化分析仪、彩色B超等现代化医疗设备。曳岭老竹中心医院被评为"浙江省创建农村中心集镇示范卫生院200强"。农村合作医疗参保率为100%,新农保参保率达98.98%。2015年,全镇有60周岁以上老人2342人,其中百岁寿星1人,90—100岁老人30人。老竹畲族镇老年体育工作有了长足的发展,全镇有天天乐广场16个,体育活动场所27个,文体表演队53支。2013年被授予"浙江省老年体育(回春医疗保健操)特色项目之乡"称号。

老竹畲族镇文化体育、广播电视事业日趋繁荣。1955 年只有 1 个搭电话线的喇叭，1967—1968 年相继建立区、公社广播站，实现各村通广播。1980 年建成 8 个频道的电视差转台。至 2010 年建成广播电视网络 49.1 千米，实现光缆传输，有线电视用户达 5553 户，25 个行政村都装有应急广播室，有线广播覆盖率为 85%。文化体育得到长足发展。全镇有图书室 25 个，图书 38671 册，体育场地室内 10589 平方米，室外 15540 平方米。有腰鼓队 21 支，健身队 25 支，舞蹈队 17 支，门球队 3 支，乒乓球队 5 支。镇每两年举办一次全民运动会，2015 年成功创建为省级体育强镇。

20 世纪 70 年代初，丽水县因重视东西岩名胜风景区建设，出台保护景区政策，建立东西岩园林管理站，发动老竹民众在景区植树造林。1989 年开工建设东西岩公路，1994 年投资 10 万元重建东岩顶“书香院”，2005 年政府投资 1200 万元改善东西岩公共基础设施。老竹旅游业的发展促使畲家特色的农家乐应运而生，至 2015 年全镇有特色农家乐 29 家，床位 336 张，其中三星级 4 家、二星级 6 家。2006 年，“竹柳新桥”三月三畲族歌会在东西岩景区举办，当日游客量达 3 万余人。2015 年，全镇旅游突破 62 万人次，实现旅游收入 3.14 亿元。

四

在中国共产党领导下，丽水市莲都区老竹畲族镇在莲都区农村建立党组织时间最早，参加革命人数最多，农民武装斗争声势最大。据 1994 年版《丽水市志》记载，民国 16 年（1927 年）10 月，新屋村郑和斋在宣平柳城加入中国共产党后，次年 5 月在曳岭建立老竹、新屋、马村 3 个党支部，有党员 26 人。民国 19 年 3 月，北乡（曳岭雅溪）组建 100 多人的农民武装，编入红十三军浙西三纵队三大队（南营红军），赤坑村畲民雷明湖、雷明森、雷明麟三兄弟参加。9 月中旬在曳岭三岩寺遭省防军和地主武装袭击，指挥潘成波、朱生民等 30 余人壮烈牺牲。三岩寺现存中央军委原副主席叶飞亲笔题词“三岩红军永垂不朽”的纪念碑。1935 年 6 月，中共党员汪陈俊在麻铺村发展党员，联络弄里、破桥、梁村建立麻铺红军游击大队。同年 9 月遭国民党镇压。1944 年冬，中共丽水县特派员林艺圃在北乡恢复发展农村党组织。1945 年 5 月，中共处属特委任命陈仿尧为特派员，开展丽武宣边区党的工作。1949 年 1 月，县武工队配合曳岭区武工队攻打曳岭区公所，铲除区警察所，建曳岭区人民民主政府，成为丽缙宣边区的第一个解放区。1949 年 3 月 16 日，国民党整编十一师，浙江保安团

6000余人,在曳岭、老竹设“清剿指挥部”。3月27日,中共曳岭区武工队在朱弄岭头伏击国军整编十一师突击营,伤敌多名。今新屋“南乡革命纪念馆”已成为红色旅游风景区。

老竹畲族镇是旅游强镇,国家AAAA级旅游景区——东西岩坐落在老竹镇沙溪畲族村境内,距镇区2千米。明代何镗[(1507—1585),处州人,官居开封府丞]认为:“海内称十八洞天……惟青田石门为最胜,缙云仙都为最奇,而穹隆崛起、怪伟环峙,莫过于宣平之东西岩。”东西岩是得天独厚的天然名胜风景区,分为7个景区:民俗风情区、石梁景区、东西岩景区、七女峰景区、流坑水库景区、高山活动区、黄弄景区。游客可登东西岩观石梁、挤一线天、游东明洞、钻穿身洞、睨将军石、眺劈剑峰、步清风峡、瞰卓笔峰、登赤石楼、踏桃花洞、坐金交椅、玩水帘洞、攀东岩顶、赏日月潭、品书香院,领略群山,饱览夕阳。

老竹畲族镇是丽水市莲都区的农业重镇、文化名镇、旅游强镇。跨入21世纪,在中共莲都区委、区政府和中共老竹畲族镇委、镇政府的领导下,坚持科学发展观,以习近平总书记“绿水青山就是金山银山”的理念为指导,深入贯彻落实党的一系列富民政策,团结一心,奋力开拓,努力把老竹畲族镇建设成为政治清明、环境优美、经济繁荣、社会和谐、人文宜居的畲族特色镇。

大事记

一、清代及清代以前

商末周初(约前11世纪)

根据老竹出土"有孔石矛",至少商末周初老竹畲族镇境内已有人类活动。

汉

东汉建安四年(199年)

分章安县南乡置松阳县,属会稽郡。老竹属松阳县。

隋

开皇九年(589年)

析松阳县东乡置括苍县,置处州,领括苍、松阳、临海、永嘉四县。老竹属括苍县。

唐

元和年间(806—820年)

武贡生章承趣,迁居虎迹溪畔喜章垵(老竹喜鹊垵),章承趣为发源始祖。

中和二年(882年)

黄巢[①]率军侵逼扰民,章承趣率乡人登东岩拒之。

两宋

在高畔村东赤岩山依洞建寺,名曰"赤岩寺",亦称"悬空寺"。1966年"文

① 黄巢是唐代农民起义军首领。

化大革命”时被毁，于 1984 年重建。

北宋太平兴国元年(976 年)

梁氏第二十七世梁旂迁居丽水县懿德乡龟山案之崖，为渥川梁氏始迁祖。

南宋嘉定十六年(1223 年)

曳岭蔡仲龙，字子奇，殿试高中榜眼。时逢状元蒋重珍因母亲病故回家丁忧，宋宁宗下诏擢升蔡仲龙为状元，后升授端明殿学士。

明

正统十四年(1449 年)

一月二十五日，陶得二率宣慈矿工义军攻处州城。七月十四日，曳岭蔡恭十率乡族、团勇据东岩顶抗拒，陶得二部舒景隆围岩十余日，纵火焚林，蔡恭十及团勇、乡族坠岩而死。

景泰三年(1452 年)

增辟括苍至曳岭古道，自城北通惠门经溪口、卢(路)湾、白善(前)、张村街、蒿(高)坑、木杓坛，过界牌(20 千米)入宣平县境，经周坦、老竹至曳岭头(15 千米)，为丽水至宣平之驿道。

嘉靖四十五年(1566 年)

里人梁垦建石桥，桥长 11 米、宽 1.7 米、高 4 米，桥柱每边 4 根条石，桥梁三段，每段 4 米，呈八字形，俗称“八”字撑石桥。1988 年 7 月 1 日，被列为市级文物保护单位。2011 年 1 月 7 日被省人民政府列为省级文物保护单位。

崇祯八年(1635 年)

蓝氏第一百三十四世蓝应瑞，自福州府连江县忠鹄里凤山石蟠龙三石境过境龙游县塘山头后，自云和垟背迁居处州府宣平县仁宅，为沙溪蓝氏之始祖。

清

康熙五年(1666 年)

蓝氏大成自仁宅迁至赤坑繁衍生息。

光绪三年(1877 年)

畲族童生蓝邦光等会同松阳、青田等县畲族 200 余人大闹府衙，迫使官府允许畲族童生参试。

二、中华民国

民国 6 年(1917 年)

老竹建造大王殿,面积 1200 平方米,七间六厅。民国 15 年扩建重修,有石柱方形、圆形各 3 对,塑有"仁列侯王"等菩萨 22 尊。民国 30 年,全堂佛身更衣更新,并立有桅杆夹。

民国 7 年(1918 年)

(宣平)县南曳岭脚设有派出所,民国 8 年(1919 年)奉令裁撤。

民国 12 年(1923 年)

(宣平)县令陈景元率董事韩蔡宣、邱兆麟、潘豪等就地募捐(银元)一千余元,外商义赈一千零九十八元,于当年 10 月建成老竹永平堤,长三百余丈,高一丈,宽亦如之。

民国 17 年(1928 年)

3 月,中共宣平县委委员陈俊等在横塘村建立南乡(曳岭,今属丽水)区农民协会和佃户初级仲裁会。

5 月,中共南乡区委成立,郑士俊为书记,下设老竹、新屋、马村 3 个党支部,有党员 100 余人。

是年,宣平县曳岭区土地陈报[①]开始。

民国 19 年(1930 年)

8 月 27 日,新屋村中共地下党员郑和斋在国民党浙江陆军监狱被暗杀。1982 年 8 月 4 日郑和斋被丽水县民政局追认为革命烈士。

9 月 15 日,中国工农红军第十三军浙西第三纵队朱生民部在巨溪三岩寺遭省防军偷袭,红军指挥潘成波、朱生民等 30 余人壮烈牺牲。

民国 28 年(1939 年)

7 月,曳岭经济实验区成立,中共党员周春光、张小如担任合作指导员。

民国 38 年(1949 年 9 月 30 日止)

1 月,丽水县武工队配合宣平县曳岭区武工队,攻打曳岭区公所,捣毁区警察所,建立曳岭区人民民主政府。

3 月 14 日,新屋村郑志浩(1946 年任伪崇义乡乡长,在任伪职期间,积极

① 土地陈报:民国时期将土地业主其户名、田地、四至、坐落、面积、粮额自行申报登记。

支援中共游击队活动，被国民党十一师逮捕）在老竹村被杀害。1981年3月20日，郑志浩被丽水县民政局追认为革命烈士。

3月16日，国民党整编十一师，浙江保安团6000余人，在曳岭老竹设"清剿指挥部"。

3月27日，中共曳岭区武工队，在朱弄岭头伏击国民党整编十一师突击营。

3—5月，中共浙东南特派员张之清，在老竹镇建立中共丽宣工委，4月署处北县委，辖丽水县内3个区委。

三、中华人民共和国成立后

1949年

10月2日，老竹举行集会游行，庆祝中华人民共和国成立。

1950年

11月，开展镇压反革命运动。

12月，全面开展土地改革。

1951年

1月，中国抗美援朝总会丽水分会成立，老竹开展参军捐款活动。

3月，老竹后坑村畲民蓝官德、沙溪仁宅村余仁宝、下桥村潘陈云3人参加中国人民志愿军，其中蓝官德曾参加上甘岭战役。

1952年

3月，始建曳岭第一座水库——后坑大塘水库。

9月，后坑村畲民蓝培兴参加全国少数民族参观团赴北京国庆观礼。

1953年

1月26日，开展反对官僚主义、反对违法乱纪、反对命令主义运动。

6月5日，第一次基层选举开始，建立乡（镇）人民代表大会制度。

11月，实行粮食统购统销。

12月，开始宣传、贯彻党在过渡时期总路线。

1954年

9月，棉布实行计划供应，统购统销。

是年，宣平县置曳岭区新桥（新屋、下桥片）党支部，驻地陶村村；梁周乡（梁村、周坦片）党支部，驻地周坦村。

是年，国家经济建设公债开始发行。

1955 年

3 月 1 日，进行币制改革。新人民币开始流通。

10 月，掀起农业合作化高潮。至年底，建立初级农业生产合作社。

1956 年

1 月，开始对手工业、资本主义工商业进行社会主义改造。曳岭区成立泥木、裁缝、打铁、铸造、篾器等手工业合作社。

4 月，置宣平县曳岭区崇义乡党支部，新桥乡并入崇义乡，驻地曳岭脚。

1957 年

3 月，置宣平县曳岭区梁周乡，驻地周坦村。

9 月，开始"整风反右"运动，部分机关、企事业干部被错划为"右派分子"。1978 年起逐步得到平反。

1958 年

4 月 11 日，国务院批示撤宣平县。5 月，原宣平县曳岭区并入丽水县。

5 月 31 日，设曳岭区人民法庭。

8 月，开展全党全民"大炼钢铁"运动。老竹新屋底建熔炉铸造农用铁件。

10 月，实现人民公社化，引起"共产风"，生产大队办食堂，实行"组织军事化、行动战斗化、生产集体化"，农民一律进食堂就餐。

是年，乡联合会诊所改建为公社卫生院。

1959 年

3 月，丽水县委贯彻中共中央第二次"郑州会议"精神，纠正"一平二调"的"共产风"。

5 月 29 日，丽水县委下达《关于充分利用空隙地种植农作物的通知》，号召社员增收百斤粮，谁种谁收，不抵口粮。

7—8 月，老竹发生菌痢，大片村调查结果为发病 46 人，死亡 5 人，9 月得到控制。

1960 年

5 月，开展反贪污、反浪费、反官僚主义的运动。

是年，遭受严重旱灾，夏初，粮荒严重，引起水肿病。丽水县曾派医疗队下乡治疗。

是年，东头村创办苎麻加工场。麻铺村建立花生种植基地。

1961 年

9 月，恢复区级建置。(曳岭)英雄人民公社改为曳岭区，辖崇义、丽新、苏港、永丰、巨溪 5 个公社。

是年，各基层供销社从人民公社“三统”体制中退出，恢复社员群众集体股份制。

1962 年

2 月，崇义公社划归原宣平县，同年 4 月划回丽水县。

是年，农村小儿麻疹病流行，丁公诊所医生金宏兴为治疗该病劳累过度在诊所殉职。

是年，火萤棚建立仔猪市场(老竹车站东边)，集市日为农历每旬逢二、七。1984 年迁址到东砝卜，增设耕牛交易。

是年，曳岭脚村民孙赵云独资建“月山桥”。

1963 年

9 月，曳岭中学恢复招生，原址在榴溪，首届向全区招收一个初中班 48 人，有教师 3 人。

是年，全面开展“向雷锋同志学习”活动。

1964 年

12 月，动工兴建丽曳公路，全长 32 千米，途经周坦、稿岭、界牌、木杓坛、高坑、张村街、官桥、白前至丽水。1965 年建成通车。

1965 年

8 月，动工兴建赤坑水库，大坝坝高 27.5 米，总库容 248 万立方米，正常库容 202 万立方米。1969 年 10 月完工。

10 月，曳岭供销社的苏埠门市部划归白前供销社管辖。

1966 年

2 月 1 日，撤区公安特派员，设曳岭区派出所。

5 月，贯彻中共中央《五·一六通知》，开始“文化大革命”运动。开展破“四旧”(旧思想、旧文化、旧习惯、旧风俗)，古庙、文物、古迹、古书画被销毁。中小学成立“红小兵”“红卫兵”组织停课“闹革命”。各行业建立“造反派组织”。

1968 年

3 月 22 日深夜，曳岭供销社老竹生产资料门市部突然起火，营业员李吉禄为抢救公共财产被烧死。火灾造成经济损失 3 万多元。

8月，成立崇义公社革命委员会。是年冬开展“农业学大寨”运动，开凿赤坑引水渠道，全长15000米，其中隧洞5条，倒虹吸管1条，能灌溉农田面积466.7公顷。

1969年

7月，开展“教育革命”，农村公办小学全部下放给大队办，村村办校，把学校办到家门口，全力普及农村适龄儿童教育。

是年，城镇知识青年到农村插队落户，各大队建造知青用房。农村培训“赤脚医生”，大队兴办合作医疗站。

1970年

3月，开展“打击反革命分子，反对贪污盗窃、反对投机倒把、反对铺张浪费”的“一打三反”活动。

1971年

是年，夏旱连秋旱，山垄田、旱地作物受旱严重。

1972年

6月，老竹举办第一次万人商品物资交流会，供销社围墙门墩被汽车撞翻，造成一死一伤。

是月，建成赤坑水库一级电站，装机125千瓦。

8月，受7号台风影响，老竹连降暴雨，洪水淹没镇前街，虎迹溪沿岸多处堤坝被冲毁，农田被淹没。

1973年

是年，深入开展“农业学大寨”运动，以粮为纲，发展生产，粮食生产获得大丰收，总产量达359.5万千克。其中，大片村亩产达到547.5千克，曳岭脚、下桥、破桥3个村亩产450千克以上。

是年，陶村自力更生围滩造田1.4公顷。1974年产粮1万多千克，被评为丽水地区先进单位。

1974年

8月20日，受4号台风影响，最大日降雨量达108毫米，溪水暴涨，河道水阻、公路山体滑坡，造成交通中断。

12月，老竹石桥改建为公路桥，长45米，外宽8.30米，净宽5米，桥墩高2.70米，荷载10—50吨。

1975年

2月，老竹至巨溪样后16.6千米乡道公路建成通车。

8月12—13日,遭受4号台风袭击,冲毁永平堤潘竹汇段东岸80多米堤坝。

1976年

9月9日,中共中央主席毛泽东逝世,广播传来噩耗,干部、群众万分悲痛。9月18日,各村举行追悼大会。

10月,崇义公社在沙溪创办崇义农业高级中学,共2个班,学生86名。

1977年

4月8日,好溪防洪围垦发生一起溺死民工21人的严重沉船事故,其中,曳岭脚、横塘、潘底村各1人。

10月,兴建沙溪"群建桥",长40米、宽9米。2006年投资51万元进行重修加固。

11月,原崇义公社参加好溪防洪围垦工程建设,总投工33864个。

是年,建成赤坑水库二级电站,装机100千瓦。

1978年

是年,崇义公社发动14个大队(现行政村)群众,投工14万多个在榴溪围溪造田18.87公顷。

1979年

8月,干旱严重,丽水实行人工降雨,用高射炮发射碘化银炮弹1000多发,老竹成功受雨,缓解旱情。

1980年

12月,农村推行家庭联产承包责任制。

是年,港口至陈村段6.5千米沙石路面公路建成通车。

1981年

6月12日,曳岭粮管所新办公楼、职工宿舍楼竣工。

1982年

3月3日,老竹前街东段(桥头至东�卜)200米水泥路面开工修筑。

12月29日,在沙溪建立"老竹敬老院",当时,周坦、后坑、曳岭脚、陶村有4名"五保"发证老人入院。

1983年

7月18日,丽水县人民政府丽政发〔1983〕33号文件批复,山背村15户68名蓝姓社员由汉族改为畲族。

是年,崇义公社人民政府改称崇义乡人民政府。

1984年

8月18日，丽水县人民政府丽政发〔1984〕38号文件批复，同意建立曳岭水利水电管理站，有管理员8人。

9月，陈村至周坦段7.5千米乡道公路沙石路面建成通车。自此，老竹经陈村、港口至丽水公路由原经稿岭33千米缩短为28千米。

12月1日，东西岩风景区的保护、开发、利用和管理职能由丽水县东西岩风景区旅游开发建设管理委员会接管。

1985年

2月27日，丽水县人民政府批准，同意曳岭区开设木材交易市场。

8月20日，丽水县人民政府批准，同意给黄桂、平坑、黄兰3个畲族自然村减免农业税。

8月，曳岭供销社老竹商场开业。

1986年

1月20日，崇义乡人民政府改建为崇义畲族乡人民政府。

3月11日，国务院批准撤丽水县改为丽水市（县级）；老竹为丽水市曳岭区崇义畲族乡。

1987年

10月24日，丽水市人民政府召开首次颁发“居民身份证”大会。自此，开始实施“居民身份证”制度。

1988年

2月9日，丽水市老竹畲族镇建立。为浙江省第一个畲族建制镇。

5月11日，暴雨袭击老竹镇，造成千亩农田被淹。

11月16日，丽水市人民政府市府发〔1988〕140号文件批复，老竹畲族镇区主要街道名称命名为镇前街、镇中路、镇北路、东岩路、大众路、新匀路、溪南路、虎迹路、凌山路、新和路、丽竹路、庆丰路，共12条。

11月，对赤坑水库大坝进行整修加固。

是年，丽水市（莲都区）人民政府公布“梁村南宋梁安世墓”、梁村明代“河桥”为市级文物保护单位。

1989年

3月16日，开工建设“沙溪口”至“东西岩”公路。

1990 年

4 月 20 日夜 10 时，老竹等乡镇遭受大如鸡蛋的冰雹灾害。

7 月 20 日，兴建“老竹至赤坑”乡村公路，全长 8 千米。

8 月，曳岭中学由榴溪迁至老竹，新校园占地 14467 平方米。

10 月 25—28 日，浙江省第二届少数民族传统体育运动会在丽水召开。

12 月，曳岭区医院获浙江省卫生厅授予的“文明单位”称号。

是年，动工兴建老竹自来水厂，总投资 30 万元。1992 年 7 月 4 日完工。

1991 年

3 月 4 日，老竹畲族镇第七届人民代表大会第二次会议决议通过《关于拓宽老竹镇前街的报告》。

3 月 8 日，镇党委研究决定成立老竹畲族镇土地、城建管理办公室。

5 月 21 日，撤销曳岭中学高中部，高中学生并入城郊中学。

1992 年

5 月，撤区(区公所)扩镇并乡，撤销曳岭区，原永丰乡并入老竹畲族镇。

是年，修建大小水利工程 35 处；建设机耕道路 13 条；开通老竹至赤坑康庄公路，全长 7.992 千米。

1993 年

3 月 25 日，老竹畲族镇举办首届“竹、柳、新、桥(老竹、柳城、丽新、板桥)三月三畲族歌会”。

6 月，筹建东西岩旅游度假村。

是年，全镇有 21 个行政村的 3716 户 11801 人用上了自来水。

1994 年

是年，筹资 29 万元，完成镇前街“老竹桥头至曳岭医院”400 米街道拓宽工程。投资 45 万元建成占地 3500 平方米的曳岭综合商品市场。

12 月 31 日，老竹镇成人文化学校被认定为乡(镇)中心小学规格。

1995 年

是年，在老竹水碓下畈溪滩地(亦称老竹桑园地)开辟老竹工业小区，占地 1 万平方米，引进个体私营企业 108 家。

1996 年

5 月，曳岭中学冯巧波获全国物理知识竞赛一等奖。

10 月，老竹“珊溪桥”(原学甫桥)石拱桥动工兴建，长 46 米，宽 7 米，投资 46 万元。

1997年

5月21日，老竹镇中心小学被评为丽水市第二批行为规范达标学校。

10月11日，港口至周坦14.4千米沙石路面公路改造为水泥路面工程竣工。

1998年

2月，老竹虎迹溪小流域治理第一期工程开工。

11月，投资9.77万元，加固赤坑水库坝体内外坡。

1999年

3月9日，老竹镇实行殡葬改革，对遗体进行火化。

4月29日，老竹成功创建为市级教育强镇。投资40万元新建800平方米的曳中男生宿舍楼。

5月6日，东岩路（老竹新和路北至曳中）拓宽工程动工，全长523米，宽9米。

7月8日，遭遇十年不遇的"7·8"特大洪灾，民房倒塌51间，冲毁农田657亩，其中绝收95.4亩。

7月19日，丽水市国土资源管理局莲都分局老竹管理所成立。

9月20日，沙溪村黄泥岗"下山脱贫"迁到沙溪黄兰。

10月29日，大片村被授予"全国文明村"称号。

12月20日，老竹第一次公开拍卖国有土地——老竹镇农机厂，占地面积2250.6平方米，建筑面积1413.6平方米。

12月22日，曳岭中学被评为第一批农村示范初中。

是年，总投资111.5万元，总投工8.5万个，新建防洪堤540米；三面砼渠道4.33千米；修建水库9处；修拦水坝13处；修建机耕路6条5.8千米。

2000年

1月26日，老竹镇被评为1999年"丽水地区教育强镇"。

3月7日，投资60万元，完成老竹溪小流域第一阶段第三期防洪堤修筑工程。

8月14日，《浙江日报》载新华网科技时代消息：2000年春，莲都区白前、老竹发现生活在8000万年至1亿年前的浙西南新种恐龙化石。

是年，投资610万元，建成周坦至老竹长5.3千米、宽9米的标准水泥公路路面。投资380万元，修通西岸、周坦、浅田、黄桂、高畔、高丰、仁宅等7个村22千米村级简易公路。投资160万元，修建大片、曳岭脚、陶村、新屋、后坑等5

个村8千米水泥简易公路。

2001年

8月20日,老竹至丽新公路拓宽,总投资120万元。

是年,投资340万元建成曳岭中学综合楼3800平方米。

2002年

10月,陶村村集资26万元建成廊桥,长18米,宽6米,高6米。邱志东个人捐资3.8万元,建成桥头八角亭。筹资13万元建成高7.5米、宽8米的陶村牌坊。

2003年

4月4日,第十一届"竹柳新桥"三月三畲族歌会在东西岩举行,丽水市人民政府副市长刘秀兰参加并致辞。

是年,完成25个行政村农电网改造工程,村村开通数字化程控电话。

是年,投资122.9万元的老竹溪小流域治理工程全面竣工。

2004年

5月12日,后坑村狮子山自然村开展道路硬化、改厕、绿化、垃圾处理的村级环境整治。

6月15日,曳岭中学被评为丽水市第三批市级"绿色学校"。

6月18日,成立丽水市莲都区老竹建设管理所。

8月24日,《关于进一步加强老竹畲族镇老年体协工作的通知》,从工作机制、工作经费、活动场地、活动形式四个方面,全面开展镇老年体育工作。

2005年

5月,"畲族祭祀仪式"被列入第一批浙江省非物质文化遗产代表性项目名录。

8月2日,老竹镇老竹村在乌磁畈安置景宁滩坑水库移民230人。

11月17日,修复榴溪桥。

12月27日,老竹镇被评为"莲都区第九批浙江省教育强镇"。

是年,动工兴建小黄弄、东头、楼根底通村康庄路。

是年,投资1200万元用于东西岩景区公共基础设施建设。

是年,全面普及农村合作医疗,有10910名农民参加农医保,并建立区—乡—村三级公共卫生网络体系。

2006年

12月,东西岩景区创成国家AAAA级旅游景区。东西岩景区内开工建造

“插花娘娘庙”。

是年,全镇 25 个行政村有 24 个行政村建成水泥路面康庄道路。镇区 14 个行政村的 966.67 公顷农田完成低产田改造。

2007 年

9 月 1 日,安置在曳岭脚村的 394 名景宁滩坑水库移民实现整体入迁安居。

9 月 3 日,曳岭中学与老竹镇中心小学合并建立老竹民族学校(九年一贯制)。

是年,投资 253 万元,完成老竹镇自来水标准化供水工程。

是年,新竹小区一期 28 幢国有土地公开拍卖成功。

是年,“畲族叙事歌”和“畲族彩带纺织技艺”被列入第二批浙江省非物质文化遗产代表性项目名录。

是年,镇区污水集中处理二期工程完工,通过验收,投入使用,实现镇区生活污水无害化处理。投资 250 万元,建成净水厂一座,镇区实现标准化供水。

2008 年

12 月,莲都区老竹畲族镇沙溪村被省民宗委命名为“浙江省民族团结进步小康村”。

是年,“畲族三月三”被列入第二批国家级非物质文化遗产代表性项目名录。

2009 年

6 月20 日,投资 240 万元完成老竹中心卫生院住院楼改建项目第一期工程。

9 月 26 日,老竹镇中心幼儿园被认定为省三级幼儿园。

是年,“畲语”和“畲族服饰”被列入浙江省第三批非物质文化遗产代表性项目名录。“炼火”被列入第一批浙江省非物质文化遗产代表性项目扩展名录。

是年,老竹镇建立全市第一个乡镇级残疾人活动中心。

是年,全区农村改厕现场会在西岸召开。

是年,完成龙石至老竹 35 千伏高压输变线路老竹段项目建设。

是年,25 个行政村都配有专职卫生保洁员,各村卫生清理实现常态化管理。

是年,总投资258.98万元完成东岩路505米、镇前街东段275米道路拓宽工程。

是年,启动农村段子旧房改造工程,新批建住房78户,修缮180户。

是年,风情养生园二期项目出让国有土地85宗。

2010年

3月,老竹畲族镇被环境保护部评为"全国环境优美镇"。

4月,完成省重点项目丽武公路老竹段(长5千米)征地9.1公顷、拆迁房屋1142.8平方米的政策处理工作。

是年,老竹桥头至周坦上殿修筑防洪堤3.5千米。

是年,投资120万元,建成老竹民族学校的塑胶跑道。老竹中心卫生院创成全省200强中心卫生院。

是年,全镇有13636名农民参加新型农村合作医疗。

是年,2342名60周岁以上的农民按月领取基础养老金。

是年,章记村(已撤并到赤坑村)成为来料加工专业村,有350名低收入农户从事来料加工。

是年,完成陶村潘底自然村47户150人整体"下山脱贫"、农民异地转移工作,获区农民增收六大目标工作一等奖。

是年,老竹畲族镇获莲都区第四届乡村文化艺术节闭幕式暨乡村文艺会演金奖和铜奖。

是年,浙江省体育大会攀岩运动比赛项目在东西岩举行。

2011年

1月,浙江省旅游局授予老竹畲族镇"浙江省旅游强镇(乡、街道)"称号。

12月,丽水市莲都区人民政府公布丁公"邓氏宗祠"为区级文物保护点。

是年,全镇发展"处州白莲"基地2000亩,建成"莲都园"游步道4535米。

是年,郑坑村旧村改造拆建房屋12户,面积1075平方米。

是年,投资600万元进行麻铺至章记河道小流域治理,修筑防洪堤3000米。

是年,投资2500万元开工建设学甫下山脱贫新小区。

是年,老竹、徐庄、陶村、小黄弄4个村多渠道筹措资金,完善农业配套工程。

是年,全面推行林权抵押贷款、农村农户信用等级评定等金融改革措施,以林权证抵押贷款3110.5万元。

是年，完成老竹虎迹溪河道整治项目，新建防洪堤 1.9 千米，河道疏浚 3.99 千米。

是年，拆除镇区原农贸市场 2270 平方米，开工建设占地 4362 平方米的镇综合市场。

是年，20 个村安装了饮用水消毒设备，5 个村建成消毒设备管理房。

是年，投资 345.4 万元完成陶村、小黄弄、红桥、后坑、新屋村康庄道路硬化工程。

2012 年

4 月 19 日，浙江省卫生厅命名莲都区曳岭中心卫生院为第七批农村中心集镇示范卫生院。

5 月，镇老年体协创建成为“浙江省老年体育（保健操）特色之乡”。

6 月 18 日，浙江省人民政府命名老竹畲族镇曳岭脚村（古建筑）为省第四批历史文化名村。

7 月 25 日，举办首届“处州白莲节”及东西岩丽水首届千顶帐篷节暨户外驴友露营大会。

11 月 19 日，莲都区老竹中心幼儿园被评估认定为省二级标准化幼儿园。

是年，老竹综合市场商住用房完成主体工程，用地 4296 平方米，预售商品房 37 套。

是年，全镇拆除危旧房 15254.24 平方米，新建房屋 47 户。全镇发展农业龙头企业 14 家，其中市级 3 家、区级 11 家；各类农民合作经济组织 30 家，其中市级示范性合作社 3 家。

是年，建成 23 个生态公墓点。

2013 年

12 月，老竹镇赤坑水库合格饮用水地表水保护区创建工作，通过环保、建设、水利、卫生等部门验收，达到国家《地表水环境质量标准》（GB 3838—2002）。

是年，老竹畲族镇由 25 个行政村调整撤并为 12 个行政村。

是年，老竹畲族镇下山脱贫小区一期工程农民建房面积 7000 平方米，安置农户 45 户 81 人。

是年，投资 260 万元，完成处州白莲基地内农田水利渠道 24535 米建设工程。构建“十里荷花长廊、百年风韵古居、千年畲乡风情、万古丹霞地貌”的旅游框架，做大做强乡村旅游休闲产业。投资800万元，修筑周坦上殿至西岸下溪滩段防洪堤。老竹村投资60万元，建造廊桥，长46米、宽3米，廊阁高6米。

是年，全面开展“三改一拆”①“五水共治”②“六边三化三美”③环境整治工作。

是年，总投资2942万元，完成潘底、上官山、河源土地开发项目3个，开发总面积67.1公顷。完成粮食功能区和中低产田改造项目，提升高标准农田建设400公顷。

2014年

1月1日，联城大桥至老竹乌砭段丽武公路柏油路面建成通车，其中联城隧道长2200米，底金弄隧道长1100米。从此，丽水至老竹公路由28千米缩短为19千米。

4月3日，在东西岩举办第二十一届“竹柳新桥”三月三畲族歌会，有15支文体团队参加演出，游客达3万人。

5月13日，区政府第31次常务会议原则同意《东西岩景区特许经营框架协议》。

7月21日至9月5日，全镇12个行政村全部成立村股份经济合作社。全面完成农村产权制度改革试点工作。

9月1日，老竹镇全面开展镇区环境“脏、乱、差”顽疾整治工作。

是年，投资350万元建造虎迹溪流域老竹桥头至仁宅上村头段10支梯级堰坝，原“衰衣滩”改造成“清水河”。

是年，“畲族婚俗”被列入第四批国家级非物质文化遗产代表性项目名录。

2015年

2月，丽水市人民政府授予老竹畲族镇“丽水市生态精品现代农业示范乡

---

①“三改一拆”：指浙江省政府决定，自2013年至2015年在全省深入开展旧住宅区、旧厂区、城中村改造和拆除违法建筑三年行动。全面开展对城市规划区内旧住宅区、旧厂区和城中村的改造，拆除全省范围内违反土地管理和城乡规划等法律法规的违法建筑。在“三改一拆”行动中，要充分体现促发展、拓空间、优环境、保稳定、惠民生的要求。

②“五水共治”：指治污水、防洪水、排涝水、保供水、抓节水这五项。浙江是著名水乡，水是生命之源、生产之要、生态之基。“五水共治”是“一石多鸟”的举措，既扩投资又促转型，既优环境更惠民生。水文化的价值在于它让人们懂得热爱水、珍惜水、节约水；进行“五水共治”，是平安浙江建设的题中核心，直接关系平安稳定、关乎人水和谐。可治理自来水、江水、河水等水流的污染问题。

③“六边三化三美”：指丽水市委、市人民政府提出的，在公路边、铁路边、水边、山边、城边、村边等区域洁化、绿化、美化行动，实现城美、村美、房美目标。

镇"称号。

8月，投资200多万元完成新陶村南乡革命纪念馆主体工程建设。

11月16日，在第六届国际社会生态农业大会在丽水即将召开之际，国际国内生态农业专家到老竹镇后坑村"六江源处州白莲精品园"考察。

12月，浙江省关注森林组织委员会、浙江省绿化与湿地保护委员会授予老竹畲族镇"浙江省森林乡镇"称号。

是年，投资73.7万元新建徐庄、郑丰、曳岭脚、新陶、赤坑等5条村机耕路。

是年，投资1200万元完成老竹镇前街俞店段柏油路拓宽工程。

是年，全面完成农村土地确权，全镇颁发土地流转经营权证。

是年，投资127.6万元完成周坦、梁村、后坑等村粮食功能区建设。

是年，徐庄片建立水果精品基地1980亩，年产优质水果2760吨。

是年，红桥、后坑建立茶叶示范基地1066亩。

是年，曳岭脚、黄桂、西岸等村建立食用菌示范基地5个。

是年，强化服务保障助推民宿发展，申报发展民宿56户，床铺618张。

是年，完成镇通景公路俞店段拓宽工程和镇前街道路改造工程；已全部浇筑为沥青路，生态环境逐步优化。

是年，拆除处置违建面积37899平方米，收取罚金297730.95元。

是年，全镇29家企业实现全面网格化管理。

是年，建立梁村溪、老竹溪河道长长效管理机制。

是年，投资487.85万元完成村庄主支管道切割开挖及接户工作，新增污水处理池11个，完成厌氧池及人工湿地建设。

是年，为441户低收入农户发放扶贫资金169730元。

第一章　环境与建置沿革

老竹畲族镇位于丽水市莲都区西北部，区域四面环山，中间为丘陵和小块溪谷盆地；海拔250—500米，25°以上陡坡面积占89%；属中亚热带季风气候，温暖湿润，四季分明，冬夏较长，春秋较短，全年雨量充沛，光照充足，是浙江省的一个农业重镇。

隋开皇九年(589年)至元代，属处州府括苍县懿德乡。明景泰三年(1452年)置宣平县，明、清至民国时期，属处州府宣平县曳岭区崇义乡。1958年9月，划归丽水。1962年2月划金华专区武义县，4月复归丽水。1961—1983年置曳岭区崇义人民公社。1986年1月20日成立崇义畲族乡，1988年2月9日改称老竹畲族镇，是浙江省第一个畲族建制镇。1992年5月撤曳岭区，原永丰乡并入老竹畲族镇。

第一节　自然环境

老竹畲族镇属重丘陵山区，山地结构以丘陵和盆地为主，山地面积大于丘陵，区域高山环抱，最高峰沈岭雾露尖海拔1003米；镇区有虎迹溪，水流穿老竹村而过，汇入瓯江。老竹畲族镇是农业重镇，至2015年12月，全镇面积83.9平方千米，境内有耕地面积1018.6公顷，其中水田743.7公顷，旱地274.9公顷，林地面积6445.7公顷。

一、地理环境

老竹畲族镇位于丽水市莲都区西北部，地处莲都、松阳、武义三县区交界的三角地带，距丽水市19千米，镇区面积83.9平方千米。老竹镇东临太平乡，南接联城街道，西邻丽新畲族乡，北毗武义县柳城畲族镇。

老竹畲族镇的地理属典型的丹霞地貌，由沉积岩自然形成。区域四面环山，中间丘陵，为小块溪谷盆地。镇区老竹中心村海拔108米，区域高山环抱，东有沈岭雾露尖，海拔1003米，设有徐庄林场；西靠五福后山，海拔865米；东北有大狮楼，海拔515米；东南有高塘后山，海拔509米。镇区有虎迹溪，水流穿老竹村而过，与梁（村）溪（渥川）在破桥峡汇合，流经瑶畈并入宣平港流向瓯江。

老竹畲族镇地理海拔一览表

表12-1-1-1　　单位：米

地名	海拔	地名	海拔	地名	海拔	地名	海拔
大片	245	沙溪	130	周坦	90	小黄弄	235
黄庄	180	黄兰	230	前道后	90	楼根底	280
曳岭脚	155	仁宅	120	西岸	85	丁公	180
高铺	145	老竹	108	弄里	110	麻铺	170
新屋	180	学甫	110	梁村	135	章记	200
石门源	230	乌舷	120	三官殿	170	蔡弄源	235
丁记	175	木岭头	110	上村畈	185	赤坑	250
陶村	152	红桥	95	半山	250	河源	275
陶湾底	165	后坑	108	底棚	200	湾山	200
潘底	245	樟塘垵	180	金斜	380	大坑门	250
黄桂	220	狮子山	140	南山	390	高畔	280
平坑	600	紫阳观	105	朝步源	500	东坑	460
横塘	190	郑坑	125	岭脚	168	西坑	665
上井	170	桑上	645	内浅田	295	上金河	530
下桥	145	上牛寨	365	外浅田	320	龙平下	285
榴溪	145	下牛寨	295	薄荷塘	595	新袅	335
山背	150	学山	340	东头	280	九岱岭	710
金桥畈	140	下官山	225	黄岗	290	上官山	435

二、气　候

（一）气　温

老竹畲族镇属亚热带季风气候，温暖湿润，四季分明，冬夏较长，春秋较短，全年雨量充沛，光照充足，常年平均气温18.2℃，最低1月平均气温6.3℃，寒冬极端最低气温-8.2℃，盛夏最高气温43.2℃（2003年7月31日），是全国夏季高温酷热区之一。年平均无霜期257天,年日照平均时数1783.2小时,年平均降水量1677.20毫米,年平均蒸发量1477.90毫米。由于地理位置随着海拔高度而上升,盆地与山区的气温发生一定的变化,年平均气温递减率0.55℃/100米,月平均气温、最高气温、最低气温递减率各不相同,最高气温递减率最大,最低气温递减率最小,平均气温递减率居中。山区气温日较差一般随海拔上升变小。山区初霜日随海拔上升提前,终霜日随海拔上升推迟。海拔每升高100米,无霜期缩短6—7天。境内主要自然灾害有干旱、洪涝、台风、冰雹、低温和高温等。

1961—1980年老竹镇域月平均气温一览表

表12-1-1-2　　　　单位:℃

月份	1	2	3	4	5	6	7	8	9	10	11	12
平均气温	6.2	7.5	11.8	17.9	22.3	25.4	29.4	29.0	25.1	19.4	13.7	8.3

1961—1980年老竹镇域雨量特征值统计分析表

表12-1-1-3　　　　单位:毫米

片区	年平均降雨量	最大值	最小值
老竹	1677.20	2381.50	927.30

(二)灾害性天气

干旱　四季均有发生,以夏、秋干旱发生率最高,危害性最大。7—10月降水变率32%—56%,月平均降水量比同期蒸发量少292.6毫米。采用连旱天数与干燥度为指标,分为不旱、较旱、旱、大旱四个等级。据《丽水市志》载,1954—1980年、1967年为大旱年,夏、秋连旱至冬季未下过透雨,塘库干涸。大旱年27年一遇。夏季(7—8月)旱年13—14年一遇,夏季轻旱年2—3年一遇。秋季(9—10月)大旱年27年一遇。旱、轻旱皆3—4年一遇。秋旱比夏旱更高。

洪涝　瓯江上游为浙江省梅汛期暴雨中心之一,老竹镇处瓯江支流,洪涝灾害频繁,主要发生在5—9月,其中5—6月为汛期,暴雨造成的洪涝频率大。7—9月受台风影响,洪涝强度大。暴雨洪涝超警戒水位每年均有发生,暴雨洪涝造成泥石流、山体滑坡、毁坏桥梁、淹没良田等损失。

冰雹　多发生在春夏之交,常伴有狂风暴雨,为局地性灾害。冰雹大风危害影响路径与山脉溪流走向大致一致。1990 年 4 月 20 日夜 10 时，老竹镇遭受大如鸡蛋的冰雹，民房瓦片损毁，连带暴雨洪水淹没农田 133 公顷。

低温　低温是影响粮食生产和果蔬生产的自然灾害之一，主要是冬旱低温对橘树的危害最大，气温降到-3℃，橘树就会被冻死。1991 年 12 月，气温低到-7℃，橘树、椪柑树、橙类树基本被冻死，只有少数面向阳地段冻害稍轻。-7℃左右的低温天气约 8 年一遇。

低温对粮食生产影响主要是早稻播种育秧期和晚稻抽穗扬花期。1969 年 4 月 1 日，一场春雪对早稻育秧影响极大，造成秧苗焦萎，稻田发僵，发棵推迟。连作晚稻如果在立秋后移栽，极易影响抽穗扬花。2000 年后，大田一般种单季杂交稻，克服了春、秋低温灾害。

三、地 质

境内地质构造以断裂为主。由一系列从北向东断裂组成，构成老竹白垩系地层与上侏罗统大爽组地层断裂接触，断裂大致呈 25°方向展布，挤压带宽 100—1000 米，局部可见构造透镜体及断层泥。

（一）地 层

2002 年 3 月 22 日，在莲都区老竹恐龙足迹化石点，专家认定“丽水浙江龙”生活在一亿年前的白垩纪中期。白垩系地层可分为：

下白垩统馆头组，老竹、梁村亭—下垵等地。岩性为浅灰色泥岩、页岩、粉砂岩、夫砂岩、凝灰质砂岩、局部夹凝灰岩、熔结凝灰岩或安山岩，顶部偶见炭质页岩，中上部为灰岩透镜体，中下部或底部为紫红色砾岩、砂砾岩。

下白垩统朝川组，分布于老竹、样后、齐村等地。岩性下部为安山岩、玄武岩，上部主要为紫红色钙质细砂、粉砂岩或泥岩，粉砂岩夹砂岩、砂砾岩，局部夹凝灰岩、熔结凝灰岩。

下白垩统朝川组，分布于老竹、样后等地。岩性为块状红色夹砂岩，砾石磨圆度较好，砾径悬殊，混杂，属山麓堆积的类磨拉石建造。

另有 7.2 平方千米河谷平原分布在老竹畲族镇，原苏港乡、永丰乡一带，高丘，海拔 250—500 米，25°以上陡坡面积占 89%。

（二）矿 藏

老竹畲族镇地处白垩系地层，镇区无金属和非金属矿产资源，徐庄、梁村、麻铺、陶湾底、黄洞弄两部山脉表层露紫红色钙质细砂。

后坑西长坑为安山岩、玄武岩。民国初期建有采石场，岩石用作修筑房屋墙足,河道堤坝等建筑材料。

1958 年 8 月,全民“大办钢铁”,老竹村曾在俞店上横路下的溪滩圩垒起炼铁高炉,将滩涂铁砂和民间收集的废铁熔化,炼成半成品铁块,约 50 吨。

四、水 系

据《莲都区水利志》记载,老竹镇老竹村海拔 108 米,气候温和,雨量充沛,年降雨量为 1677.20 毫米。镇境内两大水系:一条是集高畔村东坑、西坑、上井河和大片龙岩山、新屋上弄坑之地表地下水资源形成虎迹溪水流;另一条是渥川溪,主要集巨溪三岩寺以西、浅田前后山、官山、牛寨山脉之地表地下水形成渥川溪,流经郑坑,在双坑杀牛坛与虎迹溪水流汇合,过破桥、周坦,经联城街道上显滩并入宣平港,流向瓯江入东海。

五、野生生物

(一)动 物

境内野生动物种类较多。

1.脊椎动物 有 5 纲,37 目,76 科,203 属,近 400 种。

哺乳纲 有 8 目,19 科,36 属,44 种。主要有刺猬、蝙蝠、猕猴、穿山甲、山兔、松鼠、鼠、貉子、狐狸、九江狸、香狸、黄鼬、猪獾、水獭、狗獾、大灵猫、豹猫、豹、虎、野猪、黑麂、野山羊等。其中,国家一级重点保护野生动物有虎、豹、黑麂、穿山甲、大灵猫、小灵猫等,国家二级重点保护野生动物有水獭、猕猴、野山羊等。虎、豹、猕猴均已罕见。

爬行纲 有 3 目,9 科,25 属,40 种。主要有乌龟、鳖、鼋、无蹼壁虎、石龙子、蜥蜴、蕲蛇、青环蛇、乌梢蛇、眼镜蛇、五步蛇、蝮蛇、竹叶青等。鼋属国家一级重点保护野生动物。

两栖纲 有 2 目,7 科,13 属,35 种。主要有大鲵(娃娃鱼)、蟾蜍、蛙类等。大鲵属国家二级重点保护野生动物。

鸟纲 有 14 目,22 科,68 属,200 种。主要有白鹭、鸳鸯、水鸭、老鹰、白鹇、喜鹊、八哥、麻雀、大山雀、乌鸦、翠鸟、啄木鸟、燕、勺鸡、猫头鹰、画眉、杜鹃、鸽、环颈雉等。其中,鸳鸯、勺鸡、白鹇属国家二级重点保护野生动物。鹰类已罕见。

鱼纲 有 10 目,19 科,61 属,66 种。主要有香鱼、圆吻鲴(翼鱼)、鲫鱼、鲤鱼、泥鳅、草胡子鲇、鲇鱼(鲶鱼)、乌鳢、黄颡鱼、石斑鱼、喀氏倒刺鲃(鳕鱼)、台湾突吻鱼(雨古)、鳗鲡、黄鳝等。

2.节肢动物

多足纲 有马陆、蜈蚣等。

甲壳纲 有虾、蟹等。

蛛形纲 有蜘蛛、蝎、蜱虫等。

昆虫纲 有蝗、蝶、蚊、蝇、蚂蚁、白蚁、蝉、蝼蛄、螟虫、螳螂、蟑螂、天牛、斑蝥、施小蜂、黑蜂、蜻蜓、虎甲、瓢虫等。其中，天敌昆虫36种。

3.环节动物

蛭纲 有水蛭等。

毛足纲 有蚯蚓等。

4.软体动物

腹足纲 有蜗牛、螺蛳等。

瓣鳃纲 有蚌、蚶、蚬等。

(二)植 物

境内有木本植物93科，278属，655种。主要分布在山间、山脚坡地、溪坎路旁，多被野草覆盖。按植物利用主要经济性能可分为：

用材类 主要有杉木、马尾松、黄山松、柳杉、枫杨、枫香、浙江樟、香樟、拟赤杨、椿树、木荷、光皮桦、江南桤木、鹅掌楸、凹叶厚朴、喜树、重阳木、无患子、泡桐、白杨、深山含笑、黄连木、黄山木荷、南酸枣、水杉、池杉、香椿、臭椿、梓树、香果树、青钱柳、沙朴、榆树、蓝果树、红楠、刨花楠、化香、甜槠、苦槠、青冈、小叶青冈、绵槠、米槠、罗浮栲、钩栗、硬斗石栎、青栲、乳源木莲、薯豆、南方红豆杉、杜英、猴欢喜、黄檀、糙叶树、华东黄杉、长叶榧、三尖杉、钟萼木、灯台树、尖叶四照花、岩青冈、山矾、乌皮柴、粉背椴、郁香野茉莉、虎皮楠等。

糖、淀粉类 主要有猕猴桃、杨梅、野柿、桑、葡萄、野山楂、金樱子、周毛悬钩子、乌饭、板栗、锥栗、茅栗、白栎、短柄枹、苦槠、野葛、菝葜、蕨等。

油脂类 主要有豺皮樟、刨花楠、红楠、山桐子等。

芳香油类 主要有山苍子、山胡椒、竹叶椒、樟树、浙江樟、黄山木兰、凹叶厚朴、乳源木莲等。

纤维类 主要有毛瑞香、青钱柳、化香、藤葡蟠、柘树、山油麻、小构树、葛藤、山棉皮、棕榈等及竹类嫩茎。

药用类 已利用的有240多种。主要有三叶青、九重楼、半夏、香附、茵陈、艾草、葛根、黄栀、杜仲、金银花、鱼腥草、水菖蒲、马齿苋、蒲公英、活血丹、白藤莉、金钱草等。

牧草饲料类 主要有三白草、大蓟、小蓟、刺苋、水浮莲、浮萍、铁苋菜、狗尾草、燕麦、青蒿、野古草、五节芒、白茅、金茅、胡枝子等。

境内国家重点保护野生植物有11科,12种,属国家一级重点保护植物有银杏,国家二级重点保护植物有伯乐树(钟萼木)、香果树、鹅掌楸、华东黄杉、长叶榧5种;属国家三级重点保护野生植物有银钟树、凹叶厚朴、黄山木兰、短萼黄连、短穗竹、中华水韭6种。

第二节 人文环境

老竹畲族镇的人文积淀深厚,遗迹主要有蔡氏祠堂、双门郑氏宗祠、梁村新屋古民居、“瑞日祥云”古民居、西岩寺、玉岩寺、赤岩悬空寺、渥溪桥、东西岩等。其中,东西岩已建成国家AAAA级旅游景区。

一、人文遗迹

(一)古民居

梁村新屋古民居 位于莲都区老竹镇梁村东塘路15号,坐西北朝东南,建于清咸丰年间(1851—1861年),占地1280.8平方米,前后分三进,左右设厢房,小青瓦阴阳合铺,勾头滴水。地面三合夯土铺筑。天井为卵石铺设。梁村新屋坐北朝南偏东45°。整幢房屋由门厅、中厅、正厅、厢房和伙间等组成。正厅九开间宽31.80米,进深10.85米。中为明间,设有木照壁,左右依次有次间、梢间、梯间、道梢间等。柱架为穿斗式结构,中栋高达9.50米。二坡硬山顶叠瓦屋脊。中厅九开间宽31.80米,进深8.00米。中为明间,有木照壁,左右有正、次梢间及梯间,后筑厚达0.37米的夯土墙,通正厅的门设在明间左右,梁架是抬梁穿斗式混合结构。中栋高9.00米。二坡歇山顶,叠82组屋脊。中厅后为天井,规格16.10米×5.00米,左右设后厢房,厢房二层二开间。门厅九开间面宽31.80米,进深3.35米,穿斗式柱架,其后为前天井,天井两侧为前厢房二层二开间。二坡硬山顶,叠瓦屋脊。二、三进间筑夯土墙,并在前天井和后天井三侧设挡火砖围栏,便于起火时取砖堵塞二、三进之间的封火门,构思独特。经文物部门鉴定,梁村新屋规模较大、格局清晰、用材讲究,构造才思独特,为典型的清代建筑建造风格。具有一定的历史、艺术和科学价值。2012年,新屋古民居被公布为丽水市莲都区第一批区级文物保护单位。

前街49号古民居 位于莲都区老竹镇梁村前街49号，清中期建筑，坐东南朝西北，占地400.3平方米；建筑由正厅和前、后厢房组成，夯土地面，小青瓦阴阳合铺，勾头滴水，马头墙硬山顶。正厅面阔五开间，通面宽20.29米，进深五柱七檩，通进深19.73米；梁架为抬梁穿斗混合式带前单步。前厢房二层二开间，后厢房二层一开间。大门朝北，砖砌门墙，门额上阳刻“积善余庆”，门墙屋檐正中一砖质“宝葫芦”，用于镇宅避邪，梁托、窗花等雕刻精美。经文物部门鉴定，梁伯乐宅雕刻精美、清晰，具有一定的历史、艺术和科学价值。

老竹镇梁村古民居组图（梁寅伍 摄）

前街43号古民居 位于莲都区老竹镇梁村前街43号，建于清同治十二年（1873年），坐南朝北，占地468.6平方米。三合院式。建筑由正厅和左右厢房组成，夯土地面，小青瓦合铺，勾头滴水，硬山顶。止厅面阔五开间，通面宽23.04米，进深五柱七檩，通进深20.34米；梁架为抬梁穿斗混合式带前下檐单步。左右设厢房，均二层二开间。大门朝北，砖砌门墙上檐挑砖，正面阳刻“渭滨分绪”，背面阳刻“润晖 癸酉桂月杨士云题”。梁托雕刻精美，有凤凰、牡丹等图形，十分精美。经文物部门鉴定，梁玉友宅雕刻精美，用材讲究，具有一定的历史、艺术和科学价值。

前街6号古民居 位于莲都区老竹镇梁村前街6号，清代建筑，坐南朝北，占地433.7平方米。建筑由门厅、正厅和厢房组成，夯土地面，小青瓦阴阳合铺，勾头滴水，马头墙硬山顶。门厅三开间，进深二柱三檩，梁架为抬梁式。正厅面阔五开间，进深五柱七檩，梁架为抬梁穿斗混合式带前双步。大门朝北，砖砌门墙，门额阳刻“爽塏斯居”，两侧有人物浮雕。天井四周檐柱均有梁托，有狮子、凤凰、松鼠、莲花等形状,十分精美。经文物部门鉴定,梁群伟宅雕刻精美,用材讲究,具有一定的历史、艺术和科学价值。

“霞蔚云蒸”古民居 位于曳岭脚村64号,建于清乾隆年间(1736—1795年),坐西朝东,占地556平方米,四合院式,夯土地面,小青瓦阴阳合铺,勾头滴水,硬山顶,前厅三开间,进深三柱五檩,正厅七开间,进深五柱七檩,梁架为抬梁穿斗混合式带前下檐双步,大门朝东,砖砌门墙,石库门,门额雕刻“霞蔚云蒸”四字楷书,大门外立有两对旗杆石,为蔡氏父子俩同是文武进士所立。牛腿、窗花雕刻精美,形式多样,有书卷、乐器、花等各种图案,富含“诗、书、礼、乐”、文武双全、福禄康寿之意。正厅挂匾“贡元”。“霞蔚云蒸”古民居用材考究,布局严谨,雕刻精美,是一座具有明显的浙西南地域风格特色的清代住宅建筑。

“瑞日祥云”古民居 位于曳岭脚村78号,清代建筑,坐西朝东,占地556平方米,建筑由正厅、厢房组成,小青瓦阴阳合铺,勾头滴水,硬山顶。正厅七开间,进深五柱七檩,梁架为抬梁穿斗混合式带前后双步。明间开后门,南北两侧开偏门,东侧设内大门,砖砌门墙,石库门,砖挑檐墙,门额正中凹槽上阳刻有砖雕楷书“瑞日祥云”四字。檐柱设牛腿,有鱼、牡丹、聚宝盆等图案,十分精美。南北两侧设厢房,三开间,北厢房东侧设外院厢五间,在东梢间开北向大门,为砖砌八字门,门宽3.2米,高7.1米,做工讲究,雄伟壮观。“瑞日祥云”古民居规模较大,布局巧妙,砖雕精美,牛腿、雀替等木雕形象逼真,为研究地方建筑文化提供了重要实物例证。

“瑞日祥云”古民居组图(梁寅伍 摄)

(二)古 桥

渥溪桥 因渥溪而得名。北宋大观年间(1107—1110年),梁旃七世孙梁侅始建,明代维修3次。桥东西走向,为清康熙四十八年(1709年),里人梁祚旋重建。桥长17米,单孔净跨9.8米,面阔3.3米,矢高6.1米,有廊屋7间,立木柱，盖青瓦。桥型仍保持宋代建筑风貌。清光绪十七年（1891 年）《渥溪梁氏宗谱》详细记载了渥溪桥来历及历代修缮情况：“渥溪大桥，在村东。宋三隅官侅公建。明处士柏楠公、垌公、坦公重修。”康熙四十八年（1709 年），仕汤溪县学教谕祚旋公捐资，绣公助银十两，众助力重建。自后乾隆二十六年（1761 年），因大梁霉烂 2 条，虽未大坏，将来日深月久，遂有鞭长莫及之忧。族人合力同修，砍伐陈山头大松木 2 株，拆修仍复其旧，董事祠首：“紫祥、世仪、廷宣、大器系募众力以成其事。”

（三）古寺庙

西岩寺 民国《宣平县志》载：“在东五十里，康熙年间，里人戴尧哲建。雍正年间，戴成美、陈大义助田二亩五分，召僧住持。乾隆二年，戴成立等将寺前荒地开垦兴赋，置田五亩四分。民国 11 年陈水根等募修。”

玉岩寺 据 2016 年 7 月 13 日沙溪村座谈会钟明根、蓝梁宝等口述：“东明洞、玉岩寺始建于唐代大周，清万历重修。观音佛像为樟木精雕，宣平曳坑村第五代李老五个人雕赠。1966 年‘文化大革命’‘破四旧’时，寺中泥塑菩萨被毁，发现重修年代，观音佛像被信徒保藏下来，至今仍完好，立于玉岩寺。”

赤岩悬空寺 据《莲都文化》载：“莲都区赤岩悬空寺，位于高畔村东侧赤岩山上，海拔 1070 米。赤岩山悬崖突兀，岩体赤裸，有天生洞穴，宋时就有人依洞建寺。名曰赤岩寺，亦称悬空寺。早年有建庙石碑，记载寺庙来历，可惜在‘文化大革命’时期被毁。于 1984 年重建。”赤岩寺是佛教、道教合一的寺庙。“悬空寺”道家之“玄”，佛家之“空”的意思。主殿内供奉洞主公；内殿供奉天师道长、五显灵官、夫人娘娘、观音菩萨、如来佛祖；边殿还有插花娘娘，是畲家人信仰的美惠女神，即美丽和智慧的化身。边殿供奉的天师道长，令人记起北魏天师道长寇谦之（365—448）仙逝前留下的遗训：“要建一座空中寺院，以达‘上延霄客、下绝嚣浮’。”

赤岩悬空寺（梁寅伍 摄）

仁烈嘉佑章侯王庙 据民国《宣平县志》载:“仁烈嘉佑章侯王庙一在县南老竹,一在县东原溪祀。唐忠义章承趣,宋敕封灵显庙。”又载:“中和二年,黄巢贼党侵逼,俞强章承趣率乡人登东岩拒之。”“唐、章承趣俞和中和间,黄巢乱群,盗焚掠。乡闾强推章承趣为部领,保东岩为固,三乡获全。”章承趣征巢有功,有恩于乡民,宋时敕封“仁烈侯”建“灵显庙”。老竹、巨溪一带称“大王公”庙。

三官庙 位于新屋村丁记水口三官庙,始建于民国13年(1924年),主供三官大帝。民国《宣平县志》载:三官庙在县南50里琛屋,民国13年,陶达岐等捐建。丽水一带民间崇拜较为普遍,甚至有的村落以此命名,如徐庄的三官殿自然村。三官大帝是早期道教尊奉的三位天神,指天官、地官和水官。中国上古就有祭天、祭地和祭水的礼仪。《仪礼》的《觐礼》篇称:“祭天燔柴、祭山丘陵升、祭川沉、祭地瘗。”不过,上古祭祀天、地、水是朝廷的权利,庶民百姓只能祭祖。东汉时,“其一上之天,着山上;其一埋之地;其一沉之水。谓之三官手书”。南北朝时,天、地、水三官神和上、中、下三元神合二为一。在道教神学中,有几位出现时间比三清尊神还早,且神界很高的尊神,天、地、水三官就是其中之一,其是道教最早敬奉的神灵,亦称“三官大帝”“三元大帝”“三官帝君”。新屋的三官庙,白墙青瓦,四角马头挑檐,再加上450多年的古樟掩映,格外古朴典雅,神灵显圣。

老竹“仁烈侯”大王公庙 位于老竹村中心,于民国6年(1917年)建,面积约2000平方米,7间6椎,有天井、水井和戏台,周围青砖围墙,旁边伙房3间,泥塑菩萨22尊。民国15年重修,中堂、前厅用石柱方形、圆形各三对,全堂木料瓦椽红漆而成,雕有狮子头、梁托,蔚为壮观。其中“仁烈侯”王为樟木雕塑,每年农历九月十五日为大王公生日,老竹均演佛戏,并抬“仁烈侯”王佛像踩街巡游,锣鼓喧天,鞭炮齐鸣,彩旗飘扬,以显神威,祈佑风调雨顺,国泰民安。“文化大革命”中被毁。2010年,民间集资重修玉峰寺,正堂立仁烈侯王像,香火甚旺。

老竹“仁烈侯”大王公庙(梁寅伍 摄)

二、人文景观

(一)东西岩国家AAAA级旅游景区

东西峙岩 东西岩与青田石门洞、缙云仙都,同为括苍之名山胜景,为“天生奇物”。东西岩的形胜是“穹隆崛起,怪伟环峙”,属典型的丹霞地貌,是地壳断裂下沉所形成的。它以奇岩怪洞、悬崖绝壁和峡谷深长为特色,集怪、伟、奇、险于一身。青田石门和缙云仙都,因地当“孔道”,古往今来游人如织;而东西岩因地处“奥区”,离郡稍远,而少有“造赏者”。何镗在游玩东西岩后,颇因其“地限”而大发感慨。

明万历八年(1580年)八月,丽水乡贤何镗写有一篇《东西岩游记》,对东西岩的归属、方位和特点作了极好的概括:

“环栝千里内,名山以十数。惟青田石门为最胜,缙云仙都为最奇,而穹隆崛起,怪伟环峙,莫过于宣平之东西岩。然石门、仙都皆当孔道,古今人不乏游览……惟两岩旧为丽水西北奥区,去郡城五十里……余顾无造赏者。天生奇物,岂不以地限哉!”①

东西岩因两岩对峙而得名,又因东岩如鼓、西岩如钟而称钟鼓岩。它虽也是“天生奇物”,因其“地限”而“养在深闺人未识”,自宋代至20世纪末都没有很好开发。也正因为没有人工的雕琢,所以显得粗犷雄浑,傲岸奇伟,特别古朴自然,富有原始野趣,真称得上是“清水出芙蓉,天然去雕饰”。

东西岩(梁寅伍 摄)

东 岩 高60余米,四面陡峭,屹立如大鼓,似“危楼补地”,像“顽石倒垂”。岩下有洞,名为东明洞,长约48米,宽约18米。上岩如翼展出,岩下地势平坦宽阔,洞前有墙挡风。宋代梁村梁安世在此建有“天阅堂”别业;明代 以后,洞穴架屋,改为禅院,右为佛堂,后毁坏。洞中留有观音像,据说还是唐代时期留下来的。左傍石鼻,以土石遮塞,连亘

① 民国《宣平县志》卷十三第五十九页。

为居室,殆失自然天真。洞内有碓臼、石磨等物,是昔日乡民避乱时遗留下来的。

东岩顶上地势较为平坦,面积约1.3公顷。中有土阜,青松翠竹处在明代建有三楹,名为定香院。祠皆用石柱,取材于石塘。清时建的八角茅庵,也已毁坏。现有八角亭一座,四周为木椅栏杆。亭右有日、月两池,相传左清右浊。左池为日池,是人工凿成,长6米,宽4米,深约2米,四季不涸,池水清冽。右池为月池,明末始凿。

东岩孤高陡峭,上去只有一险仄小径,"石梯盘羊肠"。因地险易守,东岩就成了百姓避乱之"灵迹"仙境和兵家争夺之要地。动乱兵燹年月,当地百姓往往在此躲避战火。唐上元年间(760—761年)的袁晁,乾符五年(878年)的赵言,中和二年(882年)的黄巢,北宋宣和三年(1121年)方腊义军的洪载部,元至元二年至三年(1336—1337年)的蒙给旗榜,至正十二年(1352年)的项普略均进攻过东岩。明正统十四年(1449年),陶得二部的舒景隆,围岩十余日,最后纵火焚林,逼得蔡恭十及团勇、乡族坠岩而死。如今东岩下深渊处仍留有一座大土丘,人们叫"千人坟"。明景泰元年(1450年),丽水、宣平矿夫起义军全部退守东岩,官府军队将他们团团包围,绝其要路。起义军坚守18日,后岩破被擒赴难。也有农民与游击队利用东岩作为根据地,与官军相抗衡。

牛鼻洞 在东明洞西南侧,有洞形似牛鼻,名为牛鼻洞。从牛鼻洞出来,"止一径扪萝可上",游人只能滑壁辽迴,身傍峭壁,脚踩斜蹬,手攀穹隆,盘旋于石隙间,猫腰穿过一天门,再穿过二天门,才登上东岩的顶部。东岩因岩石呈赤色,故又名赤石楼。

清风峡 在东岩之北,有一块巨岩挺拔陡峭与东岩对峙。壁削千仞如刀劈,形成一条长50多米,高68米,宽仅4米的长峡,名为清风峡。从峡内仰视碧空,蓝天被岩壁挤成一线。行走峡中,清风微拂。

卓笔峰 离清风峡口10余米,一岩拔地如笋,凌空耸立,高数十丈,似巨笔刺天,故名卓笔峰。自卓笔峰东行30余米,有四块巨石组成的十字形的峡谷。峡长约40米,最宽处为2米,最狭处不足半米。远望它自成一体,近睹则四岩并立。从峡口仰望高空,似坐井观天。从十字峡西望,山顶有一巨石,形似仙人座椅,俗称为"金交椅"。

将军石 在东岩的西北侧有一山岩,侧面形似戴盔披甲的将军,威武地怒视前方，名为将军石。在将军石的北侧，一岩陡峭凌空，高 67 米，宽约 40 米，切面光滑平直，犹如一剑劈成，称为试剑石，又名切壁。大自然的鬼斧神工，创造了神奇，令人叹为观止。

西 岩 西岩踞东岩之西，相距仅四五百步。三面陡峭，高数十丈，员锐如帻（头巾）。据说岩顶上地宽丈余。而岩脚有洞，宽约 8 米，长 40 米，旧称西明洞。半山腰穿过西岩的有穿身洞。它分为内外两洞，形似两个扁形漏斗，而斗颈相连。外洞宽敞平坦，长、宽各约 40 米，高 8 米，可容纳几百人。站在洞口，可俯瞰西岩全景。内洞长、宽各约 20 米，可容纳数十人。内外洞之间有一条长约 6 米的狭径，高却不足 1 米，人得匍匐猫腰鱼行。至内洞，则豁然开朗，平坦宽敞。站在洞口，可见洞下百丈悬崖，望而生畏，令人却步。而远处层层的梯田，葱茏的林木，峥嵘的山岩，苍翠的峻岭，如镜的水库，似带的溪流，古朴的村落等，可以尽收眼底，令人赏心悦目。

桃花洞 出穿身洞，往西北经夫妻岩、纱帽磁、七星岩，可到桃花洞。明成化《处州府志》卷十七载：桃花洞，在东岩，有石洞，深广 20 余丈。门有桃数株，故名。桃花洞是口小肚大，中空层叠，石片岈然。内宽约 7 米，深 20 余米。进洞以脚蹬地，回声震耳，仿佛洞下有洞。因洞口旧有桃园一片，故名桃花洞。古人多写有诗作，赞美其洞古崖深而景幽。

僧尼岩 西边岩之北，有岩逼肖僧尼，名为僧尼岩，俗称和尚对尼姑。岩下有僧尼峡，高约 50 米，长约 40 米，宽仅 1 米。

石 梁 在西边岩对面，有半月形巨石，上卷底平，凌空横悬，长约 20 米，宽约 8 米，后倚小切壁，仅相隔 1 米，人们仰望蓝天，巨石似横梁，故称为石梁。石梁东，有两洞相穿。出了洞口，一岩挺拔，宛如凤凰伸颈展翅，遂以凤凰命洞。濒临水库，有双岩紧倚，各自成圆锥，岩形如玉甑岩。

东西岩景区占地约 2.5 平方千米，共有 100 余个景点。以上所及，只是其中部分主要景点。因为它岩石雄奇壮观，陡绝惊险，1985 年被列入首批省级风景名胜区。2006 年 12 月被评为国家 AAAA 级旅游景区。

东西岩景区因坐落在老竹畲族镇沙溪畲族村境内，故而又可以欣赏到浓郁的畲族民族风情。每逢节假日，景区内会推出“三公主”迎宾、畲族婚嫁、祭祖、畲族歌舞等丰富多彩的具有浓厚的畲族风情表演节目。而于每年农历“三月三”举办的畲族传统歌舞会以及不定期举行的民俗风情风俗体验活动，则有成千上万的游客前来观赏和体验。

(二)南乡革命纪念馆

南乡革命纪念馆(梁寅伍 摄)

土地革命战争时期和解放战争时期,新屋郑氏涌现了郑和斋和郑志浩两位为民族解放而付出年轻生命的英烈。2014年,村党支部弘扬先烈精神,投资300多万元,在郑和斋故居建南乡革命纪念馆,占地4900多平方米。成为风情东西岩红色旅游风景线。

(三)处州白莲基地

老竹畲族镇于2010年发展农业龙头企业14家,与此同时,在周坦、红桥、老竹、仁宅发展处州白莲基地18.33公顷,当年产莲子20.6吨,产值123.8万元。每逢莲花盛开期间迎来上万人次游客观光。

莲都区园处州白莲基地组图(朱秀琴 摄)

第三节 建置沿革

老竹畲族镇在商末周初就有"有孔石矛"。隋开皇九年(589年)置处州,老竹属括苍县懿德乡。元代为处州路丽水县懿德乡。明景泰三年(1452年)至清宣统三年(1911年)为处州府宣平县懿德乡。中华民国元年(1912年)至中华人民共和国成立后的1958年5月归属宣平县曳岭区崇义乡和永丰乡。后经农业合作社、人民公社,沧海桑田,几经变革,1986年1月成立崇义畲族乡,1988年更名为老竹畲族镇。至2015年老竹畲族镇下辖12个行政村。

一、政区沿革

(一)地名由来

老竹,原名“珊溪”。据民国《宣平县志》载:“唐章承趣俞强中和间,黄巢乱群盗焚掠乡闾。强推承趣为部领,保东岩为固三乡获全。”章承趣之武功威震一方,曾有徒手逮“大山猫”[①]款待娘舅之传说。

一日,一位过路客商来到章承趣家,母亲告诉他这是娘舅。章承趣十分高兴,就去野外山林打猎。没多久,逮来一只“大山猫”,母亲叫他先拴在屋后竹园里,来到竹园,伸手捏竹,满园竹子被捏得纷纷裂倒,最后剩下一根竹竿发黄的竹子,捏了又捏都不会开裂,就把“大山猫”拴在这根竹子上。流传着“嫩竹青青老竹黄”之谣。章承趣捉虎捏竹成了一段历史佳话。明代蔡希佐诗曰:

昔传仁烈侯,出入此骑虎。
奇迹耀威武,逸事载遗谱。

自此,“珊溪”村就被称为“老竹”村,老竹村前的珊溪就叫作“虎迹溪”。一直沿用至今。

唐代,老竹隶属处州括苍县懿德乡。大历十四年(779年)至元代为处州路丽水县懿德乡。明景泰三年(1452年)析处州府宣平县懿德乡,直至清宣统三年(1911年)管辖范围有老竹、黄弄、曳坑、周坦、梁村、样后、留畈等130个村落。民国元年(1912年)至1949年为曳岭区崇义乡,乡公所在曳岭脚。中华人民共和国成立后,老竹一直是曳岭区崇义乡的政治、经济、文化中心。

1988年2月9日,浙江省第一个畲族建制镇——丽水市[②]老竹畲族镇(1986年原崇义畲族乡)成立,镇区修编了新的建设规划。11月16日,丽水市人民政府市府发〔1988〕140号文件批复,老竹畲族镇区主要街道有了新命名,分别为“镇前街、镇中路、镇北路、东岩路、大众路、溪南路、虎迹路、凌山路、新和路、丽竹路和庆丰路”。自此,镇区建设步入规范化轨道。至2015年底,老竹桥头公路桥、学甫“珊溪”石拱桥、凌山廊桥等三座桥横卧老竹虎迹溪,虎迹溪老竹桥头至仁宅上村头段建成10道梯级堰坝,原“衰衣滩”改造成了“清水河”。镇区虎迹溪两岸有85株百年构树,遮天蔽日。镇前街、新和路、东岩路、丽竹路拓宽成形,商铺林立。1994年始建的3500平方米的曳岭综合商品市场,2013年重

① 大山猫:老虎。
② 当时的丽水市即今莲都区。

新改造成砖混结构的老竹农贸市场。镇区设有派出所、司法所、国土所、建设所、供电所、水管站、林业站、农技站、文广站、老竹民族学校、老竹中心幼儿园、老竹中心医院、农商银行老竹支行、邮政储蓄老竹所、电信支局、市场监管所、供销社、粮管所等18个单位、部门。1999年成立国土所,2004年成立城建所,至2015年底,老竹镇有1355户农户拆建、批建新楼房(砖混结构)建筑面积达38万平方米。

(二)建置历史

隋开皇九年(589年),老竹镇属处州府括苍县懿德乡。唐宋时期,老竹镇属括州总管府括苍县懿德乡。明景泰三年(1452年),置宣平县,老竹镇属处州府宣平县辖七、八、九、十、十一都。

民国元年(1912年)至民国37年,老竹析置崇义乡,属瓯海道丽水行政督察署宣平县。

1949年10月,中华人民共和国成立,老竹镇属温州专区宣平县曳岭区崇义乡。1958年4月,宣平县建制撤销。5月,曳岭区崇义、新和、梁周、永丰、联城(巨溪)5个乡并入温州专区丽水县。1958年10月,推行政社合一的人民公社体制,将原有的区改称为人民公社,乡为生产大队,行政村为生产队,曳岭区为英雄人民公社,崇义乡为崇义生产大队。1959年4月改称为曳岭公社,梁周乡,前周坦乡境并入崇义生产大队,属丽水地区丽水县。1961年9月,调整公社体制,恢复区建制,以生产大队建为人民公社,原生产队为大队,大队下设生产队,曳岭公社崇义生产大队改称为曳岭区崇义人民公社。1962年2月划入金华专区武义县,4月划归温州专区丽水县。

1949—1960年,老竹畲族镇原为曳岭区崇义乡,辖大片、曳岭脚、黄桂、新屋、陶村、下桥、沙溪、仁宅、老竹、后坑、破桥、周坦、西岸、郑坑等14个村,56个自然村。农村实行土地改革建立农会互助组,初级农业合作社。1961—1983年,改崇义乡为崇义人民公社,14个村改为14个生产大队72个生产小队,农民走上集体合作化道路,改变了一穷二白的落后面貌。

1983年3月始,政社分开,恢复乡、村建置,改公社为乡,生产大队为行政村。至1984年2月,曳岭区崇义公社改称为曳岭区崇义乡,14个生产大队改为14个行政村。1986年1月改崇义乡为崇义畲族乡。1988年2月崇义畲族乡改建为老竹畲族镇,辖区隶属不变。1992年5月25日,浙民基字〔1992〕48号文件批复,撤销曳岭区和永丰乡,并入老竹畲族镇,辖大片、曳岭脚、黄桂、新屋、陶村、下桥、沙溪、仁宅、老竹、后坑、红桥(破桥)、周坦、西岸、郑坑、高丰、梁村、徐庄、浅田、小黄弄、东头、麻铺、丁公、章记、赤坑、高畔等25个生产大队改为25个行政村，56个自然村扩增到99个自然村。2012年，72个生产小队扩改为139个村民小组。户籍人口由9009人扩增到15984人。

2000年7月，丽水地区改建为丽水市，丽水县（丽水市）改名为莲都区，老竹镇属丽水市莲都区。2013年，老竹镇25个行政村调整为12个行政村。大片、曳岭脚合并为曳岭脚村；黄桂、下桥合并为榴溪村；新屋、陶村合并为新陶村；沙溪、仁宅合并为沙溪村；老竹加乌硋移民为老竹村；周坦、西岸合并为周坦村；郑坑、高丰合并为郑丰村；红桥、后坑合并为后坑村；梁村不变；徐庄、浅田、东头、小黄弄合并为徐庄村；麻铺、丁公合并为丁公村；章记、赤坑、高畔合并为赤坑村，区域面积83.9平方千米。

隋至2015年老竹镇建置一览表

表12-1-3-1

时间	本镇建制	县级建制	地区建制	省级建制
隋开皇九年（589年）	懿德乡	括苍县	处州	
隋开皇十二年（592年）	懿德乡		括州	
隋大业三年（607年）	懿德乡		永嘉郡	
唐武德四年（621年）	懿德乡	括苍县	括州	括州总管府
唐武德八年（625年）	懿德乡	括苍县	括州	
唐天宝元年（742年）	懿德乡	括苍县	缙云郡	
唐乾元元年（758年）	懿德乡	括苍县	括州	
唐大历十四年（779年）	懿德乡	丽水县	处州	
五代	懿德乡	丽水县	处州	两浙路
北宋太平兴国三年(978年)	懿德乡	丽水县	处州	江浙行中书省
元代十三年（1276年）	懿德乡	丽水县	处州路	浙江行省
明景泰三年（1452年）	七、八、九、十、十一都	宣平县	处州府	浙江行省
清代	七、八、九、十、十一都	宣平县	处州府	浙江军政府
清宣统三年（1911年）	七、八、九、十、十一都	宣平县	处州军政分府	浙江省
民国元年（1912年）	崇义区	宣平县	瓯海道丽水行政督察区	浙江省
民国15年（1926年）	崇义区	宣平县	第九行政督察区	浙江省
民国37年（1948年）	崇义区	宣平县	第七行政督察区	浙江省
1949年12月	曳岭区崇义乡	宣平县	丽水专区	浙江省
1956年	曳岭区崇义乡	宣平县	温州专区	浙江省

续表 12-1-3-1

时间	本镇建制	县级建制	地区建制	省级建制
1958 年 9 月	英雄公社崇义管理区	丽水县	温州专区	浙江省
1959 年 1 月	曳岭公社崇义大队	丽水县	温州专区	浙江省
1960 年	曳岭公社崇义大队	丽水县	温州专区	浙江省
1961 年 9 月	曳岭区崇义公社	丽水县	温州专区	浙江省
1962 年 2 月	曳岭区崇义公社	武义县	金华专区	浙江省
1962 年 4 月	曳岭区崇义公社	丽水县	温州专区	浙江省
1963 年 5 月	曳岭区崇义公社	丽水县	丽水专区	浙江省
1968 年	曳岭区崇义公社	丽水县	丽水地区	浙江省
1984 年 3 月	曳岭区崇义公社	丽水县	丽水地区	浙江省
1986 年 2 月	曳岭区崇义畲族乡	丽水市	丽水地区	浙江省
1988 年 2 月	曳岭区老竹畲族镇	丽水市	丽水地区	浙江省
2000 年 7 月至 2015 年	老竹畲族镇	莲都区	丽水市	浙江省

二、辖区村落

1949 年 12 月至 1992 年 4 月，老竹畲族镇属曳岭区崇义乡，辖 14 个行政村；1992 年 5 月，永丰乡并入老竹畲族镇，共 25 个行政村。2013 年 11 月并村后，全镇辖曳岭脚、榴溪、新陶、沙溪、老竹、后坑、周坦、郑丰、梁村、徐庄、丁公、赤坑等 12 个行政村。2015 年，镇辖村数不变。

2015 年老竹畲族镇各行政村及自然村一览表

表 12-1-3-2

行政村	自 然 村
后坑	后坑、狮子山、樟塘垵、紫阳观
周坦	前道后、西岸、水碓、弄里
郑丰	郑坑、上牛寨、下牛寨、学山、上官山、下官山、桑上、白水坑
梁村	梁村
徐庄	上村畈、三官殿、半山、底棚、樟树脚、唐过、金斜、南山、朝步源、浅田、东头、小黄弄、楼根底、薄荷塘
丁公	麻铺、官畈、金钟圩、丁公
赤坑	湾山、内河源、牛牯弄、赤坑垵、外河源、蔡弄源、章记、高畔

续表 12-1-3-2

行政村	自　然　村
曳岭脚	大片、黄庄、高铺、家弄、三亩头、水头、景都
榴溪	黄桂、平坑、横塘、上井、金村、山背、黄岗、下桥、榴溪、金桥畈
新陶	白磁下、石门源、新屋、陶村、潘底、陶湾底
沙溪	沙溪、黄兰、道弄源、黄泥岗、西岩、仁宅
老竹	俞店、何村、学甫、前街、后街、雾岭头、新竹小区、风情养生园

(一)曳岭脚行政村

曳岭脚行政村坐落在镇区西北面，距镇政府所在地 2.5 千米。2013 年 11 月由大片和曳岭脚两个行政村合并而成，辖大片、黄庄、曳岭脚、高铺、家弄、三亩头、水头、景都等自然村。2015 年，全村 14 个村民小组，689 户 1681 人(其中畲族蓝氏 18 人、雷氏 5 人、钟氏 38 人)，有耕地面积 72.73 公顷，园地面积 49.87 公顷，林地面积 526.67 公顷。

曳岭脚村前有“月山”，背靠“曳山”。通往宣平的古驿道经村过“百步岭”至曳岭头，相传曾有仙曳(雁)履过此地，故名曳岭脚，又有“月山”或“曳山”之村名。2012 年 6 月 18 日，浙江省人民政府(浙政发〔2012〕52 号)文件公布曳岭脚村为浙江省第四批历史文化名村。

南宋建炎元年(1127 年)始建“蔡氏祠堂”，占地 1840 平方米，明弘治年间(1488—1505 年)进行过修葺，集体化时改为生产队粮食仓库，2014 年开始村内蔡氏后裔为传承历史文化，集资 300 万元进行全面重修，重修后保留了原来的历史风貌。

南宋嘉定十六年(1223 年)，曳岭蔡仲龙科考高中榜眼，擢升为状元，曳岭脚村 60 号为蔡府状元厅旧址，大门前坛为石板铺成，并存有桅杆墩 1 对。

蔡府状元厅(梁寅伍　摄)

唐、宋、元、明、清历代出过进士 13 名，贡生 9 名，举人 13 人，征辟 11 人。至 2015 年，全村有硕士 1 人，大学生

58人。

村中尚存“霞蔚云蒸”“瑞日祥云”等古民居，成为村史历史文化的见证。曳岭脚上村头有口“八角井”。井水清澈见底，夏凉冬暖，远近闻名，古时，八角井水酿制的“金盘露”酒为朝廷贡酒，今成为“东西岩”招待游客的精品酒。曳岭脚上水碓古有“樟树桥”，由蔡熙洵等人成立桥会，此处为禁地，文武百官到此，文官落轿，武官下马。1962年冬曳岭脚村民孙赵云出资500元在中央水碓建石拱桥，取名“月山桥”。现在原桥面浇筑水泥，成为曳岭脚通往榴溪、新陶的必经之路。民国时，曳岭脚为处州宣平县懿德乡八都一区区公所所在地，区公所在现78号蔡金枝房屋旧址。

全村蔡氏为主姓，有蔡氏736人。2001年9月1日，安置394名景宁滩坑水库移民，新建曳岭脚景都自然村。

据民国《宣平县志》载:“龙岩寺，在县南五十里，光绪五年绅士蔡锡鳌、郑培梧等捐建，民国10年董事蔡国桢等募修。”现大片龙岩寺部分倒塌，仍有民众朝拜祈祷。

大片自然村坐落在龙岩山脚。在“农业学大寨”时开田造地，兴建村“红旗水库”，劈山造林800亩，建成大会堂、小学校舍和集体办公楼，成为丽水县的红旗村。1999年10月29日，大片村被授予“全国文明村”称号，原村党支部书记应水法被誉为耕耘在农村的“老黄牛”，1977—1983年，曾被选为崇义公社党委副书记，第四届中共丽水县委委员。

1998年开通仁宅至曳岭脚至大片机耕路，2000年浇筑成全镇第一条3.5千米乡村水泥路，2011年进行拓宽改造。2012—2015年浇筑曳岭脚至黄庄至榴溪至高甫共3.5千米的康庄水泥路。2006年建成村委办公楼。2013年在榴溪建丽水龙达食用菌专业合作社，香菇基地12.4公顷，最高日产鲜菇10吨，全村拥有卡车30辆，小轿车310辆，电瓶车290辆。

(二)榴溪行政村

榴溪行政村位于镇区北部，距镇政府所在地3千米。2013年11月由原黄桂村和下桥村合并而成。2015年，全村辖黄桂、横塘、上井、下桥、山背、榴溪、金桥畈、金村等自然村，14个村民小组，有564户1311人，有耕地面积103公顷，林地面积482公顷，山林面积465公顷，是全镇5个畲族行政村之一。

民国32年(1943年)抗日战争时期，省立浙东第二临时中学高中部迁至榴溪，学生 126 人。榴溪是曳岭教育的摇篮，处于原黄桂和下桥的中心地段，2013 年撤并时故命名榴溪行政村，有蓝、雷、钟三姓畲民 609 人，占全村总人口的 46%以上。各自然村都有村名由来。横塘村中央有一水塘，取名横塘；黄桂村畲民到横塘财主家帮工，被视为贵宾“贵”与“桂”谐音，横字去掉“木”字即“黄”，故名黄桂村；上井村边一山形似象鼻之景，故称“象景”，后改称“上井”；下桥村坐落在通往巨溪的古道石拱桥下方，称下桥村；金桥畈地处一座通往曳岭脚石拱桥的田畈，取名“金桥畈”；金村是 1983 年由黄岗畲族自然村搬迁下山的新村，与金桥畈为同一行政村，加“金”字称为“金村”。

“蓝”氏由云和雾溪蓝国正支族、云和垟背蓝国用支族迁入上井自然村。清康熙六十年（1721 年）始建蓝氏宗祠，1995 年倒塌，2013 年重修。黄桂自然村的“雷”氏由云和横处的雷姓支族迁入，清嘉庆十一年（1806 年）始建雷氏宗祠，2001 年倒塌，2014 年重修。

清乾隆五十六年（1791 年）横塘村建公议所 1 座。民国 17 年（1928 年）3 月，中共宣平县委委员陈俊等在横塘村建立南乡（曳岭区）农民协会和佃户初级仲裁会。民国 32 年，浙江省立贫儿院迁至上井村，共 6 个班 200 多人。民国 33 年秋迁返杭州。

村内名人：雷朝新，民国 35 年（1946 年）加入中国共产党，地下通讯员，1950 年任黄桂农会会长；潘茂盛，1951 年参加中国人民志愿军，任中国人民志愿军团排长；下桥潘陈云曾参加中国人民志愿军抗美援朝；上井村周卫东 2001 年任中共丽水市委宣传部副部长，2008 年任丽水日报社党委书记兼社长。

2013 年，下桥村完成县（区）重点项目——小型农田水利高效节水灌溉工程，农民年人均收入达 7026 元。至 2015 年底，村内有大中专毕业生 103 人，拥有小轿车 99 辆。

（三）新陶行政村

新陶行政村地处老竹畲族镇正北面，距镇政府所在地 4 千米。2013 年 11 月由新屋、陶村两个行政村合并而成。2015 年，全村辖新屋、上弄坑、石门源、上新屋、白磁下、水碓坑、丁记、陶村、潘底、大岗后、陶湾底，其中上弄坑、潘底、大岗后已下山脱贫，共 666 户 1421 人，14 个村民小组，有耕地面积 112 公顷，林地面积 695 公顷，山林面积 653 公顷，人均年收入 8000 元，有卡车 6

辆、轿车198辆。

新屋郑氏为上先祖(前806—前771)周朝诸侯周郑国第一任君主郑姬友“郑桓公”之系族。第六十五世郑诚之(字道原)双门郑氏始迁祖,清光绪《宣平县志》之《古迹门》载:“双桂门,在县北一里,宋时郑睿、郑通叔侄同登景德丙午第,故名。”第七十七世郑槐为新屋始迁祖。郑槐公始迁新屋于清代卜基新建双门郑氏宗祠。

陶村陶氏,祖居浔阳,为陶侃(259—334)嫡传后裔,陶村始迁祖陶泉为陶侃四十二世孙,越十六世,陶泉自小筠迁居陶村。陶村以陶、潘为大姓。民国17年(1928年)建陶氏宗祠,占地419平方米,《陶氏支祠序》载:清光绪十八年(1892年)建潘氏宗祠,占地366.6平方米。

1971年兴建大会堂和陶村小学校舍,占地900平方米。2002年10月建成廊桥、八角亭、牌坊。

2008年成立老人协会,有村乒乓球队、门球队、舞蹈队,会长蒋秀玲于2015年被评为省级老年体协先进工作者。2015年9月开办居家养老日间照料食堂,有60岁以上的老人每天三餐到此用膳。

2013年,新陶村建立34公顷富硒稻米生产基地,引进推广优质超级稻组合,推广种植31公顷油茶新品种,形成稻米、油茶、果蔬等一定规模的具有现代农业科技含量的生产基地。精神文明建设上了新台阶。2009年12月,何仁其被评为“浙江省农村文化示范户”。

陶村村民何志东捐资48800元建八角亭,捐资15000元给陶村老人会添置娱乐用品。村民潘忠恩、陶柳央、刘亚平、何海东等均为村公益事业捐资万元以上。

新陶村先贤:郑培梧(1853—1906),新屋人,附贡生,处州知府赵亮熙赠其“乐善好施”匾额;郑祖桓(1871—1922),新屋人,县禀生,任民国宣平县公署财政科科长,后任崇义区执法机关人员,民国11年(1922年),浙江省省长赏给“功在桑梓”匾额一方;郑绍桓(1881—?),新屋人,县瘭生,任民国宣平县南区保卫团团总、南区高等学校校长、宣平县参事等职,兼老竹永平堤总理,浙江张省长赏给“泽及灾黎”和“热心公益”匾额;郑钧(1899—?),新屋人,浙江省警察专科学校毕业,任民国浙江省公署保安队军需科长;郑之鳌,贡生,宣平陶村(今属老竹畲族镇)人。

(四)沙溪行政村

沙溪行政村地处镇西面,坐落在国家AAAA级旅游景区——东西岩境内，距镇政府所在地 2 千米。2013 年 11 月由沙溪和仁宅两个行政村合并而成，辖沙溪、仁宅、黄兰、黄泥岗、西岩、蟹岩、道弄源等自然村，西岩、蟹岩已搬迁。2015 年，全村 318 户 669 人，6 个村民小组，有耕地面积 38 公顷，林地面积 232 公顷，山林万种 225 公顷，人均年收入 8800 元。

据民国 24 年（1935 年）《宣邑蓝氏宗谱》载：明崇祯八年（1635 年）蓝国用支族蓝应瑞从云和垟背入迁宣平仁宅里至沙溪，繁衍生息近 400 年，2015 年底畲族人口 402 人，占沙溪村总人口的 70%。

宋代梁安世（1136—？），梁村人，进士，十三岁游东西岩写下《游岩》诗。明代何镗（1507—1585 年），丽水县城人，进士，著有《游东西岩》。唐时章承趣，宋时蔡梦奎、蔡子昇等乡勇凭东岩天门险要抗击贼寇。沙溪、黄兰、道弄源畲族先祖，择地“穹隆崛起，怪伟环峙”的东西岩胜景旁倚居发族。得天独厚的东西岩成为沙溪畲民的生财之地。民国时期，仁宅有唯一的“周氏染坊”，1950 年李仕初（永康人）在仁宅办有铸铁铺。仁宅丁建华于 1996 年 3 月任某师代理副师长，被授予大校军衔。1973 年在沙溪举办“崇义公社林场”。1976 年 10 月在沙溪创办“崇义农业高级中学”。1977 年 10 月兴建仁宅至沙溪“群建桥”，长 40 米，宽 9 米，2006 年投资 51 万元重修加固。

民俗表演（梁寅伍 摄）

1982 年 12 月 29 日，在沙溪村建立“老竹敬老院”。1989 年 3 月 16 日，开工建设“沙溪口”至“东西岩”公路。1993 年 6 月，筹建东西岩旅游度假村，1995 年 11 月 7 日，在沙溪村建立“老竹基督

篝火晚会（梁寅伍 摄）

教堂”。1999年9月20日,沙溪村黄泥岗迁到黄兰脱贫。2000年,老竹至东西岩公路拓宽改造为水泥路面。2005年,在沙溪口建立起“风情东西”牌坊,新建从东岩脚到流坑水库的康庄路。2005年至2014年总投资60多万元,治理沙溪坑。

从2005年开始,“畲族祭祀仪式”“畲族叙事歌”“畲族彩带编织技艺”“畲族三月三”“畲族炼火”和“畲族服饰”相继被列入省级“非遗”名录,钟银英被授予“畲族彩带传承人”称号。沙溪村建立起20多人的畲族文艺歌舞表演队,常年为各地来东西岩的旅客表演。2010年,沙溪村建有特色“农家乐”10家,其中三星级4家、二星级6家。2010年沙溪村进行旧村危房改造,新盖砖混结构楼房21幢,保留了清代、民国及20世纪80年代土木结构的畲客寮37座,古戏台1个,蓝氏宗祠1座,本境殿1座。

老竹畲族镇沙溪民族村,2007年被中共丽水市委、丽水市人民政府授予“新农村示范村”称号;2009年被浙江省民宗委和浙江省农办评为“民族团结进步小康村”。

(五)老竹行政村

老竹行政村是老竹畲族镇政府所在地,全镇政治、经济、文化中心;位于丽水市区西北部,距市环城西路12千米。2005年8月,景宁滩坑水库移民230人。2015年,全村13个村民小组,1229户2433人,有耕地面积91公顷,林地面积194公顷,山林面积192公顷。

老竹村又名“珊溪”“九都一村”。唐宪宗始祖章承趣迁居喜章垵(称喜鹊垵)发源。古时盛产毛竹,章承趣捉来“山猫”(老虎),手捏青竹则开,发黄老竹则捏不开,将“山猫”缚于黄色老竹,乡民有“嫩竹青青老竹黄”之谣,故称之为“老竹”。

元代何、俞、朱氏原居三坵后、凉弄垵,从明代遂从山脚迁居现址。清康熙年间(1662—1722年),因洪水自流形成了珊瑚状滩涂,故又名“珊溪”,溪旁常有虎迹,该溪称“虎迹溪”。民国12年(1923年)宣平县令陈景元就地募银2098元建老竹“永平堤”。

老竹村清末民国初,分为六堡。沿用地名有俞店、何村、老屋邸、新屋邸、前街、后街、学甫、黄过屋基、雾岭头等。1988年建成东岩路、新华路、丽竹路、大众路、学甫路、溪南路、镇前街等12条街道。

唐朝至五代,老竹出过章承趣和俞、江两门文武贡生,立桅杆2处,桅杆墩1处,章承趣被敕封为“仁烈侯”,建大王神殿祭之。

1928年5月，成立了中共老竹党支部。1930年9月，老竹蓝细根参加中国工农红军第十三军浙江第三纵队。抗战胜利时，在珊溪桥东路旁，曾立有“7•7”纪念碑。1948年，江祥景、江小法、江王其参加游击队，在张之清、陈方尧等部率领下摧毁了伪区公所，建立新政权。老竹为“革命老区”。

20世纪60年代，新建占地3125平方米的中心完小。1990年8月，曳岭中学由榴溪搬迁至老竹。2007年9月3日，曳岭中学与老竹小学合并为九年一贯制的“老竹民族学校”。2012年11月19日，老竹中心幼儿园经评估被认定为省二级标准化幼儿园。

村主任陈仁松，自1987年4月至2015年12月当选为丽水市莲都区第九、十、十一、十二、十三、十四、十五届人民代表，当选村主任连任三十年；周岳进曾任中国人民解放军第118医院党委委员，享受副军级待遇；钟日娟，现任民宗浙江省委员会组织处副处长。

老竹在民国6年（1917年）始建马灯队。1950年正月初八盘板龙，1995年成立老年人协会。2013年核准为“省级文化活动中心村”（莲都区第二个村）。

1962年，在火莹棚（老竹车站东边）建立仔猪市场，确定农历每旬逢二、逢七为集市日。1965年建成经稿岭的丽竹公路。1972年6月，老竹举办第一次万人物资交流会。1974年12月，老竹石桥改建为通往巨溪的公路桥。

1980年12月，推行农村家庭联产承包责任制。1982年3月3日，老竹前街东段（桥头至东砽卜）200米水泥路面开工修筑。1985年8月，曳岭供销社老竹商场开业。1988年11月16日，老竹镇区街道由丽水市人民政府正式命名。1990年动工兴建老竹自来水厂至1992年7月4日完工投入使用。1994年镇前街“老竹桥头至曳岭医院”街道拓宽。1995年开辟老竹（桑园地）工业小区。1996年10月，动工兴建“珊溪桥”（原学甫桥）。

1998年2月，老竹虎迹溪小流域治理第一期工程开工。1999年，东岩路拓宽工程动工。2001年8月20日，老竹至丽新公路拓宽工程开工。2003年，老竹虎迹溪小流域治理工程全面竣工。

2005年8月2日，老竹在乌砽畈安置景宁滩坑水库移民230人。2007年6月，新竹小区一期28幢国有土地拍卖。2008年秋改造清咸丰七年（1857年）始建的江氏宗祠为村办公用房和村便民服务中心。2011年发展“处州白莲”生产基地。2013年兴建老竹“廊桥”，桥长46米，宽3米，廊阁高6米。

2014年，建造虎迹溪流域老竹至仁宅10支梯级堰坝。同年，老竹大会堂改建为村文化礼堂。2014年2月，老竹何村213户进行旧村改造。

老竹虎迹溪两岸有85株合抱之大的构树成为地方村树。古往今来，老竹村风文明，民风淳朴，任其战乱逃难、灾荒求生、落脚经商、结亲带友，凡入居老竹者，皆一视同仁，至2015年，全村村民共有91个姓氏。

(六)后坑行政村

后坑行政村坐落在老竹镇西南方，距镇政府所在地1.5千米。2013年11月由红桥行政村和后坑行政村合并而成。2015年，下辖后坑、乌硋、前道、狮子山、樟塘垵、红桥、紫阳观、双磨等自然村，共9个村民小组，507户1102人，有耕地面积77.87公顷，园地面积20.67公顷，林地面积413.87公顷。

后坑(前道)蓝氏由云和雾溪蓝国正支族迁入，后坑雷氏由雷万六郎支族迁入。狮子山钟氏由景宁山外钟隆熙支族迁入，樟塘垵钟氏由景宁锦岱垟岭脚钟石洪支族迁入。后坑行政村有钟氏199人，蓝氏192人，雷氏151人。畲族人口占全村总人口的50%，是全镇5个民族村之一。

狮子山自然村由村西南的形同雄狮的山峰而得名。红桥自然村原名“破桥”，由古时传说神仙所造不规则的石拱桥而得名，村民称前道门口畈原来是房屋，现深挖还能发现瓦片。1947年，游击队员老朱暂住樟塘垵时曾出借条向钟章林借米2斗。1947年7月，游击队长郭旺玉等2人住后坑蓝培星家2夜。在丽新乡畎岸村的一次战斗中牺牲，骨灰安葬在万象山烈士墓。1951年土改时全村有370人分到田地，其中畲民有343人。1952年兴建曳岭区第一座大塘水库。1952年9月30日，蓝培星受中央人民政府邀请，以少数民族代表身份参加国庆观礼。1951年，蓝官德参加抗美援朝上甘岭战役。

清末至民国时期，红桥(破桥)村由王仕明、王荣德、王良清创建破桥唱班，1950年后，王潘火、王云清等接替传承，他们自奏自唱，曾到周边乡村做好事人家歌乐弹唱。主要婺剧剧目有《文武八仙》《对金钱》《借云破曹》《碧桃花》《渭水访贤》，存有“公尺”锣鼓调、拾番曲调唱本各1本。1953年，始建乌硋后坑小学，1972年，扩建为5个班，现改建为后坑村委办公楼。1970年，建有破桥小学一个复式班，1984年撤销。1958年，建破桥大会堂450平方米，该大会堂于2014年改建为后坑村文化礼堂。1998年，后坑自然村遭受洪水灾害，前半个村泥木结构的房屋倒塌，自此，开始旧村改造至2014年底，全村90%的畲民住上砖混结构的新房。后坑村西长坑采石场，始建于民国初，面积7000多平方米，当地建房用的门梁、基礎，老竹镇农田改造，小流域治理等工程都用此石料。2015年停止开采。

2006—2014年，开展农田基本建设道路改造，修、扩、改建了田间山隆机耕道路，合计总长 11 千米。2000—2009 年，共开辟有机茶叶基地 700 亩。2011 年，新建红桥办公楼，占地 175 平方米，三层建筑面积 525 平方米。2012 年，新建广场（兼设篮球场）面积 800 平方米。2013—2014 年，虎迹溪（红桥段）小流域治理修筑防洪堤 3 千米。丽武过境公路“四边三化”治理工程获莲都区特等奖。2008 年 3 月，王献平任村党支部书记，2015 年被评为浙江省农村优秀党支部书记。2010 年 9 月 28 日，后坑村畲氏蓝炳申在莲都区工业园区（碧湖）合资创办丽水百兴菇业有限公司，任总经理。至 2015 年底，全村有大中专以上学历达 80 人，拥有小轿车 110 辆、电瓶车 260 辆。

（七）周坦行政村

周坦行政村，宋代以前亦名“坦川”，清时丽水版图中列“周坦市”。2013 年 11 月与西岸行政村合并为周坦行政村，坐落在镇区东南边，距镇政府所在地 3.5 千米。2015 年，全村辖周坦、前道后、西岸、水碓、弄里等自然村，10 个村民小组，730 户 1615 人，有耕地面积 101.33 公顷，园地面积 16.67 公顷，林地面积 620.2 公顷。2015 年，周坦村有大专以上学历 32 人，小轿车 280 辆，电瓶车 160 辆。

虎迹溪流经周坦村平坦的田畈呈“S”形，寓意平平坦坦。村内一条长 1000 米，宽 3 米的街道，分为上街、中街、下街。村南有一条古道称“稿岭”，村民叫“考岭”。北宋景德年间（1004—1007 年）至民国时期，稿岭古道是从宣平县去处州府赴考的必经之道。相传赴考者行经此岭，为求考取功名，均在稿岭古马道旁植树一棵，总共有 77 棵合抱参天大松树。

稿岭古马道（梁寅伍 摄）

梁泰来于宋咸淳十年（1274 年）创“延禄堂”；戴元敬办“桂林池馆”，一名“太乙园”，戴氏居后畈屋址底，今原居地有旧墙脚、道坛、水井。明成化六年（1470 年）潘铁公由汀州迁徙坦川。明正德十年（1515 年），林懋樟自官桥携子迁至周坦。清康熙年间（1662—1722 年），庄成豪由金华稚塘迁入。清雍正年间（1723—1735 年），何其陆由闽建宁大南迁入。清乾隆年间（1736—1795 年），李佑弟由青田船寮迁入。戴万户由闽莆田昔泽坑迁入。涂承贵由宣平大溪口山下鲍迁入。范氏由闽上坑小源坑迁入。据刘氏宗谱载:弄里刘氏源自刘基第五世子孙至2015年已有38世,有明代建造的刘氏宗祠,占地450平方米,1978年重修。

周坦村有上下二殿,上殿在麻地窟顶,奉十四夫人;下殿在余桥头坑,奉十五夫人。每逢元宵节闹花灯,姐妹相见,上迎下送,沿街百姓换香接灯,热闹至深夜。中街谊馆对面有何元亨南北杂货店。下街潘氏宗祠20世纪60年代拆建为周坦小学。1987年改建为三楼教学楼。2015年,教学楼改为村"两委"办公楼与村老年电视大学教学用房。明景泰三年(1452年)析宣平县,民国时周坦为"宣平县第二区周坦乡"。下街揭春翠户保存门牌一块。

1955年开工兴建弄里水库。1968年开工兴建官山水库,至1973年凿通引水渠道,1972—1973年相继建成西岸麻山水库和底垵水库。1968年周坦开通村前引水渠1300米,建成水电厂和碾米厂。1970—1974年周坦新开良田200亩,西岸新开良田70亩。1990年安装自来水,1997年周坦开辟速生茶叶园165亩。周坦、西岸、弄里先后建成康庄路及机耕道7千米。

2014年引种处州白莲17.33公顷。每年农历六月二十四日为庆祝"莲花生日"而定期举办"观莲节"。荷花盛开,游人络绎不绝。色白、粒大、脆绵的莲子畅销各地。2013年起开展"五水共治""六边三化三美"环境整治,村庄道路两旁栽种紫罗兰、红花健木、小腊、金边黄杨、红叶石楠、茶花、桂花等苗木2万余株。2015年被莲都区人民政府列为民宿旅游开发村观光避暑胜地。

(八)郑丰行政村

郑丰行政村坐落在镇区东面,距镇政府所在地2千米。2013年11月由郑坑、高丰两个行政村合并而成。2015年,全村辖郑坑、上牛寨、下牛寨、学山、上官山、下官山、桑上、白水坑、上白水坑等自然村,8个村民小组,246户518人,有耕地面积37.4公顷,园地面积8.93公顷,林地面积576.73公顷。

1992年撤扩并前,郑坑属崇义乡,高丰属永丰乡。郑坑钟氏由景宁锦岱垟岭脚钟石洪、钟日章支族迁入,蓝氏由云和谷垟头蓝统成支族迁入,雷氏由景宁殿源雷世隆支族迁入。高丰牛寨蓝氏由云和雾溪蓝国正支族入迁黄岗后分迁到此。雷氏由景宁殿源雷林富、雷林贵、雷林荣支族迁入。官山雷氏由景宁包凤雷进明支族迁入,至2015年底,郑丰村有畲族人口414人,占总人口的80%,是全镇5个民族行政村之一,有大中专以上人数31人,有卡车4辆,轿车28辆,电瓶车73辆。

清光绪初,郑坑自然村建有"雷氏宗祠",占地面积248平方米,保存基本完好，由村民雷新富负责管理，村民红白喜事可在宗祠内举行宴食。民国 21 年（1932 年）修纂《雷氏宗谱》一部 2 册，由雷金生保存。民国 20 年（1931 年）修纂《钟氏宗谱》一部 6 册，由钟志明保存。

1950 年，在雷氏宗祠内创办公办郑坑小学。1972 年新建小学校舍，面积 100 平方米，有活动操场 400 平方米。1984 年撤销并入老竹中心小学。2012 年小学校舍装修为村“两委”办公用房。

1958 年，高丰村兴建上沈垵水库，2011 年重新加固。郑坑村建官山坑水库。2008—2009 年进行低产田改造，修建“三面光”（水泥）田网渠道。郑坑桥旁民国时期建有一处水碓，1970 年改建为粮食加工厂（已拆除）。

2000—2014 年，建梁村至高丰牛寨 5 千米康庄公路（水泥路），牛寨至学山 2 千米机耕路。2015 年上牛寨至桑上修机耕路 3.3 千米，下牛寨至下官山 2 千米机耕路，郑坑至芝麻岭脚 1.5 千米机耕路，郑龙佛殿至官山坑水库坝脚 0.8 千米机耕路。

郑丰村农业开发，利用山坡地发展燕红、江南、新川蜜桃 18 公顷（高丰 10 公顷，郑坑 8 公顷），人均年收入达 8500 元。

2010 年，郑坑村进行旧村改造，拆除泥坯房，新建砖混结构楼房 24 幢，村中建有文化长廊。至 2015 年底，郑丰全村拥有新洋房 62 幢，占地面积 4500 平方米。

牛寨蓝海松、蓝柏林为祖传畲医。1971 年起，为本村“赤脚医生”，主治中老年卒中顽症，在老竹镇及青田一带颇有名望。

郑坑雷海兴，他 18 岁出外创业，今在杭州做陶瓷生意，资产达 2000 多万元。

桑上任岳松，在上海开有 9 个超市及宾馆，雇用员工 300 人，资产达 1500 万元。

（九）梁村行政村

梁村行政村，古称“渥川”“梁溪”，坐落在老竹镇东面，距镇政府所在地 4 千米。2015 年，全村 9 个村民小组，578 户 1333 人。有耕地面积 100.27 公顷，园地面积 25.73 公顷，林地面积 448.47 公顷，有卡车 2 辆，轿车 80 辆，电瓶车 100 辆，大中专以上学历人数 40 人。

渥川梁氏，宋太平兴国年间（976—984 年），由福建移居处州城的梁旃迁居于此为始祖，繁衍子孙，成为括苍望族。

梁村，宋、元、明时属处州丽水县懿德乡；明景泰三年（1452 年）析置宣平县。后归属宣平。1958 年 4 月，撤宣平县重归丽水县，属梁周乡，为乡公所驻地。后改属曳岭区永丰乡。1992 年 5 月撤永丰乡并入老竹畲族镇。2013 年 11

月并村时仍保留梁村行政村不变。

清光绪《宣平县志》载：此地早有“花接绝献，高峰卓笔，白象卷鼻，飞鹤下田”等渥山十景以及“澄潭石龙，半岭石鼎，渥溪水柱，石桥仙踪”等奇观异迹。

梁安世墓（梁寅伍 摄）

梁氏先人青灯苦读，耕读传家。古有进士10人，举人3人，贡生35人。通过征辟、人才、武功等途径进入仕途的有120人。《宋史》传评：“（梁）汝嘉长于吏治，在临安风绩尤著。”梁安世，文章书法，名于一时；吏部侍郎梁珌，为国操劳，创办慈院，两袖清风，时以廉吏著称；元代梁载，通经博学，以经学大师闻名于世；梁琪、梁完、梁珪，以文学世其家，明初梁道高，荐任知州奉为名宦；古渥梁村，积德行善，传承千年；宋代梁侅创义塾，建廊桥；明代梁应期，捐谷四千石，施粥救灾民；清康熙梁尚壁，焚券拯佃农，待卜如子女。清道光梁褚民，五世同堂，年逾百岁；今，王岳成（丽水金龙房地产公司董事长），事业有成，反哺乡梓，资助两千余万元修桥筑路，改造旧村，立坊建学。

古渥梁村，中考节义，芳名存世。北宋梁孚，兄弟四人协力御敌，血战东岩；明代梁泽，力能举鼎，平定黄叛，叔侄殉国；明景泰梁秉迩，斩酋二首，至死不降；正统十四年（1449年）避乱东岩梁氏，九妇殉节；咸丰梁毓才，捍卫桑梓，乱刀而亡；当代梁士宏、梁廷还、梁礼德，为国捐躯，荣典烈士。

据《梁氏宗谱》载：梁村梁氏自北宋适居开基，位于小梁村，明中期毁后迁移至龟山为现梁村，现存清代中期所建古民居；东塘路15号“菊泉遗泽”，占地1280.8平方米，前后分三进，左右设厢房；前街49号“积善余庆”，占地400.3平方米，门墙屋檐正中立一砖质“宝葫芦”，牛

梁村古民居（梁寅伍 摄）

腿、窗花雕刻精美；前街43号“渭滨分绪”占地468.6平方米，牛腿雕刻有凤凰、牡丹图案；前街6号“爽薹斯居”占地433.7平方米，牛腿雕刻有狮子、凤凰、松鼠图案。梁村古民居，于2012年被公布为丽水市莲都区第一批区级文物保护单位。

民国时，梁村下书堂办有小学，直至1970年移至殿魂王为永丰乡中心小学。2007年撤并入老竹民族学校。永丰平坦林场办有林业中学(初中)，1973年停办。

2002年，新辟梁村中心路路基，长1000米，宽8米，形成新苑小区和花园小区的新村建设规划。2011年，新建砖混结构楼房80幢，浇筑梁村老街水泥路1500米，完成梁村中心路路面硬化、亮化、美化工程。

2012年，在村南、北、西三方建牌坊3座，重现梁村风韵。

2014年，王岳成投资800万元建成占地800平方米的梁村中心幼儿园。2015年，新建古戏台和3029平方米的文化广场，修葺装饰始建于宋代占地500平方米的梁氏宗祠为村文化礼堂。2005—2015年，开发水蜜桃等水果基地53.33公顷，新建下水碓、杨岭、直弄底、蒙垵、树塘垵、何种坑、后垵、学山岭等机耕路共15千米。

(十)徐庄行政村

徐庄行政村坐落在镇区东北面，距镇政府所在地6千米。2013年11月由徐庄、浅田、东头、小黄弄四个行政村扩并而成。2015年，全村辖三官殿、上村畈、半山、底棚、樟树脚 、唐过、金斜、南山、朝步源、浅田、外浅田、蒋荷塘、东头、小黄弄、楼根底等自然村，有20个村民小组，1043户2272人，其中畲族人口111人，有耕地面积100.6公顷，园地面积74.87公顷，林地面积911.27公顷。

据民国14年(1925年)重修的《宣平县志》载，明景泰三年(1452年)至清代徐庄属处州府宣平县懿德乡，民国时属宣平县永丰乡九都二区。

中华人民共和国成立后，徐庄村从互助组、初级社、高级社至1958年的人民公社，逐步进入集体化。1958年4月撤宣平县后归属丽水县曳岭公社永丰大队。1962年2月并到武义县，4月重归丽水县曳岭区永丰公社。1984年3月改为丽水县曳岭区永丰乡徐庄行政村。1992年5月撤永丰乡并入莲都区老竹畲族镇。

1958—1978年，大兴水利农田基本建设。1967年徐庄蛤蟆灶开工兴建红旗水库。开凿了蛤蟆灶至梁村杨岭的15千米引水渠道(小黄弄岭脚安装引水渠倒虹吸)，可灌溉农田61.33公顷。其间，浅田村兴建了大坑坳水库。东头村兴建了徐庄、徐山坑、坟山坑3座水库。小黄弄村兴建后垵水库,基本实现农田水利旱涝保收的目标。

徐庄行政村着力实施康庄道路建设工程。2000年,开通徐庄至浅田4.5千米机耕路。2012年改建为水泥路。2002年开通楼根底机耕路,2010年浇筑为水泥路。2005年开通机耕路东头1.5千米,小黄弄1.5千米,徐庄至小梁村1.5千米。2011年改建成水泥路。2012年开通徐庄至朝步源4.5千米、浅田至大坑岭头1.5千米、小黄弄至丁公2千米机耕路。至2015年,全村共计新建机耕路、康庄公路18千米。

徐庄行政村在发展粮食生产的同时,大力发展农业效益经济产业。1960年东头村种植苎麻2.67公顷,兴办麻厂。1991年改种柑橘、板栗、枇杷等。2003年后改种燕红、江南、新川、国庆等水蜜桃,栽种面积达200公顷。

2010年建立徐庄水果市场,占地1500平方米,日交易收购水果量最多达5万余千克。每年从5月18日开市至7月10日结束,总购销量达175多万千克,增加了农民就业机会和经济收益,形成了农业经济转型的支柱产业。

20世纪50—70年代,浅田、东头、小黄弄均办有小学。1976年徐庄村办有完全小学兼戴帽初中班。1982年撤销,校舍改建为村委办公用房和村老年活动中心。2015年,有徐庄、浅田腰鼓队2支、舞蹈队2支,浅田村因老年体育工作多次被评为镇先进单位。

徐庄村于1976年开办"赤脚"医疗站。2004年改建为村卫生室,配合镇中心医院开展公共卫生和慢性病管理。

1993年,徐庄上村畈少数民族自然村进行新村规划,畲民盖起了新楼房19幢。至2015年底,徐庄行政村新盖砖混结构楼房550幢,拥有小轿车350多辆,有大中专以上学历43人。

(十一)丁公行政村

丁公行政村坐落在镇区东北面,距镇政府所在地7.5千米。2013年11月由麻铺、丁公两个行政村合并而成。2015年,全村由丁公、金钟圩、官畈、麻铺等4个自然村组成,6个村民小组,329户757人,有耕地面积37.2公顷,园地面积15.27公顷,林地面积879公顷。

丁公原名"丁川"。相传古时候有一位名叫丁岳仙的先人最早迁入丁川,他开挖了一口水井,深6米,常年不竭,洪水不浑,做泡豆腐特别发,饮用井水,延年益寿(今仍在使用)。人们为铭记其功德,称之为"太公",加之姓丁,遂将原村名“丁川”改为“丁公”。

据丁公《邓氏宗谱》记载：清康熙年间（1662—1722年），闽中汀洲府连城县山茶口邓氏第十三世辉延公舍闽就浙，十八岁迁居处州宣平县和端坑居住，年登二十后娶板坑潘氏为妻。膀背香火佛徒步丁川暂住此地，取名定桩。从此“定桩公”传叫至今。生三子发族，

邓氏大院（梁寅伍 摄）

建起三座木雕大院，大份、官畈、梨头方，后建水碓等业绩，有“守扑山居”“耕耘读雪”为证。乾隆二十一年（1756年）始建邓氏宗祠，四合院，由大门前厅、戏台、天井、东西两厢房、正厅组成，占地面积653.72平方米。后雷宏县令赠堂号“惇寻堂”。

2014年12月莲都区政府公布邓氏宗祠为区级文物保护单位。丁公金钟圩建有禹王庙。

丁公人杰地灵，人才辈出。宋绍兴时，徐绍考取科贡征辟，任大理评事。宋乾道时徐隆获科贡征辟，任福建兵备道。清代有邓开翰、邓正绪、邓上达等岁贡三人。立有桅杆墩和桅杆夹。

丁公邓氏有“吃清明”习俗，男丁每人分得猪肉250克、米果500克（老秤），族长双份，加羊头羊腿1个，正月初八，16岁以下男丁分给茶饼一双，此习一直沿至民国27年（1938年）。

有一个瓷器古香炉用水泥封存在上祠堂戏台地下。

丁公、麻铺明景泰三年（1452年）至清代属处州府宣平县懿德乡，民国时属宣平县永丰乡九都二区。1949年丁公为乡公所驻地，1964年迁往梁村。村头上路廊开南货店一处，乡政府迁址后，原房屋为供销社、信用社使用。1950—1975年，在邓氏宗祠设丁公完小，1976年新建丁公校舍，面积600多平方米，附设初中班，2007年撤并至老竹民族学校，场地供村委办公、丽水市处州蜂业有限公司使用。20世纪50—60年代，丁公设有诊所，老中医金宏兴为治疗小儿麻疹疲劳过度，在诊所殉职。

麻铺村有着光荣的革命斗争史。1935年夏秋之际，红军挺进师在粟裕、黄

富武等人率领下，先后转战丽水一带山区。7月，红军战士汪陈俊受党指派回到家乡曳岭麻铺村，在麻铺、梁村、老竹、破桥、周坦、弄里等村发展党员，成立4个党小组，同月建立红军游击队，有队员20余人。10月，在敌人的反扑下，麻铺党支部和红军游击队被破坏，汪陈俊被捕牺牲，黄富武在遂昌被捕，12月12日在丽水大水门外被杀害。

抗日战争时，丁公邓有川在湖北宜昌阵亡；邓有亮任黄埔军校第十七期步科班上尉；解放战争牺牲的烈士有邓新余，解放后为建设新中国献身的烈士有邓祖山。改革开放后，丁公村徐建彪创办丽水市处州蜂业有限公司，养蜂1800桶，年产蜂蜜80吨。浙江科技学院毕业生邓刘立，创办杭州电商，主营服装，年利润1000万元。至2015年，丁公村有博士生邓如海，有在新西兰就读的海外学子邓鹏飞；中专以上学历82人。

1965年，在开通赤坑水库过境机耕路的基础上，2006年对麻铺至章记交界处的康庄路进行拓宽改造，全部筑成水泥路，村内拆除2处老路廊改成通往徐庄村联网公路。建成官畈水泥桥，宽3米，长12米。2013年建成丁公至小黄弄2千米、至大麻垵2千米机耕路。2012年7月18日，建成麻铺廊桥，长17米，宽6.8米，高6米。

（十二）赤坑行政村

赤坑行政村坐落在镇区正北面，距镇政府所在地12千米。2013年11月，由赤坑、章记、高畔3个行政村合并而成。2015年，全村辖赤坑、章记、蔡弄源、湾山、下金河、大坑口、内外河源、牛牯弄、赤坑垵、高畔、西坑、东坑、九岱岭、上金河、龙坪下、新袅16个自然村（西坑、东坑已下山脱贫）；九岱岭、上金河、下金河、赤坑垵已异地搬迁，有16个村民小组，547户1138人（其中畲族人口蓝氏83人、雷氏287人、钟氏36人），有耕地面积49.8公顷，园地面积23.6公顷，林地面积1012.4公顷。

赤坑行政村的赤坑、章记、高畔，唐宋时属处州府括苍县懿德乡，明景泰三年（1452年），属处州府宣平县九都二区。民国时期至1958年，属宣平县永丰乡。1958年9月，属丽水县曳岭区永丰人民公社。1984年3月，属丽水县曳岭区永丰乡。1992年5月，撤曳岭区后并入老竹畲族镇。

蔡弄源蓝氏由蓝林生支族从云和栗坳迁入；雷氏由雷万六郎雷虔山支族迁入。赤坑蓝氏由云和垟背蓝国用支族蓝应瑞迁入仁宅，再由仁宅迁入，蓝大成为始祖，赤坑垵钟氏由景宁岱锦垟岭脚钟日章支族和雷氏雷虔山支族迁入；河源钟氏由景宁山外钟隆熙支族迁入。

赤坑蓝氏始祖蓝大成遗留的青花碟
(李祖平 2016年摄)

赤坑行政村的赤岩寺，坐落在高畔村东的赤岩山，始建于宋，名曰“赤岩寺”，亦称“悬空寺”。“文化大革命”时期被毁。1984年重建，是莲都区的佛教圣地之一。与太平乡巨溪村毗邻的三岩寺，古时是胡公大帝佛殿，庙宇恢宏，占地约300平方米。1930年是中国工农红军第十三军浙西第六纵队的革命根据地，同年9月15日，遭省防军偷袭。红军指挥潘成波、朱生民等30余人壮烈牺牲。三岩寺岩洞正中立有中央军委原副主席叶飞上将亲笔题词“三岩红军烈士永垂不朽”的纪念碑。

红军驻扎三岩寺时，赤坑河源村畲民钟金龙（绰号“老蟹”）参加了红军，赤坑畲民常为红军送衣送粮。

高畔李氏、郑氏于北宋大中祥符四年（1011年）合建谊馆占地500平方米（已倒塌）。

赤坑（湾山）“永福桥”建于民国元年（1912年），桥身由单孔石拱筑成，桥长15米，宽3米。赤坑水库始建于1965年，可灌溉农田466.67公顷。1972年6月建成赤坑水库一级电站，装机1.125千瓦。1977年建成赤坑水库二级电站，装机100千瓦。2013年，赤坑水库建成镇区居民合格饮用水水源。水库建成后赤坑村庄和田地被淹，移民分别安置在湾山和榴溪。水库底还有小石拱桥三处。1990年建成通往高畔的水泥桥。2006—2012年，建成章记至赤坑1.5千米、章记至蔡弄源0.7千米、赤坑至高畔3千米、赤坑至河源1.5千米水泥康庄路。2015年立项建成村委办公楼三层，占地面积142平方米。全村拥有小轿车133辆。

民国中期，赤坑办有一座私立小学。20世纪60—70年代，湾山、章记、高畔、河源均办有民办公助小学，蔡弄源自然村仅有畲民36户，曾有公务员及教师12人。至2015年，全行政村大中专以上学历37人。

赤坑村有973.33公顷公益林，矮山坡多为山油茶基地和板栗基地，年产油茶2.5万多千克、板栗1.5万千克。2005—2015年，全村种植吊瓜13.33公顷、水蜜桃6.67公顷。

第二章　人　　口

老竹畲族镇地处山区，生存环境较差。境内畲族主要有蓝、雷、钟三个姓。据沙溪村《蓝氏宗谱》记载，先祖蓝国用支族蓝应瑞于明崇祯八年(1635 年)始迁浙江，其六世大雄公成为沙溪蓝姓畲族鼻祖，至 2015 年已有 381 年历史。此后，雷世隆支族的雷有旺、雷丈星、雷明星，雷虔诚支族的雷明垦；钟日章支族的钟家泰，钟智恩支族的钟日发裔孙，以及钟集洪支族的钟明芝、钟文麟等七个支族、12 批陆续迁入。汉族有"蔡、梁、章"3 个世居姓氏。最早入迁为蔡氏，于后晋年间(936—947 年)由龙泉迁入。

人口总体分布：较早迁入的汉族大多居住在低山丘陵地带，生产、生活条件相对较好；畲族较迟迁入，大多居住在海拔较高，生产、生活条件较差的山区。2015 年，全镇共有 166 个姓氏，其中汉族有蔡、梁、章、李、陈、郑、江等 163 个姓氏，畲族有蓝、景、钟 3 个姓氏。全镇总人口 16216 人，其中畲族人口 2698 人，占 16.64%，分布在 12 个行政村，形成"大分散、小聚居"的居住特点。

第一节　迁　　徙

老竹畲族镇的畲族主要有蓝、雷、钟 3 个姓，均存《宗谱》。老竹畲族镇畲族先祖蓝国用支族蓝应瑞于明崇祯八年(1635 年)始迁浙江，先居龙游县三十三都塘山头，后迁宣平仁宅(今莲都区辖)，后裔分居上井、沙溪、赤坑、高畔等地。第三世国用公居云和县垟背，十二世忠祖迁安徽宁国县后脚屋。沙溪以六世大雄公为鼻祖，至 2015 年已有 381 年历史。雷振兴先祖自广东揭阳经福建南靖、同安、仙游、罗源，其裔孙林富、林贵、林荣兄弟于明万历七年(1579 年)迁浙江景宁殿源，子孙分迁丽水、松阳、遂昌、泰顺、龙游、寿昌(今建德市辖)诸县，八世孙明贡携子迁宣平郑坑(今丽水莲都区辖)为开基祖，后裔续分沙溪、上井、牛寨、汤庵、凉塘等地。钟氏有谅、宣公与蓝宗等于南宋绍熙三年(1192

年）自广东潮州府潮阳迁出，明宣德三年（1428 年）有孙、歌公二人迁至福建漳州府南靖县，后集洪公同男天寿、天福率领眷属二十八口迁至浙江处州景宁县二都锦岱垟。崇祯年间（1628—1644 年）天寿、天福兄弟迁遂昌北蔡村，后迁井头坞，并创建宗祠。宋、明之际，后裔续迁饶平、海阳、同安、安溪、连江、罗源、宁德，至浙江景宁锦岱垟。此后分迁松阳、宣平、云和、龙游、汤溪、庆元、丽水、龙泉、松溪、浦城等地。

一、入 迁

（一）畲族入迁

1. 入迁时间

明清以来，老竹畲族镇境内就有畲族居住。据 1994 年版《丽水市志》记载：畲族最早在广东潮州一带劳动、生息、繁衍，深遭历代统治阶级歧视、压迫，长期居住于偏僻山区，过着“狩猎”“刀耕火种”的原始生活，为找适合生存发展环境，多次大迁徙。唐代，由潮州向广东、福建、江西省交界山区迁移，宋元时期至闽东，明末清初大量入迁浙江，居住于景宁、云和、平阳等县，后分迁丽水、青田、宣平、松阳等县。迁入老竹畲族镇的畲族主要是蓝、雷、钟 3 个姓氏，大多在明清时期，由云和、景宁、遂昌、宣平等分迁至老竹境内，均存有《宗谱》。

沙溪蓝氏 民国 26 年（1937 年），蓝忠贤等主持重修丽水莲都区沙溪村《蓝氏宗谱》[1]。该宗谱初创于清乾隆四十一年（1776 年）。根据此谱记载，蓝氏于唐中和二年（882 年）由粤入闽，居连江县中鹄里凤山石蟠龙三石境，至明崇祯八年（1635 年），应瑞公始迁浙江，先居龙游县三十三都塘头山，后迁宣平仁宅（今莲都区辖），后裔分居上井、沙溪、赤坑、高畔等地。三世国用公居云和县垟背。沙溪以六世大雄公为鼻祖。清道光三年（1823 年）续谱并建宗祠，清光绪九年（1883 年）被火毁，光绪十三年（1887 年）重建。蓝仲贤于明万历十五年（1587 年）立有分给子孙的田产分关，可知其在闽时已从事农耕。

郑坑雷氏 根据民国 20 年（1931 年）雷如载等居景宁殿源草簿撰修的郑坑《雷氏宗谱》[2]。郑坑雷氏先祖自广东揭阳经福建南靖、同安、仙游、罗源，至雷振

① 沙溪村《蓝氏宗谱》三卷本，为民国 26 年(1937 年)蓝仰寿制活字本。草纸线装，宋体墨色，页面 35 厘米×25 厘米，版框 29.5 厘米×20 厘米，四周双栏，10 行 23 字。白口，有花鱼尾、口题、卷数、目录、页码及重修年份。缺封面、扉页。浙江省丽水市莲都区老竹畲族镇沙溪树蓝仙金珍藏，丽水学院畲族文化研究所馆藏复印件。

② 郑坑《雷氏宗谱》二卷本，为民国 20 年（1931 年）宣平邓国钧制活字版。白色棉纸，布面线装，宋体墨色，页面 32 厘米×21 厘米，版框 26 厘米×18 厘米，四周双栏，10 行 22 字。白口，有鱼尾、口题、卷别、目录及重修年份，保存完好。浙江省丽水市莲都区民族宗教局雷招华存复印本录，载入《浙江家谱总目提要》，2005 年版。

兴裔孙林富、林贵、林荣兄弟于明万历七年(1579年)迁浙江景宁殿源，子孙又分迁丽水、松阳、遂昌、泰顺、龙游、寿昌(今建德市辖)诸县。八世孙明贡携子迁宣平郑坑(今丽水莲都区辖)为开基祖，后裔续分沙溪、上井、牛寨、汤庵、凉塘等地。

赤坑雷氏 民国21年(1932年)雷明云等主持重修的丽水莲都区赤坑《雷氏宗谱》①三卷本。此谱于清乾隆四十八年(1783年)初创。根据此谱记载，第113世祖开诚公于明洪武年间(1368—1398年)自广东潮州海阳县东门迁福建罗源县福村麒麟山诗畈；第122世叶元移居古田县，其子尚文于明嘉靖八年(1529年)迁浙江景宁县二都油田桥，第127世时登为"内纪"鼻祖。明万历四十年(1612年)由景宁迁云和县长田大岭脚，其子茂云于明天启元年(1621年)迁遂昌湖山，该族兄弟有分迁龙游县固溪及平阳县水头牛角坑等处，其孙其枫于清顺治十三年(1656年)迁宣平县十一都黄家弄(今莲都区辖)，其枫子孙又于乾隆元年(1736年)迁宣平县下湖源(今武义县辖)发族，于清光绪二十一年(1895年)建两厅三楹宗祠一座。其枫以下裔孙有迁严州分水县(今桐庐县辖)，宣邑郑革弄、长陶、雾露垵(今武义县辖)、赤坑、下林(今莲都区辖)及遂昌石乌前山等地，族众遍布浙江省景、云、遂、丽、武、龙、桐、平八县市。

郑坑钟氏 丽水莲都郑坑村钟氏支族宗谱②，于民国20年(1931年)遂昌钟进元等主持修撰。根据支族宗谱的《谱志》记载，遂昌钟氏初为粤民，有谅、宣公与蓝宗等于南宋绍熙三年(1192年)自广东潮州府潮阳迁出，明宣德三年(1428年)有孙、歌公二人迁至福建漳州府南靖县，后集洪公同天寿、天福率领眷属二十八口迁至浙江处州景宁县二都锦岱垟。崇祯年间(1628—1644年)天寿、天福兄弟迁遂昌北蔡村，后迁井头坞，并创建宗祠。《行程志》谓：宋、明之际，后裔续迁饶平、海阳、同安、安溪、连江、罗源、宁德，于明万历四十三年(1615年)至浙江景宁锦岱垟，此后分迁松阳、宣平、云和、龙游、汤溪、庆元、丽水、龙泉、松溪、浦城等地。明崇祯八年(1635年)始有蓝国用支族从龙游(原在福建连江)迁入丽水(莲都区)老竹仁宅(原属宣平县)。

根据老竹畲族镇的蓝、雷、钟3个姓氏的宗谱和其他资料，历史上迁入丽

---

① 赤坑《雷氏宗谱》三卷本，为民国21年(1932年)宣邑序生定乾活字版。布面线装，草纸白色，宋体墨色。页面36厘米×24厘米，版框29厘米×20.5厘米。四周单栏，11行23字。有花鱼尾、卷数、页码与重修年份，保存完好。卷一为杜伟按原谱重抄，无页码，另存清光绪三十二年(1906年)版谱一卷(卷三"行第")，缺首页，卷三比民国版少7页。原件现由浙江省丽水市莲都区老竹畲族镇赤坑村蓝仁香存，复印件藏于丽水学院畲族文化研究所。

② 此谱为丽邑程启泰活字本刻本。白色棉纸，布面线装，宋体墨色。页面30厘米×18厘米，版框25厘米×16厘米。四周双栏，7行16字。白口，有鱼尾、口题、卷数、目录、页码及修谱年份。保存完好。原件现由浙江省丽水市莲都区老竹镇赤坑村钟志明存，复印件藏于丽水学院畲族文化研究所。

水地区的畲族有蓝、雷、钟 3 个姓 28 支 74 批，其中迁入莲都区老竹畲族镇的蓝姓蓝国用支族蓝应瑞、蓝可亮；蓝林生支族的蓝樟树、蓝樟根；雷世隆支族的雷有旺、雷丈星、雷明星，雷虔山支族的雷明垦；钟日章支族的钟家泰，钟智恩支族的钟日发裔孙，以及钟集洪支族的钟明芝、钟文麟等 7 个支族、12批。

畲族迁入老竹情况一览表

表 12-2-1-1

畲族支族	迁入时间	迁出地	迁入者	迁入住地
云和垟背 蓝国用支族	明崇祯八年 （1635 年）	云和垟背	蓝应瑞	老竹镇 仁宅
云和武溪 蓝国正支族	清康熙年间 （1662—1722 年）	云和县 武溪	蓝可亮	老竹镇 上井
云和武溪 蓝国正支族	清康熙年间 （1662—1722 年）	遂昌县 高头山	蓝大兴	老竹镇 后坑
云和栗坳 雷林生支族	清嘉庆年间 （1875—1900 年）	松阳县 靛青弄	雷樟树	老竹镇 蔡弄源
云和栗坳 蓝林生支族	民国初	松阳县 靛青弄	蓝樟根	老竹镇 黄桂
景宁殿源 雷世隆支族	清康熙年间 （1662—1722 年）	景宁县 水碓垟	雷有旺	老竹镇 上村畈
景宁殿源 雷世隆支族	清康熙年间 （1662—1722 年）	遂昌县 上广	雷明星	老竹镇 郑坑
景宁王畈 雷虔山支族	清康熙年间 （1622—1722 年）	景宁县 王畈	雷明垦	老竹镇 蔡弄源
景宁岱垟岭脚 钟日章支族	清康熙年间 （1662—1722 年）	遂昌 小冬村	钟家泰	老竹镇 上井
景宁山外 钟智恩支族	清乾隆年间 （1736—1795 年）	云和 樟树垟	钟日发裔孙	老竹镇 狮子山
仁宅里 蓝应瑞之后	清康熙五年 （1666 年）	老竹仁宅	蓝大成	老竹镇 赤坑
景宁岱垟岭脚 钟集洪支族	清乾隆年间 （1736—1795 年）	遂昌县	钟明芝	老竹镇 樟塘垵
景宁岱垟岭脚 钟集洪支族	清乾隆年间 （1736—1795 年）	遂昌县	钟文麟	老竹镇 郑坑

2. 迁徙的原因与方式

《高皇歌》唱道“开着地差难作食，开着地好官来争”“奈因官差难作食，思量再搬住浙江”。畲民迁徙的实质是在封建统治压迫下，逼迫而产生的无奈之举。据蓝、雷宗谱记载，老竹畲族自明崇祯八年(1635 年)蓝国用支族自云和垟背迁居仁宅以来，生息繁衍于这片古老土地，但因政治压迫和经济剥削，被迫迁入或外迁。清光绪九年(1883 年)老竹黄庄的钟月春，就是经受不住曳岭脚地主的剥削而迁居至武义县种子源。1930 年徐庄上村畈畲民雷老六、雷陈明等不满地主剥削，组织地方力量与地主作斗争，后参加红军朱生明部队。

迁徙原因 迁入老竹聚居的畲民，大多是因受旧社会制度的逼迫，或受富豪欺凌歧视而迁居的。

迁徙形式 迁徙形式呈多样化：有一支族迁入的，如清康熙五十七年(1718 年)钟氏集洪公领一支族 28 人从福建迁至景宁锦岱垟，后经遂昌迁至丽水莲都区老竹郑坑村和后坑的章塘垵自然村(原宣平县)；有同房兄弟一同迁入的；也有单家独户迁入的。蓝林生支族始于云和栗坳转迁松阳靛青弄，其后又于民国初蓝樟根单户迁到莲都区老竹畲族镇黄桂村(原属宣平县)。还有同一地域移居的。蓝国用支族迁入老竹仁宅后，又分移至东西岩景区山脚的沙溪村，后分迁至赤坑、黄岗、徐庄的上村畈自然村等。

(二)汉族入迁

老竹境内有“蔡、梁、章”3 个世居姓氏。曳岭脚蔡氏先祖蔡殊，于后晋年间(936—947 年)由龙泉迁居至曳山月埜(曳岭脚村)为第一世始祖，至 2015 年已有 39 代。

老竹梁村的梁氏始祖梁旃与梁迈逊，于北宋太平年间(1021—1031 年)自闽之武夷迁至栝洲繁衍生息，迈逊之子弥远生三子，分居在老竹梁村、碧湖三峯、大港头石侯。老竹梁村支族 5 代后裔有徙居丽新畲族乡马村、老竹周坦、丽水城区府前与隐甫及青田县等地居住的。

章氏始祖章承趣自福建迁徙而来，原住老竹隔溪喜章垵，年轻时力大无比，曾有徒手抓“山猫”(老虎)之说。唐中和二年(882 年)，兵匪扰民，章承趣率乡民登东岩抗赤兵匪，一举成名，被朝廷敕封为“仁烈侯王”。至 2015 年，章氏遍布丽水市莲都区的太平巨溪村，老竹畲族镇的后坑、丁公、老竹等村。至 2015 年，老竹章氏后裔有 185 人。

老竹陈氏于元大德七年(1303 年)自金华的永康迁居至老竹珊溪，至 2015 年已有 713 年。据老竹《江氏宗谱》记载：江氏于 1655 年自江西南丰江家坑迁居老竹村，至 2015 年已有 360 年。

二、分 迁

畲族蓝、雷、钟氏迁入老竹后，因为社会、自然环境、家族、家庭等种种原因，又有迁往他处的。清道光年间（1821—1850 年）蓝国用支族蓝公选从老竹后坑迁往金华汤溪县郎下徐；钟隆熙支族的钟月春于光绪九年（1883 年）由老竹黄庄迁往武义种子源；雷世隆支族的雷承贵于清嘉庆年间（1796—1820 年）由老竹郑坑迁往龙游县庙下翠店。雷乾富由郑坑迁往寿昌县樟树岭。

畲族迁出老竹情况一览表

表 12-2-1-2

支族名称	迁出时间	迁出者	迁出地	迁住地
景宁殿源雷世隆支族	清嘉庆年间（1796—1820 年）	雷承贵	老竹郑坑	龙游县庙下翠店
云和武溪蓝国正支族	清道光年间（1821—1850 年）	蓝公选	老竹后坑	金华汤溪县郎下徐
景宁山外钟隆熙支族	光绪九年（1883 年）	钟月春	老竹黄庄	武义县种子源
云和武溪蓝国正支族	不详	蓝仁福	老竹后坑	武义县南乡余源铁店
景宁殿源雷世隆支族	不详	雷乾富	老竹郑坑	寿昌县樟树岭
景宁殿源雷世隆支族	不详	雷承进	老竹郑坑	龙游县

第二节 繁 衍

在唐元和年间（806—820 年）有汉族章氏在老竹境内繁衍生息。明崇祯八年（1635 年）蓝国用支族至清康熙年间（1662—1722 年）雷世隆支族等 7 个支族分 12 批迁入老竹仁宅、徐庄上村畈以来，蓝、雷、钟氏家族一直在老竹的土地上劳动、生息、繁衍。在长期的生产生活中，继承并创造了具有畲族特色的风俗习惯，传承了畲族文化，为老竹畲族镇的历史增添了光彩的一页。至 2015 年，全境共有 166 个姓氏，其中畲族蓝氏有 1148 人，占总人口的 7.08%；汉族梁氏有 1025 人，占总人口的 6.32%。

一、人口分布

汉族在老竹畲族镇境内各行政村均有分布，大多居住在田地肥沃、地势平坦地区。迁入老竹畲族镇的畲民，在 1949 年前大部分居住在山区、半山区，大分散、小聚居。沿山建寮、自成村落。居住在镇辖区内上村畈、仁宅、沙溪、郑坑、黄桂、樟塘垵、狮子山、后坑、蔡弄源、赤坑、赤坑垵、黄庄、平坑、黄岗、金桥畈、牛寨等27个自然村。这些自然村环境条件差,所垦种的土地在山腰或山脚,水利条件差,畲民生活艰难。畲民迁入后,也有小部分迁回原籍或迁往异地居住。早年,畲民很少同汉人居住同一个自然村。中华人民共和国成立后,在中国共产党的领导下,人民政府贯彻民族政策,实行民族平等,畲、汉族同居现象逐步增多。

(一)人口数量

民国12年(1923年),老竹属处州府宣平县崇义懿德乡九都一区,据《宣平县志》记载,崇义有正户人口2392户,有附户1122户,总户数为3514户,总人口为10232人。

中华人民共和国成立之初,老竹的畲族人口只有1136人,主要居住在后坑、郑坑、沙溪、黄桂、赤坑和徐庄的上村畈、下桥的山背、高丰的牛寨等村。1992年老竹畲族镇,辖25个行政村,135个村民小组,14191人,其中有畲族人口2390人,占总人口的16.84%。2015年,全镇总人口16216人,其中畲族人口2698人,占16.64%。

2015年老竹畲族镇行政村人口数量一览表

表12-2-2-1

行政村	自然村	户数(户)	人口总数(人)	其中畲族人口(人)
曳岭脚	黄庄、大片、景都、高甫	689	1681	61
榴溪	黄桂、平坑、横塘、上井、金村、山背、黄岗	573	1296	603
新陶	新陶、白砝下	693	1402	58
沙溪	沙溪、黄兰、道弄源、黄泥岗、西岩、仁宅	318	669	402
后坑	后坑、狮子山、樟塘垵、紫阳观	507	1102	542
郑丰	郑坑、上牛寨、下牛寨	246	518	327
赤坑	湾山、内河源、牛牯弄、赤坑垵、外河源、蔡弄源	547	1138	406
徐庄	上村畈	1043	2272	111
老竹	金竹、老竹	1229	2433	79
周坦	周坦、前道后、西岸、水碓、弄里	730	1615	64
梁村	梁村、学山	578	1333	41
丁公	丁公、金钟圩、官畈、麻铺	329	757	4

(二)姓氏分布

据各行政村调查情况统计,2015 年全镇共有 166 个姓氏, 其中蓝姓 1148 人,为全镇第一位;雷姓 1026 人,为全镇第二位;钟姓 526 人,为全镇第八位。畲族人口占全镇人口总数的 22.22%。另复姓 2 个、单姓 2 人的有 21 个,单姓 1 人的有 29 个。

2015 年老竹畲族镇姓氏一览表

表 12-2-2-2 单位:人

姓氏	曳岭脚	榴溪	新陶	沙溪	老竹	后坑	周坦	郑丰	梁村	徐庄	丁公	赤坑	合计
蓝	18	338	29	252	38	192	39	69	23	63	4	83	1148
雷	5	235	22	49	22	151	24	176	10	45	—	287	1026
梁	5	4	28	15	42	6	53	19	852	—	—	1	1025
李	48	35	26	10	169	57	60	2	34	185	20	177	823
蔡	736	—	15	18	23	3	6	—	3	—	—	6	810
刘	82	34	75	10	91	22	263	1	34	47	13	52	724
潘	14	138	129	3	18	12	162	2	11	51	—	1	541
钟	38	32	7	96	19	199	1	82	8	8	—	36	526
陈	14	29	16	23	241	21	75	3	38	22	22	—	504
江	2	23	62	14	260	12	35	6	9	17	—	1	441
邓	2	—	—	3	10	—	2	—	3	11	398	1	430
何	4	12	161	4	41	11	120	—	4	7	—	54	418
王	14	—	36	2	41	188	55	5	20	7	5	26	399
徐	20	—	3	1	43	3	11	13	8	15	242	12	371
郑	12	5	185	1	35	9	9	—	8	14	—	53	331
史	4	—	—	—	4	—	3	1	8	286	—	—	306
张	28	13	22	5	68	45	23	7	34	14	—	51	310
陶	68	2	193	—	20	1	5	1	4	—	—	—	294
毛	12	167	15	1	49	1	9	—	3	2	—	2	261
杨	2	2	11	3	19	5	—	1	8	4	160	43	258
黄	15	2	1	3	29	3	38	9	9	128	—	—	237
龚	2	2	3	1	8	—	3	—	6	200	—	1	226
朱	2	2	19	43	116	9	8	3	21	91	—	3	317
吴	25	11	20	6	76	6	26	2	6	9	—	25	212
戴	12	15	3	3	44	—	131	—	2	—	—	—	210

续表 12-2-2-2

姓氏	曳岭脚	榴溪	新陶	沙溪	老竹	后坑	周坦	郑丰	梁村	徐庄	丁公	赤坑	合计
林	4	1	67	1	10	6	89	2	13	16	—	1	210
鄢	—	—	—	3	3	—	2	—	—	192	—	—	200
章	10	7	22	—	55	3	5	1	14	59	7	2	185
华	—	—	5	1	3	1	11	1	2	160	—	—	184
揭	1	—	2	—	2	—	6	—	1	166	3	2	183
傅	32	3	9	3	8	10	20	2	4	1	39	17	148
余	2	30	68	10	10	5	4	3	—	—	12	—	144
肖	23	—	1	2	107	5	4	—	—	—	—	—	142
叶	52	7	16	23	25	4	—	1	3	8	—	2	141
周	6	13	38	10	—	16	33	1	9	—	—	2	128
谢	4	1	4	2	6	1	46	1	26	—	16	5	112
涂	3	26	5	8	23	4	27	—	—	7	6	1	110
范	2	—	—	3	14	4	42	41	2	—	—	—	108
邱	2	1	34	2	12	8	9	14	5	—	—	16	103
赖	2	—	—	—	12	—	—	1	5	73	—	—	93
唐	—	1	—	1	—	—	10	—	5	74	—	—	91
宋	—	1	6	—	1	—	—	—	2	—	—	81	91
项	68	5	12	—	—	1	—	1	1	—	—	—	88
胡	70	—	—	2	9	—	—	—	3	—	—	1	85
吕	—	6	—	—	8	—	2	1	2	48	—	20	87
杜	2	—	45	3	2	2	12	—	—	—	—	—	66
邹	4	15	8	5	9	3	1	—	6	12	—	1	64
汤	—	1	18	1	12	2	17	—	2	—	—	—	53
任	—	—	—	—	6	3	2	40	2	—	—	—	53
施	1	5	—	1	—	15	1	8	1	19	—	—	51
俞	15	16	—	—	14	—	1	—	4	—	—	—	50
蒋	2	—	—	—	7	3	—	—	1	34	—	—	47
温	45	—	—	—	—	—	1	—	—	—	—	1	47
曾	2	2	—	—	12	—	5	1	3	16	—	3	44
祝	35	—	2	—	—	—	1	—	—	—	—	1	39
供	—	—	—	—	1	—	—	—	—	—	37	—	38

续表 12-2-2-2

姓氏	曳岭脚	榴溪	新陶	沙溪	老竹	后坑	周坦	郑丰	梁村	徐庄	丁公	赤坑	合计
高	2	—	2	—	3	16	4	—	—	5	—	1	33
程	6	2	5	1	8	—	1	—	5	3	—	2	33
宁	2	1	—	—	2	—	—	—	4	—	22	—	31
卢	2	—	1	—	—	—	—	—	5	21	—	—	29
罗	—	4	—	1	3	3	9	—	—	—	9	—	29
符	—	—	—	—	—	—	—	—	—	28	—	—	28
金	4	—	—	—	9	4	4	—	—	6	—	1	28
孙	22	—	—	1	1	—	1	—	3	—	—	—	28
袁	20	—	—	—	5	—	—	—	1	—	—	—	26
丁	2	—	—	4	—	—	17	—	1	—	—	—	24
钱	—	—	—	1	9	3	8	—	2	—	—	—	23
倪	22	—	—	—	—	—	—	—	—	—	12	—	34
官	—	1	1	1	—	3	2	—	1	—	—	—	21
应	22	—	—	—	7	—	1	—	1	—	—	—	31
方	2	—	—	—	15	—	2	—	1	—	—	—	20
冯	1	—	—	—	—	5	14	—	—	—	—	—	20
赵	1	—	5	—	—	3	7	—	4	—	—	—	20
魏	18	—	—	1	—	—	—	—	—	—	—	—	19
厉	1	—	—	1	14	—	—	—	2	1	—	1	20
楼	2	17	—	—	—	—	—	—	—	—	—	—	19
沈	2	—	2	—	9	1	2	—	2	—	—	1	19
颜	—	—	2	—	—	—	7	—	9	—	—	—	18
汪	—	—	—	4	—	—	—	—	1	—	10	—	15
舒	8	—	—	4	2	—	—	—	—	—	—	—	14
许	4	1	2	—	—	1	4	—	1	—	—	—	13
申屠	11	—	1	—	—	—	—	—	—	—	—	1	13
占	4	1	—	—	6	—	—	1	1	—	—	—	13
曹	—	—	—	—	—	—	2	—	—	9	—	—	11
危	12	—	—	—	—	—	—	—	—	—	—	—	12
鲍	2	—	3	—	3	2	—	—	1	—	—	—	11
夏	4	—	—	—	7	—	—	—	—	—	—	—	11

续表 12-2-2-2

姓氏	曳岭脚	榴溪	新陶	沙溪	老竹	后坑	周坦	郑丰	梁村	徐庄	丁公	赤坑	合计
姚	—	—	—	1	—	2	1	—	—	7	—	—	11
桑	2	—	—	—	4	—	4	—	1	—	—	—	11
梅	2	—	—	1	6	—	1	—	—	—	—	—	10
廖	2	—	1	1	5	—	1	—	—	—	—	—	10
诸葛	—	—	—	—	10	—	—	—	—	—	—	—	10
邵	2	—	—	—	2	—	—	—	—	—	6	—	10
季	8	—	—	—	—	—	1	—	—	—	—	—	9
柳	—	—	—	—	—	2	2	—	—	—	—	4	8
詹	1	—	1	—	—	1	—	—	1	3	—	—	7
严	2	—	—	—	1	1	2	—	1	—	—	—	7
董	1	—	—	1	3	—	1	—	—	—	—	—	6
洪	—	—	—	—	—	—	2	—	1	2	—	1	6
池	1	—	—	—	2	—	—	—	—	3	—	—	6
马	2	—	—	—	2	—	1	—	—	—	—	—	5
陆	—	—	—	—	—	—	5	—	—	—	—	—	5
常	—	—	—	—	2	1	1	—	1	—	—	—	5
麻	—	—	—	—	1	2	—	—	1	—	—	—	4
郎	2	—	—	—	2	—	—	—	—	—	—	—	4
庄	—	—	—	—	—	—	3	—	1	—	—	—	4
翁	—	—	—	—	—	—	—	—	4	—	—	—	4
武	3	—	—	—	1	—	—	—	—	—	—	—	4
滕	—	—	—	—	2	—	—	—	1	—	—	—	3
管	—	—	—	1	—	—	—	1	1	—	—	—	3
侯	—	—	—	—	—	—	3	—	—	—	—	—	3
纪	—	—	—	—	—	—	2	—	1	—	—	—	3
石	1	—	—	—	2	—	—	—	—	—	—	—	3
游	3	—	—	—	—	—	—	—	—	—	—	—	3
韦	—	2	—	—	—	—	1	—	—	—	—	—	3
包	1	—	—	—	—	—	—	—	1	—	—	—	2
卞	2	—	—	—	—	—	—	—	—	—	—	—	2
柏	—	—	—	—	—	2	—	—	—	—	—	—	2

续表 12-2-2-2

姓氏	曳岭脚	榴溪	新陶	沙溪	老竹	后坑	周坦	郑丰	梁村	徐庄	丁公	赤坑	合计
彭	—	—	—	2	—	—	—	—	—	—	—	—	2
缪	2	—	—	—	—	—	—	—	—	—	—	—	2
樊	—	—	2	—	—	—	—	—	—	—	—	—	2
费	—	—	—	—	—	—	—	—	—	—	—	—	2
富	—	1	—	—	1	—	—	—	—	—	—	—	2
童	—	—	—	—	2	—	—	—	—	—	—	—	2
龙	—	1	—	—	—	1	—	—	—	—	—	—	2
贾	1	—	—	—	1	—	—	—	—	—	—	—	2
姜	—	—	—	—	—	—	—	2	—	—	—	—	2
戚	2	—	—	—	—	—	—	—	—	—	—	—	2
邢	—	—	—	—	1	1	—	—	—	—	—	—	2
关	2	—	—	—	—	—	—	—	—	—	—	—	2
寇	—	—	—	—	—	2	—	—	—	—	—	—	2
郭	—	—	—	1	—	—	—	—	1	—	—	—	2
佘	—	—	—	1	—	—	—	—	1	—	—	—	2
尹	—	1	—	—	—	—	—	—	1	—	—	—	2
虞	—	—	—	—	—	—	—	—	1	—	—	—	2
伍	—	—	—	2	—	—	—	—	—	—	—	—	2
欧	1	—	—	—	—	—	—	—	—	—	—	—	1
段	—	—	—	—	—	—	1	—	—	—	—	—	1
覃	—	—	—	—	—	—	—	—	1	—	—	—	1
田	—	—	—	—	—	1	—	—	—	—	—	—	1
娜	—	—	—	—	—	—	—	—	—	—	—	1	1
聂	—	1	—	—	—	—	—	—	—	—	—	—	1
黎	—	—	—	—	—	1	—	—	—	—	—	—	1
留	—	—	—	—	—	1	—	—	—	—	—	—	1
练	—	1	—	—	—	—	—	—	—	—	—	—	1
耿	—	—	—	—	1	—	—	—	—	—	—	—	1
孔	—	—	—	—	1	—	—	—	—	—	—	—	1
韩	—	—	—	—	1	—	—	—	—	—	—	—	1
吉	—	—	—	—	1	—	—	—	—	—	—	—	1

续表 12-2-2-2

姓氏	曳岭脚	榴溪	新陶	沙溪	老竹	后坑	周坦	郑丰	梁村	徐庄	丁公	赤坑	合计
简	1	—	—	—	—	—	—	—	1	—	—	—	1
阙	—	—	—	—	—	1	—	—	—	—	—	—	1
厦	—	1	—	—	—	—	—	—	—	—	—	—	1
钦	1	—	—	—	—	—	—	—	—	—	—	—	1
薛	—	—	—	—	—	—	—	—	—	—	—	—	1
熊	—	—	—	—	—	—	—	—	1	—	—	—	1
左	—	—	—	1	—	—	—	—	—	—	—	—	1
查	—	—	1		—	—	—	—	—	—	—	—	1
尚	—	—	—	—	—	—	—	—	1	—	—	—	1
单	—	—	—	—	—	1	—	—	—	—	—	—	1
于	—	—	—	—	—	—	—	—	1	—	—	—	1
禹	1	—	—	—	—	—	—	—	—	—	—	—	1
闵	—	—	—	—	—	1	—	—	—	—	—	—	1
苏	—	—	—	—	—	—	1	—	—	—	—	—	1
崔	—	—	—	—	1	—	—	—	—	—	—	—	1
饶	—	—	—	—	—	—	1	—	—	—	—	—	1

二、人口构成

老竹畲族镇人口的自然构成，包括性别构成和年龄构成等有其自然特征；其人口的社会构成，即民族结构、就业结构等，也呈现出民族地区的普遍特点。

(一)性别构成

老竹畲族镇人口的性别比失调问题比较严重。民国时期老竹属处州府宣平县崇义懿德乡九都一区。民国 12 年(1923 年)的《宣平县志》记载，崇义有总人口 10232 人，其中有男 6107 人，女 4125 人。

中华人民共和国成立以来，老竹畲族镇人口的性别比依然存在失调现象，尤其在 1971 年推行计划生育后，性别比由 1957 年的 104.14 上升到 1971 年 126.11，1982 年性别比高达 149.71。进入 21 世纪后，性别比趋于稳定，保持在 103.84~107.79。

1957—2015 年老竹畲族镇部分年份人口性别结构一览表

表 12-2-2-3

年份	总人口（人）	男（人）	女（人）	性别比（女=100）
1957	5424	2767	2657	104.14
1958	5548	2897	2651	109.28
1959	5420	2873	2597	110.63
1960	5243	2764	2479	111.50
1961	5414	2904	2510	115.70
1962	5602	2893	2709	106.79
1963	5837	3039	2798	108.61
1964	6012	3199	2813	113.72
1965	6208	3307	2901	113.99
1966	6376	3365	3011	111.76
1967	6275	3356	2919	114.97
1968	6297	3391	2906	116.69
1969	6736	3410	3326	102.53
1970	7350	3896	3454	112.80
1971	6790	3787	3003	126.11
1972	7570	3992	3578	111.57
1973	7721	4065	3656	111.19
1974	7776	4083	3693	110.56
1975	7690	4012	3678	109.08
1976	7856	4145	3711	111.69
1977	7590	4014	3576	112.14
1978	7949	4142	3807	108.80
1979	7978	4171	3807	109.56
1980	7965	4125	3840	107.42
1981	7986	4151	3835	108.24
1982	7841	4701	3140	149.71
1983	8099	4230	3869	109.33
1984	8282	4751	3531	134.55
1985	8307	4362	3945	110.57
1986	8311	4357	3954	110.19

续表 12-2-2-3

年份	总人口(人)	男(人)	女(人)	性别比(女=100)
1987	8325	4369	3956	110.44
1988	8498	4418	4080	108.28
1989	8573	4509	4064	110.95
1991	9016	5103	3913	130.41
1992	14191	7736	6455	119.85
1993	14371	7595	6776	112.09
1994	14331	7405	6926	106.92
1998	14033	7496	6537	114.67
1999	14780	7535	7245	104.00
2000	14209	7253	6956	104.27
2001	13857	7123	6734	105.78
2002	13963	7255	6708	108.15
2003	13869	7189	6680	107.62
2004	13958	7210	6748	106.85
2005	14126	7311	6815	107.28
2006	14389	7456	6933	107.54
2007	14717	7621	7096	107.40
2008	14737	7565	7172	105.48
2009	15574	7966	7608	104.71
2010	15787	8093	7694	105.19
2011	15969	8135	7834	103.84
2012	15984	8216	7768	105.77
2013	16094	8209	7885	104.11
2014	16467	8542	7925	107.79
2015	16216	8338	7878	105.84

(二)年龄构成

2015年,老竹畲族镇的年龄结构以青壮年人口居多,老年人口比例相对较低。0~24岁的人口占14.58%,25~59岁的人口占74.79%,60岁及以上的人口占10.63%。劳动力人口,即18~59岁的人口达到45.61%。老少比也位于正常百分点。

2015 年老竹畲族镇各行政村人口年龄结构一览表

表 12-2-2-4

年龄（岁）	曳岭脚（人）	榴溪（人）	新陶（人）	丁公（人）	赤坑（人）	沙溪（人）	老竹（人）	徐庄（人）	梁村（人）	郑丰（人）	后坑（人）	周坦（人）	合计（人）	占比（%）
0~6	80	82	57	20	44	8	150	163	74	16	83	98	875	3.21
7~12	65	71	58	20	48	48	161	488	98	30	79	98	1264	4.65
12~25	180	156	81	120	89	108	339	288	186	48	154	79	1828	6.72
18~22	48	62	29	42	37	16	53	118	43	15	58	38	559	2.05
7~17	150	140	84	120	77	72	252	366	182	36	107	53	1639	5.95
18+	1230	1077	1143	630	596	500	1650	1872	1089	401	590	1330	12108	45.61
16~49	260	413	202	230	144	175	484	445	307	116	281	211	3268	11.9
50~59	198	241	171	390	130	112	353	369	195	40	152	174	2525	9.28
60~69	160	148	147	102	97	68	249	255	145	41	110	60	1582	5.81
70~79	70	57	46	47	45	35	231	120	68	41	54	38	852	2.76
80~89	35	34	20	31	28	11	85	81	48	20	24	81	498	1.83
90~99	5	4	9	5	1	2	8	11	7	0	2	8	62	0.23
100 以上	0	0	0	0	0	0	1	0	0	0	0	1	2	0.006
合计	2481	2485	2047	1757	1336	1155	4016	4576	2442	804	1694	2269	27062	

说明：此表整合教育、兵役、劳动力、社会养老等数据，人口数存在一些重叠。

（三）民族构成

1949 年老竹的畲族人口有 1261 人，主要居住在后坑、郑坑、沙溪、黄桂、赤坑和徐庄的上村畈、下桥的山背、高丰的牛寨村。中华人民共和国成立后，老竹畲族镇的畲族人口保持在 20%左右。1961 年，老竹的畲族户数 299 户，1136 人，畲族人口占总人口的 20.98%。1975 年，畲族人口占总人口的 16.7%。1976 年，畲族人口为 1297 人，占总人口的 16.5%。1983 年，畲族人口 1677 人，占总人口的 20.7%。实施计划生育时期畲族人口有所下降，1994 年下降至 14.85%。2000 年，全镇总人口 14209 人，其中畲族 2895 人，占总人口的 20.37%。至 2015 年，全镇总人口 16216 人，其中畲族 2698 人，占总人口的 16.64%。

1957—2015 年老竹畲族镇部分年份民族构成一览表

表 12-2-2-5

年份	总人口（人）	其中畲族（人）	畲族占比（%）
1957	5424	1210	22.30
1960	5243	1039	19.82

续表 12-2-2-5

年份	总人口(人)	其中畲族(人)	畲族占比(%)
1965	6226	1298	20.85
1975	7690	1291	16.79
1980	7965	1356	17.02
1985	8307	1509	18.16
1990	9016	1670	18.52
1994	14331	2129	14.85
2000	14209	2895	20.37
2005	14126	3020	21.37
2010	15787	3295	20.87
2014	16467	3457	20.99
2015	16216	2698	16.64

(四)行业构成

老竹畲族镇是一个典型的农业地区,城镇化进程非常缓慢。20 世纪 80 年代中叶以前,非农业人口只占总人口的 4%以下。改革开放以后,非农业人口开始缓慢增长,由 1984 年的 3.45%提升到 1991 年的 5.16%。进入 21 世纪后,老竹畲族镇调整农业生产结构,大力发展现代农业,非农业人口相应地下降到 4%以下,2014 年非农业人口只占总人口的 2.71%。

1964—2014 年老竹畲族镇部分年份人口职业构成一览表

表 12-2-2-6

年份	总人口(人)	农业人口(人)	非农业人口(人)	非农业人口比例(%)
1964	6012	1267	192	3.19
1974	7776	1282	250	3.21
1975	7690	1291	290	3.77
1976	7856	1297	284	3.61
1977	7590	1309	291	3.83
1978	7949	1326	280	3.52
1979	7978	1349	298	3.73
1980	7965	1356	285	3.57
1981	7986	1317	291	3.64

续表 12-2-2-6

年份	总人口(人)	农业人口(人)	非农业人口(人)	非农业人口比例(%)
1983	8099	1604	209	2.58
1984	8282	1596	286	3.45
1985	8307	1509	392	4.72
1986	8311	1587	390	4.69
1987	8325	1592	382	4.58
1988	8498	1611	402	4.73
1989	8573	1593	405	4.72
1991	9016	1670	466	5.16
1992	14191	2390	428	3.01
1993	14371	2130	415	2.88
1994	14331	2129	391	2.72
2000	14209	2895	156	1.09
2007	14717	3136	557	3.78
2008	14737	3215	551	3.73
2014	16467	3457	447	2.71

三、家 庭

(一)家庭规模

中华人民共和国成立以前，老竹镇的大家族普遍存在。一个家族一般有10~20人。1949年后，畲民大家族逐渐消失。1949年丽水县畲民1340户，平均每户4.41人；1961年老竹畲民只有299户1261人，平均每户3.79人；1990年全镇有畲民485户1521人，平均每户3.13人。1992年永丰乡并入老竹。到2012年有畲民927户3359人，平均每户3.62人。此后，畲民的大家庭完全解体，已建立了小家庭的社会体系，家庭组合形式，以小家庭为主。

随着时代的变迁，家庭习惯发生变化。由于畲汉杂居，畲族性别比严重失调，以往畲汉不通婚的旧俗已打破。而且在民族政策的鼓励下，畲族男女所生子女姓氏由双方商定，而汉族男子娶了畲族姑娘，所生子女一般随母姓。

2015年老竹畲族镇各行政村家庭规模一览表

表 12-2-2-7

行政村	户数(户)	人口数(人)	平均每户(人)
曳岭脚	689	1681	2.44
榴溪	573	1296	2.26
新陶	693	1402	2.02
沙溪	318	669	2.10
后坑	507	1102	2.17
郑丰	246	518	2.10
赤坑	547	1138	2.08
徐庄	1043	2272	2.17
老竹	1229	2433	1.97
周坦	730	1615	2.21
梁村	578	1333	2.30
丁公	329	757	2.30

(二)婚姻制度

昔日,畲族的家庭组织,也与汉族一样以"四世同堂""五世同堂"为荣,保持着"男大当婚、女大当嫁"的传统习惯。家庭事务处理一般男人说了算,如果男性放权,一般家庭经济上由婆婆当家,长儿媳助之。家族之中,族长、房长乃至家长具有绝对权威,若有冒犯,族规、家规处置。

婚　制　实行一夫一妻制。随父姓,无论抱养、过继或亲生子均随父姓,很少随母姓。旧时有"无后为大"之说,便出现纳妾、典妻等陋俗。

家　规　大家庭用餐分桌制,用餐时长辈客人为先、晚辈为后,等干活的男人回来,才能开饭,大人说话小辈不能插嘴。儿子外出归来,先上房问候父母(意为一表尊长、二表报平安),后回自己厢房与妻儿相聚。男客人来家,儿孙上前恭迎,女客来则由媳妇、囡相陪。男人忌在悬挂的裤袜之下穿行。

分　家　分家析户,娘舅主持、叔伯见证、兄弟协商,分家后立字墨文书为据。分家要"抽长子、贴长孙、抽亲(老婆)本";女儿出嫁要"贴嫁妆"等,一切经济开销在契约上交代清楚。分家时的厨房用具一般由女方父母赠送,意为添碗添筷、添丁发财;家具由男方父母置办赠送,意为要其子孙发扬传统,勤耕细作,刚强生活。

招　赘　有女无子，可招赘，俗称“招囡婿”，女儿、女婿所生子女，其姓氏随外公，甥儿、甥女不称外公称爷爷。

寡　妇　大亡守寡，旧制赞其德操，孤芳贞节，封为烈女，而改嫁，俗称二婚亲，要夜间迎娶，旧称“半路夫妻”，所带前夫子女，俗称“拖油瓶”，不入宗谱，不继承后夫遗产，也有招夫带子，男方择吉日到达女方，子女以叔相称。

离　婚　旧由男方提出“休妻”，写作“休书”，女方可改嫁，其俗与寡妇有别，中华人民共和国成立后，男女双方同意方可离婚。离婚均以婚姻法为准，民间离婚不足为据，畲族习俗与汉族一样，女方怀孕做产期不能离婚，一方犯罪被囚，另一方可单独提出离婚而独立。

称　谓　高祖父母，叫太太公、太太婆。曾祖父母：叫太公太婆。祖父叫公，祖母叫奶。称父为爸、母为妈。叫兄为老大、姐为姐姐。兄之妻为大嫂，姐之夫为姐夫。妻随子女称呼，称夫之兄为大伯、弟为叔，姐妹为娘（姑），兄嫂为伯母、弟妻为婶，娘之夫为姑夫，夫之叔伯为叔公、伯公，婶为叔婆、伯母为伯婆，夫之姑为姑婆，称妻之父母为丈人、丈母，妻之兄为舅，其妻为妗，姐妹为姨娘，其夫为姨夫。

第三章　政治与民族事务

老竹畲族镇(曳岭)是丽水市莲都区的红色革命老区。据1994年版《丽水市志》载,民国16年(1927年)10月,新屋村郑和斋在宣平柳城加入中国共产党后,次年5月在曳岭建立老竹、新屋、马村3个支部,有党员26人。民国19年3月,北乡(曳岭雅溪)组建100多人的农民武装,编入红十三军浙西三纵队三大队(南营红军),赤坑村畲民雷明湖、雷明森、雷明麟三兄弟参加。9月中旬在曳岭三岩寺遭省防军和地主武装袭击,指挥潘成波、朱生民等30余人壮烈牺牲。现立有中央军委原副主席叶飞题词"三岩红军永垂不朽"的纪念碑。新屋村建立"南乡革命纪念馆",已成为红色旅游风景区。

中华人民共和国成立以后,人民当家作主,畲族的政治地位提高。1952年,后坑村的蓝培兴到北京参加国庆观礼,和毛泽东、周恩来等党和国家领导人合影。一系列法律、法规保障了畲族人民的合法权益。

第一节　政治生活

老竹畲族镇(曳岭)是丽水市莲都区农村最早的革命老区,在中国共产党的领导下,建立党组织最早,参加革命人数最多,农民武装斗争声势最大。

民国24年(1935年)6月,中共党员汪陈俊在麻铺村发展党员,联络弄里、破桥、梁村建立麻铺红军游击大队。民国33年冬,中共丽水县特派员林艺圃在北乡恢复发展农村党组织。1949年1月,建曳岭区人民民主政府,成为丽缙宣边区的第一个解放区。

中华人民共和国成立后,畲族人民平等参与镇政府的政治生活和事务管理。2006年乡政府换届时,有区畲族党代表23人、人民代表13人、政协委员16人,分别占总数的8.3%、6.4%、7.8%。2010年,全镇8个畲族行政村的党支部书记有7位是畲族。老竹畲族镇人民代表大会畲族代表占10%。

1994年《丽水市志》记载:"建国后,民族平等,人民当家作主、畲民社会地位提高,一批畲民担任各级领导干部。每届乡人民代表中畲民代表约占全市(县)乡代表总数的8%,市(县)人民代表中畲民代表约占代表总数的10%。至1985年,畲民参加赴朝鲜慰问团、全国民兵代表大会、全国劳动模范大会的各1人,参加国庆观礼的5人,参加五一观礼的4人,参加全国少数民族参观团的11人,有畲族党员2人分别当选中共浙江省五、六届人民代表大会代表,有1人当选全国第五届人民代表大会代表。"[①]1952年,后坑村的蓝培兴同志受邀到北京参加国庆观礼,出席毛泽东主席、周恩来总理举行的招待会,并合影留念。

自20世纪90年代以来,先后组织56名畲族干部参加各类干部培训班,区直机关先后外派、下派畲族干部11人。2006年换届时,区党代表中畲族代表23人、人民代表13人、政协委员16人,分别占代表总数的8.3%、6.4%、7.8%。2011年换届后,在职副处级畲族干部3人,正科级9人,副科级23人。畲族人口在1000人以上的乡镇,班子全部配有副科以上的畲族干部。在交通、科技、农业、统战、民政等部门,先后配备畲族领导干部。2015年底老竹镇政府配有畲族干部8人。

1958—2015年丽水市莲都区历届人民代表大会(老竹镇)代表一览表

表12-3-1-1

届次	时间	姓名	性别	民族	工作单位或住址及职务
第三届	1958年6月至1962年8月	陈章成	男	汉	丽水县梁周乡周坦村
		黄葱娇	女	汉	丽水县梁周乡梁村
		郑永祥	男	汉	丽水县永丰乡高畔村
		余周元	男	汉	丽水县永丰乡麻铺村
		何凤梅	女	汉	丽水县崇义乡小陶村
		蓝培兴	男	畲	丽水县崇义乡后狮村
		梁立楷	男	汉	丽水县崇义乡老竹农业生产合作社
		李竹安	男	汉	丽水县曳岭区公所
第四届	1962年8月至1963年11月	徐卸牛	男	汉	曳岭区委
		刘常禾	男	汉	崇义公社
		雷金莲	女	畲	崇义公社后坑生产大队

① 引自《丽水市志》,1994年版第621页。

续表 12-3-1-1

届次	时间	姓名	性别	民族	工作单位或住址及职务
第四届	1962 年 8 月至 1963 年 11 月	涂光芬	男	汉	崇义公社周坦生产大队
		陈章成	男	汉	崇义公社周坦生产大队
		黄葱娇	女	汉	永丰公社梁村生产大队
		蓝明松	男	畲	永丰公社徐庄生产大队
		王刘凤	女	汉	永丰公社
		蔡宁桂	男	汉	曳岭区林业站
第五届	1963 年 11 月至 1966 年 4 月	陈呈寿	男	汉	崇义公社社长
		应书法	男	汉	崇义公社大片生产队大队长
		叶敬梓	男	汉	丽水师范学校教师(放选)
		雷金莲	女	畲	崇义公社后坑生产大队团支书
		徐卸牛	男	汉	曳岭区区长
		王刘凤	女	汉	永丰公社社长
		蓝明松	男	畲	永丰公社徐庄大队长
		冯菊翠	女	汉	永丰公社梁村大队社员
		江新生	男	汉	永丰公社赤坑大队生产队长
		章先祥	男	汉	县税局局长(放选)
第六届	1966 年 4 月至“文化大革命”时期	陈爱元	男	汉	崇义公社社长
		应书法	男	汉	崇义公社大片大队长
		雷金莲	女	畲	崇义公社后坑大队妇女主任
		方土根	男	汉	曳岭区小学校长
		王登丰	男	汉	县工商联秘书(放选)
		徐卸牛	男	汉	曳岭区公所区长
		蓝有清	男	畲	永丰公社社长
		蓝明松	男	畲	永丰公社徐庄大队长
		潘为玉	女	汉	永丰公社梁村大队妇女队长
		徐和生	男	汉	永丰公社丁公大队长
		王砝桂	男	汉	原丽东区委书记(“文化大革命”时调曳岭)
第七届	1980 年 7 月至 1984 年 5 月	叶国英	女	汉	崇义公社妇联副主任
		钟官明	男	畲	崇义公社大片大队党支部书记
		江树良	男	汉	崇义公社老竹大队党支部书记
		王朝宗	男	汉	崇义公社红桥大队大队长

续表 12-3-1-1

届次	时间	姓名	性别	民族	工作单位或住址及职务
第七届	1980 年 7 月至 1984 年 5 月	王砝桂	男	汉	曳岭区公所区长
		王胜赋	男	汉	曳岭区供销社营业员
		雷明亮	男	畲	永丰公社革委会副主任
		章玉兰	女	汉	永丰公社梁村大队副大队长
		鄢金泉	男	汉	永丰公社企业党支部书记
		雷根土	男	畲	永丰公社赤坑大队党支部书记
第八届	1984 年 5 月至 1987 年 4 月	陈志金	男	汉	崇义乡乡长
		王朝宗	男	汉	崇义乡红桥村经济合作社社长
		钟官明	男	畲	崇义乡大片村队长
		雷金莲	女	畲	崇义乡后坑村妇女主任
		诸葛林	男	汉	曳岭区工商所所长
		俞莉华	女	汉	县委组织部副部长
		涂仁和	男	汉	永丰乡乡长
		梁福生	男	汉	永丰乡梁村村民委员会主任
		雷贤良	男	畲	永丰乡章记村党支部书记
		杨学文	男	汉	永丰乡麻铺村会计
第九届	1987 年 4 月至 1990 年 4 月	蓝岩青	男	畲	崇义乡乡长
		郑官永	男	汉	曳岭中学党支部书记
		陈仁松	男	汉	老竹村基建队长
		钟官明	男	畲	崇义乡大片村队长
		黄东英	女	汉	市妇联副主任(放选)
		徐罗贤	男	汉	永丰乡政府
		余周元	男	汉	永丰乡麻铺村村主任
		梁志宏	男	汉	永丰乡梁村村主任
第十届	1990 年 4 月至 1993 年 4 月	王淑美	女	汉	老竹中心小学校长
		应书法	男	汉	老竹畲族镇大片村党支部书记
		蓝宝兴	男	畲	市人大常委会副主任
		陈仁松	男	汉	老竹畲族镇老竹村村主任
		雷金华	男	畲	老竹畲族镇镇长
		雷金莲	女	畲	老竹畲族镇后坑村妇女主任
		徐罗贤	男	汉	永丰乡乡长

续表 12-3-1-1

届次	时间	姓名	性别	民族	工作单位或住址及职务
第十届	1990 年 4 月至 1993 年 4 月	雷财章	男	畲	永丰乡赤坑村村主任
		李益春	男	汉	永丰乡教办校长
		梁志宏	男	汉	永丰乡梁村村主任
		王燕卿	女	汉	市人大常委会副主任
第十一届	1993 年 4 月至 1998 年 3 月	蓝宝兴	男	畲	市人大常委会副主任(放选)
		雷金华	男	畲	老竹畲族镇镇长
		应书法	男	汉	老竹畲族镇大片村党支部书记
		钟永堂	男	畲	老竹畲族镇后坑村党支部书记
		陈仁松	男	汉	老竹畲族镇老竹村村主任
		邱塘儿	男	汉	曳岭供销社主任
		王燕卿	女	汉	市人大常委会副主任(放选)
		邓素琴	女	汉	老竹镇医院副院长
		梁福生	男	汉	老竹畲族镇梁村党支部书记
		蓝岩青	男	畲	老竹畲族镇人大主席
		邓安儿	男	汉	老竹畲族镇丁公村村主任
第十二届	1998 年 3 月至 203 年 4 月	陈仁松	男	汉	老竹畲族镇老竹村村主任
		蓝福新	男	畲	老竹畲族镇镇长
		任发根	男	汉	老竹畲族镇人大主席
		应书法	男	汉	老竹畲族镇大片村村主任
		徐惠仁	男	汉	市委统战部部长
		梁福生	男	汉	老竹畲族镇梁村党支部书记
		李　琴	男	汉	老竹畲族镇徐庄村党支部书记
第十三届	2003 年 4 月至 2007 年 3 月	肖李军	男	汉	老竹畲族镇曳岭脚村村主任
		雷勇军	男	畲	老竹畲族镇党委书记
		马为民	男	汉	莲都区委副书记(放选)
		陈仁松	男	汉	老竹畲族镇老竹村村主任
		钟丽丽	女	畲	曳岭医院护士
		刘海水	男	汉	老竹畲族镇高畔村党支部书记
		李　琴	男	汉	老竹畲族镇徐庄村党支部书记
		蓝小华	男	畲	老竹畲族镇镇长

续表 12-3-1-1

届次	时间	姓名	性别	民族	工作单位或住址及职务
第十四届	2007 年 3 月至 2012 年 4 月	蓝木申	男	畲	老竹畲族镇镇长
		肖李军	男	汉	老竹畲族镇曳岭脚村村主任
		张华军	男	汉	区人大常委会副主任(放选)
		江爱军	男	汉	老竹畲族镇党委书记
		陈仁松	男	汉	老竹畲族镇老竹村村主任
		李　琴	男	汉	老竹畲族镇徐庄村党支部书记
		雷余生	男	畲	老竹畲族镇章记村村主任
第十五届	2012 年 4 月至	叶　东	男	汉	老竹畲族镇党委书记
		蓝　韬	男	畲	老竹畲族镇人大主席
		陈仁松	男	汉	老竹畲族镇老竹村村主任
		梁佰平	男	汉	老竹畲族镇梁村村党支部书记
		蔡祖欣	男	汉	老竹畲族镇曳岭脚村党支部书记
		李　琴	男	汉	老竹畲族镇徐庄村党支部书记
		蓝葱丽	女	畲	老竹民族学校教师

说明：第一、二届曳岭区属宣平县管辖无档案。1958 年起，该代表名录含崇义、永丰两乡

第二节　组　　织

1958 年 5 月 10 日，宣平县崇义乡划归丽水县管辖，同年 11 月 16 日建立崇义大队（乡）总支部，驻地：老竹村。1962 年 2 月大队（乡）建立了人民公社党委，此后划归武义县（原宣平县）。1962 年 4 月仍划回丽水县。1983 年复称崇义乡党委。1987 年改为崇义畲族乡党委。自 1988 年始，改为老竹畲族镇党委。

一、中国共产党基层组织

（一）老竹畲族镇（崇义公社、乡、大队）党组织

1954 年建立宣平县曳岭区新桥乡党支部，驻地陶村；同时建立了周坦乡党支部，驻地周坦村。1950 年并入崇义乡党支部，驻地曳岭脚村。1962 年 4 月从武义县划回丽水县。1983 年复称崇义乡党委。1987 年改为崇义畲族乡党委。自 1988 年始，改为老竹畲族镇党委。

(二)中共老竹畲族镇党代会

中共周坦乡党支部　1954年建立,1956年3月并入崇义乡。

书　记:李焕权(1954年4月—1954年6月)

中共曳岭区党支部　1950年8月9日建立。

书　记:谢玉阁

副书记:曾澄清

委　员:马希华、邓国民、高玉堂

中共新桥乡党支部　1954年11月成立,1956年3月并入崇义乡。

书　记:黄余其(1954.11月—1956.3月)

中共崇义乡党支部　(1956年4月建立)

副书记:黄余其(1956年4月—1958年4月)

　　　　陈明宣(1956年4月—1958年4月)

第一书记:刘永俊(1957年3月—1957年6月)

　　　　　黄益贡(兼1957年6月—1957年10月)

书　记:谭其铨(1957年10月—1958年11月)

中共梁周乡总支部　1957年3月建立,驻地周坦村。

书　记:徐卸牛(1957年3月—1958年8月)

副书记:范森林(1958年6月—1958年11月)

中共崇义乡大队总支部　1958年11月16日,由崇义乡党支部改设。

书　记:应龙金(兼1958年11月—1959年10月)

副书记:程章森(1958年11月—1959年10月)

　　　　杜新其(1958年11月—1962年1月)

书　记:程章森(1959年10月—1960年10月)

　　　　王岳传(1960年10月—1962年1月)

副书记:程章森(1960年10月—1962年1月)

中共崇义公社党委　1962年5月,由中共崇义大队总支部改设。

书　记:王岳传(1962年5月—1964年11月)

副书记:陈呈寿(1962年5月—1965年6月)

　　　　陈明宣(1962年5月—1966年3月)

书　记:陈子玉(代,1964年11月—1968年8月)

副书记:李德仁(1966年3月—1968年8月)

中共崇义公社党委 （1971年10月恢复）

书 记：陈子玉（1972年11月—1977年5月）

副书记：李海林（1971年10月—1977年12月）

朱献培（1973年11月—1977年5月）

1977年5月2日调整原崇义公社党委。

书 记：陈子玉（1977年5月—1978年12月）

副书记：赵景斌（1977年5月—1978年9月）

章子朝（1977年12月—1979年6月）

应书法（1977年12月—1983年10月）

高崇儿（1978年1月—1979年3月）

陈呈寿（1978年11月—1979年1月）

书 记：陈呈寿（1979年1月—1982年8月）

副书记：王国祥（1979年10月—1981年11月）

李金岳（1979年10月—1983年10月）

涂仁和（1980年2月—1983年2月）

钟增娟（畲族1980年11月—1983年12月）

书 记：雷明亮（畲族1982年8月—1984年1月）

副书记：黄玉兴（1982年8月—1983年12月）

中共崇义乡党委 1983年12月5日由崇义公社党委改称崇义乡党委。

书 记：李兰友（1984年1月—1986年2月）

副书记：黄玉兴（1983年12月—1984年7月）

郑国华（1984年7月—1986年3月）

周芝金（1984年7月—1985年8月）

中共崇义畲族乡党委 1986年2月14日将崇义乡党委改设崇义畲族乡党委。

书 记：王国荣（1986年3月—1987年12月）

副书记：郑国华（1986年3月—1990年2月）

中共老竹畲族镇党委 1988年2月1日，中共崇义畲族乡党委改设为中共老竹畲族镇党委。

书 记：王国荣（1988年2月—1989年4月）

陈礼文（1989年4月—1992年5月）

副书记:张一成(1989 年 8 月—1990 年 9 月)
　　　刘云华(1990 年 2 月—1992 年 5 月)
　　　雷金华(1990 年 2 月—1994 年 2 月)

1992 年 5 月“撤扩并”原永丰乡并入老竹畲族镇,仍称中共老竹畲族镇党委。

书　记:朱朝荣(1992 年 5 月—1994 年 4 月)
　　　封宗华(1994 年 3 月—1995 年 12 月)
　　　雷金华(1995 年 12 月—1997 年 3 月)
　　　陈岳波(1997 年 3 月—2001 年 8 月)

副书记:兰岩青(1992 年 6 月—1993 年 10 月)
　　　任发根(1993 年 1 月—1998 年 6 月)
　　　潘金发(1994 年 4 月—1998 年 6 月)
　　　沈建组(1997 年 3 月—1998 年 6 月)
　　　陈晓东(1998 年 6 月—2001 年 8 月)
　　　雷勇军(1998 年 6 月—2001 年 8 月)

书　记:陈岳波(2000 年 7 月—2001 年 8 月)

副书记:雷勇军(2000 年 7 月—2001 年 8 月)
　　　陈晓东(2000 年 7 月—2001 年 8 月)
　　　蓝小华(2001 年 8 月—2002 年 1 月)
　　　蓝旭君(2001 年 12 月—2002 年 1 月)

委　员:梁　宝(2000 年 7 月—2002 年 1 月)
　　　朱广元(2000 年 7 月—2001 年 12 月)
　　　李根南(2000 年 7 月—2002 年 1 月)
　　　毛南维(2001 年 12 月—2002 年 1 月)
　　　周小平(2001 年 12 月—2002 年 1 月)
　　　傅佩珍(2001 年 12 月—2002 年 1 月)
　　　谢建君(2001 年 12 月—2002 年 1 月)

纪委书记:梁　宝(2000 年 7 月—2001 年 12 月)

书　记:雷勇军(2001 年 8 月—2003 年 6 月)
　　　蓝小华(2003 年 6 月—2004 年 10 月)
　　　江爱军(2004 年 10 月—2010 年 1 月)

副书记:蓝小华(2002 年 1 月—2003 年 6 月)

蓝旭君(2002 年 1 月—2003 年 5 月)
蓝木申(2003 年 12 月—2006 年 11 月)
蓝池星(2004 年 12 月—2006 年 11 月)
徐荣祥(2004 年 12 月—)
委　员:毛南维(2002 年 1 月—2002 年 7 月)
周小平(2002 年 1 月—2004 年 12 月)
李根南(2002 年 1 月—2004 年 12 月)
傅佩珍(2002 年 1 月—2004 年 12 月)
谢建君(2002 年 1 月—2003 年 12 月)
熊　剑(2002 年 10 月—2004 年 12 月)
梁慧峰(2004 年 3 月—2004 年 10 月)
桑小明(2004 年 12 月—)
雷金荣(2004 年 12 月—)
朱伟林(2004 年 12 月—)
王　琳(2004 年 12 月—)
赵军飞(2005 年 12 月—)
书　记:江爱军(2006 年 11 月—2010 年 1 月)
叶建光(2010 年 1 月—2013 月)
副书记:蓝木申(2006 年 11 月—2010 年 1 月)
蓝池星(2006 年 11 月—2010 年 1 月)
蓝献土(2010 年 1 月—)
叶　波(2010 年 1 月—)
委　员:陈岳平(2006 年 11 月—2010 年 1 月)
雷金荣(2006 年 11 月—)
王　琳(2006 年 11 月—2010 年 1 月)
肖丽君(2006 年 11 月—)
赵军飞(2006 年 11 月—2009 年 5 月)
冯征宇(2009 年 11 月—)
叶仙美(2010 年 1 月—)
徐根发(2010 年 1 月—)
纪委书记:蓝池星(2006 年 11 月—2010 年 1 月)
叶　波(2010 年 1 月—)

书　记:叶建光(2010 年 1 月—2012 年 5 月)
　　　　雷　成(2012 年 5 月—2013 年 8 月)
　　　　叶　东(2013 年 12 月—)
副书记:蓝献土(2010 年 5 月—2013 年 5 月)
　　　　蓝海霞(2013 年 5 月—)
　　　　蓝　韬(2013 年 5 月—)
　　　　叶仙美(2013 年 5 月—)
委　员:罗益锋(2013 年 8 月—)
　　　　陈菁和(2011 年 9 月—)
　　　　朱启荣(2011 年 11 月—)
　　　　张　丽(2013 年 12 月—)
　　　　梁媛媛(2011 年 9 月—)
　　　　雷金荣(2012 年 3 月—)
纪委书记:蓝　韬(2013 年 5 月—)

1958—2015 年老竹畲族镇(崇义公社、乡、大队)党组织一览表

表 12-3-2-1　　单位:人

届别	届任时间	代表人数	届内书记	任职时间	备注
第一届	1958年8月至1968年8月	16	谢玉阁	1950年8月至1954年4月	宣平县曳岭区党支部
			李焕权	1954年4月至1954年6月	周坦乡党支部
			黄余其	1954年11月至1956年3月	新桥乡党支部
			刘永俊	1957年3月至1957年6月	崇义乡党支部
			黄益贡	1957年6月至1957年10月	崇义乡党支部
			谭其铨	1957年10月至1958年11月	崇义乡党支部
			徐卸牛	1958年11月至1959年10月	梁周乡党支部
			应金龙	1958年11月至1959年10月	崇义乡大队总支部
			程章森	1959年10月至1960年10月	崇义乡大队总支部
			王岳传	1960年10月至1962年1月	崇义乡大队总支部
			王岳传	1962年5月至1964年11月	丽水县曳岭区崇义公社党委
			陈子玉	1964年11月至1968年8月	丽水县曳岭区崇义公社党委
				1968年8月至1971年10月	“文化大革命”期间由革委会接管

续表 12-3-2-1

届别	届任时间	代表人数	届内书记	任职时间	备注
第二届	1972年8月至1979年12月		陈子玉	1972年11月至1977年12月	丽水县曳岭区崇义公社党委
			陈子玉	1977年5月至1978年12月	丽水县曳岭区崇义公社党委
第三届	1980年1至1983年11月	148	陈兰寿	1979年1月至1982年8月	丽水县曳岭区崇义公社党委
			雷明亮	1982年8月至1984年1月	
第四届	1983年11至1987年2月	35	李兰友	1984年4月至1988年2月	丽水县曳岭区崇义公社党委
第五届	1987年2至1989年4月	62	王国荣	1986年3月至1989年4月	崇义畲族乡党委
第六届	1989年4至1992年5月	34	陈礼文	1989年4月至1992年5月	崇义畲族乡党委
第七届	1992年5至1995年3月	45	朱朝荣	1992年5月至1994年3月	永丰乡并入崇义乡改称老竹
			封宗华	1994年3月至1995年3月	畲族镇党委
第八届	1995年3至1997年3月	50	雷金华	1995年3月至1997年3月	老竹畲族镇党委
第九届	1997年3至2001年12月	48	陈岳波	1997年3月至2001年8月	老竹畲族镇党委
第十届	2002年1至2006年1月	51	雷勇军	2002年1月至2003年6月	老竹畲族镇党委
			蓝小华	2003年6月至2004年10月	老竹畲族镇党委
			江爱军	2004年10月r2006年1月	老竹畲族镇党委
第十一届	2006年1至2010年12月		江爱军	2006年1月—2010年1月	老竹畲族镇党委
第十二届	2010年12月至2015年12月	68	叶建光	2011年1月至2012年5月	老竹畲族镇党委
			雷　成	2012年5月至2013年8月	老竹畲族镇党委
			叶　东	2013年12月至2015年12月	老竹畲族镇党委

（三）镇党委的组织建设

中共老竹畲族党委自1954年建立宣平县曳岭区新桥乡党支部至2015年底召开中共老竹镇代表大会十三次，选举产生中共老竹畲族镇一届至十三届委员会。

镇党委主要职责：贯彻落实镇党代会决议，对全镇改革开放、经济建设、社会发展、党组织建设、精神文明建设及其他重大问题作出决策，部署贯彻上级党委的路线、方针、政策，检查监督工作。向上级请示汇报，每年召开一次党的代表大会，总结报告工作情况和存在问题。负责本镇机关单位、行政村党支部换届和发展党员教育。

中共老竹畲族镇委员会内设机构有：宣传、组织、纪律检查、人武、信访。

1979年10月选举产生第五届纪律检查委员会，乡镇（公社）设有监察员，选举产生纪律检查委员会，设纪委书记1人，委员2—3人。纪检委围绕党在各个时期的中心工作，对党员、干部进行遵纪守法教育，同时检查和处理管辖内党组织党员违反党的章程和其他党内法规的案件。1979年后，在组织、人事部门配合下，甄别历史案件，复查"文化大革命"期间被立案审查的案件。1980年，贯彻执行中央《关于党内生活的若干准则》。1984年，贯彻执行中央《尽快实现党风根本好转》的决定。1985年下半年起，建立党风责任制，每年"七一"和元旦前后组织召开镇党委、农村党支部党员、干部民主生活会，对照检查党风、党纪执行情况。1990年，开展制止"乱罚款、乱摊派、乱收费"运动，认真清理镇、村财务。自2012年起，开展党的群众路线教育，贯穿"照镜子、正衣冠、洗洗澡、治治病"的总要求，对照中央八项规定和省委"28条办法""六个严禁"的要求，开展批评和自我批评，着力解决人民群众反映强烈的党组织和党员干部在思想作风及工作作风方面存在的突出问题。

镇委宣传委员负责党的宣传工作。中华人民共和国成立之初，主要宣传支援前线、解放全中国。中华人民共和国成立初宣传恢复国民经济，开展减租、减息、土地改革、剿匪反霸。1951年宣传"抗美援朝、保家卫国"。1953年后，宣传"组织起来，走合作化道路"。

20世纪50年代后期和60年代初期，主要宣传社会主义建设总路线、"大跃进"、人民公社和国民经济"调整、巩固、充实、提高"方针。1963年宣传向雷锋同志学习。1964年宣传"工业学大庆、农业学大寨、全国学人民解放军"。1965年，宣传中共中央《农村社会主义教育运动中的一些问题》。1966年6月"文化大革命"开始。1968年成立公社革委会，宣传工作中推行"左"的路线。

1978年中共十一届三中全会后，建立党课制度，全面宣传新时期的路线、方针、政策和任务。20世纪80年代前期，宣传国民经济"调整、改革、整顿、提高"方针。农业联产承包责任制和发展商品经济生产、繁荣农村经济、走勤劳致富道路，宣传"五讲四美三热爱"(讲文明、讲礼貌、讲卫生、讲秩序、讲道德；心灵美、语言美、行为美、环境美；热爱祖国、热爱社会主义、热爱中国共产党)。开展创建"文明村"活动。1985年，开展坚持四项基本原则的教育。1987年开展学习《建设有中国特色的社会主义》。1989年深入农村宣传党的基本路线，开展"刹、评、创"(刹迷信、赌博、超生风；评五好家庭；创建文明村)和民主评议党员活动。1990年，认真贯彻党的十三届四中、五中、六中全会精神，进行路线和形势教育。宣传"双文明"典型——曳岭大片村。1999年10月29日，老竹镇大片村被授予"全国文明村"称号。

20世纪90年代后，宣传高举中国特色社会主义伟大旗帜，坚持马克思列宁主义、毛泽东思想、邓小平理论、“三个代表”重要思想，坚持解放思想、改革开放、大力发展社会主义市场经济，2002年后宣传坚持科学发展观，依托景镇合一的体制优势，围绕“打造浙西南中心城市旅游、休闲、观光基地，建设繁荣和谐新畲乡”的总体目标，大力加强镇村两级干部队伍思想作风建设，抢抓机遇谋发展，齐心协力奔小康。2012年后宣传贯彻党的十八大精神和“富强、民主、文明、和谐、自由、平等、公正、法治、爱国、敬业、诚信、友善”的社会主义核心价值观，努力实现中华民族伟大复兴的中国梦，坚持“绿水青山就是金山银山”的发展理念，强力推进“五水共治”“三改一拆”“双创”等工作。为加快老竹镇发展提供有力的思想保证，组织保证和精神力量。

二、人民代表大会

根据《中华人民共和国宪法》《中华人民共和国地方各级代表大会和地方各级人民政府组织法》和《浙江省人民代表大会主席团组织条例》及其实施意见，规定乡镇人大主席团及日常的工作职责，依法组织实施镇人民代表大会的换届选举工作。

乡镇人民代表大会是中华人民共和国最基层的地方国家权力机关。区人大常委会领导十分关心和支持乡镇人大工作。乡镇人大工作在区委的关心重视支持下，在乡镇党委的直接领导下，组织建设得到进一步加强；每个乡镇都选举产生了人大主席或副主席，制度建设也得到了进一步的落实；乡镇人大日益发挥出基层政权的积极作用。自1954年设立第一届人民代表大会以来，到2015年已召开十三届老竹畲族镇人民代表大会。自1993年4月19日丽水市第十一届人民代表大会第一次会议召开起，地方人民代表大会任期由3年改为5年。人民代表大会任期到期依法进行换届选举。根据《中华人民共和国宪法》《中华人民共和国全国人民代表大会和地方各级人民代表大会代表法》和《中华人民共和国选举法》发布选举公告，公布选民名单、审查选民资格、推荐代表候选人名单、依法进行张贴公示，进行第一轮预选，根据本选区代表名额从预选人中高票到低票依次确定差额选举的人数，确立候选人名额，应多于应选代表名额的五分之一至二分之一。再次按法定程序张榜公示，然后进行无记名投票，超过选民半数者则当选，不足代表名额的选区可重新补选。

每届人民代表大会第一次会议一般均有换届选举任务，从而都要制定选举办法，提交大会讨论通过。选举办法中应当就制定办法的依据选举产生的镇人民政府机关领导人员人数或上级人民代表大会的代表人数,候选人的提出、差额数、选举的程序等问题做出全面具体的规定。

镇人民代表大会召开会议期间要听取和审议《政府工作报告》《人大工作报告》《财政预决算报告》《民政工作报告》等。选举产生新一届政府领导班子,镇长1人、副镇长若干人。镇长必须由畲族人担任,主持政府的全面工作,严格掌握使用财政支审批权。副镇长进行工作分工,一般设分管工业、商贸副镇长1名,分管农、林、水副镇长1名,分管土地、城建副镇长1名,分管文、教、卫、民政副镇长1名。

镇人民代表大会闭会期间的工作由人大主席团主席主持,主要有:(1)组织镇人大代表开展调研视察和执法检查;(2) 组织镇人大代表对镇长及基层组织开展述职评议活动;(3)组织召开镇人大代表例会;(4)组织镇人大代表提议案、建议和意见及督办工作;(5)组织镇人大代表以各种形式对镇政府工作进行监督;(6)抓好镇人大代表的自身建设。其间,上一级本地人大代表可列席参加老竹镇人大代表活动。

2006年11月30日,选举老竹畲族镇第十二届人民代表51名。其中,畲族代表6名,占总数的11.76%;妇女代表5名,占总数的9.8%。

2010年5月15日,老竹畲族镇十二届人大五次会议召开。会议听取并审议通过了《老竹畲族镇政府工作报告》,审查了《老竹畲族镇人大主席团工作报告》《老竹畲族镇财政预算报告》《老竹畲族镇民政工作实施计划报告》《老竹畲族镇经济、文化事业和公共事业实施计划报告》。

老竹畲族镇第十二届人民大会代表基本情况一览表

表12-3-2-2

单位	选区	姓名	性别	年龄	民族	政治面貌	文化	职业	党内外职务
大片	1	王　璐	女	34岁	汉	中共党员	大学	干部	副镇长
		刘岩其	男	52岁	汉	中共党员	初中	农民	村主任
曳岭脚	2	祝仙云	女	54岁	汉	中共党员	初中	农民	支部委员
		倪新平	男	45岁	汉	中共党员	高中	农民	村委委员
		蔡叔文	男	—	汉	群众	—	农民	—
黄桂	3	周立川	男	55岁	汉	群众	初中	农民	村委委员
		郑元清	男	56岁	汉	群众	小学	农民	村主任
		夏根平	男	38岁	汉	中共党员	大专	干部	副镇长

续表 12-3-2-2

单位	选区	姓名	性别	年龄	民族	政治面貌	文化	职业	党内外职务
新屋	4	余松青	男	44 岁	汉	中共党员	初中	农民	村主任
		郑淑琴	女	40 岁	汉	群众	初中	农民	村委委员
陶村	5	毛新林	男	51 岁	汉	群众	初中	农民	村主任
		何金跃	男	60 岁	汉	群众	初中	农民	村委委员
下桥	6	刘忠贤	男	66 岁	汉	中共党员	文盲	农民	—
沙溪	7	兰玉儿	男	57 岁	畲	群众	小学	农民	村主任
仁宅	8	叶志仁	男	48 岁	汉	群众	初中	农民	村主任
老竹	9	吴玉兴	男	44 岁	汉	中共党员	高中	农民	村委委员
		陈仁松	男	58 岁	汉	中共党员	初中	农民	村主任
		陈林伟	男	35 岁	汉	中共党员	大学	干部	人大主席
老竹	10	江树良	男	62 岁	汉	中共党员	初中	农民	村支部书记
		江爱军	男	46 岁	汉	中共党员	大学	农民	镇党委书记
		章火明	男	54 岁	汉	中共党员	初中	农民	村委委员
后坑	11	钟全贵	男	35 岁	畲	群众	初中	农民	村委委员
		钟财旺	男	49 岁	畲	群众	初中	农民	村主任
郑坑	12	雷金翠	女	42 岁	畲	群众	初中	农民	村委委员
红桥	13	王献平	男	—	汉	中共党员	—	—	—
		陈岳平	男	36 岁	汉	中共党员	大学	干部	常务副镇长
周坦	14	江林仙	女	42 岁	汉	—	—	—	—
		范良斌	男	58 岁	汉	中共党员	小学	农民	村委委员
		戴焕余	男	44 岁	汉	中共党员	初中	农民	村主任
西岸	15	郑焕根	男	61 岁	汉	群众	小学	农民	村主任
高丰	16	蓝金贵	男	56 岁	畲	中共党员	小学	农民	村主任
梁村	17	徐根发	男	37 岁	汉	中共党员	大专	干部	副镇长
		梁伟忠	男	50 岁	汉	中共党员	初中	农民	村主任
		梁福生	男	57	汉	中共党员	初中	农民	村支部书记
梁村	18	梁增华	男	58	汉	中共党员	小学	农民	村委委员
		梁益平	男	49	汉	群众	初中	农民	村委委员
徐庄	19	徐的云	男	60	汉	群众	初中	农民	村主任
		鄢云光	男	49	汉	中共党员	初中	农民	村委委员
		鄢北平	男	51	汉	中共党员	小学	农民	—

续表 12-3-2-2

单位	选区	姓名	性别	年龄	民族	政治面貌	文化	职业	党内外职务
浅田	20	华松阳	男	56	汉	群众	小学	农民	村委委员
东头	21	宁凤林	男	57	汉	中共党员	初中	农民	村主任
小黄弄	22	龚旭东	男	30	汉	群众	初中	农民	村主任
丁公	23	邓日规	男	61	汉	群众	小学	农民	村主任
		徐友焕	男		汉	—		农民	—
麻铺	24	章文正	男	54	汉	群众	高中	农民	村主任
章记	25	雷余生	男	38	畲	中共党员	高中	农民	村主任
赤坑	26	雷官玉	男	43	畲	中共党员	初中	农民	村主任
高畔	27	李启林	男	48	汉	中共党员	初中	农民	村主任
		李朝贵	男	42	汉	群众	初中	农民	村委委员
镇机关	28	刘春梅	女	46	汉	中共党员	大专	干部	镇文化站站长
		兰木申	男	38	畲	中共党员	大学	干部	党委副书记、镇长

2015 年 4 月 23 日,老竹畲族镇第十三届人民代表大会第五次会召开。会议听取并审议通过了《老竹畲族镇政府工作报告》,审查了《老竹畲族镇人大主席团工作报告》《老竹畲族镇财政预算报告》。

1963—2015 年老竹畲族镇畲族历届人民代表大会代表人数一览表

表 12-3-2-3　　　　单位:人

届别	届任时间	代表数	其中畲族	人大主席
三	1963 年—1980 年 4 月	80	16	陈呈寿
四	1980 年 12 月—1984 年 5 月	164	38	陈呈寿
五	1984 年 5 月—1987 年 3 月	92	22	卢朝云
六	1987 年 3 月—1990 年 1 月	48	10	蓝福新
七	1990 年 1 月—1993 年 4 月	58	12	陈礼文
八	1993 年 4 月—1996 年 1 月	80	16	陈呈寿
九	1996 年 1 月—1999 年 2 月	50	10	任发根
十	1999 年 2 月—2002 年 1 月	50	9	陈岳波
十一	2002 年 1 月—2005 年 12 月	50	10	周贤勤
十二	2005 年 12 月—2010 年 3 月	68	20	陈林伟
十三	2010 年 3 月—2016 年 12 月	48	11	叶　波

三、政　府

老竹畲族镇人民政府是老竹镇地方权力的执行机关。人民政府工作的宗旨是在中国共产党领导下，为最广大人民群众谋取生存和发展的最大利益，推动社会进步和繁荣，不同时期有着不同的工作职责。

1963—2015 年老竹畲族镇(乡镇)长一览表

表 12-3-2-4

姓　名	民族	职　务	任职时间	备注
刘常禾	汉	社长	1963 年—1980 年 4 月	崇义公社
王国祥	汉	乡长	1980 年 10 月—1984 年 5 月	崇义乡
陈志金	汉	乡长	1984 年 5 月—1987 年 3 月	崇义乡
蓝岩青	畲	镇长	1987 年 3 月—1993 年 4 月	老竹畲族镇
雷金华	畲	镇长	1993 年 4 月—1996 年 1 月	老竹畲族镇
蓝福新	畲	镇长	1996 年 1 月—1999 年 2 月	老竹畲族镇
雷勇军	畲	镇长	1999 年 2 月—2002 年 1 月	老竹畲族镇
蓝小华	畲	镇长	2002 年 1 月—2005 年 12 月	老竹畲族镇
蓝木申	畲	镇长	2005 年 1 月—2010 年 3 月	老竹畲族镇
蓝献土	畲	镇长	2010 年 3 月—2015 年 3 月	老竹畲族镇
蓝海霞	畲	镇长	2015 年 3 月—	老竹畲族镇

四、人民武装部

老竹人民武装部(以下简称“人武部”)前身是曳岭区人武部，1952 年成立，设部长、干事，由现役干部担任。赖树钿为第一任部长。1962 年，中共中央指示，在人民公社和厂矿建立人武部，区人武部部长由徐克珍担任，赖树钿担任崇义公社人武部部长，永丰人民公社由马顺达担任人武部部长。1986 年 1 月 20 日改建为崇义畲族乡，部长周芝金。1992 年 5 月 23 日撤区并乡为老竹畲族镇，至 2015 年底，曾有李载伟、钟增娋、赵秀峰、江爱民、李根南、雷金荣、梁媛媛(女)担任老竹畲族镇人武部部长，人武部部长为镇党委委员。

镇人武部工作始终坚持党的绝对领导，坚持践行全心全意为人民服务的根本宗旨，任何时候任何情况下都坚持听党指挥，20 世纪 50 年代组织民兵开展剿匪斗争，支持农村土地改革。60—70 年代民兵担负生产和地方阶级斗争双重任务。改革开放以来人武部工作更加细化，分为基干武装民兵和普通民兵。每年征兵向部队输送合格兵员，“一人参军、全家光荣”成为优良传统。到 2015 年底，镇人武部民兵营建有应急维稳分队、防化消防分队、雷达抢修分队、信息分队、运输分队、重要目标警戒分队、情报侦察分队、伪装分队、铁路护路队等。每半年组织民兵营(连)长集中学习培训,每年要进行一次民兵整组,强化民兵素质和民兵各项技术技能。

五、公安与司法

(一)老竹派出所

中华人民共和国成立至20世纪80年代初,曳岭区、乡建立群防群治公安联防队,由区、乡(镇)公安特派员负责,首任区公安员是兰乾福;20世纪60年代是颜振涛;20世纪70年代是李阿道。1981年6月撤销区公安特派员,建立曳岭派出所,干警2名;1995年9月30日曳岭区派出所改名为老竹派出所,干警7名;2011年增设协警,增设专职消防队,配置消防车1辆、消防员6名;到2015年,派出所干警8名、辅警11名。

1981—2015年历任老竹派出所所长一览表

表12-3-2-5

姓　名	性别	职务	任职时间
朱生源	男	所长	1981年6月—1982年6月
梁土友	男	所长	1983年6月—1991年2月
章良旺	男	所长、镇党委委员	1991年2月—1994年3月
刘守平	男	所长、镇党委委员	1994年3月—2001年9月
谢建君	男	所长、镇党委委员	2001年9月—2003年12月
蓝木申	男	所长、镇党委委员	2003年1月—2004年12月
赵军飞	男	所长、镇党委委员	2004年12月—2009年1月
冯征宇	男	所长、镇党委委员	2009年1月—2011年3月
朱启东	男	所长、镇党委委员	2011年3月—2015年6月
周旺平	男	所长、镇党委委员	2015年6月—

派出所的职责是维护国家安全和社会治安秩序,保护公民的人身安全、人身自由和合法财产,保护公共财产,预防、制止和惩治犯罪活动。维护交通安全和交通秩序,处理交通事故,组织、实施消防工作,实行消防监督,管理枪支弹药,管制刀具和易燃易爆、剧毒、放射性物品,管理集会游行、示威活动,对判处管制、拘役、剥夺政治权利、假释的罪犯进行监督、考察,监督管理计算机系统

的安全保卫工作，管理户籍、国籍、出入境事务和外国人在中国境内的居留、旅行的有关事务。强化流动人口管理，维护社会稳定。

所长章良旺，1992 年度、1994 年度被评为丽水市优秀共产党员，荣立个人三等功。所长刘守平，1999 年被评为浙江省公安机关爱民月活动先进个人；2002 年被评为丽水市十大优秀青年；2003 年、2004 年被评为浙江省优秀人民警察；2006 年被评为浙江省勤政廉洁先进个人；2007 年被授予全国五一劳动奖章和浙江省劳动模范称号。警员赵丽俊，1996 年 5 月 11 日凌晨，在追捕一名逃犯途中以身殉职，光荣牺牲，时年 24 岁。

老竹派出所领导身先士卒，干警尽心尽责，工作成绩显著，2000 年 1 月，被中共丽水地区公安局党委树立为“全区公安系统党风廉政建设示范点”。2012 年 3 月，被丽水市人民政府授予“2011 年度消防工作先进单位”称号。

（二）老竹司法所

老竹司法所的前身是曳岭区人民法院，成立于 1958 年 5 月 31 日，始任院长江柏木，继任院长耿细贝。20 世纪 70 年代改称曳岭区人民法庭，庭长：周日新、周新云、雷大龙、陈增云，负责审理、调解社会案件和民事纠纷。1981 年 2 月撤销曳岭区人民法庭改设曳岭司法所；1992 年撤销曳岭区，曳岭司法所改称老竹司法所。

老竹司法所秉承人民政府授予的职责，指导管理人民调解工作，培训村级调解员，调解疑难、复杂的民间纠纷；组织开展普法和法治宣传教育，老竹镇新陶村被评为“省级民主法治村”。开展社区矫正、安置帮教，对缓刑、假释人员实行定期集中学习，无一脱管漏管，全镇建立村级调解委员会 12 个，每年举办人民调解员业务培训，开展送法下乡，发放普法宣传资料，在校园建立法治讲堂，给学生进行法律知识讲座。开展民事代理、法律咨询、代写司法文书、接待来访来信等工作。

六、群团组织

（一）共青团

1952 年 10 月，中国新民主主义青年团曳岭区工作委员会成立。1957 年，根据中国新民主主义青年团第三次全国代表大会决定，将中国新民主主义青年团改名为中国共产主义青年团（以下简称“共青团”）。1965 年，曳岭中学共青团委成立，由中共曳岭区委直接领导，曳中校长王佃寿兼任团委书记。“文化大革命”开始后团组织活动中断。1976年,共青团工作恢复正常,镇(乡)有专管共青团工作的团委书记,由行政村、学校、机关团委书记和青年代表选举产生了(乡)镇共青团委。

团委活动,20世纪50年代初,动员团员青年参军,参加土改、剿匪、抗美援朝、镇压反革命等活动。1963年开始开展“向雷锋同志学习”活动,组织团员开展义务劳动,为村民做好事成为常态。1984年以来,致力于青少年活动阵地“青年之家”建设。1992年,撤扩并后,镇村团干部队伍建设得到加强。1994年,全镇中小学团组织开展社会主义、爱国主义、集体主义教育。1999年,组织邓小平理论学习宣讲。2002年,全镇团组织开展“永远跟党走”和在“三个代表”重要思想指引下成长主题教育。2005年,开展“学理论、知团情”知识竞赛。2010年5月实行镇团委班子公推直选,统筹团建工作。2013年以来,镇团委深入学习宣传贯彻习近平新时代中国特色社会主义思想,把镇基层共青团组织建设纳入党建的总体格局,鼓励青年当好拥护核心、维护核心、紧跟核心的表率。镇党委政府在老竹镇文化中心站建立“青年之家”,占地120平方米,设有图书电子借阅系统、青年会客厅、青年书屋,开展青年座谈、文体娱乐、技术培训、志愿服务等活动。按照“乡村振兴,产业兴旺,生态宜居,乡风文明,治理有效,生活富裕”的总要求,引导农村青年参与文明乡风培育,推动农村物质文明、生态文明建设。镇团委组织广大青年开展环境治理集中整治活动15次。有18名优秀青年被纳入老竹镇新青年发展计划名单。

(二)妇女联合会

中华人民共和国成立后,妇女从封建社会的束缚中解放出来。乡(镇)村先后成立妇女会,老竹畲族镇首届妇联主任是王留凤。1952年,妇女们投入反霸、清剿、土地改革运动,参加基层政权建设。各级妇联大力宣传《中华人民共和国婚姻法》,配合基层政权处理包办婚姻、虐待妇女等事件。1953—1958年,乡村纷纷举办妇女扫盲班或扫盲夜校,大力扫除妇女文盲。在农业合作化中,有60%—70%的妇女劳动力参加劳动,不少妇女成为插秧能手、耕田能手。特别是畲族妇女一贯有农耕劳作的好传统,下田上山能力甚至胜过男子。1968年冬开展“农业学大寨”运动,妇女们发挥了“半边天”作用,大片村刘兰娟被评为丽水县“三八”红旗手。1980—2010年,农村实行家庭联产承包责任制,妇女劳动力进一步得到解放,组织农村妇女参加各类农业科技培训,开展妇女“双学双比”竞赛活动,妇女们活跃在种植业、加工业、个体服务业、乡镇企业等领域。老竹畲族镇的妇女出外经商开店遍布全国，成为“夫妻店”，发展振兴了农村经济。

2015年，老竹畲族镇妇联举办农村妇女科技培训班7期，接受培训达234人次，发放宣传资料2000余份，新培养来料加工经纪人2人，有860名低收入户的妇女从事来料加工业，实现加工费619.75万元。结合“六边三化三美”整治工作，在各村建立巾帼保洁义务宣传队，以无毒品、无赌博、无暴力、无犯罪为内容，发放倡议书8000多份，达到家喻户晓。全镇12个村的妇委会组织，坚持“党建带妇建”原则，大力开展保护妇女儿童合法权益的普法宣传，利用“三八”妇女节、“六一”国际儿童节等时机，营造尊重妇女，保护儿童的良好社会氛围。

第三节 事务管理

中华人民共和国成立后，畲族的民族事务管理组织机构归属中共中央统战部、省委统战部民宗委和市、区委统战部民宗局。乡镇民政员负责具体事务管理工作，畲族人口占全镇总人口22.22%以上的单位为畲族行政村。1992年5月前老竹镇(崇义乡)有黄桂、下桥、沙溪、后坑、郑坑、高丰等6个畲族村，1992年5月撤曳岭区，章记、赤坑两个畲族行政村随原永丰乡并入老竹镇。2013年并村后共有榴溪、沙溪、后坑、郑丰、赤坑等5个畲族行政村。畲族村民的事务工作由村委会组织管理。

一、镇事务管理

1949年1月，丽水县武工队配合宣平县曳岭区警察所，建立曳岭区人民民主政府，从此人民当家作主，在中国共产党的领导下，逐步走上社会主义道路。

1949年10月2日，政府组织民众举行集会游行，盘龙灯、走马灯，庆祝中华人民共和国成立。从1950年11月开始，开展镇压反革命运动，全国推行土地改革。1955年掀起农业合作化高潮，至年底建立初级农业生产合作社。1958年实现人民公社化，贯彻“鼓足干劲，力争上游，多快好省地建设社会主义”总路线，发动全民大办农业，大炼钢铁。各生产大队(现行政村)办全民食堂，村村农民一律进食堂就餐，农村实行“组织军事化，行动战斗化，生产集体化”，一度刮起了“共产风”。1959—1961年国家三年困难时期，政府在组织抗灾的同时，开展“反贪污、反浪费、反官僚主义”的新三反运动，纠正“共产风”。发动群众大兴水利，大部分村修建山塘水库。1965年曳岭区成立赤坑水库建设指挥部，抽调崇义、永丰、巨溪、丽新、苏港5个公社的民工上千人参加赤坑水库建设工程义务劳动，历时4年建成赤坑水库，受益面积达7000亩，老竹镇实现农业旱涝保收，为建设农业大镇奠定了基础。

1966年全国开展“文化大革命”运动，公社革命委员会和村革命领导小组取代政府工作职能，坚持以阶级斗争为纲。

党的十一届三中全会进行拨乱反正，全面贯彻党的基本路线，坚持改革开放，坚持以经济建设为中心，恢复了乡镇建制。1980年，农村推行家庭联产承包责任制，打破计划经济，建立市场经济。1986年1月20日，崇义乡人民政府改建为崇义畲族乡人民政府。

1988年2月9日，崇义畲族乡改为老竹畲族镇。1992年5月，撤区(区公所)扩镇并乡，撤销曳岭区，原永丰乡并入老竹畲族镇，镇政府建立农业办公室、工业办公室、计划生育办公室、综合治理办公室，配备镇长1名、副镇长3名、镇长助理1名，镇长必须由畲族人担任，建立政府工作报告制度，每年向人民代表大会作政府工作报告。1993年农历三月三，老竹畲族镇在省民宗委的支持下，在老竹镇后坑畲族村举办首届“竹、柳、新、桥”(老竹镇、柳城镇、丽新乡、板桥乡)“三月三”畲族歌会，老竹畲族镇文化站站长吴纳德负责策划设计，有畲族婚礼、歌手对歌、篝火晚会等多种形式。老竹、柳城、丽新、板桥4个乡镇轮流举办，全省其他畲族乡镇亦派代表参加，促进了政府工作交流和畲族文化发展。

1994年，镇政府筹资29万元，完成镇前街“老竹桥头至曳岭中心医院”段400米街道拓宽工程，投资45万元建成占地3500平方米的曳岭综合商业市场。1998—2003年，总投资245万元，完成老竹虎迹溪流域河道综合治理，提高了抗洪涝和抗旱能力。1998—2015年的7年中，全镇各行政村修通了通村公路，实现了公交村村通。2014年元旦，联城大桥至老竹乌砝段丽武公路柏油路面建成通车，其中联城隧道长2200米，底金弄隧道1100米，从此，丽水至老竹公路由28千米缩短为19千米，老竹至丽水只需20分钟车程就能到达。

1997年，镇政府机关推行国家公务员制度，实行公务员、事业干部编制，老竹镇政府共有公务员23人，每年进行公务员上岗培训，并进行年度工作考核。2002年开始免征农业税、农林特产税、国防费和教育附加费。从此，农民种田不需上缴税费。特色农业，种、养业大户享受政府财政补贴。

2010 年 3 月，中华人民共和国环境保护部授予老竹畲族镇“全国环境优美镇”称号。2011 年 1 月，浙江省旅游局授予老竹畲族镇“浙江省旅游强镇”称号。2012 年 12 月，浙江省体育局授予老竹畲族镇“浙江省体育强镇”称号。2015 年 12 月，浙江省关注森林组织委员会和浙江省绿化与湿地保护委员会授予老竹畲族镇“浙江省森林城镇”称号。2015 年 2 月，丽水市人民政府授予老竹畲族镇“丽水市生态精品现代农业示范乡镇”称号。

2010—2015 年，政府工作转向服务型机制，组织实施下山脱贫帮困政策，实行土地有偿使用和国有土地公开拍卖出让，推动集镇人口集居和基础设施建设，开展生态环境治理和美丽乡村建设，全面创建小康社会，促进了农村物质文明、精神文明和生态文明建设。

2012 年，老竹畲族镇核定行政编制 26 人，实际在编 22 人。正科级 3 人，副科级 10 人。2015 年，下设党政综合办公室、经济发展办公室、社会事务管理办公室、综合行政执法办公室与综合治理办公室等 5 个机构。内设机构核定正职 5 人，副职 2 人。

党政综合办公室 主要承担党委、政府日常事务和综合协调、后勤保障等职责；搞好基层党的政治建设、组织建设、宣传工作、统战工作、党风廉政建设和反腐败工作、党建带群团建设等工作。

经济发展办公室 主要承担辖区内经济建设与规划，优化升级产业结构，做好农业、林业、水利、移民、扶贫、工业、经贸、统计、税收工作等职责。

社会事务管理办公室 主要负责落实退役军人事务工作，承担便民服务大厅、综合受理窗口和人员日常管理，民政、残联、人力资源和社会保障、教育、文化、体育、卫生健康等社会民生事务服务，以及便民服务平台建设管理协调等职责。

综合行政执法办公室 主要承担辖区内各条块行政执法和管理服务力量统筹协调指挥日常事务，负责各类应急管理、安全生产，以及市场监管平台、综合执法平台管理协调等职责。

社会治理办公室 主要承担社会治安综合治理、平安建设、信访维稳、矛盾纠纷调处、全科网格建设管理和综治工作平台建设管理协调等职责。

二、村事务管理

根据《中华人民共和国村民委员会组织法》，镇畲族行政村村民委员会和村民代表的选举同其他汉族行政村一样，每三年进行换届。村民委员会换届选举工作，由镇人民政府给予指导、支持和帮助，并按照《中国共产党章程》，发挥党支部的领导核心作用，依照宪法和法律，支持和加强村民开展自治活动，直接行使民主权利，充分体现村民委员会是村民自我管理、自我教育、自我服务的基层群众性自治的组织性质，实行民主选举、民主决策、民主管理和民主监督。

(一)村民委员会的选举

村民委员会的选举，先由村民会议、村民代表或村民小组推选产生村民选举委员会，由村民选举委员会主持村民委员会的换届选举全过程。

村民委员会选举前二十日各村登记公布选民名单。凡年满十八岁的村民，不分民族、种族、性别、职业、家庭出身、宗教信仰、教育程度、财务状况，都进行登记公布公示(依照法律被剥夺政治权利者除外)。由登记参加选举的村民直接提名产生村民委员会候选人。选民们把奉公守法、品行良好、公道正派、热心公益，具有一定文化水平和工作能力且身体健康的村民推举出来进行公示，确定选举日，进行无记名选举投票。参加登记选举的村民过半数投票，选举有效；候选人获得参加投票的村民过半数的选票，始得当选。老竹镇畲族行政村在选举过程中全部合法，无以暴力、威胁、欺骗、贿赂、伪造选票、虚报选举票数等不正当手段出现。

(二)村民代表的选举

根据《中华人民共和国村民委员会组织法》及省、市、区有关规定，依法选举产生村民代表和村民小组组长。村民代表具有代表性和广泛性，有不同组织的代表、不同职业的代表和妇女代表，妇女代表占代表总数的比例达三分之一以上。

村民代表的选举同样由村民选举委员会主持，提出本村各组的村民代表建议人数，设置各村民小组流动票箱1个，以无记名投票、公开唱票的方式进行，把具有选举权和被选举权且遵纪守法、主持公道、廉洁奉公、热心参政议政、有责任心和事业心的选民推选为村民代表。

(三)村监会

2007年老竹畲族镇开始建立各行政村村监会。2009年换届时进一步得到完善。村监会设委员3—5人，其中主任1名、副主任1—2名。任期3年。村监会在村“两委”换届结束后，由村民代表推荐，直接差额选举产生。村监会主任原则上由村党组织成员兼任，村监会对村务公开、财务、重点工程、治保安全、环境卫生等进行监督；组织村民代表对村民委员会工作情况进行监督；组织村民代表对村民委员会及其成员进行半年度和年度述职评议；受理村民委员会成员辞职，并督促村民委员会召开村民会议进行表决；组织协调村民委员会罢免工作；引导督促村民代表支持村民委员会的工作，协助做好村民的思想政治工作。2015 年 6 月 8 日下午，梁村村主任组织召开了 2015 年第四次村民代表大会，大会议程主要是对新的村规民约进行审议。与会代表进行举手表决，全票通过。

2015 年老竹镇村监会主任一览表

表 12-3-3-1

行政村	姓 名	政治面貌	职务
曳岭脚	刘岩其	中共党员	
榴溪	毛云青	中共党员	
新陶	余松青	中共党员	村支部委员
沙溪	蓝文进	中共党员	村支部委员
老竹	陈丽平	中共党员	村支部委员
后坑	蓝文清	中共党员	
周坦	刘海青	中共党员	村支部委员
郑丰	蓝海松	中共党员	村支部委员
梁村	梁福生	中共党员	
徐庄	蓝建平	中共党员	
赤坑	蓝华峰	中共党员	
丁公	邓海良	中共党员	村支部委员

（四）村规民约

根据《中华人民共和国宪法》《中华人民共和国村民委员会组织法》及有关法律、法规、政策，经村民会议表决通过，各村制定了村规民约，对保护耕地，“五水共治”“三改一拆”“六边三化三美”共建美丽家园，保护生态环境，协调邻里关系，尊老爱幼，和睦家庭，加强法制和道德教育，维护民主权益等方面都做了明确规定，以此提高全体村民自我管理、自我教育、自我服务的能力，促进本村生活富裕、乡风文明、村容整洁、管理民主的社会主义新农村建设。

后坑村村规民约

第一章 总 则

第一条 为全面深化基层民主法治建设，促进解决农村基层治理中的实际问题，提高全体村民自我管理、自我教育、自我服务的能力，努力把本村建设成生活富裕、乡风文明、村容整洁、管理民主的社会主义新农村，根据《中华人民共和国宪法》《中华人民共和国村民委员会组织法》和有关法律、法规、政策，经村民会议表决通过，制定本村规民约(以下简称"规约")。

第二条 坚持党的领导，坚持法治、德治、自治相结合，培育和践行社会主义核心价值观和当代浙江人共同价值观，倡导爱国敬业、诚实守信、崇德向善，传承优良传统文化，树立良好村风民风。

第三条 本规约具有村与村民、村民与村民之间的契约性质，本村村民应当自觉遵守，不得以在外经商、务工等理由拒绝执行。居住在本村的外来人员，参照遵守本规约。

第四条 本村党员、村干部、村民代表和村民小组组长，应带头遵守本规约，充分发挥先锋模范作用。

第二章 美丽家园

第五条 自觉保护耕地，严禁荒废耕地，不得侵占、买卖或者以其他形式非法转让土地。土地承包者应切实按照承包合同的规定耕种，禁止在承包土地上擅自建房或搭建其他临时设施，擅自取土采砂、修建坟墓或将承包土地转为其他非农用途。

第六条 积极配合参与"五水共治""三改一拆""六边三化三美"，共建美丽家园、共创美好生活。

第七条 村民建房应遵守村庄整体规划，经村委会和有关部门批准后统一安排，不得损害四邻利益。严禁未批先建、少批多建、违章搭建。新房建好后，按规定应拆除旧房的，应及时拆除并将旧宅基地退还给村集体。

第八条 共同维护村庄整洁，认真落实"门前三包"，即包卫生、包绿化、包秩序。除本村专业卫生人员外，每户村民应定期清理自己责任区域内的卫生垃圾，承担打扫各自门前屋后卫生的义务，做到当天产生的垃圾当天清理。

第九条 提倡实行垃圾源头分类、减量处理、定点投放的办法，严禁向河道、沟渠丢垃圾、排污水。

第十条 圈养家畜家禽，禁止未经批准规模化养殖畜禽，严禁乱扔乱丢病

(死)畜禽。

第十一条 增强生态环保意识,不得使用明令禁止的农药,降低农药、化肥施用强度,推广生物防治技术,推广施用有机化肥、缓释肥。

第十二条 加强野外用火管理,定期检查、排除各种火灾隐患,严防山火发生。禁止在交通干线附近以及人口集中区域等地露天焚烧秸秆、落叶等易产生烟尘污染的物质。

第十三条 不得随意在公路或村道旁晾晒农作物及其他物品,不得私设路障妨碍交通。

第十四条 保护文物古迹,珍惜和保护农田、山林、水源、水产等资源,严禁非法捕捞和非法捕猎;爱护公共设施、草木花卉,积极参与植树造林,努力绿化、美化环境。

第十五条 严禁破坏村内景观带及其配套建设,不得在景观上放养牲畜和家禽。

第十六条 禁止盗伐国家、集体或他人的林木,若须砍伐承包经营地或自留山林木的,须经村委会和有关部门批准后方可实施。

第十七条 村民应爱护水电和通信设施,不得私拉乱搭相关设备,危害公共安全,同时应按时缴纳水电费。

第三章 邻里关系

第十八条 村民之间要互敬互爱、互助互谅,共建良好的邻里关系。若发生邻里纠纷,应本着团结友爱的原则,平等协商解决,树立依法维权的法治观念。不得采取以牙还牙,以暴制暴的鲁莽行为。

第十九条 村民要顾全大局,不损人利己,不自私自利,自觉维护村集体形象。

第二十条 遵循平等自愿、团结友善、互惠互利的原则,在生产、生活和社会交往中以诚相待,相互支持与配合。不得侵占集体或他人的利益,做到有借有还,争做“信用农户”。

第二十一条 提倡邻里守望,邻居外出走亲访友、务工经商,应尽量帮助照看,遇到异常情况及时联系相关人员,主动关心和帮助孤寡老人和残疾人员。与外来人员和谐相处,不欺生、不排外。

第二十二条 当发现有人处于危难时,如溺水、失火、触电等紧急情况,全体村民应主动见义勇为,见机营救。

第二十三条 不得随意采摘村民种植的蔬菜、瓜果，严禁损坏他人的庄稼、果树等农作物。

第四章 婚姻家庭

第二十四条 遵循婚姻自由、男女平等、尊老爱幼原则,共建团结和睦的家庭关系。禁止包办、买卖婚姻。

第二十五条 夫妻双方在家庭中地位平等,应互尊互爱,共同承担家庭事务,共同管理家庭财产,反对家庭暴力。

第二十六条 遵守计划生育政策,提倡晚婚晚育、优生优育,有生育计划的夫妇应按规定办理生殖健康服务证或再生育证。积极提倡已生育子女的夫妻自觉采取避孕节育措施。

第二十七条 子女应尽赡养老人义务,关心老人、尊重老人。外出子女要经常回家看望父母。

第二十八条 父母应尽抚养未成年子女和无生活能力子女的义务，不得虐待儿童。作为未成年人的法定监护人,应保证子女接受九年制义务教育。

第二十九条 适龄青年应依法参加兵役登记,积极报名应征入伍,保家卫国。

第三十条 传承高尚的家风祖训,倡导文明新风,树立勤俭节约的意识,喜事新办,丧事俭办,不搞铺张浪费,不盲目跟风攀比,不搞封建迷信活动,不参与非法宗教活动。

第五章 平安建设

第三十一条 自觉接受社会主义法制教育和思想道德教育，维护法律的权威,大力发扬主人翁精神,积极参与平安村创建活动,踊跃参加平安志愿者、义工等值班巡逻,做到群防群治,共同维护村内平安和谐,共享平安建设成果。

第三十二条 发现安全生产隐患、社会治安问题、食品药品安全隐患、环境污染问题、各类矛盾纠纷以及各种可疑人员、违法犯罪行为,应及时告知区域负责人、村民小组长或村干部。

第三十三条 家庭有精神病人、刑释人员、社区服刑人员、涉毒人员或误入邪教人员的,要加强教育引导和管理帮扶,发生异常情况及时向村党组织和村民委员会报告,并配合做好相关工作。

第三十四条 村民之间应团结友爱,和睦相处,不打架斗殴,不酗酒闹事,不侮辱诽谤他人。严禁造谣惑众和故意搬弄是非,不得妨碍公务人员执行公务。

第三十五条 提倡用协商的办法解决各种矛盾纠纷，协商不成的，可到村、乡镇(街道)调委会申请调解,也可依法向人民法院起诉。

第三十六条 选择理性合法的方式表达自己的利益诉求,不得无理信访、越级信访和集体上访,不得借口煽动群众到机关、学校、企事业单位和公共场所起哄、喧闹、制造事端,扰乱社会公共秩序。

第三十七条 倡导文明上网,自觉远离网络谣言,坚决斩断谣言传播链,切实做到不信谣、不传谣。

第三十八条 主动做好平安宣传,村民之间、家庭成员之间要互相提醒帮助、教育监督,不沾“黄、赌、毒”,不参加邪教组织,不参与非法传销活动,严防发生火灾、生产、交通、溺水等安全事故。

第六章 民主参与

第三十九条 树立全局观念,积极参与村级民主管理。每个村民都应珍惜自身民主权利,充分表达自己的意见和建议,同时自觉遵守法律法规及有关政策,自觉执行村党支部、村民委员会、村民会议和村民代表会议做出的有关决定、决议和规定。

第四十条 严格遵守村级组织换届选举纪律,自觉抵制拉票、贿选等违法违纪行为,不以个人关系亲疏、感情好恶、利益轻重为标准进行推荐和选举。

第四十一条 从坚持本村公益事业发展和全体村民共同利益出发，坚持任人唯贤,德才兼备的用人观,换届时应推选奉公守法、品行良好、公道正派、廉洁自律、热心公益、具有一定文化水平和工作能力的人员担任村干部。

第四十二条 有以下情形之一的,不能确定为村级组织成员候选人(自荐人),如果当选,当选无效:

1. 被判处刑罚或者刑满释放、缓刑期满未满 5 年的；

2 涉黑涉恶受处理未满 3 年的；

3. 受到党纪处分尚未超过所受纪律处分有关任职限制期限的；

4. 丧失行为能力的。

有以下情形之一的,不宜确定为村级组织成员候选人(自荐人),如果当选,本人应当主动辞职：

1. 组织参与群体性事件的；

2. 有严重违法用地、违章建房行为拒不整改的；

3. 长期外出不能正常履行职务的；

4. 有辞职承诺情形或上年度考核不合格的;

5. 被评为不合格党员的;

6. 道德品质低劣、在群众中影响较坏的;

7. 长期拖欠村级集体公款不还的;

8. 近3年内受行政拘留处罚累计超过15日或正在被立案侦查的;

9. 连续两年被列为计划生育整治村的村"两委"主要负责人。

第七章 奖惩措施

第四十三条 全体村民特别是党员、村干部、村民代表要勇于抵制违反规约的不良现象,一旦发现违反规约行为的,要大胆制止,并视情形及时报告村干部,以防事态扩大。对于制止违规行为成绩突出者,予以一定的精神和物质奖励。

第四十四条 村民委员会每年进行先进评比,经村"两委"联席会议商议后,由村民委员会表彰奖励遵守本规约的模范家庭和村民个人。

第四十五条 为国家或集体做出突出贡献的个人,受到市级及以上表彰者,将视情况予以重奖。

第四十六条 凡违反本规约的,经村"两委"联席会议商议后,由村民委员会对行为人酌情做出批评教育、公示通报、取消或暂缓享受村里的福利待遇、以义务工方式替代处罚、责成赔礼道歉、写出悔改书、恢复原状或赔偿损失等相应处理决定。

第四十七条 在做出处理决定前,除予以口头批评教育的处理外,必须查明事实,收集证据,集体讨论。处理决定须以书面形式,应公平公正、合乎情理,处理决定和相关材料要全部存档。村委成员不得公报私仇。借此打击报复平时对自己有意见的村民。

第八章 生活污水运维管理

第四十八条 成立以行政村主要负责人为组长、村民代表参加的村生活污水治理设施运维管理小组,向村民做好宣传教育,共同保护污水治理设施资产安全,指定专人负责日常管理工作。

第四十九条 村级管理员参加运维指导培训,观察村内污水处理设施及管网系统的运行和养护状况,随时关注出水流量和水质;每月定时检查一次窨井,发现污水处理系统有淤泥堆积堵塞、人工湿地水生植物凋谢、管网和窨井盖破损、处理池开裂渗漏、出水流量和水质不正常等现象时,应立即向上级有关部门反馈,并及时联系疏通和修复;配合乡镇(街道)、第三方运维机构开展日常运行维护，并对第三方运维机构进行日常监督。

第五十条 农户做好纳管前的雨污分流、格栅处理、防堵防漏等工作。

第五十一条 做好运行维护管理台账记录（包括设施运行情况、每月用电量等记录），以备相关部门核查和维修备查。

第九章 附 则

第五十二条 本规约由村党组织和村民委员会负责解释。

第五十三条 本规约自村民会议通过之日起施行。

村监会

2015 年 6 月 8 日

三、政策法规

（一）扶持优惠

《中华人民共和国宪法》总纲第四条规定："中华人民共和国各民族一律平等"，同时"国家根据各少数民族的特点和需要，帮助各少数民族地区加速经济和文化的发展"。1985 年，丽水县委、县人民政府制定了《关于以少数民族扶持优惠政策若干决定》。1998 年，丽水市委（现莲都区）又出台〔1998〕18 号《关于进一步加强少数民族工作的若干意见》，对畲族乡镇的农、林、水、文、教、卫等多区域给予民族政策的扶持优惠。2012 年 12 月 20 日，浙江省人大常委会公布了《浙江省少数民族权益保障条例》。

自 1949 年始，人民政府十分重视畲族人民的经济发展，采取多项措施给予扶持。20 世纪 50 年代，对畲民中在农事生产与日常生活有困难的，均给予酌情补助。丽水县 1970—1976 年，发放少数民族补助费 6.4 万元；1985—1988 年，补助少数民族经费 38 万元；1989—1990 年，补助少数民族经费 24.7 万元；1998 年，补助老竹镇板栗基地 1.5 万元、"三月三"歌会 1.5 万元、高丰村碾米厂 2000 元、郑坑村修路 2000 元、老竹小流域治理第一期工程 60 万元、港周公路改建工程 10 万元；1998 年市教委对少数民族乡镇中、小学校舍改、扩建给予 50%的资金补助。民族学校的少数民族老师比例高达 60%。公办高中降低 10 分录取 9 名畲族学生入学。2005—2007 年，老竹民族学校校园扩建总投资 2000 多万元。从 2006 年起，区财政每年安排少数民族发展专项资金 30 万元。此外，每年安排 15 万元资金用于扶持畲族镇发展。

自2000年开始，全区实行少数民族学生九年义务教育阶段，免收学杂费政策，先后已累计2万多人次享受了减免政策，减免费达400万元。全省实行九年义务教育免费政策后，全区对少数民族学生实施“民族教育券政策”，对在校的小学、初中、高中以畲族为主体的少数民族学生每人每年分别给予补助100元、200元、800元，并将少数民族学生的保险费、周末班车费等费用也纳入了补助范围。从2009年起，实施少数民族民众参加新型农村合作医疗保险补助政策，对参加该“合作医疗”的畲民补助个人缴纳费部分的50%，补助资金按属地管理原则，纳入当地财政预算。2009年，老竹镇发放救灾救济款4万元，特殊病种医疗救助费10万元，门诊农医优惠10.3万元，住院优惠13万余元。老竹中心卫生院扩建工程投资605万元。2010年，沙溪村进行危旧房改造，涉及畲民20户，面积3176平方米，建成具有畲族特色的民居，8个民族村均通了康庄道路，有线电视、电信网络均已覆盖。建立了2011—2013年的项目库，为下一步的民族村扶持项目奠定了基础。2011年，郑坑村拆建12户35人，拆除面积1075平方米。2011年中考，老竹民族学校共有14名学生超丽水中学公费线。2012年，发放各类救助金104万元，从省、市、区各部门争取资金60多万元，用于少数民族村的基础设施建设和畲族传统文化的传承与保护，获得了莲都区民族团结进步奖。2013年，结合旅游开发，生活实际投资237万元对沙溪村按“修旧如旧”原则，对畲族民居的窗户、屋檐、屋顶等进行改造、装饰，注入畲族特色文化元素，营造“畲族民居为主调”的畲族村。郑坑村启动“民族特色村寨”建设，建成古廊桥、文化长廊。

(二)民族政策

莲都区域内，除汉族外，尚有畲族、回族、苗族、满族、壮族、布依族、瑶族、蒙古族等少数民族，其中以畲族为多。遵循《中华人民共和国宪法》规定的民族政策，为在畲族聚居地方实行区域自治和帮助畲族同胞加速经济和文化的发展，莲都区政府采取了一系列相应举措。

1998年3月28日，中共丽水市委、丽水市人民政府〔1998〕18号文件《关于进一步加强少数民族工作的若干意见》，为全面落实党的民族政策，加快丽水市(莲都区)少数民族脱贫致富奔小康，达到全民族共同致富，就如何进一步扶持少数民族乡镇、村发展经济和文化教育事业提出如下意见：

1. 加强对民族工作的领导

坚持市委、市人大、市政府、市政协各有一名领导分管民族工作的制度，并把民族工作列入市委、市政府的工作议事日程，每年研究一次民族工作，妥善解决存在的困难和问题。

凡少数民族人口达千人以上的乡镇应配备少数民族干部担任副职以上的领导职务。其他各乡镇也应确定分管民族工作的领导，定期研究部署、督促检查民族政策和行政法规落实情况，对民族工作存在的问题及时妥善解决。

2. 加大力度扶持少数民族乡镇、村经济发展

丽水市财政每年度应安排少数民族专项补助资金和民族事业费。1998 年开始，每年视财力情况逐年酌情增加少数民族专项补助资金。各乡镇也应从乡镇财政中尽力安排一部分资金扶持少数民族村发展生产。

市财政在安排财政预算时，要充分考虑少数民族乡镇加快发展的需要，要优先有重点地安排专项资金。根据国务院《民族乡行政工作条例》规定，对两个畲族乡镇超收部分和财政支出节余部分，全部留给乡镇使用，农业特产税返还 60%，超收部分全额返还。对两个民族乡镇的全部少数民族村和其他乡镇每年人均收入在 500 元（1990 年不变价）以下的少数民族贫困村（具体村名略），五年内所收的农业税和农村教育附加费仍返回给乡镇，由乡镇掌握用于该村发展集体经济和兴办公益事业。因税费减免而减少乡镇财政收入部分由市财政视情况予以补助。

丽新、老竹两个畲族乡镇及其他少数民族人口占 30%以上的行政村，投资兴办的乡镇企业和少数民族创办的私营企业，两年内给予减免所得税、固定资产投资方向调节税和工商管理费。

市有关部门和各乡镇安排扶贫救济基金时，应对少数民族乡、村进行倾斜。大力发展少数民族乡村的开发性农业和林业，允许集体宜林“四荒”山地使用权拍卖、转让，鼓励各行业、各部门到少数民族乡村开发荒山荒地、兴办股份制林场、合作林场。对少数民族村集体开发农业基地，在享受同等条件下再提高 50%的补助。

扶持发展少数民族乡村的交通水利设施建设。市每年补助农村机耕路修建款至少要有 25%的比例安排给少数民族村修建机耕路和桥梁等，省交通厅下拨的简易公路、渡口改桥款项对少数民族乡村应优先安排；水利部门要帮助民族乡村搞好水利设施建设，在项目和资金的安排上优先给予考虑。

电力部门对两个畲族乡镇和少数民族人口占 30%以上的行政村（民族

村)在低线路整改资金上给予50%的补助。

市农业局科委等部门每年安排一至两个科技项目给少数民族乡村，同时，农林部门要加强对民族乡镇、村实用技术的推广，积极帮助培训农民技术员，依靠科技知识加快脱贫致富步伐。

各乡镇要把相对贫困的少数民族村列入脱贫攻坚的重点对象，各部门各单位对各自联系乡镇中较贫困的民族村，要进行重点挂钩扶贫。

3. 重视培养选用少数民族干部

组织、人事及各部门要根据德才兼备的任用标准，坚持任人唯贤的原则，重视培养和选用少数民族干部，重视少数民族干部的实职安排，有计划有重点地加强少数民族后备干部队伍建设，使少数民族行政干部比例略高于人口比例。

少数民族人员在报考国家机关公务员时，在年龄、文化程度的要求上可适当放宽。并在本人文化考试成绩的基础上，再照顾10%的分数。

凡少数民族人口占10%以上的行政村，党支部或村委会中至少应有一名少数民族成员。

各级党代会、人代会、团代会、妇代会和市政协全会及其常设机构应安排一定比例的少数民族代表和委员。市机关有关部门也应逐步配备少数民族副局级的领导干部。

4. 加快发展少数民族教育、文化和卫生事业

扶持发展民族教育事业，抓好普及少数民族九年制义务教育工作，市教委每年要安排一定的资金帮助民族小学和民族乡镇的中小学改善办学条件；民族乡镇中学、中心小学校舍改造、拆扩建，教委给予工程投资总额50%的资金补助，其他民族小学的校舍改造，拆扩建，教委要给予工程投资总额30%的资金补助。民族小学低段的少数民族教师比例不能低于50%，同时要加强师资力量，稳定教师队伍，提高教学质量。

切实贯彻省政府办公厅〔1990〕17号文件规定的少数民族小学生免交学杂费的政策。对生活确有困难的少数民族初高中学生可酌情减免学杂费，市财政在安排教育经费时，要照顾少数民族这一特殊的需要，丽水中学、碧湖中学和丽水四中高中部，在录用新生时，录取标准降低10分录取少数民族学生，市职业学校录取新生，也应对少数民族考生适当照顾，要创造条件，尽量多选送少数民族初中、高中毕业生进入高中、大中专院校。

文化体育部门要重视和支持少数民族开展传统的文体活动，广播电视部门要帮助少数民族乡村巩固和发展广播电视事业。

市卫生局和其他乡镇要积极帮助畲族乡镇，村发展医疗卫生健康事业，在实施乡镇卫生院三年建设和规划时，优先考虑少数民族乡镇卫生院基础设施建设，切实采取措施，帮助提高业务素质，保障少数民族乡镇、村群众身体健康。

市爱卫会等单位帮助畲族乡镇、村搞好水改，根据项目并依据人均10吨水的标准给予经费补助，以解决饮用水困难和改善饮用水的卫生条件。

第四章 经 济

老竹畲族镇是个农业镇,是浙江粮食生产基地之一。中华人民共和国成立前,经济相对落后,生产结构比较传统。改革开放后,中国共产党老竹畲族镇党委和人民政府从本地实际出发,大力调整农工商业的结构,扶持新经济组织,2010年发展农业龙头企业14家,推动老竹畲族镇的农、林、牧、副、渔以及工、商、贸业快速发展。尤其是老竹"处州白莲基地"成功对接乡村旅游业,形成一种新的农村经济发展模式。进入21世纪后,工农业总产值由2007年的9251万元提高到2014年的12037万元,农民人均收入由2007年的4202元提高到2014年的10112元,分别增比30.12%和140.65%。

第一节 农 业

畲族长期沿用"刀耕火种"直至民国末,生产方式畲族人民的生活都极其贫穷困苦。中华人民共和国成立后,在中国共产党的领导下,变革生产资料所有结构。老竹畲汉农民艰苦奋斗,顽强拼搏,大幅提高土地生产率和劳动生产率。

改革开放后,老竹畲族镇政府调整农村产业结构,推进农、林、牧、渔、工、商、贸、服务业全面发展。因地制宜,种养并重,在抓粮食生产的同时,发展特色农业,开拓林、牧、副、渔生产多种经营,利用国家AAAA级旅游景区——东西岩兴起乡村旅游,使传统农业逐步向现代农业转型。

老竹畲族镇是丽水市(莲都区)商品粮基地之一。每年的国家定购任务为125万千克。2014年老竹畲族镇开始农村产权股份制改革,由农技站具体配合工作,推动土地流转,发展新经济组织,至2015年全镇土地流转511.26公顷,成立了42个新型农民合作社。

一、原始农耕

(一)刀耕火种

畲民以农为主,早期经历刀耕火种和狩猎生活。隋唐时期,畲民居于闽粤赣交界的大山区时,已采用“刀耕火种”。所谓“刀耕”,就是用劈柴用的刀、斧砍去树木杂草;“火种”就是等到已砍的树木杂草干燥后,用火烧掉,然后开垦、播种、收获。畲民所种的大多是旱地作物。黍稷是当时各村的农作物主要品种。

畲民迁入老竹后沿袭“刀耕火种”的生产习惯,尤其是黄桂、平坑、樟塘垵、黄兰等地的畲民,冬季劈柴烧山,次年春播植苞萝(玉米)和栽种番薯等作物。畲民种玉米习惯使用“苞萝杖”。把种子倒入一个与抵棒长短相似而可通竹节的毛竹筒内,底端用一个竹节穿一个与苞萝籽同样大小的洞孔,竹节的下端削尖,趁雨过天晴山泥松软时,无论是在陡峭岩缝还是坡地,用苞萝杖一戳,种子即钻入土穴。另一种就是劈烧一片山坡,趁雨过天晴,将苞萝籽均匀地撒向山地播到山坡上,用锄头锄一次,使种子沾上泥土,使之发芽、生根,自然成熟而收获。

中华人民共和国成立前,畲民自己没有山场、田地。他们要向山主或地主租种。一般都是一租3—5年,租金以“石”“担”“斗”为计量单位的粮食计算。少数口头承租,多数立字据承租。故当地民间留下一组关于守不守信用的俗语:“上等之人,口说为凭”“中等之人,字墨为凭”“下等之人,铁板存字也不为凭”。历朝历代,当地畲民颇守信用,没有出现拒交租金而惹官司的事件。

当地平坑、黄庄、黄兰畲民,有的靠种山过日子,但作物收获靠天,经常受野兽糟蹋,收获甚微。所以,种山畲民多用茅草树枝搭棚,成年累月住在山棚里。如遇兽害,即用一段坚韧的硬木,挖空树心或毛竹片,敲打出声音,驱赶野兽,或直接用土铳将野兽打死。

长期以来,畲民们以垦山为业,耕山为食,种山的农具仅有传统的山锄、锄头、草削、两齿耙、斧头、柴刀,耕作的方法粗放,生产方式单一、落后,生产率低下,故生活极为困苦。

(二)狩 猎

畲族祖图中多处绘有祖先出猎、狩猎的场景,揭示畲族人民狩猎生活的悠久历史。畲民大多数居于山区,外出常挟带弓矢或土铳,腰缚柴刀,随带猎犬,农闲时把狩猎作为主要副业。狩猎在当时的畲民经济生活中占重要地位。

狩猎当地统称“赶山货”。但“山货”有飞禽走兽之分,不同的兽类采用不同的工具与方法。飞禽类基本用土铳(砂子枪)击毙。走兽类,就得看个头、身躯的大小而选择抓捕工具。古时,弩矢敷毒药、射击猛兽无不立毙,后采用“夹”“掉”“陷阱捉捕”“弹”“电”“火烟熏洞捕捉”等方法。“陷阱捉捕”就是在野兽必经之路设陷阱,捕擒野猪、山羊、山鹿。如制作木笼,内设机关,以诱饵诱山兔、山羊、黄獐、乌獐、野猫、野猪入笼捕之;用绳索穿竹筒,一端套上作为灵活机关,另一端拴吊弹弓之尾,埋入土中,伪装表层,野兽路过脚踩到机关,毛竹弹即拴住野兽,这种捕猎法俗称“长脚吊”;还有用烟火熏洞捕捉,一般用于捕捉狐狸、刺猬、田螺狗、黄鼠狼,等它们钻入洞穴后,用烟火熏使其出洞进行抓捕。

狩猎有合伙也有个人,尤其是秋季番薯、苞萝等农作物遭兽害时,畲民就三五成群,甚至各村联合上山狩猎。合伙狩猎有“跟山”(跟踪)、“守靶”、“头铳”(第一枪)、“二铳”(第二枪)之分。“守靶”就是守住野兽必经要道(守靶者必须由有狩猎经验、枪法准的人来担任)。“打头铳”,合伙围猎必须推荐一名有经验、熟悉山场、做事公正的人当打铳头。凡是猎取的野兽,参加围猎的人员平均分配,只要兽脚尚未捆好,无论何人赶到或路过于此,均可分得一份,猎狗亦得一份,第一个(第一枪)打中野兽的猎手得兽头与兽皮,打中第二枪者,得兽颈,以示奖励。这种分配习惯一直延续下来。

(三)垦山筑田

老竹畲民多数居住在山岳地带,开门见山,抬足越岭。他们只能开山辟岭,建造田园,发展农业生产。凡是谷坡地“皆治为垄田”,有水源之处开为梯田,仰赖多雨山地,辟为旱地。据1994年版《宣平县志》记载:经过畲民日积月累的辛勤开发,老竹山区的可耕面积不断扩大,分布于镇区后坑、樟塘垵、黄桂、平坑、曳岭脚黄庄、新陶村畲客寮、郑丰村牛寨、沙溪村黄兰、道弄源、赤坑村湾山、赤坑垵、徐庄村上村畈等村陡峭的山坡上,垦发的耕地大部分是以块石砌成的梯田,至今仍为畲民所耕种。其中,黄桂行政村的平坑自然村,全村9户人,全是蓝、雷之后,世代居住在海拔230—600米的高山,依山建寮、沿山垦荒,开田造地,全村粮田1.67公顷,旱地2.46公顷,割田坎草都得用梯子架着才能将荆棘割掉。有些小的田块只能插几株稻苗,俗称“箬帽丘”“菜刀丘”“酒杯丘”“扁担丘”。耕田时得用小黄牛,才能来回转身,有“酒杯丘”的田块只好用锄头翻掘。这些“山头田”沙性重,土壤贫瘠,起初往往是丈夫犁田,妻子跟在后头踩,青蒿作基肥。山区水冷气温低,一般都得立夏以后插秧,白露前后收割。平坑、黄兰、樟塘垵、黄桂、郑坑、牛寨等村的梯田见证了当年畲民垦山垄田之艰辛。

(四)副 业

畲民普遍饲养牛、猪、羊、鸡、兔、鸭、鹅等家禽家畜，还有上山采集岩麻、草药、芒干秆、山绿麻、山楂、山糖梨、野生猕猴桃等工业原料和野生山果。凡老竹“市日”，畲家妇女会赶集，出售鸡、鸭、禽蛋等。

饲养牛、羊、猪是老竹畲汉人民的一项家庭副业，尤其是居住在山坳的畲族人民更有条件饲养猪、牛和羊。后坑的樟塘垵、赤坑的赤坑垵、郑丰村的郑坑、牛寨、上官山、下官山、黄桂的平坑村等畲民，利用山场阔、青草多的优势，养牛和其他家禽家畜。1961 年，全镇年终黄牛存栏数达 795 头。

老竹镇畲民根据山区特点，种植多种经营作物，主要有油茶、茶叶、桐子、苧麻、桑叶、松、杉、竹、棕等。畲民普遍从事种桑养蚕，但只卖茧、不抽丝。

民国时期，每逢青黄不接，畲民都会顶着酷暑上山砍些柴(杂柴)、柴爿(松树爿)上街来卖，或者挑到财主家换米(称之为担柴度日)。

畲人田产甚少，依靠挑担、抬轿赚钱的也为数不少。《处州府志》云“处州各县畲民力耕苦作”，或佃种田亩，或扛抬山舆。

(五)土地租赁

地租的名目多如牛毛，有田租、地租、山租、屋基租、牛栏租、猪栏租、粪缸租、茅坑租、灰铺租、农具租，等等。租金一般是地主、豪绅说了算。佃农租一亩，年纳租谷与年产量有关，一般上等良田每年约需交租谷 3 担(每担 143 市斤)；普通田每亩 2 担，较差田交谷 100 市斤；山垄田每亩交 80 市斤左右，称之为全租。有的要先交租后种田，俗称“垫底”；有的畈田、肥田还得(口头协商或立契约)另行加租，若遇灾害，稻禾薄收，乃至颗粒无收，也不得减租。若遇有收租大斗进、小斗出的“黑心”地主和豪绅，畲民辛勤一年，纳了田租，所剩无几。故有民谣曰：“稻镰上板壁，肚皮贴背脊。”

土地租赁的租期，一般为一年期、二年和三年期，租金计算都为石、担、斗，至于先交租、后种田的说法有之，但很少见。佃农必须履行交租义务，否则地主、豪绅随时有权收回土地转租他人。

明末清初，当蓝、雷、钟氏支族迁入老竹镇之时，土地多为地主、富豪所占有，平坦空旷之野大多为汉人所居，自然条件稍好之地，也多为久居的汉人所耕种。畲民一般只能找一些荆棘丛生的山坳地带栖身。当畲民把荒山野岭、山峡、坡丘辟垦为田地，山主马上来收回土地或要畲民交租。

国民党统治时期，畲民靠租种地主土地的皆沦为佃农。苛捐杂税多如牛毛,抽丁派夫迫使畲民四处逃亡、流离失所,有的被逼得家破人亡。如1948年后坑村的蓝培星和郑坑村的雷朝新就过着逃亡的生活。

二、土地制度

中华人民共和国成立后，老竹畲族镇在中国共产党的领导下进行土地改革运动,划定家庭成分,走社会主义道路。1958年,成立人民公社,实行“一大二公”“三级所有,队为基础”,所有土地、山林、耕牛、农具、水利设施等一律归公社所有。1979年以后,实行家庭联产承包责任制,稳定和完善以家庭联产承包为主的统分结合双层经营,使农业经济快速发展,人民生活水平普遍提高。

(一)土地改革

民国以前,土地所有权均掌握在地主、老财、豪绅手中,农民很少有自己的土地,即使有一亩或几分土地,也是他们经过长期拼搏或者是几代人的努力、省吃俭用所取得的,所以农村有句民谣:“吃粥蘸盐、盖屋买田。”这是农民长期节衣缩食、买田买地的真实写照。

中华人民共和国成立以前,老竹畲民多数以租种土地为生,买卖甚少。那时卖田、卖地、卖屋的行为被人称为“败家之举”。即使有人买卖,也是出于“人情”“关系”,从中托人说服财主才可以购得土地。买卖土地、山场和房屋,多数要请中人在场,当桌出价、砍价立“杜断契约”,由卖主立契,中人画押成交。

1950年的曳岭区属宣平县管辖。是年10月,县政府在崇义乡(现老竹镇)开展土地改革试点,12月全区开展,1951年1月底结束。土地改革彻底废止土地私有制,结束了封建地主所有制对农民,尤其是对畲族农民的剥削压迫。世代为佃的畲汉人民分得土地,有的还分得了耕牛和农具,实现了耕者有其田。部分乡民还分得了房屋,如老竹村的梁吉行、章朝德、梁吉德、叶春连,沙溪村的蓝石荣、蓝荣奎,郑坑村的雷德玉、钟志兴。凡老竹镇在册户籍人口,依照各村实际管辖土地,按人口平均分配粮田与旱地。

土地改革时期郑坑村畲民成分及土地占有情况一览表

表12-4-1-1

村名	总户数(户)	总人口(人)	地主户数(户)	富农户数(户)	中农户数(户)	贫农户数(户)	雇农户数(户)	原畲民土地(亩)	租种地主土地(亩)
郑坑	37	237	0	1	8	28	0	50	216

土地改革时期，崇义乡有地主64户、富农26户。政府没收了地主、半地主所占有的土地，认真细致地做了富裕中农、小土地主的思想工作，将辖区内土地统一均等地重新分配给每个家庭。当时的地主、半地主、富农、富裕中农这四种成分的家庭户主对土改运动有抵触情绪，但人民政府的政策使他们认识到剥削有罪的道理，他们必须在自己的“保留田”里劳作，改造思想，服从共产党的领导。政府对地主、半地主、小土地主在政治上采取严加管制的措施。老竹境内的地主老财，大多数愿意接受共产党的领导；对个别顽固分子，政府对之实行思想改造，给予其重新做人的机会。

土地改革初期，各家各户分得的土地还是私有的。但整个土地市场，只有租种土地、少有买卖土地。租种一般是田多、劳动力少、无力耕种的人家，经双方协议立价租给田少、人口多、劳动力充足的大户。

土地改革完成后，农民安居乐业，专心在自己的土地上辛勤耕作，年底丰收了，家家户户中堂挂上毛主席像，贴上“共产党万岁”“毛主席万岁”的大红对联。1951年底，老竹镇喜庆锣鼓敲得震天响，大街上排起长长的秧歌队，扭起了秧歌。

（二）农业合作社

1. 互助组

1951年10月，老竹第一个畲族互助组后坑村蓝培星互助组成立，此后，老竹境内郑坑、破桥、沙溪、仁宅、赤坑、蔡弄源、徐庄、老竹各村的畲汉农民也都先后组织临时或常年互助组。据统计，老竹镇境内共有互助组43个，830户。1952年冬各村办起了“互助组”，1954年9月办了初级社。有互助组66个，1072户参加互助组，其体制为：各家各户自主种植、自主经营、各自收益，只是耕牛、农具、劳动力互相帮助、相互调剂。

2. 合作社

1953年4月，后坑村蓝培星、蓝官五，沙溪村蓝石荣，郑坑村雷德玉、雷财芳等畲民聚集在一起决定，在各自村兴办农业合作社，老竹村李德宝、陈木旺也办起了“丽华社”（初级合作社）。初级合作社的成立，激发了多数群众参加互助合作社的热情，镇境内各村的畲汉农民积极参加互助合作运动，参加互助合作根据“自愿互利、等价交换”原则，处理和解决土地入社和生产资料入社等政策问题。耕牛、农具的入社，由全体社员到场估价，自报公议、决定价值，然后入账造册，在劳动收益分配中照价清偿。生产资料入社也是以同样办法进行。

据老人蓝培星和陈德水回忆,“1949年中华人民共和国成立后,农民劳动生产的积极性很高,办了初级社以后,产量逐年递增,社员收入有所增加。显示了互助合作的优越性”。

1955年,老竹镇群众进入了高级合作化阶段,各村办起了高级社。高级社的劳动收益分配制度,又不同于低级社。它实行的是“按劳计酬,按劳分配”制度,按出勤日数和劳动工作量计劳动报酬,实行劳动力等级评定,同时还实行定额计酬。例如犁田、耙田、耖田、擂田、插秧、播灰、耘田、铲草等工种事先由社员讨论决定劳动力日定额标准。按定额标准计个人的劳动报酬,实行劳动收益分配。

初级、高级社期间,贫、雇农的生活普遍得到提高,绝大多数地主、富农参加劳动,自食其力,与贫下中农一样投入生产,融入社会。

(三)人民公社

1958年7月,丽水地区开始人民公社运动。在“一大二公”“政社合一”“农工商学兵五位一体”的经济制度下,当时人民公社运动实行“组织军事化、行动战斗化、生活集体化”,建立班、排、连、营组织,统一调配劳动“搞大兵团作战”。以大队为单位,建立公共食堂集体用餐。生产资料和社员自留地、山林、果园一律归公所有,实行生活供给制。“政治评分”代替了按劳分配。这种计划经济、“吃大锅饭”的制度抑制了农村经济的全面发展,挫伤了群众的生产积极性。

曳岭区建立了一个公社,称“英雄人民公社”。各村建生产大队,村以下设老竹、沙溪、新屋、陶村、曳岭脚、黄桂、丁公、梁村等生产连,连以下设排,如老竹、俞店属第一排,何村为第二排,殿后为第三排,由排长分配生产劳动任务。全(村)大队办一个食堂,老竹村的食堂设在大王殿。出工、收工、用餐、作息统一时间、统一行动。大队设有司号员一名,军号作为口令。司号员由钱如川担任。至1959年下半年,以排为单位分开办食堂。三年困难时期,人民政府放宽政策,鼓励农民“开荒扩种、种百斤粮”填饱肚皮的同时,要求农民搞好集体生产。

1958年人民公社化以来,老竹畲汉两族人民虽然注重粮食生产,收成并不是很好,却仍然完成了国家粮食征购的任务。

曳岭公社崇义管理区 1961 年粮食产、留、购、销指标一览表

表 12-4-1-2

队别	现有耕地面积(亩)					1961年计划粮食播种面积(亩)	计算产量		三留粮						征购任务(吨)
	合计	实际包产	经济	社员自留地	食堂菜地		总产(吨)	单产(千克)	合计(吨)	口粮		种子		饲料(吨)	
										数量(吨)	每人平均(千克)	数量(吨)	每亩平均(千克)		
合计	9593	9871	96	475	178	21761	2175.25	222	1210	974.5	180	213	9.5	22.8	1542.15
曳岭足	1438	1563	14	72	29	3428	388.05	248	201.9	163.8	180	33.35	9.5	4.75	186.15
黄柱	893	888	11	44	9	1934	219.9	247.5	116.6	95.75	180	19.1	9.5	1.75	103.3
新屋	593	929	2	33	13	1796	161.1	173.5	111.1	91.45	180	17.9	9.5	1.75	50
陶村	1277	1147	2	63	25	2694	273.6	238.5	158.4	128.5	180	26.8	9.5	3.4	115.2
沙溪	737	797	2	38	15	1849	166.4	207.5	89.05	68.4	180	19	10	1.65	77.35
老竹	1489	1427	8	69	28	3182	325	227.5	171.75	139.15	180	29.85	9.5	2.75	153.25
后坑	842	783	8	36	15	1749	176.8	225.5	90.3	70.9	180	17.3	9.5	2.1	86.5
郑坑	288	292	9	15	2	647	66.55	227	37.8	29.9	180	7.05	10.5	0.85	287.5
破桥	322	323	13	17	7	763	77.3	239	41.95	33.65	180	7.1	9.5	1.2	353.5
周坦	1714	1722	27	88	35	3719	320.55	186	191.15	153	180	35.55	9.5	2.6	129.4

老竹许多村民因营养不良出现水肿病。丽水县委、县政府曾派卫生医疗队到老竹治疗。

1960 年 11 月，贯彻中共中央《关于农村人民公社当前政策问题的紧急指示》后，开始较系统地纠正“左”倾错误。1961 年，建立“三包”(包工、包产、包成本)和“四固定”(劳动力、土地、耕畜、农具固定给生产队使用)生产体制，实行评工记分、按劳付酬。1961 年，曳岭公社崇义管理区计划粮食种植面积 1450.73 公顷，粮食征购任务为 1542.15 吨，三留粮为 121 吨。1962 年 2 月，贯彻中共中央《关于改变农村人民公社基本核算单位问题的指示》，改变公社和大队统一核算制度，确定以生产队为基本核算单位，强调等价交换，按劳分配，允许社员经营家庭副业。是年 4 月，老竹设 14 个大队 73 个生产队。

1968 年冬，崇义公社(今老竹镇)全面开展“农业学大寨”运动，各大队开始劈山造林，老竹在学甫前开展造防洪堤、围滩造田活动。1973 年春，全公社深入开展“农业学大寨”运动，贯彻“以粮为纲、全面发展”的方针，是年粮食获得大丰收，大片村粮食亩产达到 547.5 千克。曳岭脚、下桥、红桥等 3 个村粮食

亩产达450千克以上。

(四)家庭联产承包责任制

1980年8月,农村开始实行经济体制改革。在保障生产队自主经营的基础上,稳定集体所有制,试行联产到组小段包工,按定额计酬。多数生产队实行包产到组,少数生产队实行包产包干到户。1981年,全国推行以包干到户、联产到劳为主的生产责任制。在坚持土地等基本生产资料集体所有制长期不变的原则下,确定了以家庭为单位的联产承包模式,并推广农业经济合同制。山场、果园、养殖业等实行开发性承包。山场、社员个人自留山除外,责任山由生产队划定山林,面积落实到户,由县(区)政府统一发证,林业部门统一归档。社队企业、副业也实行利润性承包;种植、养殖业社队企业同时推行家庭或小组承包制。联产承包模式激发了农民的生产积极性,使农村商品经济得到了发展。1982年2月,联产责任制进一步开展,3月底老竹境内14个大队72个生产队全部实行了各种生产责任制。1983年冬至1984年春,家庭联产承包责任制进一步普及和完善,除农田联产承包外,林、牧、副、渔以及其他产业都推行了承包制,崇义乡(老竹镇)大多数的生产队都将承包期延长到10年以上。

1985年,农产品统派购取消,农业税由实物税改为现金税(也称“集体提留款”),陆续开放了农产品的销售价格。此后,老竹畲族镇开始调整农村产业结构,发展种养并重、多种经营方式的现代农业。农业新经济组织随之涌现,出现种桑养蚕、种柑橘、砖瓦窑、肥料经营、养猪、养兔、养鸭、加工运输等各类专业户。是年,镇境内涉农专业户达280多家,为农民家庭生产提供了产前、产中、产后的全过程配套服务。老竹村邹增平自1987年起就统一收购境内的西瓜、豆荚、柑橘等农产品,销往杭州、上海、深圳、温州等大中城市,成为当地有名的运销户。1987—2015年间,邹增平在镇境内和周边乡镇年购销农副产品达6300余吨。

随着联产承包生产责任制的逐步完善和农村政策的进一步开放,农民获得了生产经营的自主权,成为独立的商品生产者和经营者。多数农民开始注重生产的经济效益,发展农村商品经济,重视农工商全面联营,拓宽了商品经济发展路子。下桥村金桥畈自然村畲族农民蓝根生既种水稻又种柑橘,办起了砖瓦厂,还做起了农副产品运销生意,农、工、商、贸一起抓,带动了当地农民发展农业、农村经济。

三、生产条件

（一）耕 地

2014 年，老竹畲族镇总面积 83.9 平方千米，有耕地面积 1018.6 公顷，其中水田面积 743.7 公顷；山林面积 6106.6 公顷。

老竹畲族镇的山地面积较多，农民重视土地开发和利用。唐宋时期，老竹的白口垵，大片的西子岩，郑丰的上官山、桑上、牛寨，赤坑的高畔、九代岭、东坑，梁村，黄桂的黄岗等高山坡地全被开垦成粮田。老竹没有抛荒田和空闲田。清代，山玉米（苞萝）、番薯等作物品种引进老竹，畲汉农民采用粗垦滥种的方式种植杂粮。抗日战争时期，山地植被被严重破坏，造成水土流失。20 世纪 50—70 年代，山林面积减少。改革开放后，政府强调因地制宜、适度开发利用山地，山地植被逐渐恢复。同时，在低丘缓坡、溪边滩涂开田造地，增加粮田和旱地的种植面积。至 2015 年，利用低丘缓坡和滩涂开垦的水田 26.73 公顷，旱地 6.67 公顷。

1969—1983 年老竹畲族镇各村开田造地分布一览表

表 12-4-1-3　　单位：亩

垦田造地村名	开垦年份	开田造地地点	类别		面积	
			水田	旱地	水田	旱地
合计	—				401	100
老竹村	1969	学甫前溪滩	√		16	—
陶村	1975	下溪滩	√		18	—
陶村	1976	上溪滩	√		22	—
周坦村	1977	下溪滩	√		50	—
老竹村	1978	踏步头（柑橘园）		√	—	50
全镇 14 个村	1979	榴溪溪滩	√		283	—
西岸村	1980	下溪滩	√		12	—
老竹村	1983	桥头下桑园		√	—	50

老竹畲族镇地处山区，大部分农田高低弯曲大小不一，有部分梯田和山垄田，排灌运输极不方便。1960 年后，老竹人民开始大搞农田基本建设，兴修水利，围滩造田，平整土地，改良土壤，将山区的大部分农田改造成保土、保水、保肥的“三保”农田。20 世纪 50—60 年代建造了一大批水利主干工程，使农田得

以旱涝保收,如赤坑水库的建成使老竹、丽新和苏港的46.67公顷农田受益。80—90年代,又统一规划沟渠,机耕路及电器排灌设备,建立了水渠明道暗沟相结合,机耕路纵横交错的农田水利新格局。

1981年老竹畲族镇各行政村耕地面积及分布一览表

表12-4-1-4　　单位:亩

行政村名称	耕地面积				社员自留地
	水田	旱地	责任田	集体机动田	
合计	8435	268.4	7903.9	9	451
大片	381.5	6.9	378.5	3	25.2
曳岭脚	929.1	6.6	929	—	59
黄桂	696.5	30	696.5	—	46.8
新屋	580.3	23.1	58.3	—	32
陶村	617.8	68.2	615.3	2.5	17.7
下桥	374	17	373.5	0.5	24.6
沙溪	404.2	13.7	404.2	—	28
仁宅	205	1.5	205	—	9.4
老竹	1348	13	1345	3	71
后坑	712.3	30.2	712.3	—	29.3
郑坑	266.4	6	266.4	—	10
红桥	284	2	284	—	6
周坦	1048	29	1048	—	62.2
西岸	548.9	17.2	548.9	—	29.8
林场	39	4	39	—	—

老竹镇农田土壤大部分为酸性土,且多数为丘陵易旱田、地处平原的屋边田,少量为烂糊田,黏性土壤较少,大部分为中性砂土田块,土壤较缺的元素有硼、硅、锌、磷;水田耕作层一般都在30—40厘米,部分新开田少于30厘米,适宜作物生长。老竹农民非常重视对耕地的保护和改良。昔日,农民以担客土、割青蒿改良土壤。20世纪60年代开始,老竹各村农民采取大量扩种绿肥、割青蒿、利用猪粪、牛粪等措施改良土壤,改善农田土质。大片、新屋、赤坑、浅田、高丰、高畔等村还加强了对山区冷水田的改造。80年代后,农民根据土壤缺磷的特点,采用磷肥拌种,过磷酸钙施田的办法来改良土质。

老竹镇的农业历来以种植水稻为主，旱地种植苞萝（玉米）、番薯、大豆、绿豆、赤豆，及少量的芝麻、高粱等农作物。许多农民还采用轮作制和套种来提高土地生产率。20 世纪 70 年代全镇种植田岸豆为多数。80 年代，除田埂上种植柑橘外，有部分农田开始种植桃、李、柑橘等果树。90 年代，随着农村产业结构的调整、多种经营的开发，已有 40%的农田种植了柑橘、桃子、草莓、茶叶等经济果林、蔬菜和药材。2010 年后，为把老竹打造成旅游名镇，镇境内的老竹、后坑、沙溪、曳岭脚、周坦、新陶等村发展了 73.33 公顷的处州白莲，形成一个千亩处州白莲基地。

为推进农村产业结构的调整，发展新经济组织，2014 年老竹畲族镇开始农村产权股份制改革，由农技站具体配合工作，推动土地流转。至 2015 年全镇土地流转 511.26 公顷，成立农民合作社 42 个。

（二）生产农具

老竹畲民使用的农具与汉族基本相同。20 世纪 50 年代以前，老竹畲族镇农民的生产工具一直都是传统的旧式农具。割草、砍柴、砍树类用的是弯刀（称草刀）、柴刀、斧头、铁锯；铲草用草耙（又称草削耙），也有用锄头；掘地掘山，都用山锄、铢锄。除此之外，还有犁、耙、耖、樰轴、趟耙（木棍制，“丁”字形）、扁担、棒柱、蓑衣、箬帽、竹箩、箩筐、畚斗、畚箕、龙骨水车、风车（柜）、打稻桶、谷筛、米筛、糠筛、水碓、踏碓、石臼、石磨、竹砻等。一般农具的修理与添置都由编篾、做木或打铁师傅上门做点修理与编制。改革开放以后，农业生产工具开始现代化，少数人请师傅上门做点工外，多数农民喜欢到集市购买农具。农民之间常交换农具使用。

犁、耙、耖（李友根 提供）

风车（章定海 提供）

20 世纪 50 年代以前，老竹畲族镇农民的生产工具一直都是传统的旧式农具。农民在土地改革时都分得了田地，生产工具都通过自制或市场购买。大中型农机具多租用来解决生产实际问题。像犁、耙、耖、檑轴、龙骨水车等只有大户人家才有。农民向大户人家租用农具，一般以劳换。

1965—1978 年，当时的崇义乡有圆筒形(552 丙型号)喷雾器 95 台，后为背负式喷雾器代替，时有背负式喷雾器 245 台、机械机动压架式喷雾器 6 台。

插秧机（老竹农机站 提供）

农村的主要运输工具主要是胶轮手拉车。1983 年后，手扶拖拉机成了田间作业的主要机械，老竹镇的农田(除山头田外)都采用机耕。耕作、排灌、脱粒、粮油加工、植保等农业生产基本实现机械化和半机械化。

改革开放前，手扶拖拉机属大队(村)或生产队所有，人口多的大队有 2 台，人口少的大队有 1 台，到 20 世纪 80 年代生产责任制以后，大队将拖拉机折价给私人或者承包给有驾驶技术的个人，农忙时帮助各农户田间作业，各户以耕作面积付给酬劳，农闲时跑运输。到 1990 年底，镇境内有手扶拖拉机 159 辆、农用小汽车 8 辆、胶轮手拉车 251 辆。

1981—1983 年，家家户户都有自己的责任田，80%的农户购置了喷雾器、人力打稻机，个别农户购置了半自动打稻机。2000 年以后农民开始使用微耕机、电瓶动力喷雾器、流水线育秧机、久保农田插秧机、食用菌全自动拌料装袋机等一些新型农机具。农田作业的劳动强度减轻，劳动生产率大幅度提高，促进了农业生产的发展。

收割机（老竹农机站 提供）

据 1994 年版《丽水市志》记载，民国 13 年(1924 年)至民国 15 年丽水城关、碧湖先后使用动力碾米机。老竹属曳岭区管辖，至 1958 年才办起火力发电厂和地方国营曳岭综合加工厂，开始以动力碾米。加工厂主要承担碾米任务，碾成的米由曳岭粮管所粮油供应站统一供应曳岭区公所直属机关部门及崇义乡机关干部，同时还供应全区粮食返销户的返销粮。当时大多数农民主要还是靠水碓、踏碓、石臼、石磨加工大米。1967 年老竹、周坦、曳岭脚、后坑、黄桂、梁村几个大村庄办起了碾米厂，后添置了磨粉机。1970 年底，全镇有碾米机、磨粉机 10 台。

老竹畲族镇部分年份主要农机具设备拥有量一览表

表 12-4-1-5

年份	机械化设备							半机械化设备						
	柴油机（台）	拖拉机（台）	碾米机（台）	磨粉机（台）	抽水机（台）	榨油机（台）	机动收割机（台）	粉碎机（部）	喷雾器（台）	轧花机（台）	插秧机（台）	打稻机（台）	木制水车（部）	微耕机（台）
1958	1		1	1						5			80	
1959			1	1						5			90	
1960			1	1						4			90	
1961			1	1						4			102	
1962			1	1						3			102	
1964	1		1	1						2			105	
1965	2		2	2						2			105	
1966	2		2	2						2			82	
1967	2		2	2						2			75	
1968	2		3	2						1			60	
1969	2		5	5	1			1		1			39	
1971	8	7	10	8	3	1		2	101	1	50	2	41	
1975	8	10	10	8	5	1		8	185			115	42	
1976	6	3	7	7	1			1	84	1	6		41	
1978	9	12	10	8	5	1		8	289			178	43	
1983	12	15	10	8	5	2		8	1560			1050		
1988	12	28	10	8	8	2		9	2120			1609		
1990	14	59	10	8	8	2		9	2210			1756		
1995	14	60	10	9	18	3		9	2210			2300		
2005	16	65	11	9	19	3		10	2230			2506		
2010	16	43	11	9	19	3	1	10	2350			2677		
2011	21	38	11	9	25	5	1	12	3571		1	2785		

续表 12-4-1-5

年份	机械化设备							半机械化设备						
	柴油机(台)	拖拉机(台)	碾米机(台)	磨粉机(台)	抽水机(台)	榨油机(台)	机动收割机(台)	粉碎机(部)	喷雾器(台)	轧花机(台)	插秧机(台)	打稻机(台)	木制水车(部)	微耕机(台)
2012	28	34	11	9	39	5	1	12	3896		1	2790		
2014	30	30	12	9	50	6	2	10	4021		1	2921		
2015	30	28	12	10	60	7	2	10	4200		1	3000		350

(三)生产技术

1955 年,曳岭区农技站建立,开始帮助老竹农民提高生产技术知识。据原曳岭农技站站长温兴会回忆,他 1955 年参加工作就来到曳岭农技站,当时一是提倡精耕细作,二是选用推广良种,三是推广“新三熟”,由原来的“老三熟”大小麦、水稻加大豆,改种为大小麦、水稻和秋玉米(苞萝)。经过试点,秋玉米获得高产,逐渐推开“新三熟”制。1957 年,推广“小株密植”,开始也很难推广,后在老竹、周坦试点,亩产量提高一至二成,才得以推广。

20 世纪 70 年代初,深入贯彻农业“八字宪法”:“水、肥、种、土、密、保、管、工。”农村大量劳动力投入,兴修水利、大积土杂肥,改良土壤等,农民对种子的选育、更新,对合理密植的接受,对植物保护、农业生产、田间管理有了一定的认识。1974 年,梁宝、梁先永到海南学习杂交水稻制种,1977 年在老竹全面推广杂交水稻栽培技术,当年粮食亩产由 1976 年的 209 千克提高到 467 千克。80 年代起,农技人员深入各村上农业技术课,提高农村劳动力文化技术水平和整体素质。农技人员深入田间地头作现场辅导,同时发放农技辅导资料,指导生产,镇境内有技术人员 400 人。1980 年以后根据政府要求镇成教学校、农技站、林业站每年办农业科学技术培训班数期,每期 30—50 人。各行政村有农业科技人员、植保员。乡村两级形成农业科技网,并按农时季节、农业品种与栽培技术各项目对农村劳动力进行轮番培训,提高农村劳动力的整体素质。

改革开放后,县、区、乡三级农业技术部门通过农技培训,发放科学技术资料,进行田间指导,实地解决种植、养殖业中的实际问题等,提高农民种植与养殖科技水平与能力。2005 年 1 月,建立莲都区老竹农业技术服务站,具体负责老竹畲族镇的农村经济发展、农民科技教育培训、农技推广和服务工作，使农民从传统农业到科技农业的生产实践中得到生产技术知识。每年对全镇农民分批举办农业技术培训班，每期有3—5人参加。2006年以来，以农技人员包村联系到户的形式，以“专家+农技人员+科技示范户+辐射带动农户”的模式为农民提供生产技术服务。同时，对区域内土壤肥力进行分块测试，代表性地开展“3414”测土配方施肥，培养新型农民，实行科学种田，提高单位面积产量。至2015年，全镇有90%的农村劳动者参加了农业生产技术培训，有3000多名农民拿到了等级证书。

（四）劳动力构成

男耕女织是传统农业的劳动分工形式。老竹各个家庭皆以男为农业劳动力，妇女以饲养家禽家畜、做家务活为主。老竹的成年农业劳动力约占农业人口的20%。

老竹畲族镇的农业劳动力结构逐年变化。中华人民共和国成立后，到1986年前，从事农业劳动为多，只有少数人从事其他产业。1961年，全镇有劳动力2362人，从事农业劳动力2182人，占总劳动力的92.38%，1977年从事农业的劳动力占总劳动力的比例下降至77.57%。1995年后，从事其他产业的劳动力逐渐增多。2000年，全镇有劳动力7782人，其中从事第一产业劳动力为5794人，同比1996年从事第一产业劳动力占比下降了14.49个百分点。2004年，老竹镇农村劳动力资源总数为8119人，农村实有劳动力人口为7440人，其中外出劳动力人口为2134人，出省的劳动力人口为780人，从事农、林、牧、渔业劳动力人口为4529人，占农村劳动力人口总数的55.78%，其中老竹中心村从事农、林、牧、渔业劳动力人口为365人，占农村劳动力人口总数的36.28%。2015年，全镇从事第一产业的有4977人，占比为52.88%；从事第二产业的有2121人，占比为22.54%；从事第三产业的有669人，占比为7.11%。

1961—2015年老竹畲族镇部分年份劳动力构成一览表

表12-4-1-6　　单位：人

年份	劳动力			农业劳动力					其他产业劳动力
	合计	男	女	合计	男		女		
					正	半	正	半	
1961	2362	1338	1024	2182	884	304	444	550	180
1966	2834	1678	1156	2289	987	422	491	389	228

续表 12-4-1-6

年份	劳动力			农业劳动力					其他产业劳动力
	合计	男	女	合计	男		女		
					正	半	正	半	
1977	3027	1986	1041	2348	1003	414	526	405	352
1986	3429	2141	1288	2633	1350	610	405	268	398
1995	8375	4531	3844	7105	2585	1621	1865	1034	635
2000	8695	4926	3769	7097	2603	1786	1616	1092	799
2008	9137	5303	3834	7313	2728	1809	1658	1118	912
2015	9412	5232	4180	8350	2877	1865	1989	1619	1062

说明:1986 年前为崇义畲族乡辖区数据,1995 年后是永丰乡并入老竹畲族镇的数据

1982—2015 年老竹畲族镇部分年份各产业劳动力构成一览表

表 12-4-1-7　　单位:人

年份	农业人口	劳动力总数	其中		第一产业	第二产业	第三产业	非经济活动人口
			男	女				
1982	7805	3324	1821	1503	3101	129	94	0
1984	8117	5833	3033	2800	5408	149	120	156
1985	8307	5656	3102	2554	5211	152	132	161
1989	8611	5710	3118	2592	5265	169	137	139
1990	8646	5802	3197	2605	5301	186	145	170
1992	14877	7879	4351	3528	7323	370	186	0
1994	14331	7797	4178	3619	7055	381	195	166
1996	14125	7829	4111	3718	7002	425	217	185
2000	14209	8695	4926	3769	7097	1036	632	70
2002	13953	7849	4601	3248	5330	1271	531	717
2015	15879	9412	5232	4180	4977	2121	669	1645

2004年老竹镇农村劳动力资源及主要行业分布情况一览表

表 12-4-1-8　　　　　　　　　　　　　　　　　　　　单位：人

乡村名称	农村劳动力资源总数	劳动年龄内的人数	其中		不足或超过劳动年龄而参加劳动的人数	农村实有劳动力	其中		按性别分		按部门分				
											农、林、牧、渔业劳动力				
			劳动年龄内上学的学生人数	劳动年龄内丧失劳动能力的人数			外出劳动力	出省的劳动力	男劳动力	女劳动力	小计	农业	林业	牧业	渔业
合计	5108	4691	387	213	630	4571	1329	592	2559	2012	2572	1976	117	311	12
大片	243	203	9	4	44	231	70	30	126	105	165	127	30	8	—
曳岭脚	470	350	20	30	150	350	60	10	200	150	160	100	25	35	—
黄柱	283	256	15	—	27	283	50	40	210	73	163	163	—		—
新屋	360	410	50	90	40	310	120	70	200	110	190	165	10	15	—
陶村	460	430	90	30	60	350	100	15	200	150	232	212	10	10	—
下桥	386	348	20	—	38	366	—	—	197	169	166	120	20	26	—
沙溪	250	230	—	—	20	240	220	—	150	90	175	164	—	10	1
仁宅	80	80	—	2	2	80	4	—	45	35	50	45	—	5	—
老竹	1006	951	76	37	92	836	120	52	419	417	365	180	20	160	5
后坑	350	323	10	3	30	350	160	45	200	150	150	126	2	20	2
郑坑	135	120	8	5	20	135	5	—	72	63	120	110	—	10	—
红桥	200	190	4	2	12	200	70	40	105	95	130	127	—	1	2
周坦	579	520	65	6	65	540	270	270	275	265	275	265	—	10	—
西岸	306	280	20	4	30	300	80	20	160	140	240	237	—	1	2

(五)肥　料

老竹境内土壤以砂田为多，泥田（黏土）占少部分。当地农民以农家肥、绿肥为主要肥料，商品肥（化学）辅之。

农家肥　包括人粪、猪牛粪、焦泥（草木）灰、鸡粪、鸭粪、羊粪、兔粪等。

绿肥　农民采用红花草籽（紫云英）、割青蒿来肥田的传统技术。1968 年全国开展“农业学大寨”运动后，老竹在农业部门指导下掀起了一股种绿肥做“堆肥”“沃肥”的热潮。所谓“堆肥”，就是将田边、地头的青草、青蒿（割）铲削干净，然后将其打堆发酵腐烂后，散发于田间做肥料。所谓“沃肥”，就是将杂草、青蒿、菜皮、菜根、稻草、麦秆等堆入泥坑或田头一角用泥土封闭，等其发酵腐烂后散发于田间为肥。

20世纪50—60年代,老竹镇畲汉两族农民种植红花草籽(紫云英)作为早稻绿肥,但种植面积不大,只在山垅田和一些边远田块种植(屋边田、畈田以猪牛粪、焦泥灰为主要肥料)。全崇义乡绿肥面积不足133公顷。1966年开始,崇义(老竹)绿肥种植面积扩大到446.67公顷。据《丽水市土壤志》载,1966—1976年间,丽水全市绿肥种植面积达6666公顷以上,给水稻种植提供了充足的绿肥。

商品肥 也称化学肥料,1984年前由供销社专营,品种繁多,含量不一,价格各异,分计划内和计划外两种,计划内分配的叫"平价",计划外的叫"议价"。1983年国产尿素计划内分配的每千克为0.49元,计划外议价的每千克为0.62元。1984年就提高到每千克0.65元。老竹镇用的化肥主要有以下几种:

1.氮肥类 即尿素,有进口尿素、国产尿素,碳铵(氨水精、氨水)。

2.磷肥类 主要有过磷酸钙、钙镁磷肥两种。

3.复合肥类 氮、磷、钾三元素齐全标记称之为复合肥。主要有西洋复合肥、巴田复合肥、洋丰复合肥。因元素含量不一,价格各异。三元素复合肥中含钾的分为硫酸钾、氯化钾两种。含硫酸钾的复合肥对种子无损害。含氯成分的复合肥对水稻无损害,但对烟草、茶叶、大豆等旱地作物可能产生烧种、焦苗的副作用。

4.钾肥 分硫酸钾、氯化钾、磷酸二氢钾。

肥料的品种繁多,随着年代推移,经济和社会的发展,价格也有了很大的变化。20世纪90年代中期肥料有分配价和市场价两种,民间称平价和议价。

各年代老竹畲族镇商品肥价格变动一览表

表12-4-1-9　　单位:元

肥料名称	20世纪70年代	20世纪90年代	2015年	肥料名称	20世纪70年代	20世纪90年代	2015年
	每100市斤	每100市斤	每100市斤		每100市斤	每100市斤	每100市斤
进口尿素				三元复合肥	16.00		160.00
国产尿素	22.00	80.00		钾肥	16.00	82.40	
钙镁磷肥	12.00	32.00		西洋复合肥			170.00
过磷酸钙	9.00	26.80		巴田复合肥			210.00
碳氨	13.50	42.00		洋丰复合肥			160.00
氨水	14.00			萧山复合肥			39.00

20 世纪 70 年代肥料由曳岭供销社崇义生产资料门市部独家经营，镇境内有老竹和梁村两个门市部，年销售量达 1580 吨。20 世纪 80 年代增加到 4 个销售点，到 2000 年后销售点增加到 6 家，年销售量达 1700—2000 吨。商品肥料由丽水市农资公司统一批发。2000 年后销售网点的肥料源均由丽水市兴合农资有限公司(连锁)供应。

至 21 世纪，老竹畲族镇能源和农业物资消耗呈上升趋势。2015 年，老竹畲族镇农村用电量为 97.8 万千瓦时，农用化肥按实物量计算施用量为 3176 吨，农用塑料薄膜使用量 52.3 吨，农用柴油 93.8 吨。

2015 年老竹畲族镇农村能源和农业物资消耗情况表

表 12-4-1-10

乡村名称	农村用电量(万千瓦)	农用化肥施用量(吨)										农用塑料薄膜使用量			农用柴油(吨)
		按实物量计算合计					按折纯法计算合计								
		合计	氮肥	磷肥	钾肥	复合肥	合计	氮肥	磷肥	钾肥	复合肥	合计(吨)	其中，地膜使用量(吨)	地膜覆盖面积(亩)	
老竹畲族镇	97.8	3176	1314	421	268	1173	370	150	70	60	90	52.3	32.6	2503	93.8
曳岭脚村	15	402	230	27	25	120						30	16	630	50
榴溪村	14.5	81	28	6	9	38						3.5	3.5	540	8
新陶村	6.5	105	22	15	11	57						3.2	2.7	373	4.8
沙溪村	10	42	15	13	2	12						0.6	0.4	20	8
老竹村	7	160	50	40	20	50						2.5	2	80	2
后坑村	5	1100	450	150	100	400						5	4	300	10
郑丰村	5	56	20	10	10	16						0.5	0.5	30	0.5
周坦村	6	432	152	40	10	230						2	1	200	3
梁村村	7.2	140	50	30	30	30	140	50	30	30	30	2	1	100	3
徐庄村	9	230	100	40	30	60	230	100	40	30	60	1	1	50	1.5
丁公村	6	148	85	2	1	60								120	
赤坑村	6.6	280	112	48	20	100						2	0.5	60	3

(六)水利灌溉

1. 水　库

水是农业的命脉。据《丽水市志》记载，民国时期，镇境内有大小水塘、山塘132处，久旱不枯的占20%。老竹水碓坟垵、珊溪岭头各有山塘一口，可蓄水千百立方米，只可供百十亩农田之用。山塘各村皆有，但不能完全解决抗旱防涝。1965年8月曳岭区发动群众兴建赤坑水库，能灌溉老竹和联城的部分稻田，灌溉总面积7000多亩。1971年9月又动工兴建红旗水库，1973年陆续兴建了珊溪后、下官山、大片红旗水库等中小型水库。

后坑大塘水库　是1952年在宣平县政府支持下，由后坑村畲族农民、崇义乡团委书记蓝培星带领村民及梁周乡破桥村党支部书记官永进和破桥村民积极投工兴建的曳岭境内第一个水库，集雨面积1.10平方千米，能灌溉农田4.67公顷。2012年重修。

后坑黄塘弄水库　始建于1970年，后于1987年冬大坝加高，该水库集雨面积为2平方千米，灌溉面积40公顷。

赤坑水库　位于永丰乡(现并入老竹畲族镇)赤坑村。1965年8月始建，至1969年10月完工。1988年11月加固大坝。灌溉老竹镇(原永丰乡片)、苏港乡(现归联城管辖)农田466.67公顷。其中自流灌366.67公顷，机电提水灌溉100公顷。溢洪道侧堰式，位于大坝右端，长45米。按50年一遇洪水校核，溢流水深1.43米，最大泄流量171米³/秒。该水库集曳岭区全区人民力量，开岩清基，挑土扛石，以石夯土，历时4年零2个月总投工25.2万工，完成土方7万立方米，石方1.1万立方米，混凝土302立方米。主体工程投资61.97万元，其中国家投资44.39万元，1971年至1972年6月，建成坝后式水电站(装机125千瓦)1座。

红旗水库　位于老竹畲族镇徐庄行政村蛤蟆灶，1971年9月动工，1978年冬竣工，建成后坝高23米，集雨面积5平方千米，总库容量84万立方米，正常库容65万立方米，水面面积7.2公顷，能灌溉农田61.33公顷。建有红旗电站装机100千瓦/台。

官山水库　位于老竹镇郑丰村下官山，集雨面积1平方千米，灌溉面积25.33公顷。

珊溪后水库　位于老竹村珊溪后下水岭，1971年春动工，1973年底建成，大坝右侧溢洪道宽3米，长32米，能灌溉老竹第一、第二、第三、第五4个村民小组的33.33公顷农田。

大片红旗水库　位于大片村口岭脚，始建于1971年，坝高11.6米，库容量2.3万立方米，能灌溉本村及曳岭脚村18.66公顷农田。

2. 引水渠道

老竹镇有大小引水渠道 10 条。

赤坑渠道　据《丽水市志》记载，全长 15.035 千米，其间有隧洞 5 条，计长 478 米，倒虹吸 1 条长 574 米，明渠 13933 米。渠道过水能力 0.6 米^3/秒，倒虹吸以下段渠道过水能力为 0.35 米^3/秒。灌溉面积 466.7 公顷。

红旗水库倒虹吸管（章定海　摄）

下官山水库渠道　下官山库脚至周坦后畈，其中隧洞 1 条 267 米，明渠 2768 米，全长 3035 米，灌溉农田 40 公顷。

红旗渠道　位于镇境徐庄村蛤蟆灶至梁村杨岭头，全长 15 千米。

珊溪后水库渠道　位于老竹珊溪后，绕山而建，始建于 1974 年冬，全长 3.8 千米，宽 0.5 米，能引珊溪后水库之水灌溉珊溪岭头及老竹后 25.33 公顷农田。

沙溪村东岩弄引水渠　位于沙溪村东岩弄，现东西岩景区入口 800 米处，为全镇长度最短的水渠，该渠能灌溉库区外农田 15.33 公顷。

黄塘弄渠道　自黄塘弄至狮子山四角塘，全长 2.8 千米，宽 0.8 米，通过该渠能灌溉全村 36.66 公顷农田。

2015 年老竹畲族镇水电资源分布一览表

表 12-4-1-11　　　　单位：千瓦

序号	电站名称	所在地址	装机容量	年发电量	备注
1	赤坑一级	湾山村	125	39 万	已建
2	赤坑二级	下桥村	160	47 万	已建
3	红旗电站	徐庄村	100	30 万	已建
4	东西坑电站	高畔村	400	85 万	已建

3. 用水原则

中华人民共和国成立后，水利工程按“谁兴建、谁受益、谁管理”的原则，实行分级管理。村级兴建的工程 ，由村负责管理，如后坑村的大塘水库。乡内受益两村以上的水利工程，如原永丰的红旗水库，由乡级管理；区级投资兴建或者区内几个乡兴办共同受益的水利工程，如赤坑水库，由区（县片区）级负责组织管理；20世纪70年代后，丽水县水电局配置了区、乡水利工程管理员，各区建立了水利工程管理站，对曳岭辖区老竹、永丰、巨溪、丽新、苏港四乡一镇的水利工程、排灌设施（备）进行管理。

老竹镇境内的灌溉水源主要来自赤坑、红旗、大塘、下官山、东西弄、郑坑、大片7座水库及各村的大小山塘。20世纪60年代末建有水库和山塘以来，县、区、乡各级政府一直注重抗洪、抗旱工作，建立防洪抗旱指挥部，由历任行政"一把手"担任指挥部总指挥。指挥部对辖区水资源实施统一管理，合理利用，遇旱情露头就根据需求实行"计划用水、合理用水、节约用水"的原则，实施分片区、分乡镇、行政村开闸放水，以保田块润湿，不致作物干枯。

赤坑水库灌溉面积达467公顷，20世纪70—90年代，各受益单位每年须向赤坑水库管理委员会缴纳水库及引水渠道维护资金（统称为"水费"。）

镇境内有机灌、电灌、喷灌设施8处，总瓦力达81.5千瓦，灌溉面积为51公顷。

4. 引水工程

据《丽水市志》记载，位于宣平港支流的虎迹溪、陶村溪、下桥溪和梁村溪流，有多条引水堰坝，这种引水堰坝都垒于500—180年前不等，其中老竹林山堰始建于500年前，位于老竹北面村口，现老竹镇自来水厂前，坝高1.8米，长43米，原坝以松原木垫脚，数百斤大块石头垒成，该拦水堰坝西面有一条宽1.2米、长1千米的堰渠，引虎迹溪水通过该堰渠灌溉老竹学甫前畈和竹下畈的53.33公顷水田。

沙溪堰　建于民国11年（1922年），坝高1.3米、长35米，能引水灌溉农田13.4公顷，同时，供俞店俞良翠水碓。2013年因仁宅畈开发被废。

桥头堰　位于宣平溪支流老竹桥头虎迹溪，始建于民国12年（1923年），坝高1.6米、长38米，丰水年能引水灌溉竹下畈20公顷农田，同时可供桥头陈吴兴水碓用水。

弄山角堰　位于宣平溪支流老竹镇西岸村，坝高2米、长40米，块石垒成，始建于民国元年（1912年），丰水年能灌溉8公顷农田，一般年景能灌溉4.8公顷农田。

上殿堰　位于宣平溪支流周坦上殿，坝高2米、宽40米，建于民国13年

西岸弄山角堰（章定海 摄）

（1924年），此坝截引虎迹溪水，灌溉周坦上畈8公顷农田。

破桥堰　位于宣平溪支流破桥村东南方向，始垒于清康熙四年（1665年），此坝长50米，以大块乱石不规则垒成。经300多年多次洪水冲击无损，为历代人引河水灌溉村下畈近1.33公顷农田及为水碓碓米、磨面发挥作用。300多年来当地民众代代相传，此堰坝为神仙所造。

村脚堰　位于宣平溪支流下桥村，始建于清末，坝高2米、长30米，丰水年能引水灌溉6.66公顷农田，一般年景能保证4公顷农田旱涝保收。据1990年版《丽水市志》记载，位于宣平溪支流老竹镇陶村有3个堰坝：村头堰、村中堰、村脚堰。据村中老人回忆均建于清代。陶村80%的农田靠这3个堰坝拦水灌溉。

农田灌溉　除自流引水灌溉外，还有一种提水灌溉法，所谓提水灌溉。据传说和《丽水市志》记载，1949年前，主要用戽水桶和水车等工具。20世纪50—60年代以木制龙骨水车为提水灌溉工具；70—90年代才以电机灌溉为主，零星土地和一些山垄田仍有用戽水桶；80年代后一些水利条件差的田块已改种茶叶、柑橘、板栗等经济作物，戽水桶、木制龙骨水车已逐渐退出历史舞台。

四、种植业

（一）农作物

据1994年版《宣平县志》记载，民国时期老竹镇种植的主要农作物有谷类（水稻）、麦类、玉米类、大豆类、瓜果类、蔬菜类等。至1980年前，老竹农业生产结构一直没有变化。主要种植品种有：

谷类（水稻）：主要分早、中、晚熟三类，并有粳稻与糯稻之分。品种繁多，粳稻有早禾五十日、大粒早、大粒红、大竹青，1960年引进珍珠矮、浙733等；中禾有细叶青、江西早、福建早、长白芒、香谷；晚禾有白芒晚、赤芒。糯稻有八月糯、红壳糯、浦江糯、陕西糯、菜籽糯、三百粒、早糯、东阳糯、草鞋糯、九月糯等。

麦类:大麦、小麦、米麦、荞麦。

瓜类:西瓜、黄瓜、南瓜、北瓜、甜瓜、佛手瓜。

果类:梅、杏、李、桃、梨、柿、石榴、橘、柚、橙、柑、金橘。

豆类:黄豆、绿豆、黑豆、赤豆、刀豆、扁豆、佛豆、蚕豆、马料豆、青皮豆、黄皮豆、花纹豆。

蔬菜:白菜、油菜、芥菜、茄子、茭白、藕、水菱、蒿菜、菠菜、莴苣、苦麻菜、马蹄菜、毛芋、生姜、韭菜、大蒜、葱、芹菜、空心菜、黄芽菜、包心菜等。

改革开放以来，随着农业科学技术的发展，传统的水稻杂交品种两优倍九、汕优63在老竹得到规模种植;随着超级稻品种的培育成功,品种也更新换代。据调查,水稻品种中浙优1号、中优8号、甬优系列、隆两优华在老竹大面积种植。

水　稻　早、中、晚各熟的籼、粳、糯各种类型水稻品种(品系)有489个,其中籼稻类有306个,粳稻类有118个,糯稻类有60个,陆稻类有5个。

1949年前,种植的主要有大叶青、细叶青、早糯,本地晚粳、湖南白谷等品种。1949—1951年水稻品种严重混杂退化。1950年县、乡成立选种委员会,评选细叶青、大叶稻、早红为初选种,1952年选出齐头黄、二〇六五、高树细叶青、大叶稻为县选种,重点推广。1955年推广连作稻、引进早熟耐肥高产的早籼503和义乌早、雷公早等。1956年初步选定早稻503、南特号、早黄、晚稻大荆白、晚粳9号、矮树晚京、西瓜红为适宜连作稻品种。1964年引进矮秆品种矮脚南特、二九矮、珍珠矮、广场矮等早(中)籼品种，至1967年早稻以矮脚南特为主,晚稻以农垦58为主，晚籼以珍珠矮为主,糯稻以红须糯为主。1970年推广珍龙十三、爱武等早中籼品种和晚粳农虎6号、糯稻谷

收割水稻(章定海　摄)

中糯等品种。早熟早米品种，1971—1980 年均以二九青为主，1981 年后逐步被籼 39-7、浙幅 802 等早中熟品种所取代。中迟熟早籼，1971—1977 年主要以珍龙 13、广陆矮 4 号、龙革 113、珍汕 97、98 为主。1978 年增加竹科 2 号、军协等品种至 1986 年为止。早稻中迟熟品种均以广陆矮 4 号、竹科 2 号为主。1986 年后被二九丰、305 等中熟品种所取代。1990 年推广浙 733，连作晚稻晚粳主要种植农虎 6 号、沪选 19、科情 3 号、台中育 39 等品种。晚稻主要种植珍珠矮，珍汕 97、98，珍龙 13 等；晚糯稻主要种植中糯京引 15、籼糯丽水糯、绍糯等品种。杂交稻 1977—1978 年以推广南优 2 号、汕优 2 号为主，1979 年以四优 6 号、汕优 6 号组合为主，1980—1985 年以汕优 6 号组合为主，1986—1990 年以汕优 63、64 组合为主。1991—2000 年以后，农民主要种植甬优 9 号、10 号、12 号、15 号、17 号、1540 系列，中浙优 1 号、8 号、86 系列，天优 998 及五优 308 号。

大　麦　据记载，老竹种植过的品种（品系）有 53 个，其中大麦 47 个，裸大麦（又称元麦、米麦、类大麦）6 个。民国时期，以种植碧湖大麦、方头大麦为主，裸大麦以种植丽水大麦为主。1956 年引进萧山立夏黄等 4 个品种，大面积推广。1966 年引进裸大麦 757。1971 年引进浙农 12 号二棱大麦，早熟 3 号、7 号二棱皮大麦品种。1981 年引进沪麦 4 号品种，至 1987 年一直是主要种植品种。1990 年大麦种植，浙农大 3 占 50%，沪麦 4 号占 15%，早熟 3 号占 15%，秀 81、86 占 15%，其他占 5%。

小　麦　至1990 年，种植过的品种有 117 个。民国时期，主要种三月黄、碧湖青冠麦、羊尾巴等品种。1952 年丽水县农业推广所引进纯系 17 号、9 号等小麦品种。20 世纪 50 年代以种植天台麦、三月黄、浙农 17 号、矮粒多等品种为主。1953 年浙农 17 号与天台麦被选为县品种，是年引进南大 2419、矮粒多等品种。1965 年以前，以三月黄为主。60 年代后以矮洛阳、矮秆红、吉利麦、阿勃为主。1971 年以推广阿夫品种为主，是年引进穗阿夫、丰产 3 号。1972 年引进九〇八。1974 年后以浙麦①号（原称九〇八）为主。1978 年引进省区 5 号（后称浙麦 2 号）。80 年代初，以种植浙麦 1 号、2 号为主，1981—1983 年先后引进地区丽麦 16 号、浙麦 3 号、核农 1 号。1990 年小麦种植，浙麦 1 号占 38.2%，浙麦 2 号占 23%，浙麦 3 号占 1.5%，丽麦 16 号占 30.5%，其他占 6.8%。

玉　米　2000—2010 年甜玉米品种以华珍、超甜 3 号、双衣为主，同时兼种一些农家自留的糯米苞萝。

番 薯 清嘉庆初有少量种植，民国时期始广泛种植，主要品种是广东白、广东红。1954年引进胜利百号在丽水县第一农场试种，亩产2500千克，比本土品种增产50%以上。1955年全丽水县推广，至20世纪70年代胜利百号仍为主要品种。1963年引进紫沙藤，1968年引进红头8号，1975年引进新种花，1978年引进金瓜番薯、青田番薯。1983年引进徐薯18、浙薯602等4个品种，1987—2010年间，当地农民又引进了苹果番薯、红心番薯，2010年后引进心香、紫薯1号。

马铃薯 1958年前，农民种植称“洋芋”的本地品种。1958年后，丽水县从黑龙江引进红洋芋、白洋芋、青田洋芋等品种，后每隔3—5年从东北、内蒙古、山西等地调入新种更换，先后调入克新1号、克新2号、内蒙古种、山西种、马脚基等品种。2008—2015年当地农民种植最多的是中薯3号、东农303。

玉 米 俗称“苞萝”，《丽水市志》等有关史料显示，玉米品种达51个，其中常规玉米品种20个，杂交玉米组合31个。按品质分为普通玉米、甜玉米、高赖氨酸3种；按籽粒形状可分为硬粒形、马齿形、半马齿形3种。种植的常规玉米均为硬粒形，1959年前主要品种为丽水六十日、八十日，1958—1965年先后引进金皇后、仙居黄子、南京苞萝、磐安黄子。1972年从浙江省农业厅引进华威等8个玉米杂交组合品种。1973—1986年又引进浙单1号、双新1号、丹玉6号、虎单5号等品种，其间虎单5号、丹玉6号为主要品种，1987—1989年玉米种植以苏玉1号组合为主，1990年玉米种植东单1号占38%，中单206占29%，吉单118占24%，其他占9%。2000—2015年的玉米种植以华珍、双衣水果型食用玉米为主，杂交玉米作为饲料用。

大 豆 据史料记载，老竹种植过64个品种，按播种季节可分为春大豆、夏大豆和秋大豆3种；按皮色可分为白、黄、黑、青、花5类。夏秋大豆有55个品种，1956年从缙云引进苞萝豆，是20世纪50—60年代主要品种，后有大连豆、九月黄、老鼠豆、小豆、田豆、淹田豆等。1972年从江苏引进江苏339号大豆，80年代推广贼勿偷品种，1990年大豆种植九月黄占31.6%，苞萝豆占9.5%，江苏339占31.8%，贼勿偷占15.3%，蜂窝豆其他品种占11.8%。春大豆种植过9个品种。1981年前主要种植六月白，1981年从萧山引进中国农科院油料所选育的矮脚早，至1990年占春大豆种植面积的90%以上。2000年后春大豆品种有：台湾75、引豆9701、浙春2号；秋大豆品种有：衢鲜 1 号。

绿　豆　镇境内绿豆多为零星种植，自民国时期起大多数农民都将绿豆套种在番薯畦边，很少成片种植。

蚕豌豆　蚕豆主要品种有牛踏扁、平湖香珠豆等（当地农民称之为罗汉豆）。豌豆分红花、白花 2 种，20 世纪 80 年代起“吃荚豆”种植面积增多。

老竹传统物产（五谷杂粮）种类一览表

表 12-4-1-12

类别	品种	文献出处
早稻	五十日、六十日、大粒早、细粒早、大粒红、细粒红、散枝早、枝米、大竹青	民国《宣平县志》
中稻	细叶青、花早、江西早、红犁早、福建早、龙泉晚、长白芒、矮白芒、白禾、寒早、青田晚、江西晚、香谷	清光绪《宣平县志》 民国《宣平县志》
晚稻	白芒晚、西云谷、山稻、赤芒	清光绪《宣平县志》
糯稻	早糯、八月糯、浦江糯、东阳糯、红壳糯、红犁糯、乌嘴糯、陕西糯、草鞋糯、菜籽糯、九月糯、三百粒	清光绪《宣平县志》 民国《宣平县志》
大麦	—	清光绪《宣平县志》
小麦	—	清光绪《宣平县志》
米麦	—	清光绪《宣平县志》
荞麦	—	清光绪《宣平县志》
粟芦穄 高粱	大粒粱、小粒粟	清光绪《宣平县志》
稷（黍）	黄稷、白稷、黑稷	
番薯	红番薯、白番薯、黄番薯、广东红、广东白、胜利百号	1994 年版《丽水市志》
苞萝（玉米）	玉蜀黍、甜苞萝、糯米苞萝、丽水六十日、九十日、丹玉 1 号、苏玉1 号、2 号	1994 年版《丽水市志》
马铃薯（洋芋、土豆）	土洋芋、白洋芋、红洋芋、大薯（北方引入）、白薯、红薯	1994 年版《丽水市志》
毛芋	红嘴芋、白嘴芋、水芋、红毛芋	1994 年版《丽水市志》
大豆	黄皮豆、青皮豆、白豆、共斑豆、六月白、擂盘豆、牛吃豆台湾 75、引豆9701、浙春 2 号、衢鲜 1 号	1994 年版《丽水市志》
黑豆	—	1994 年版《丽水市志》
赤豆	—	1994 年版《丽水市志》
马料豆	—	1994 年版《丽水市志》

续表 12-4-1-12

类别	品种	文献出处
蚕豆	豌豆	1994 年版《丽水市志》
佛豆	罗汉豆	1994 年版《丽水市志》
绿豆	—	1994 年版《丽水市志》
刀豆	—	清光绪《宣平县志》
扁豆	—	清光绪《宣平县志》
油茶籽	大粒种、细粒种	清光绪《宣平县志》
油菜	2000 年后油菜品种:浙双 72、沪油 15、浙双 6 号、浙汕50、浙油 18	老竹农技站
芝麻	白芝麻、黑芝麻	清光绪《宣平县志》

(二)粮食产量

据当地年长的老农回忆,民国时期,早稻按播种面积计算,亩产在 100 千克左右,他说当时农业产量可用两句谚语概括:“广种薄收”“种种一畈、收收一罐”。1949—1964 年亩产均在 150 千克。1966—1972 年亩产在 160—220 千克。1973 年深入开展“农业学大寨”运动,粮食获得大丰收,其中大片村当年粮食亩产达 547.5 千克。1978 年全面推广杂交水稻后,产量增加到 245—340 千克。1984 年亩产达 344.5 千克。老竹畲族镇是丽水市(莲都区)商品粮基地之一。每年的国家定购任务为 125 万千克。

1978 年,老竹畲族镇全面推广杂交水稻,产量增加较快。1978 年亩产为 324.1 千克,总产量为 2889.8 吨,1980 年亩产为 458.3 千克,总产量为 3999.2 吨。至 1989 年,粮食亩产为 561.5 千克,总产量为 5413 吨。

20 世纪 90 年代,老竹畲族镇粮食生产基本保持稳定。1995 年,老竹畲族镇农作物播种面积 2480.27 公顷,粮食总产量 8546 吨。其中,粮食播种面积 1767.2 公顷,总产量为 7614 吨,春粮播种面积 408.33 公顷,总产量为 658 吨,小麦播种面积 185.67 公顷,总产量为 274 吨。至 21 世纪初期,老竹畲族镇由于劳动力外流趋势较为突出,粮食生产面积呈现下降趋势,尽管粮食亩产呈上升趋势,但粮食总产量呈下降趋势。至 2015 年,老竹畲族镇粮食播种面积 373.67 公顷,亩产为 548 千克,总产量为 2981 吨。

1957—1960 年曳岭公社崇义管理区粮食产量统计表

表 12-4-1-13

村名	1957 年			1958 年			1959 年			1960 年		
	面积（亩）	单产（千克）	总产（吨）	面积（亩）	单产（千克）	总产（吨）	面积（亩）	单产（千克）	总产（吨）	面积（亩）	单产（千克）	总产（吨）
合计	10721	188	2015.8	10691	206.5	2206.7	9646	243.5	2336.15	9228	213	2016.1
曳岭脚	1693	266	387.65	1701	222	377.15	1442	284.5	410.35	1486	271.5	405
黄柱	1012	201.5	234	964	217.5	209.75	899	248	223.2	842	241.5	200.75
新屋	845	177	114.6	798	203.5	162.2	593	282	167.2	664	240	159.45
陶村	1403	187	262.4	1752	176	308.2	1275	220	280.25	1180	178	213.9
沙溪	827	144	119.05	830	210.5	174.9	737	252	185.5	786	221	161.7
老竹	1583	176.5	279.7	1442	222.5	321.4	1478	256.5	371.05	1239	214	265.5
后坑	884	159	140.35	827	240	183.85	858	231	198.25	625	221.5	182.85
郑坑	324	192.5	62.25	279	199.5	55.6	317	263	67.9	300	145.5	58.75
破桥	334	106.5	35.7	334	220.5	72.05	321	205	78.25	340	243.5	82.75
周坦	1816	209	380.1	1764	193.5	341.6	1726	205	354.2	1766	163	285.45

说明：本表粮食播种面积包括自留地、菜园地等。

1957—2015 年老竹畲族镇部分年份粮食产量一览表

表 12-4-1-14

年份	播种面积（亩）	平均亩产（千克）	总产（吨）
1957	8990	262.2	2357.18
1958	8900	264.2	2357.18
1959	8901	318	2830.52
1960	8901	304	2705.59
1961	8902	217.5	1935.19
1962	8901	199.8	1778.42
1963	8901	184.9	1645.80
1964	8900	214.8	1911.17
1965	8902	260.2	2316.30
1966	8900	252.8	2249.92
1967	8967	255.5	2291.07
1968	8967	275.5	2470.41

续表 12-4-1-14

年份	播种面积(亩)	平均亩产(千克)	总产(吨)
1969	8967	343.5	2080.17
1970	8972	339.5	3045.99
1971	8980	379.2	3405.22
1972	8956	401.3	3594.04
1973	8977	419.3	3764.06
1974	8989	437.3	3930.89
1975	8895	384	3415.68
1976	8524.8	309	2634.16
1977	8904	467	4158.17
1978	8909	324.1	2887.41
1979	8976	422.8	3795.05
1980	8725	458.3	3998.67
1981	8657	479.2	4148.43
1982	8677	323	2802.67
1989	19282	561.5	10826.84
1990	19528	312.4	6100.54
2007	14017.6	368.1	5159.88
2015	5605	548	3071.54

1949 年,老竹畲族镇沙溪畲族村粮食产量、人均口粮与人均收入分别为 68350 千克、200 千克和 100 元;郑坑畲族村粮食产量、人均口粮与人均收入分别为 50000 千克、125 千克和 30 元;赤坑畲族村粮食产量、人均口粮与人均收入分别为 47500 千克、142.5 千克和 35 元。经过社会主义建设,畲族村生产条件得到改造,生产技术得到提升,粮食生产厂家亩产与总产量得到提升。1984 年,老竹畲族镇沙溪畲族村粮食产量、人均口粮与人均收入分别为 324861 千克、322 千克和 265 元;郑坑畲族村粮食产量、人均口粮与人均收入分别为 156627.5 千克、232.5 千克和 248 元;赤坑畲族村粮食产量、人均口粮与人均收入分别为 126500 千克、205 千克和 221 元。

至 2015 年,老竹畲族镇沙溪畲族村粮食产量、人均口粮与人均收入分别为 198932.5 千克、312.5 千克和 9850 元;郑坑畲族村粮食产量、人均口粮与人均收入分别为 154345.5 千克、315.5 千克和 8987 元；赤坑畲族村粮食产量、人均口粮与人均收入分别为 178433 千克、310 千克和 8235 元。同比 1984 年人均收入分别增长 36.17 倍、35.24 倍和 36.26 倍。

1949—2015 年沙溪、郑坑、赤坑畲族村部分年份经济状况一览表

表 12-4-1-15

年份	沙溪村			郑坑村			赤坑村		
	粮食产量（千克）	人均口粮（千克）	人均收入（元）	粮食产量（千克）	人均口粮（千克）	人均收入（元）	粮食产量（千克）	人均口粮（千克）	人均收入（元）
1949	68350	200	100	50000	125	30	47500	142.5	35
1958	106800	280	185	55000	150	40	50500	160.5	48
1976	114816	245	37	60791.5	139.5	38	55600	145	33
1984	324861	322	265	156627.5	232.5	248	126500	205	221
1988	202629	340	401	126782	250	438.2	131000	201.5	378
1990	253878	376	630.05	171350	315	497.72	157500	252.5	492
2000	229376.5	325	2037	168511	310	1958	144540	293	1659
2010	214622.5	342.5	6396	162903.5	317.5	6181	149345.5	304.5	5061
2015	198932.5	312.5	9850	154345.5	315.5	8987	178433	310	8235

（三）生产与销售

中华人民共和国成立前，老竹农民采用传统的轮作套种方法，种植稻、豆、玉米、瓜、麦、荞麦(花麦)和蔬菜。绝大部分粮食和瓜果蔬菜自食，多余部分送到地方集市交易。

1949—1951 年，政府领导农民完成土地改革，步入“互助组、低级社、高级社”。实行人民公社化后，政府对农业的品种更新换代，栽培技术、田间管理、收获、销售工作做了指导，农民才逐渐实行科学种田。农业技术部门加强农技培训；镇成教部门加强瓜果、菜、茶、菇等科技培训，农民走上科学种田之路。

农产品的生产与销售以及组织和管理，可分三个阶段：1949—1960 年是第一阶段，粮食除交国家农业税、留足口粮外由农民自由入市销售交易；第二阶段是 1961—1980 年的计划经济时期，农产品产、销(售)，基本由生产大队、生产队统一组织、统一销售、统一处理、统一核算生产成本、统一分配，若有个人

入市进行粮食与农副产品交易，就被划为“走资本主义道路”的人；第三阶段在1981—2015年，农村实行改革开放，分田包产到户，农民获得生产自主权。老竹农民大力发展多种经营，开拓蜜桃、李子、柑橘、西瓜、大豆以及各种蔬菜、食用菌等种植业，特色农副产品极为丰富。2010年在周坦、后坑、老竹、仁宅、沙溪发展处州白莲270亩，到2015年底，全镇打造处州白莲基地1100多亩，形成了十里荷花长廊。在乡镇政府的指导下，组织了农产品购销队伍，各村组织了经济合作社，将境内农副产品集中收购，运往杭州、上海、广州、深圳等大中型城市销售，解决了境内几千户农民农副产品销售难的问题，取得了一定的经济效益与社会效益。

1982年后，老竹镇大力发展柑橘、板栗、豆荚、西瓜、黄桃等。1990—2003年镇区又发展了吊瓜生产，之后茶叶、香菇也有了新的发展，出现了一批运销专业户，其中邹增平、杜德远为常年运销户。

五、养殖业

(一)牧 业

1. 禽畜的种类与养殖

据1994年版《宣平县志》记载，清代和民国时期，老竹农民一直有饲养禽畜，用以生活、肥田之习俗。家禽类主要是鸡、鸭、鹅、水鸭、鸽；家畜类主要有猪、牛、羊、兔。大户人家养有猪、牛、羊、鸡、鸭、鹅等家禽家畜；小户人家只养有猪、牛、鸡、鸭。数量不多，只供自食，很少上市。耕牛也只有大户人家养有1~3头，用以耕田；小户人家少部分养有耕牛，没养耕牛的就请大户“帮耕”。当地民众流传着一首民谣，反映当地畜牧家禽饲养业的状况：

春夏秋冬年复年，
养头黄牛耕耕田，
鸡鸭下蛋买油盐，
养头大猪好过年，
一日猪栏走三遍，
猪牛栏粪好肥田，
一年过去又一年，
盼望过个平安年。

耕　牛　中华人民共和国成立之初，老竹镇的耕牛饲养量不足300头，生猪饲养量只有1200头。1953年，从地主、富农家里没收了耕牛210头，其他家禽家畜仍保持原有饲养量。1954 年互助组时，崇义乡 1126 户养有耕牛 553 头。1958 年人民公社化时,耕牛落实到有养牛经验的社员户中饲养。老竹是莲都区重点产粮乡镇之一，在没实现农业机械化以前，对耕牛的保护、饲养、发展一直放在重要地位，未经批准，不准宰杀耕牛。1980 年，全镇有耕牛 790 多头。2000 年后，农业生产逐步走向机械化和半机械化，耕牛数量逐渐减少，至 2015 年，老竹镇耕牛存栏数仅有 60 头。

猪 1954 年互助组时，崇义乡 1126 户养毛猪 1200 头。1958 年人民公社化时,实行集体办猪场。1964 年，村村办有养猪场，年生猪饲养量达 4750 头。1965—1978 年，生猪实行有计划地发展，实行计划收购。据丽水档案资料，崇义乡(今老竹畲族镇)1971 年生猪饲养量为 7108 头，1972 年为 8400 头，1973 年为 9000 头，1974 年为 9100 头、1975 年为 9600 头。生猪收购量也与年俱增，1972 年为 2600 头、1973 年为 3000 头、1974 年为 3400 头、1975 年为 3800 头。1978 年，崇义乡毛猪饲养量达到 1 万多头，大片村达到了人均一头猪，亩均 1.3 头。1994 年，老竹畲族镇生猪年底存栏数达 14200 头，户均 2 头。2015 年，全镇生猪饲养量 7489 头。

长毛兔 1970 年全镇有长毛兔 149 只，1972 年猛增到 7800 只。当时有一首民谣道出养兔的经济效益:“家有三只兔，不愁酱油醋；家有百只兔，不富也得富。”养兔业兴盛，老竹、丁公等村还办有兔毛交易市场。据《丽水供销志》记载，1972 年崇义乡长毛兔饲养量达 7500 只。1974 年，老竹的大片、老竹、周坦、丁公、梁村、沙溪、仁宅、黄桂、曳岭脚等村都出现饲养长毛兔的热潮。老竹村在上俞店专门办起大队养兔场，饲养长毛兔 100 余只。此后，各生产队均办起长毛兔饲养场。1983 年全公社长毛兔饲养量达 2.8 万多只。1985 年大片村人均养有 10 只长毛兔。全村养有 3000 多只长毛兔，兔毛一项收入就达 20 多万元。

家 禽 老竹镇畲(汉)农民自古有养家禽家畜之习俗，所养家禽多数自食，余者上市贸易补贴家用。根据老竹江氏宗谱载：清道光年间(1821—1850 年)，有一名唤江宗达的江西南丰江家坑人，此人以养群鸭为业，一天，他从联城官桥赶鸭，历经几天来到老竹，他见老竹四面环山，山清水秀，地势呈莲花形状，中有一条虎迹溪，虎迹溪水四季长流，且田园广阔，种有荷莲、茭白，村中房前屋后池塘数口，环境优越，是个养鸭的好地方，他便在此落脚定居，养鸭为业，娶妻生子，繁衍子孙，成为老竹村江氏始祖。

江氏宗达利用优越环境，养鸭产业越做越大，他就根据老竹地形，鸭长荷田之实情，给自家鸭起名为“老莲鸭”。

1954 年互助组时，全镇有鸭鹅 3.9 万余只。1984 年，政府大力扶持种养殖专业户，老竹村村民梁高办起了第一个养鸭场，围建了一处 600 平方米鸭舍，利用虎迹溪畔的溪圩养鸭 2000 只，20 世纪 90 年代中期停办。老竹村各户均饲养禽畜，包括 鸡、鸭、鹅、水鸭、鸽等。2015 年全镇有家禽 16711 羽。

2. 禽畜市场

1962 年，丽水县在老竹花阴棚(老竹车站)开设仔猪市场(农历每旬逢二、七)。1984 年在老竹东砝卜开设了耕牛市场。1985 年在老竹新华路新建了农贸市场。1988 年在老竹桥头设兔毛市场。1977 年松阳造纸厂在老竹莫岭头兴建麦秆场，该场地可容纳麦秆(堆放)800 吨。老竹禽畜饲养量大，逢集市日，有 2000~3000 人上市交易，猪、牛、羊交易量日达百头，其他商品日交易品种达 300 余个，日成交额在 5 万~10 万元。

(二)渔 业

1. 渔季与鱼种类

老竹有虎迹溪和梁村渥溪水系。两大溪之野生鱼随处可见，盛夏河水干涸时，大人、小孩戏水抓鱼，日捕数斤。鱼类主要有清鱼、红丝婆、白鱼、鲶鱼、黄刺鱼、泥鳅、砂鳅、黄鳝、脚掸、石斑鱼、小河虾、蟹等。20 世纪 60—80 年代，遭受电捕、毒捕影响，溪中鱼类减少。

2. 渔政管理

20 世纪 90 年代起，野生鱼和养殖鱼均得到渔政管理部门的法律、法规所保护，辖区水利部门与各行政村注重河道生态环境保护，对捕、电、毒鱼类的做法形成了整套管理措施，违者重罚，情节严重的直至追究其刑事责任。故非法捕、电、毒鱼现象消失。同时，政府贯彻《中华人民共和国渔业法》，规定每年的 3—9 月为禁渔期，溪中野生鱼日渐增多。

3. 渔具、自食与经营

辖区内传统渔具有网兜、篾制倒输笼、钓竿、丝网、拉网、鱼鳅篓、篾篱，等等。渔具捕鱼，方法各异，有人工在溪水或湖水中抓捕，也有事先放置，待鱼儿自己进入倒输笼、篾篱笼。辖区内，1960 年前入溪抓鱼者以小孩为主，大人一般以业余或农闲时间入溪捕鱼，所抓之鱼大多为自食，或送邻居及亲朋好友食用，很少入市销售。1970 年后，辖区有两座大型水库，黄桂行政村上井自然村周小平承包了赤坑水库养殖鲢鱼、草鱼获得成功，年可产鲜活鱼 10 吨以上，大多在年关销于本地村民，小部分批发销售给丽水或松阳等地商贩。年产值 10 万~15 万元。1983 年，辖区曾发展稻田养鱼 100 公顷，但因缺乏管理技术，产量不佳。

（三）副 业

老竹畲族镇自古就有种桑养蚕、采茶种菇之习俗。畲民农闲季节忙采茶、挖草药、收野果、抓鱼、打猎、饲养牲畜等。改革开放后，家庭副业形成特色农业的重要组成部分。

茶 叶 1949 年前，老竹畲族镇（原崇义乡）茶叶没有规模种植，只在田头、地角、山边、屋边栽种几株野生茶，清明前后采摘烘干自食。1972 年档案统计资料显示，崇义乡（今老竹畲族镇）原有茶叶面积 24.93 公顷。1972 年分别在新屋、曳岭脚、老生、周坦开辟了 4 个百亩茶叶基地，同年在大片、黄桂、陶村、沙溪、后坑、郑坑村开辟了 3 公顷以上茶园 7 个，仁宅村也发展了 2 公顷茶园 1 个。至 1972 年，老竹镇辖区有茶叶种植面积 78.26 公顷。2000 年后茶叶种植、制茶、销售形成了一条产业链。后坑村村民雷海凤还成立了茶叶专业合作社，经营起梅峰系列"丽早香"品牌香茶。2008 年，老竹镇区茶叶面积为 46.93 公顷，年产量达 47.5 吨。2014 年全镇茶叶面积 131.33 公顷，2015 年新发展茶园 4.6 公顷，总计茶叶面积达到 135.93 公顷，其中基地茶叶种植面积 109.2 公顷，年产茶干 48.3 吨。

老竹畲族镇茶叶基地分布一览表

表 12-4-1-16 单位：亩

基地名称	所在地点	面积	经营者
新屋茶坑	楼梯岗脚、黄狗盘窝	115	
后坑	樟塘垵	200	雷海凤
后坑	狮子山	200	雷海凤
破桥	白山头	245	梅献山
老竹	豆腐山	50	江树齐
周坦	小稿岭	165	集体
后坑	乌砇	64	集体
曳岭脚	月山	281	集体
陶村	陶湾山	50	邱志东
仁宅	行山围	18	集体
梁村	杉树园岗、后山	130	集体
徐庄	大岗山、半岭	120	集体

香　菇　老竹畲族镇香菇、白木耳、蘑菇等食用菌的培植，起源于20世纪60年代末期。1969年有丽水客商到老竹采购枫杨树运往丽水作放段木香菇、白木耳原料，老竹村有两农户引进小量白木耳和香菇菌种进行试种。1972年老竹村在大队蚕场试种失败。1973年陶村在村会堂种植白木耳获得成功。

1990年后，大片村刘燕元到辽宁省柠岩县、海城县等地培养种植香菇取得成功，1998年，老竹畲族镇发展袋料香菇280万袋。2013年，刘燕元、蔡祖欣、吴建华、潘永华、蓝文树、蓝建勇、蓝金生、蓝俊伟、蓝献明等在老竹镇区发展袋料香菇成功，收益良好。至2015年，老竹镇区有香菇场地12处，食用菌专业合作社1个，后坑村共产党员蓝炳申还在碧湖办起丽水市百兴菇业有限公司。

六、农业经济组织

(一)农　会

据1994年版《宣平县志》载，民国2年(1913年)，宣平县农会成立，是年7月崇义乡成立农商会，会长由曳岭脚村蔡国桢担任，第二任会长由蔡国桢连任。民国16年县、乡农商会停止活动。农会的主要职责是向县农商会通报农事、商务中的情况，组织农民治水、抗旱、从事一些重大的商务活动。民国19年底，国民政府公布《农会法》，宣平县重新组织农会。据老人云："农会、农商会主要职责：减租、减息。"民国37年，农会在中共地下党和南乡党支部的领导和支持下，发动农民开展"抗捐、抗粮、抗丁"斗争。

1949年11月，中共宣平县委、县人民政府重新组织农会。根据毛泽东主席"一切权力归农会"的指示，崇义乡(老竹镇)人民政府根据县政府要求，成立村农会。村农会的成员由政府提名、村民举手表决通过，产生农会会长、农会成员。农会的主要职能是在政府领导下，带领农民开展土地改革运动，对地主、富农、小土地实行思想改造；贯彻党中央、中央人民政府的方针、政策，拥护中国共产党、拥护新政权。完成国家农业税、屠宰税、组织农民参加农业生产劳动，协助政府和解放军开展反霸斗争、剿匪、清匪运动。土地改革时期，农会依靠贫雇农，团结中农、中立富农，打击封建地主阶级。1951年，老竹有乡农会1个，村农会10个，有农会成员45人。沙溪畲族村第一位农会会长由蓝石荣担任；后坑畲族村由蓝培星担任，郑坑村由雷财芳担任。老竹村第一任农会会长由江雷申担任。1956年建立行政村建制，改农会会长为"村长"。老竹村第一任村长由李东担任。

（二）水利会

老竹镇区辖 83.9 平方千米，属亚热带丹霞地貌，雨量充沛，虎迹溪为镇境主要溪流，全长 18.8 千米，源于高畔东坑、新屋上弄坑、大片龙岩山，于下桥金桥畈流经沙溪、老竹，在破桥双坑与梁村溪汇合，过周坦，在瑶畈上显滩汇入宣平溪、流向八百里瓯江。民国 11 年（1922 年）秋，大水冲毁老竹仁宅畈田园。民国 13 年，官府重视，老竹民众热心，筑成“永平堤”，故存“永平堤碑记”。

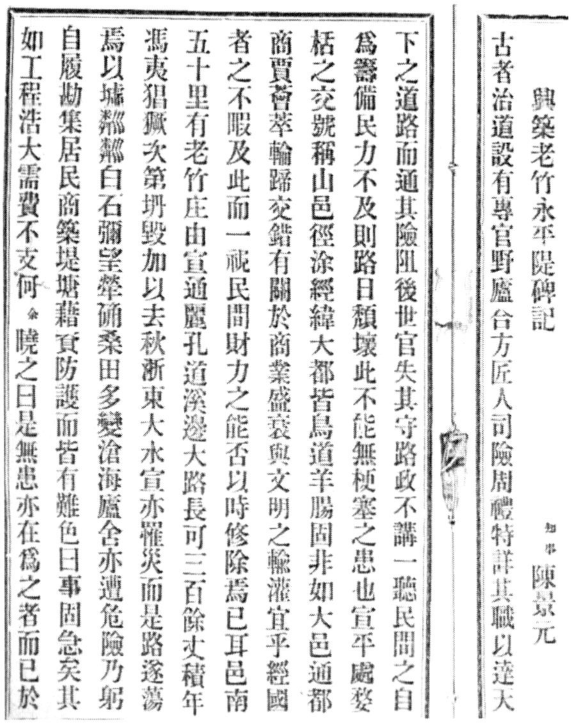
興築老竹永平隄碑記

知事 陳景元

古者治道設有專官野廬台方匠人司險周禮特詳其職以達天下之道路而通其險阻後世官失其守路政不講一聽民間之自爲謀備民力不及則路日頹壞此不能無梗塞之患也宣平處婺栝之交號稱山邑徑涂經緯大都皆鳥道羊腸固非如大邑通都商賈薈萃輪蹄交錯有關於商業盛衰與文明之輸灌宜乎經國者之不暇及此而一視民間財力之能否以時修除焉已耳邑南五十里有老竹庄由宣通麗孔道溪邊大路長可三百餘丈積年馮夷猖獗改築坍毀加以去秋浙東大水宣亦罹災而是路遂蕩焉以墟鄰鄰白石彌望犖确桑田多變滄海廬舍亦遭危險乃躬自履勘集居民商築堤塘藉資防護而皆有難色曰事固急矣其如工程浩大需費不支何余曉之曰是無患亦在爲之者而已於

兴筑老竹永平堤碑记（章定海 摄）

（三）水利服务站

1950—1970 年，辖区水利工作由乡人民政府、曳岭区公所统一指挥辖区内的防汛与抗旱工作。1975 年，曳岭区原有 5 个公社，每公社配有水利员 1 名。1984 年，丽水县电业局根据丽政发〔1984〕38 号文件精神，同意建立曳岭区水利水电管理站，将 5 个公社的水利员集中到区水利站集体办公，共有管理人员 8 人。盖有平房管理房一座，占地 110 平方米。

2006 年 2 月，设立老竹水利服务中心站。其职责：⑴宣传贯彻执行国家关于水利建设、管理、改革等各项法律法规及方针、政策，协助搞好辖区内水利规定和各项水利工程项目的计划安排，以及年度农田水利建设进度的统计工作。⑵组织辖区开展农田水利基本建设活动；对当地实施的节水灌溉、农村饮用水、水库除险加固、排灌区改造及泵站改造等工作提供技术服务；指导开展小型农村水利工程产权制度改革；积极开展水利新技术、新工艺、新材料的推广工作；配合做好农村水利水电建设管理和安全生产。⑶协助辖区乡镇政府，街道办事处做好防汛防旱工作；检查督促辖区内水库堤防巡查制度落实情况；协作完成度汛预案，落实各项度汛措施，了解和掌握当地汛情、雨情、工情，协助开展灾情调查；指导开展水毁工程修复和农村抗旱。⑷对辖区内开展农村河道整治建设与管理工作提供技术服务；协助涉河建设项目有关水事纠纷的处理工作;指导开展河道保洁管理;协助开展河道采砂管理、河道水域调查和河道确权划界等工作。(5)指导辖区内开展水土流失防治工作;配合辖区内建设项目水土保持方案及其“三同时”制度实施情况的监督管理;协助开展编制水土保持总体规划和有关专业规划;开展水土保持宣传工作;指导开展小流域综合治理。(6)协助水政监察、水政巡查和办案工作;配合开展辖区内水资源调查和节约用水工作;检查督促取水许可、节水、水资源保护等制度的落实。(7)协助做好渔业法律法规的宣传贯彻;配合辖区开展水产新品种、先进适用技术的引进、试验示范与推广工作;协助开展渔业资源和渔业环境保护、渔船安全管理等日常行政执法和管理工作。

(四)食用菌专业合作社

2013年12月,老竹镇榴溪村(原崇义公社榴溪村围垦田)地块,曳岭脚村刘燕元、蔡祖欣建立丽水龙达食用菌专业合作社,以发展香菇为重点,投资150万元,搭建香菇基地,占地8.57公顷,有合作社成员3户。继而带动周边黄桂、下桥、章记、西岸等自然村13户农户,发展香菇。2015年,丽水龙达食用菌专业合作社香菇盛产期日可产鲜菇5000千克,加上周边菇农基地,盛产期老竹畲族镇镇区日可产鲜菇1万千克。

(五)畲族家庭企业

后坑村农民大学生蓝炳申开展技术创新,在碧湖、庆元两地发展香菇生产,2010年9月28日注册了“丽水市百兴真菌生物科技有限公司”。百兴企业下属6家分公司,分别为浙江百兴食品有限公司、浙江百兴真菌进出口有限公司、浙江蕴本生物科技有限公司、丽水市百兴菇业有限公司、庆元县百兴农场有限公司、庆元县百兴食用菌研究中心,蓝炳申为百兴企业总经理。

2015年老竹畲族镇食用菌(香菇)种植一览表

表12-4-1-17

香菇场地地名	面积(亩)	数量(袋)	年产量鲜菇(千克)	年收益(元)	经营者
合计	213.4	532500	518510	1366500	
榴溪	186	250000	335000	650000	刘燕元、蔡祖欣
金村	1	10000	6500	26000	蓝建勇
金桥畈	2	21000	13100	53000	蓝俊伟
金桥畈	2	20000	13000	52000	蓝文树

续表 12-4-1-17

香菇场地地名	面积（亩）	数量（袋）	年产量鲜菇（千克）	年收益（元）	经营者
上井	2.3	25000	18500	72000	蓝金生
上井	1.1	10500	6510	26500	涂良贤
曳岭脚	1.5	15000	9300	29000	钟跃清
赤坑章记	2	25000	15800	63000	杨余富
赤坑章记	3	31000	19800	79000	杨余成
赤坑章记	3	30000	19000	78000	王良富
赤坑章记	2.5	25000	16000	55000	张永真
赤坑章记	2	20000	13000	51000	刘凤献
陶村	3	30000	19500	80000	潘永华
周坦西岸	2	20000	13500	52000	刘土生

第二节 林 业

2015 年，老竹畲族镇有土地面积 8396.3 公顷。林业用地 7112.2 公顷，有林地 5715.2 公顷，其中乔木林 5547.3 公顷。森林覆盖率 84%，林木绿化率 84.1%。活立木总蓄积 158949 立方米，竹林 167.86 公顷。竹林蓄存量、经济林有油茶 948.7 公顷、板栗 217.2 公顷、柑橘 459.06 公顷、桃 256.26 公顷、李 119.5 公顷；同时有梨、青梅、柿、杨梅、枇杷、茶叶 58.53 公顷。

据老竹林业站记载，老竹有新岭、稿岭古树群 2 个，有存活 200 年以上古松木 78 株。徐庄新岭古树群有存活 200 年以上松木 108 株。境内年可采伐木材 2100 立方米；2015 年，老竹畲族成功创建浙江省级森林城镇。

一、林业管理

清代至民国时期，对林业生产没有设立管理职能机构，也无专门的发展规划。民国 3 年（1914 年）11 月，民国政府颁布了近代史上第一部《森林法》。

1951 年宣平、丽水县设立农林局，1968 年曳岭“森工站”设立，1975 年丽水县林业局给曳岭区派一名林业专管员，其职能是发动全区开展植树造林，负责统计相关数据，兼管东西岩风景区园林设计及管理工作；1985 年县林业局为各乡镇配了林技员（当时属半脱产干部，后转为正式林业干部），并设有林政站。曳岭区设有曳岭区林业站。区、乡(镇)两级林业(政)部门在县(市)林业局领导下,负责辖区内的《中华人民共和国森林法》等法律、法规的宣传贯彻与落实,指导辖区的林业生产发展与林木保护。2005 年 1 月,老竹镇林业中心站成立。

二、林业生产

老竹镇新屋三官殿就栽有一棵 1656 年种下的香樟树。民国时期对森林古木有立法保护。老竹镇有"留木养山、留笋养竹"之传统。1994 年版《宣平县志》载,老竹镇境内存有古树群 2 个,古树名木 118 株。境内存活 400 年以上古树木 10 株;100 年以上古树木 34 株。东头、稿岭、河源、新岭等 4 个古树群历史悠久,有水口树、殿前树、风水树等古树木。1958 年"大跃进"时期,全民烧炭大炼钢铁,大部分松、杂木被砍,但稿岭、新岭两处古树群的古木得以保护。

1952 年,实行"民造公助,谁造谁有",鼓励民众造林,发展林业生产。据 2018 版《丽水市莲都区志》记载:1950—1971 年,以集体造林为主。1972 年,开始实行以乡村林场为主的基地造林。1987 年老竹被列为丽水市(莲都区)15 个重点商品材基地建设乡镇之一。

1960 年后,县人民政府、林业部门开始重视生态环境的保护,发动民众封山育林,俗话云:"十年树木,百年树人。"但是"文化大革命"期间山林又遭到严重破坏。1962 年,实行"三级所有,队为基础"的政策,折价入社的山林归还林主(生产队),由生产队统一管理。此时,资源少,人口多,封山育林也有难度,林木时有遭到破坏。

1970 年 1 月,崇义公社大片大队党支部书记应水法,随公社党委书记陈子玉赴毛泽东故乡湖南韶山县参观林业生产,学习了韶山经验之后,带领全村农民利用 3 个冬春在龙岩山开辟了 53.33 公顷集体杉木基地。1974 年起大片 4 个生产队以队为单位,各自利用管辖山,连续 2 个冬、春,开辟了 23.33 公顷杉木基地。大片村成为丽水县农业学大寨红旗单位。

1975 年,崇义乡、永丰乡分别在沙溪、梁村的平坛办起了 2 个林场,在平坛借山造林 120 公顷,并在辖区内深入贯彻《中华人民共和国森林法》,村村制定《护林公约》,开展"封山育林"运动。1976 年,原崇义公社林场在道弄源、东岩弄开展植树造林运动,是年 3 月,发动原曳岭区机关干部、崇义乡机关部门干部、学校师生及辖区民众 800 人上东西岩植树 5 万棵。1979 年 2 月 23 日,第五届全国人大常委会第六次会议通过将每年的 3 月 12 日定为植树节,全镇掀起植树造林热潮。3 月,曳岭区公所、崇义乡(老竹畲族镇)党委、政府再度发动机关干部、部门职工、学校师生进行四旁绿化，同时在各村管辖山植树8000棵。

1981年，浙江省委下达《稳定山林林权和落实林业生产责任制若干问题的规定》，开展稳定山林权属、划定社员自留山、确定林业生产责任制的林业“三定”工作，1983年上半年结束。是年，全镇5715.2公顷山林，确定林权的有5503.2公顷，占总面积的96.3%，其中国有44.06公顷，集体5503.2公顷（集体统管山5503.2公顷），社员自留山212公顷，责任山5503.2公顷，填发山林权属证1.9万多本。据2018年版《丽水市莲都区志》之《林业篇》记载：1989年，曳岭（老竹）林区主要发展用材林，兼营药用林和茶园。

1987年，省林业厅划定老竹镇为重点商品林基地之一。大片的杉木基地，镇企办的平坛林场，东西岩景区、徐庄、梁村、赤坑、高畔、黄桂、周坦等行政村，年年造林，封山、育林，管山、养山，使境内活立木蓄积量日渐增加。据林业部门测算，2007年全镇活立木总蓄积量达15849立方米。

20世纪80年代至90年代初期，老竹民众在林业部门指导下，发展山群经济，采取“山顶松杉戴帽，山腰板栗毛竹，山脚油茶柑橘”的布局，消灭荒山。林业经济连年翻番。据统计，1992—1995年，全镇人工造林403.33公顷，板栗266.66公顷，发展山地柑橘520公顷。后坑畲族村在1997年有柑橘14.66公顷，板栗19.66公顷。大片的板栗享誉全市，梁村柑橘名扬省内外。

2006年3月省林业厅印发《浙江省森林、林木和林地流转管理办法（试行）》，2007年3月莲都区人民政府出台了《关于推进森林资源流转工作的意见》，镇林业中心站依照相关文件，有序推进森林资源流转工作。至2015年，全镇林地流转144.158公顷。山林权属的稳定和森林资源的流转，林农有自主权，稳定人心。至2015年，老竹畲族镇有6个林业合作社。

为做好森林防火，发展林业生产，便于木材采伐运输，全镇建有林道路15.8千米。1970年起各村配有护林员，制定《护林公约》。老竹畲族镇建有森林消防中队一支（隶属莲都区消防大队六中队），有森林消防员36名，消防器材设备齐全，并做到“分工明确，任务具体，责任到位”。形成了一条“造、管、防”的科学管理网，以保“青山常在”。由于老竹畲族镇造林、营林、护林、防火等工作出色，2006

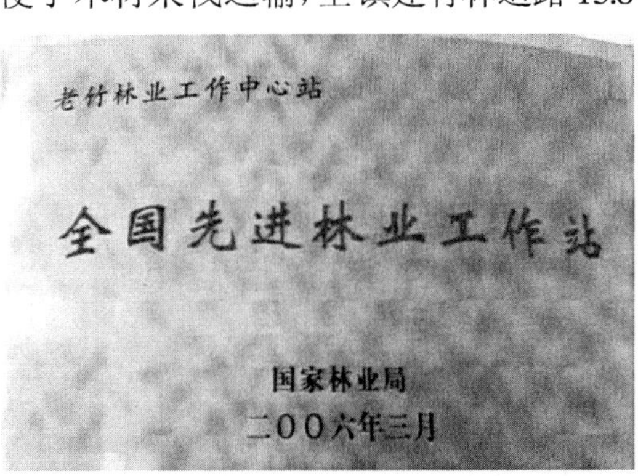

2006年3月，老竹林业工作中心站获评“全国先进林业工作站”称号 （章定海 摄）

年3月获得“全国先进林业工作站”荣誉称号。

第三节　工商贸易

清代至民国时期，老竹地处丽、松、宣(武)三县交界，是丽水、松阳、宣平边境乡村的贸易中心。据1994年版《宣平县志》记载：民国时期，竹簟、竹箩、桐油、莲子、山药、山货汇集于老竹交易，经北乡(雅溪)沿括苍古道运往金华等地。仁宅、横塘、老竹等地开有染坊、杂货铺。老竹对岸锅(学)铺自然村曾起炉铸铁锅，系老竹工业起源。

中华人民共和国成立后，老竹的工业、商贸、金融日益发展，初步形成集镇规模。老竹畲族镇前街、新华路、东岩路、老竹车站等路段商业一片繁华，电商服务发展迅速。至2015年老竹畲族镇工业总产值达3481万元，比2013年增长36.5%。

一、工　业

民国时期，老竹锅(学)铺村有一个生产铁锅的铸造厂。老竹仁宅里有一家周氏染坊。

1957年，曳岭人民公社办起木器社、竹器社、铁器社、水泥建筑社和缝纫社，有职工303人，其中管理人员9人，工人294人。1958年，各社分别扩建为人民公社的木器厂、竹器厂、铁器厂、水泥建筑厂、缝纫厂、发电加工厂、木炭厂、星火炼铁厂和英雄炼铁厂，工人增至426人。是年春，应仕磋邀其同乡永康桥里村的胡水宝、胡水财、胡水兴兄弟及胡金木、胡木兴、胡德进商议到老竹办铸造厂，1958年冬在老竹村新屋底江万树伙房开办了一家铸造厂。1960年扩大生产，由原来的单一铸造铁锅、铁铲，扩改为铸造犁头、犁壁、耙等农用产品。

1957—1960年老竹工业总产值、利润一览表

表12-4-3-1　　单位：元

年份	总产值	利润	说明
合计	587574	55852	社、厂总数累计33家
1957	45321	2213	社、厂总数累计5家
1958	94278	4908	社、厂总数累计9家
1959	124896	12383	社、厂总数累计8家
1960	323079	36348	社、厂总数累计11家

1963年崇义公社农具厂改名崇义公社农业机械厂，承接周边的农业机械修理、维护，同时铸造铁锅、犁头、犁壁，开始生产菜刀、柴刀、弯刀、门环、齿钮、锄头、山锄等铁件，分为铸造车间、铁件生产车间、修理维护车间、翻砂车间，有职工总数26人，其中管理人员4人。

1969年，崇义公社农机厂、厂区扩大，业务范围也随之扩大，由松阳古市巧华师傅对外承接翻砂业务，同时生产出落地式电风扇底座等产品，运往浙江杭州电扇厂、萧山砖瓦厂等厂家。1983年底崇义农机厂濒临倒闭，实行对外承包。1984年，崇义农机厂由松阳县上象镇鲁锋村陶先进承包，经营农机具修理、生产，兼生产铁门、铁窗、铁栅栏等。

1991年老竹畲族镇有工业企业12家。1992年，镇政府利用老竹村在镇区水碓下溪滩桑园地投资125万元开辟工业小区。1993年完成工业小区通电、通水和通路的"三通"配套工程建设。1994年上半年开办"丽水油泵附件厂"，当年实现产值500万元，创利润47万元，成为老竹畲族镇工业龙头企业，厂长雷元余被聘为老竹镇镇长助理。1994年老竹镇采取镇村集体、股份制、个体私营三种形式打开工业发展之路，全镇工业企业发展到128家，当年实现工业产值3608万元。

1995—1996年，辖区工业企业发展迅猛，全镇有工业企业148家，骨干企业有老竹食品厂、棕骨厂、棒冰厂、老竹农机厂、老竹砖瓦厂、梁村砖瓦厂、老竹镇香皂厂、丽水香皂分厂、老竹木材加工厂、义乌香皂加工车间、凉尔康竹木机械厂、有械化工厂、老竹抛光厂、东风水泥制品厂、和尚岗分厂、冷水分厂、铁木家具厂、运动鞋厂、粉干厂、面条厂、大通制笔厂、塑料制毛厂、劳武木制品厂、黄林木制品厂、新屋木制品厂、上海制笔厂、下桥砖瓦厂、徐庄砖瓦厂、饲料加工厂、赤坑电站、赤坑二级电站、红旗电站、自来水厂等。以企业行业分类，机械业4家、化工业4家、木制品业8家、皮革制品业2家、塑料制品业4家、服装业1家、建筑业10家、加工业96家，其他行业19家。1996年全镇工业产值达8008万元，比上年增长26%。2015年，老竹畲族镇工业总产值达3481万元，比2013年增长36.5%。

二、商 贸

1994年版《宣平县志》记载，唐代老竹商贸甚盛，市场繁荣，老竹至仁宅上村房屋连成一片，街道长达2千米，"卖小担"(卖小商品的小贩)和"卖糖客"一路叫卖，一日挑卖不出街，颇为出名。到民国时期，老竹商贸依旧兴旺。有些畲民开始开设店铺,参与商业经营活动。《丽水市供销合作社志》记载,民国28年(1939年)2月曳岭老竹经济实验区成立。镇上开有杂货铺、肉铺、药铺、篾簟行、仔猪行,畲民的茶叶、山果、淀粉、山货、茶油、桐油均在此街入市自由交易。集市贸易主要为以物易物,比如,以粮食换棉花、棉布、食盐、糖、烟、酒等,货币交易为次。粮食易物,或以担计算、或以斗计算,以斤计算的也不在少数。

中华人民共和国成立后,工贸业以供销社为主体。供销社采用股份制,村民以"入股自愿、退股自由"的形式入股,每股人民币贰元。凡入股者均为供销社社员。中华人民共和国成立初期,百废待举,物资显得紧张,大多商品实行计划供应,凭票购物。1950—1955年,老竹畲族镇只有3家供销社:老竹供销社、梁村供销社和丁公供销社。1958年,丽水县成立"大公社",老竹供销社改为曳岭(英雄)人民公社供销社部,下伸农村经营双代业务,即代购、代销,称之为"双代店"(代销店)。1964年设崇义供销社,有采购组、生产资料门市部、生活资料门市部、饮食服务门市部,并在老竹车站对面开设收购站,专门收购曳岭五乡、崇义、丽新、苏港、永丰、巨溪等地的农副产品和药材。1965年,老竹重开集市,农历每旬逢二、七为集市日。1966年,辖区除曳岭供销社崇义门市部外,同时设永丰供销社,丁公供销社;在曳岭脚新屋、陶村、黄桂、榴溪、周坦、章记等村设有9家"双代店",向村民供应日常生活用品。镇前街开有旅社、饮食、理发、缝纫、修理等服务业门店。"文化大革命"开始后,老竹市场逐渐萧条冷落。

1972年6月,曳岭区在老竹召开第一次大型物资交流大会,吸引曳岭四乡一镇2万余名民众参加,针织、百货、日用、工业品、化工产品、农副产品、土特产等物资汇集于老竹,品种达300余个。此后,老竹的物资交流会,春夏秋冬以季召开,直至改革开放后,个体门店增多,综合市场开办,畲汉民众渐渐习惯于到集市交易。《丽水市供销合作社志》记载:1979年党的十一届三中全会后,老竹镇恢复了农村集市贸易,繁荣了辖区经济。1984年后,国家政策进一步放宽,取消农副产品派购政策,市场价格放开,流通体制提倡多渠道。老竹集市贸易出现了各种各样的专业市场,如木材市场、兔毛交易市场、蚕茧市场、仔猪市场、耕牛市场、竹木制品销售市场、西瓜柑橘交易、收购市场、棉布市场,等等。市场根据行情,时行时价,价位合理。1985年,丁公建立了兔毛市场,老竹农贸市场开业。1987年冬,老竹兔毛市场建立,1988年春开业交易。1990年后老竹畲族镇畲(汉)人在周坦村"超市人"的带动下,几百名青壮年赴杭州、上海、温州、苏州、南京、北京等大中城市开起了超市,超市经济促进了镇区的发展与人民生活水平的提高。

老竹畲族镇各年份集市贸易市场分布一览表

表 12-4-3-2

年份	地点	集市时间	交易主要物资	备注
1962	老竹车站东边	农历每旬逢二、七	仔猪	
1984	东砝卜	农历每旬逢二、七	耕牛	
1985	老竹新华路	农历每旬逢二、七	农副产品、猪肉	
1987	丁公村	农历每旬逢二、七	兔毛	已废
1988	老竹镇	农历每旬逢二、七	兔毛	
2000	新华路	每日	农副产品、猪肉等	综合市场

家畜市场地点和时间固定后，交易的仔猪从起初的十来头增加到几百头，耕牛由起初的十几头增加到八九十头。1994 年，仔猪市场交易额达 60 万元人民币。防疫部门也开始介入，对入市交易的仔猪、耕牛实行安全防疫检疫。老竹仔猪品种齐全，防疫措施到位，易养、快出栏，吸引了丽水、碧湖、福建的仔猪客商和运销专业户，是年，老竹有上万头仔猪被运销到外地。1995 年后，老竹市场日益繁荣，老竹畲族镇设立“工商管理所”“税务所”，监管市场的运行。

从 20 世纪 90 年代起，老竹辖区的集体单位除供销外，还有收购站、食品站、批发部、旅馆，同时有个体商业 316 户，其中在镇区前街和新华路的就有 170 家门店。至 2015 年，老竹畲族镇范围有老竹镇前街江日伟超市、老竹桥头陈雪伟超市、老竹镇政府旁李丽伟超市、沙溪村便民超市、梁村行政村村口便利店、景都副食店等电商服务点，同时覆盖到丽新畲族乡的咸宜、畈岸、黄弄 3 个行政村。2015 年，电商代购 2100 多笔。

第四节　旅游服务

据老人口传，自唐代至民国初老竹的农、工、商、贸一直繁荣。至今当地依然流传一句顺口溜：“高甫三十六口塘，仁宅三十六口井。行（黄）山围[①]卖小担[②]，一天买卖不出村。”[③]仁宅水井尚存六口，成为唐代老竹镇服务业繁荣的历史

① (黄)山围：仁宅村下段的土名。

② 卖小担：卖小商品。古时的小货郎挑着卖小担(挑着卖小货物的称“卖小担”)，从老竹的俞店挑担小卖，一日时间卖不出仁宅村口。

③ 据沙溪、仁宅、曳岭脚、老竹 4 个村的余三宝、钟元际等 8 位老人叙述，唐时曳岭脚的高甫有三十六口池塘，沙溪村的仁宅有三十六口水井，老竹至仁宅上村口沿山脚 2 千米全是房屋，且是一个繁华的大集市，故名“行山围”(意为被行市所围)。

见证。曳岭英雄人民公社1961年的档案资料显示,饮食业一项年营业总额由1950年的7000元增加到1959年的24369元。仅在1960年国家困难时期,营业额下降到5377元。1960—1970年,老竹前街有饮食店1家,理发店1家,上门服务理发师20多名,客栈2家,曳岭旅馆1家,馄饨、油条摊位3个。1976年,曳岭供销社在老竹桥头建起了曳岭旅馆,其他服务行业也逐渐兴起。

改革开放后,老竹街头集体、个体各种店铺不断增多。至2005年,老竹境内有酒店4家,饮食店、快餐店、小炒便利店6家。2007年,老竹畲族镇党委、政府利用省AAAA级旅游景区和具有畲族特色风情的沙溪村发展农家乐11家,日可接待700多名游客就餐,130多人住宿。2010年,老竹畲族镇通过省级旅游强镇工作验收,在国家AAAA级旅游景区的带动下,一批有浓郁畲族特色的"农家乐"餐饮服务业出现。全镇有上等级"农家乐"10家,其中三星级4家、二星级6家。

一、服务业

1. 餐饮服务业

1949年前老竹餐饮服务业有三个特点:一是布局分散,散落在老竹、曳岭脚、陶村、丁公、梁村、周坦等各个村里;二是规模小,都是些馄饨摊、油条铺、煮面摊;三是餐饮品种单一。

1949年起,曳岭脚蔡献西在本村开有一间饮食店。1965年曳岭供销社老聂(苏埠人)在镇前街开设一间居民饮食店。1973—1983年,老竹镇前街江彩福民房内和原老竹村碾米厂、电厂、粮管所办公楼下均开有饮食店。1985年后,老竹车站旁的曳岭旅馆、镇前街沿街门面开有餐饮服务店12家。1990年初,曳岭供销社畲族职工雷建伟第一个"下海"开起了具有畲乡风情的餐饮店。2000年后,老竹镇区及周边行政村兴起办山庄、农家乐热潮,仅东西岩脚的沙溪村就有畲族农家乐、山庄近10家。老竹畲族风情浓厚,镇前街、桥头、新华路分别开有3家特色小吃、小炒店。

2. 宾馆业

民国时期,老竹只有镇前街戴家老三之妻何细葱开有一家歇店(客栈)。1963年,老竹镇前街戴子田之妻蓝玉仙,见老竹集市异常热闹,且宣平(上乡)客来老竹较多,又开起一家歇店(客栈),地址在老竹镇前52号。据畲族老妇蓝玉仙回忆,当时开歇店(客栈)主要是为了方便宣平(上乡)客,收费很便宜,每夜3~5角钱,6~7张床位每日可收入2~3元钱。何细葱客栈于1968年移交给其媳妇徐和英经营。徐和英、蓝玉仙两家客栈同时于 1987 年秋停业。1965 年，曳岭供销社在老竹镇前街 48 号居民饮食店开起了曳岭旅馆，由供销社老职工老聂（苏埠人）经营，1978 年曳岭旅馆搬迁至老竹桥头南车站北新址。

随着改革开放之春风，1985 年老竹又开起了鸿运宾馆、竹莲宾馆、东西岩旅游宾馆。国家 AAAA 级旅游景区东西岩脚的沙溪畲族村畲族妇女雷水妁等 10 户村民开起了农家乐，光景区宾馆和农家乐每日可为 280 多名旅客提供膳宿。2013 年，老竹畲族镇结合旅游开发，重点对沙溪村按“修旧如旧”的原则，将畲民的窗户、屋檐、屋顶进行了统一改造，注入畲族特色文化元素，形成了更具“畲家风情特色”的畲家村。2010 年后，老竹镇前街、丽竹路开有鸿运宾馆、竹莲宾馆；东西岩景区开有东西岩宾馆和多家民宿。

3. 传统服务业

老竹畲族镇的传统服务业如理发、修理、运输、制衣等继续存在。

理　发　昔日，理发师（称剃头老师）上门服务。1949 年，老竹镇有传统职业理发师 28 人，其中老竹村周朝佐、朱蓝儿，新屋村余客妁，新畔村蔡和儿，赤坑村雷相荣，小黄弄村李满珍等传统理发师手艺精良，价格便宜，服务周到，理包头 1 年的剃头钱为人民币 1.5 元或一斗谷（7 市斤），很受群众欢迎。1960 年，徐庄村李培瑶，自参加曳岭手工业社以来，一直到老竹为人理发。1975 年崇义乡政府搬迁至新办公楼后，李培瑶在原崇义乡政府旁开有理发店一间，为老竹镇第一家专业理发店。1978 年，自老竹桥头到曳岭医院路口有 5 个理发店。1995 年后，境内的传统理发师基本休业。进入 21 世纪，老竹人对生活品质要求提高，追求“完美”“漂亮”“帅气”，理发店的生意红火。至 2015 年，老竹镇前街已有专业理发门店 8 家。

裁　缝　民国以前，裁缝师傅上门量体裁衣手工缝制衣裳。老竹镇有职业裁缝师傅 15 人，其中较为出名的裁缝有何树明、陈林贵（老竹人），董鸿生（杭州人），郑满英（新屋人），周元科（上井人），黄彩儿、李行、项元法（曳岭脚人）。1950 年后有朱阿荣（雅溪人，后落户老竹），董雪平（联城人），刘岩儿（大片人），高绍亮（后坑乌砿人），蓝新宽（黄兰人）。

中华人民共和国成立之初，裁缝师傅还是上门为农户做一些长衫和便衣、便裤。1950 年后，大襟长衫逐渐消失，男装改为直襟、布扣，上身制服。1960 年兴起“青年装”“中山装”，20 世纪 70 年代兴“西装”“西裤”。1978 年改革开放后，西装、夹克衫、披风等成衣进入市场，为畲汉人民所接受。手工缝纫业逐渐衰退，2000 年后缝纫师傅基本不再上门制衣。

修　理　修理业始于1949年前永康师傅上门补锅和开稻节。老竹畲汉人民历来用大铁锅煮饭、炒菜、制作豆腐、煮猪料。铁锅破了就请永康师傅上门修。割稻用的“稻节”(稻镰、有齿),割(磨)平了就叫永康师傅开一开,当地畲民称“开稻节”。

1965年,崇义公社办起了农具厂,稻节、门环、齿纽、脚踏打稻机、喷雾器、喷粉器、锁匙等都集中到崇义农具厂修理。1984年,曳岭供销社职工雷根泉在老竹镇前街开起了老竹第一家自行车修理店。1989年,20岁的残疾青年张春林,开起了一家修补皮鞋、配锁匙兼卖书的店铺,至2015年开张26年来服务达20多万人次。1992年,梁岳仙家用电器修理店开张。1994年陶村青年陶建林也开起了电器修理店。老竹镇广播站也由值机人员利用播音空隙时间免费为畲民修理广播喇叭。2010年后,梁岳仙、陶建林实行售后服务,老竹镇的家电修理业基本由其二人所包揽。2010—2015年,镇前街、老竹车站、新华路又增加了电瓶车修理店、汽车修理店、手机修理店5家,服务于老竹畲汉民众。

二、旅游业

(一)旅游景点

旅游服务是老竹畲族镇服务业中的一大支柱产业。国家AAAA级旅游景区东西岩就坐落在老竹镇沙溪村境内,距镇区2千米,距丽水城区19千米。

1983年2月7日,东西岩风景区被征为国有。1985年被浙江省人民政府定为省级风景名胜区。1987年4月,浙江大学建筑系受丽水市人民政府委托编制景区总体发展规划,经规划分成7个景区。1988年起,由东西岩风景管理所管理。东西岩景区改为国有后,政府逐年增加投资,修建了老竹至东西岩脚的公路。1994年政府又投资10万元在东岩顶修复书香院。1995年后逐年投资修筑了东岩至西岩及各景点的道路,方便游客观光。

为做好旅游服务,自1993年起老竹畲族镇人民政府着手抓景区导游培训,到2015年底,老竹拥有省导游职业证书的有7人。

(二)农家乐

为配合观光旅游,2007年在沙溪村发展了具有畲乡风情的农家乐11家,提供畲乡风味的腊肉、腌味土鸡、土鸭、山羊等佳肴,辅以农家小菜、野菜、畲家红曲酒和畲家“麻糍”。2010年在老竹、红桥、仁宅、沙溪等村种植处州白莲18.33公顷,完成省级“老竹处州白莲精品园”项目。2013年,老竹畲族镇沿景区公路新建周坦、后坑六江源、沙溪3个处州白莲精品园,连片成十里荷花长廊，投资200多万元建成处州白莲主题公园，打响老竹“荷花第一镇”名号，挖掘文化内涵，传承处州白莲历史文化，确保自然资源与旅游产业、旅游服务的有机结合，游客可在老竹以赏荷花、吃莲子宴、拍荷花、画荷花等活动尽情嬉戏。

三、金 融

1994年版《宣平县志》记载，清代至民国时期老竹地方曾设有当铺。民国27年（1938年）8月，宣平县合作筹备处成立，次年7月，建立省地方银行宣平县办事处，民国36年（1947年）3月改办事处为分理处。

中华人民共和国成立后，宣平县银行办事处于1950年划归地方管辖。1954年8月曳岭第一家金融组织——曳岭营业所（宣平县管辖）成立，地址在曳岭区公所内。1957年，曳岭区崇义、永丰、丽新、巨溪、苏港吸收社员股金，成立信用社。崇义信用社设崇义乡政府内，有职工2人。1958年10月信用社划归丽水县管辖，曳岭营业所同时划归丽水。曳岭营业所于1995年归口于丽水农业银行。1989年3月中国建设银行丽水分行在老竹桥头设建行老竹分理处，有职工3人。1993年，中国邮政支局在老竹镇前街88号设立邮政储蓄所。1995年，开办农业资金会。2009年6月11日，丽水老竹和谐兴农担保有限公司成立。至2015年，镇境内有专业金融机构2家，民间金融机构1家。

1. 农村信用社

1957年，宣平县崇义乡有1470户，吸收社员股金1430元，开办崇义公社信用社，信用社办公地址在崇义乡政府内，当时有1035户成为信用社社员，占当年总农户数的71%。1957年底乡信用社储蓄余额560元，户均0.37元。1958年底储蓄余额51355.96元，户均34.80元。1960年底信用社储蓄余额达71703.83元，户均储蓄存款余额48.50元，比1957年增长131倍。

1988年前，老竹镇辖区金融机构有两家：一家是丽水县农业银行曳岭营业所，该所主要负责曳岭区四乡一镇的工农业大型项目的存贷业务，联系四乡一镇的信用业务。另一家是崇义（老竹）信用社，崇义信用社主要负责吸收崇义的资金储存、扶持工农业生产发展的信贷业务及中小型企业的扶持信贷资金，发放与回收业务。2008年崇义（老竹）信用社改称为农商银行。

2. 农村合作基金会

1995年5月1日，老竹镇农村合作基金会成立（属县农业局基金会下属机构）。该基金会主要组织吸收农村闲散资金，用于扶持农村种养殖业和农村商业发展。据老竹农村合作基金会会长吴文德回忆：该基金会年业务量达700万元，每年有300—500户种养专业户和农村商业个体户得到扶持，1999年冬停办。

3. 邮政储蓄

属丽水市邮政局老竹支局管辖，成立于1993年3月。1998年9月邮政、电信分营后，专门从事邮政业务，是一家服务居民、服务“三农”的企业分支机构。地址在老竹畲族镇前街朱阿荣的出租房，有职工9人，其中投递员2人。邮政储蓄主要从事助农取款、汇兑，报刊、挂号信件、包裹的发行、投递和农村电商等综合服务。2015年设有助农取款点5个，电商邮乐购网点10个。邮政储蓄的服务片区包括老竹畲族镇、丽新畲族乡和太平乡的巨溪部分村庄。邮政储蓄设有电商服务功能，可在电商服务网点网购农用产品，代缴水费、电费、电话费。

4. 中国建设银行老竹分理处

1989年3月，中国建设银行丽水支行在老竹成立建行老竹分理处，地址设在老竹镇前街陈庆友出租房(老竹桥头)，有职工3人，聘请老竹村村主任陈仁松为分理处处长(兼)，年存贷业务为80万—100万元。1992年夏撤销。

第五章　社会事业

中华人民共和国成立前，老竹畲族镇的各项社会事业十分落后。公共基础设施几乎空白。饮水主要靠溪水、井水，点灯主要靠菜油、松明，医疗主要靠畲医，交通主要靠步行。中华人民共和国成立后，人民政府十分关心畲乡的社会事业发展，大力加强基础设施投入，将老竹畲族镇的学校建成九年一贯制学校，在村卫生室基础上建成老竹镇卫生院。20世纪70年代开始，老竹畲族镇陆续建立广播站、电视转播台和“文艺宣传队”，以及老竹越剧团、曳岭脚婺剧团和陶村婺剧团，不断丰富当地人民的业余文化生活；20世纪80—90年代，又基本解决了镇内居民的饮水、供电、交通、通信等问题，居民生活质量不断提升。21世纪初，老竹畲族镇在各村建立文化礼堂，加强畲族传统民俗文化建设，举办“三月三”畲族文化节、畲歌会，推进了乡村旅游业的发展。

第一节　基础设施

20世纪50年代，老竹畲族镇境内水、电、道路、通信等公共基础设施极差；人民饮用溪水或井水；照明用煤油、蜡烛、菜油甚至松明；1965年1月丽曳公路开通，但公路为砂石路面，路况极差，大多数居民出行靠步行；1952年秋老竹设立电信代办所，开通邮电业务；1953年以木头杆架设邮电线路。

改革开放后，丽水市人民政府大力支持老竹畲族镇改善水、电、道路、通信等公共基础设施，20世纪90年代始，境内村村通公路，户户都用上自来水、电器、电话，部分家庭还通上互联网，全镇畲汉人民的生活条件发生了翻天覆地的变化。

一、水 电

（一）供 水

中华人民共和国成立前，老竹畲汉人民一直饮用溪水、井水。全镇有古井

100多口，加之近代挖的水井，老竹畲族镇25个行政村共有水井280多口；老竹一个行政村就有水井33口，其中古井11口，最负盛名的是曳岭脚村“八角井”。1990年以后，政府重视群众的饮用水卫生，为方便群众生活，在各村安装自来水。1988年，老竹村率先在土名“天亮寺”的山上建一水池，抽引溪水入池沉淀，通过管道入户用作自来水。

1990年，老竹畲族镇投资30万元将老竹村自来水厂改建成镇自来水厂，1992年7月4日完工，投入供水（仅供老竹中心村和机关单位使用）。2007年利用赤坑水库水源，沿赤坑、章记、丁公、下桥仁宅至老竹自来水厂。为提高水质，2014年由莲都区财政投资200万元为老竹镇自来水厂安装净化一体机1台，结束了老竹自来水不合格的历史。老竹自来水厂在赤坑水库大坝外，日供水量为3000吨，可使老竹镇区沙溪、老竹、后坑等8个行政村的1.2万多人受益。

（二）供　电

1958年3月，曳岭发电厂由山东荣城南下干部唐叔山负责筹建，该厂是一座火力发电厂，当时功率很小，发电仅供曳岭区机关部门及老竹村部分农户照明使用。晚7点开始供电，夜11点停发。偶遇卫生院手术，要断开1~2条线路的农户电源，集中供医院手术之用。老竹村装有电灯的农户，仅装一盏15瓦的灯泡，为使厨房、卧室都能照明，将灯头设计在中间板壁上“一灯两照”。1959年，有农户装有2个灯头（卧室、厨房各1个）就使用“双开关”。1964年，县发电厂将碧湖电厂一台大型木炭机调拨给曳岭电厂，满足了曳岭区、崇义乡机关部门及老竹村本境（供）用电。1968年改为30匹柴油机发电，加原木炭机发电。应需要曳岭电厂办起了“地方国营曳岭综合加工厂”，曳岭电厂白天发电供加工厂碾米、磨粉、轧面条和崇义公社农机厂、医院用电；晚上供老竹镇辖区的老竹、后坑、破桥、郑坑、仁宅、沙溪几个邻村的照明用电。

1965—1969年，建成赤坑水库和红旗水库，建造小型水库2座、山塘20处、堰坝29条、渠道24条65千米、电灌站8座。建有小水电站4座，装机容量为785千瓦，年发电量201万千瓦时。

1972年6月，赤坑一级电站建成，基本解决了老竹镇区机关部门和村民用电问题。1994年，成立老竹供电所。老竹供电所为丽水市莲都区供电局下属生产单位，其供电范围覆盖1个乡1个镇1个办事处，供电区域约为227.68平方千米。供电所内设2个班组，有正式职工1人、电管员6人、专职电工9人。

二、交　通

明景泰三年(1452 年)增辟括苍至曳岭古道,为丽水经曳岭头至宣平之驿道,其中路湾至白前段 3 千米路面用青石板铺成,老竹至巨溪、丽新、新屋、高畔、曳岭头等古驿道均以石头铺成。梁村渥溪桥建于明嘉靖四十五年(1566 年),被列为省级文物保护单位。

1965 年元旦,全程 32 千米,途经稿岭的丽曳公路正式通车。1975 年 2 月,老竹至巨溪 16.6 千米公路通车。1984 年新建港周公路,由此丽曳公路由 32 千米缩短为 28 千米。2001 年 8 月，丽武公路老竹至畎岸段进行了拓宽改造。到 2015 年底,老竹 25 个行政村全面建成通村水泥公路,总长 56 千米。

三、电　信

据 1994 年版《宣平县志》载：中国电信股份有限公司老竹支局前身为 1948 年成立的军管邮电,1950 年后划归地方管辖,1949 年至 1952 年夏,老竹没有正式邮电机构。宣平县邮电局在此地设有步班邮路 2 条:一条是老竹至宣平县城(经曳岭—三港—祝村—宣平),全程 25 千米;另一条是老竹经周坦过稿岭—高坑—张村街—路湾,由桃山入城至丽水,全程 30 千米。

1952 年秋,设宣平县邮电局,局址设宣平柳城镇,同年老竹设立电信代办所，所址设在老竹大王殿前原崇义乡政府西边间。后改名邮电老竹营业处，1958 年 5 月划归丽水邮电局管辖。当时有营业所 1 处,电话总机(磁石交换机)1 台(20 门),话务员 1 名,邮箱 3 只。邮件由宣平、丽水送达,1953 年起以木头杆架设邮电线路。1960 年后,以老竹为总机的电话可通达崇义、丽新、苏港、永丰、巨溪 5 个乡所在地的政府机关与部门。

1971 年在老竹镇前街 88 号建起了邮电曳岭支局的邮电用房，占地面积约 350 平方米,建筑面积 800 多平方米。1987 年开始发展程控电话,2190 程控电话通达到各机关、部门及行政村农户。邮政储蓄老竹支行成立于 1993 年 3 月,属丽水市邮政局老竹支局管辖。1998 年 9 月,邮政、电信分营,中国电信股份有限公司老竹支局开始专注电信运营,成立了丽水电信曳岭支局。邮政储蓄老竹支行专门从事邮政业务,是一家服务“三农”的企业分支机构。地址设在老竹镇前街朱阿荣出租房,有职工 9 人,其中投递员 2 人。邮政主要从事助农取款、汇兑,报刊、挂号信件、包裹的发行、投递和农村电商等综合服务,设有助农取款点5个,电商邮乐购网点10个。服务片区包括老竹畲族镇、丽新畲族乡和太平乡的巨溪部分村庄,设有电商服务功能,居民可在电商服务网点网购化肥农药、种子等,可代缴水费、电费、电话费。

2000年,中国电信曳岭支局搬迁至老竹新华路88号新大楼,支局总占地面积0.33公顷,办公大楼建筑面积1500平方米。2008年5月24日,中国电信1100亿元收购中国联通CDMA网(包括资产和用户)中国卫通的基础电信业务并入中国电信,曳岭支局正式开始运营133、153号码手机业务。

至2015年,老竹支局共有正式职工4人。分管老竹畲族镇、丽新畲族乡和原巨溪乡的电信业务。其中,老竹畲族镇共有CDMA手机用户1300余户,宽带用户800余户,固定电话用户1200余户;光纤除个别自然村外,已全部覆盖到位,最高速度可达100M,光纤覆盖率为90%。

第二节　教　育

老竹畲族镇人民十分重视教育。老竹小学创办于民国元年(1912年)。崇义乡(老竹畲族镇)共创办了17所小学,校址分别设于曳岭脚、老竹、周坦、上井、小陶村、新屋。

改革开放后,老竹畲族镇的教育事业更上一层楼。1986年,镇境内达到基本无盲乡(镇)的要求;1989年,基本普及初等教育;2008年少数民族考生有14人入省重点中学就读,排列农类学校类第一。2011年起,小学和初中适龄人口入学率均达100%,小升初升学率达100%,九年制义务教育覆盖率100%。2013—2015年老竹成人技术学校被评为丽水市"成人教育先进学校"。至2015年,全镇畲汉两族有博士后1人,博士生4人,硕士生3人,大学毕业生602人,其中畲族大学生111人,占比18.4%。

一、社学与私塾教育

老竹镇内《蔡氏宗谱》《雷氏宗谱》以及蓝、江、李、梁氏宗谱记载,前述氏族于唐、宋、元、明、清时期均有文武状元、贡元登科;曳岭脚村蔡氏、项氏,于唐宋元三朝登科的状元、贡元达14位之多,蔡仲龙为宋嘉定十六年(1223年)状元。宋、元、明、清时期曳岭脚村有14人中得进士,10人中得举人,9人中得贡生(其中1人为贡元)。据梁氏宗谱载:宋至清代,梁氏有进士8人、举人1人、征辟8人、贡生18人、监生10人，知府、知县百余人。据光绪《宣平县志》卷六记载：“鳌峰书院。县旧无书院，乾隆庚午邑令雷仁育始课士于普照寺中，每月举行者再，雷解任去事又寝。乙未，邑令赵□详请拨冲真观田亩建立书院，俾士子肄业其中，膏火有资。邑令张士彦就县东街文庙右侧创造讲堂五间，中曰敬业……”老竹系县南25千米外，乡野也，故无书院。镇境内读书之人，需往县城宣平或府地处州（丽水）求学。

（一）社 学

社学为地方办的学校。据1994年版《丽水市志》记载：明万历年间（1573—1620年）知县钟武瑞在县城六门及府前谯楼旁建社学7所，选教读7人。各拨废寺田20亩，完粮外充侪脯，以训民间子弟之贫者。初入社学，八岁以下者先授《三字经》《千字文》，后再修读经、史、书、数，亦兼习射。优秀者可补县学附读。据老人云，老竹属处州府管辖童生大多数入处州（丽水）求学。

（二）私 塾

私塾旧时为民间识字教课的主要形式。富豪之家，邀师坐馆授课，供膳，年结束侪。也有老师在家或借用祠堂、庙宇设塾招收生徒，每名年收束侪五十钱、一百钱不等。私塾生徒年龄不限，程度不一。初读《三字经》《百家姓》《千字文》《千家诗》等，再读《大学》《中庸》《论语》《孟子》等。

清光绪二十四年（1898年）维新变法后，推行新学制，私塾仍未改革，教材大多采用新课本，设语、数两科。民国时期老竹镇仅有曳岭脚村的蔡育、老竹村的李荣琪、江树言、江启元4人属私塾毕业。其中，老竹村江树言为清朝举人。

二、学校教育

（一）幼儿园、学前教育

民国时期，老竹境内没有幼儿教育，只有各村大户人家或家庭帮带学龄前儿童，到入学年龄也只有财主人家才将子女送入私塾念书。

1. 村办托儿所、幼儿班

1958年9月，农村社队大办托儿所、幼儿班，据座谈会反映，是年老竹境内的老竹、周坦、陶村、黄桂、后坑、郑坑、曳岭脚、新屋、破桥9个村办起了托儿所和幼儿班。校舍大多借用民房或祠堂，老师一般是就地选拔具有初高小文化的农村女青年执教，保育人员由各村自行选用。

1958—1961 年老竹镇幼儿教育情况一览表

表 12-5-2-1

年份 行政村名	1958 年			1959 年			1960 年			1961 年		
	班级数（个）	幼儿数（人）	教师数（人）	班级数（个）	幼儿数（人）	教师数（人）	班级数（个）	幼儿数（人）	教师数（人）	班级数（个）	幼儿数（人）	教师数（人）
老竹	2	76	4	3	85	4	3	86	4	3	95	5
郑坑	1	12	1	1	13	1	1	15	1	1	14	1
后坑	1	25	1	1	23	1	1	26	1	1	28	1
破桥	1	13	1	1	12	1	1	10	1	1	15	1
周坦	2	68	3	2	69	3	2	70	3	2	68	3
陶村	2	45	3	2	39	3	2	41	3	2	43	3
新屋	1	30	2	1	28	2	2	32	3	2	33	3
曳岭脚	2	55	3	2	50	3	2	53	3	2	51	3
黄桂	1	28	2	1	25	2	1	28	2	1	30	2
沙溪	1	19	1	1	17	1	1	18	1	1	21	1
合计	14	371	21	15	361	21	16	379	22	16	398	23

据 1994 年版《丽水市志》记载：1961 年，丽水全县的农村托儿所、幼儿园陆续停办，“文化大革命”期间，幼儿教育事业受到摧残。1972 年老竹小学办过学前班 1 个，校舍在老竹小学内，有幼儿 69 人、教师 2 人。1974 年停收学前儿童。1979 年、1980 年丽水县成立托幼工作领导小组和托幼办公室。1983 年起幼教事业重新兴起。1985 年老竹镇境内又办起老竹、周坦、陶村等 8 所幼儿园，有班级数 11 个，幼儿 230 人，教师 16 人。

2. 刘伟珍私立培新幼儿园

2004—2008 年大片村刘伟珍在老竹镇大众路创办有私立培新幼儿园 1 所，园舍面积 150 平方米，2007 年园舍面积扩大到 230 平方米，设有 3 个班级，有 120 名幼儿、6 名教职员。2015 年园舍面积扩大到 300 平方米，4 个班级，138 名幼儿，教师员工数增至 11 人。教具、活动器具齐全。

刘伟珍私立培新幼儿园情况一览表

表 12-5-2-2

年度	幼儿园数(所)	班级数(个)	幼儿人数(人)	幼儿教师数(人)
2004	1	3	68	4
2005	1	3	70	4
2006	1	3	74	4
2007	1	3	120	6
2008	1	3	115	6
2009	1	3	123	6
2010	1	3	125	6
2011	1	3	130	6
2012	1	4	135	8
2013	1	4	138	8
2014	1	4	140	8
2015	1	4	138	11

3. 老竹畲族镇中心幼儿园

老竹畲族镇中心幼儿园位于老竹殿后弄 10 号，2008 年 2 月创办，前身是老竹中心小学；总占地面积 3125 平方米，建筑面积 1829.4 平方米；设有大中小托班 6 个，在园幼儿 166 人，教职工 23 人；配有幼儿活动室、午睡室、阅览室、舞蹈房、保健室、民族特色馆、办公室等，每班配有投影仪、电脑、录音机、电视、钢琴、电子琴、VCD 等；还有幼儿书角、作品展示区、户内游戏区，同时还配有适合幼儿特点的室内玩具和室外大型玩具；有丽水幼儿教坛新秀 2 名，区科学带头人 1 名。2009 年 9 月被莲都区教育局认定为浙江省三级幼儿园。

2008—2015 年老竹畲族镇中心幼儿园幼儿教育一览表

表 12-5-2-3

年度	幼儿园数(所)	班级数(个)	幼儿人数(人)	幼儿教师数(人)
2008	1	6	166	6
2009	1	6	172	9
2010	1	6	185	12
2011	1	6	189	12

续表 12-5-2-3

年度	幼儿园数(所)	班级数(个)	幼儿人数(人)	幼儿教师数(人)
2012	1	7	206	14
2013	1	7	211	14
2014	1	7	210	14
2015	2	9	213	18

老竹畲族镇幼儿园一览表

表 12-5-2-4

幼儿园名称	法人或举办者	创办年	停办年	地址
老竹幼儿园	老竹村	1958	1961	镇前街江德善(宅)江火树宅
老竹幼儿园	老竹村	1980	1988	新屋底知识青年屋
丁公幼儿园	邓妙君	1989	1994	丁公村
老竹培新幼儿园	谢培红	1994		老竹村
老竹村幼儿园		1991	2006	老竹村
老竹镇机关幼儿园		1991	1994	老竹村
老竹徐庄幼儿园	雷菊妙	2005	2008	老竹镇徐庄村
曳岭脚幼儿园		1991	2006	老竹镇曳岭脚村
老竹贝贝幼儿园		1993		老竹镇老竹村
老竹苗苗幼儿园		1993		老竹镇老竹村
老竹小学附近幼儿园		2006	2007	老竹镇老竹村
老竹中心幼儿园	谢秋萍	2008		老竹村殿后弄 10 号
老竹民族学校幼儿园		2010	2015	老竹民族学校内

(二)小学教育

据 1994 年版《宣平县志》六卷教育志记载:民国元年(1912 年)2 月蔡国桢创办崇义第一初级小学,收学生 20 名,取名“月山小学”,校址曳岭脚。“南区第一小学,创办于民国 8 年 2 月,由郑祖桓、邱兆麟、蔡国真、周功崇、郑绍桓等发起,经费由各寺庙会款提拨外,并征收本区肉斤捐为常年经费,后由县拨款补助,校址初设新屋郑姓宗祠,嗣后迁于曳岭脚蔡祠。”民国 12 年属崇义乡管辖(当时老竹镇包括丽新、苏港的部分村),辖区内有小学 17 所。民国 13 年 9 月,在崇义的周坦、横塘、上景、老竹、小陶村几个村庄办起了初级小学。

另据 1994 年《宣平县志》卷六教育志第十四、十五页学校部分记载：民国元年（1912 年）至民国 8 年（1919 年），崇义（老竹畲族镇）共创办了 17 所小学，校址分别设于曳岭脚、老竹、周坦、上井、小陶村、新屋，有学生 130 人。

1949 年人民政府成立后，老竹镇发起扫除“文盲”运动，办起了冬学（夜学）扫盲班。1951—1952 年，老竹畲族镇只有老竹和榴溪 2 所小学，1953 年郑坑、周坦、曳岭脚、梁村小学先后开办；郑坑小学为政府特批的公办少数民族小学。

1969—1978 年老竹畲族镇（崇义）小学分布一览表

表 12-5-2-5

序号	学校名称	所在地址	班级数（个）	学生数（人）	教工数（人）
1	大片小学	大片村	1	30	1
2	曳岭脚小学	曳岭脚村	6	200	8
3	黄桂小学	黄桂村	4	135	5
4	新屋小学		3	110	3
5	石门源小学		1	11	1
6	下桥小学		2	70	2
7	沙溪小学		1	28	1
8	仁宅小学		2	59	2
9	老竹小学		6	284	11
10	黄岗小学	黄岗自然村	1	9	1
11	郑坑小学		1	26	1
12	破桥小学		2	20	2
13	后坑小学		2	58	2
14	周坦小学		5	180	7
15	西岸小学		2	61	2
16	榴溪小学	榴溪村	6	210	10
17	陶村小学		4	150	5

1961 年，小学规模较小，崇义公社小学从 4 所压减为 2 所。郑坑小学 1967 年恢复。1966 年“文化大革命”开始后，教学秩序、校舍以及教学设施遭到严重破坏。1967 年 9 月小学下放到大队办，由贫下中农代表管理学校。“文化大革命”中，学校大量聘用代课和民办教师。1969—1970 年，崇义乡（老竹）各村都

相继开办了小学，学校数由1965年的5所增到16所。1974年秋，镇境的老竹、周坦、曳岭脚、黄桂4所小学实行“戴帽”初中班，其中老竹小学开设2个附设初中班。1976年秋，为满足境内家长要求，公社党委班子决定，在公社林场(沙溪)专门盖了一幢校舍，占地面积为500平方米，开设了“五·七”农业高中2个班，校名为：崇义公社“五·七”农业高级中学。

1978年，中国共产党十一届三中全会之后，教育战线开始拨乱反正，教育部门贯彻“调整、改革、整顿、提高”的方针，控制学校发展规模，合理调整教育布局，政府加大教育投入力度。境内的石门源、黄岗、下桥、大片、西岸、仁宅、沙溪、红桥、后坑、郑坑10所小学分别并入周坦、老竹、曳岭脚、黄桂、陶村、新屋小学。1980年永丰片区的东头、小黄弄小学并入徐庄小学，麻铺小学并入丁公小学，保留梁村、浅田、高畔、高丰和赤坑民族小学。1991年撤黄桂、陶村、下桥小学；同年撤转大片简易小学并入榴溪小学，1994年撤沙溪小学，并入老竹小学，1995年撤高峰小学并入梁村小学，1998年撤赤坑小学并入丁公小学，同年撤曳岭脚小学，并入榴溪小学。2004年，徐庄、梁村、周坦3所小学撤并入老竹小学；老竹小学有11个班级，459名学生，建有师生宿舍、食堂1200平方米，扩大用地14亩。

老竹镇1997年，通过多渠道筹措资金100万元，改造、扩建镇小学教学楼、榴溪小学教学楼、徐庄小学宿舍楼共2134平方米。1999年，小学数由原来的15所缩减到10所，年度在校生数1593人，其中少数民族学生285人。

1949—2015年部分年份老竹畲族镇小学教育情况一览表

表12-5-2-6

年度	学校数（所）	毕业生数（人）	招生数（人）	班级数（个）	学生总数（人）	其中（个）		教工数（人）	校舍建筑面积（平方米）
						复式班	少数民族		
1949	2	48	120	8	312	2	37	15	600
1950	2	66	135	9	328	3	42	17	600
1991	8	147	168	24	766		136	39	
1992	15	234	251	42	1229	10	190	65	7954
1993	15	197	344	45	1358	11	240	62	
1994	14	199	311	48	1503	10	243	59	8656
1995	13	226	292	48	1580	8	249	70	

续表 12-5-2-6

年度	学校数（所）	毕业生数（人）	招生数（人）	班级数（个）	学生总数（人）	其中（个）		教工数（人）	校舍建筑面积（平方米）
						复式班	少数民族		
1996	13	170	288	50	1715	7	283	75	
1997	13	220	211	51	1721	7	290	78	
1998	15	347	178	43	1425	3	269	80	
1999	10	256	138	45	1593	8	285	80	
2000	6	255	172	42	1108	5	244	90	
2005	2	168	175	19	883	0	195	63	
2006	2	181	122	19	856	0	191	63	
2009	2	107	167	13	619	0	180	34	
2010	2	180	114	19	724	0	162	33	
2011	2		124	19	724	0	158	45	
2012	1	110	132	15	633	0	135	39	
2013	1	92	164	17	704	0	145	39	
2014	1	114	135	22	809	0	168	54	
2015	1	125	184	23	908	0	178	56	

（三）中学教育

1. 浙江省立浙东第二临时中学

据 1994 年版《宣平县志》和 1994 年版《丽水市志》记载，民国 33 年（1944 年）春，在宣平普照寺设筹备处，收容学生 200 余人，民国 33 年 4 月，高中部设宣平榴溪（今属丽水老竹畲族镇），民国 35 年春并入省立处州中学，学生 126 人。

2. 莲都区曳岭中学

莲都区曳岭中学创办于 1958 年 9 月，校址设在榴溪，老竹民族学校前身为原抗战时期省立浙东第二临时中学。1958 年创办中学时招收小学毕业生 3 个班，126 人，分甲、乙、丙 3 个班，为一所初级中学，1959 年收新生 46 人，1960 年招收新生 2 个班 98 人，1961 年 9 月撤销，1963 年秋恢复，招学生 1 个班，48 人。1968 年有初中 4 个班。1971 年春开办高中班，面向全区，招收（初中毕业生）高一学生 2 个班。1971 年同样招收 2 个班，1973 年 1 月曳岭中学第一届高中毕业生毕业共89人。1973年冬,崇义公社在曳岭脚、黄桂、老竹、周坦4所完小办起了附设(小学"戴帽")初中班,招收学生5个班,有学生226人。1975年春崇义公社应势开始在公社林场(沙溪村)筹建崇义公社"五·七"农业高级中学教室4个(平屋)加附属用房建筑面积300平方米,开辟篮球场1个,住校生宿舍、教师办公用房设在公社林场办公楼和职工宿舍楼内。1976年秋,公社"五·七"农业高级中学面向全公社招收应届和历届初中毕业生98名,公社"五·七"高中1978年停办;校舍作为崇义公社中学继续使用。1978年招收初一学生4个班,1991年撤老竹镇中学并入曳岭中学。1990年8月,曳岭中学由榴溪迁往老竹,撤原永丰中学并入曳岭中学,新生4个班。据《莲都区教育志》记载:1991年撤老竹镇(崇义公社)中学,并入曳岭中学。是年5月21日,撤曳岭中学高中部。

1996年5月,曳岭中学初中部学生冯巧波(老竹畲族镇周坦村人)获全国初中物理知识竞赛一等奖。1999年12月22日,曳岭中学被评为第一批农村示范中学。2000年1月26日,老竹畲族镇被授予1999年"丽水地区教育强镇"称号。是年,少数民族学生开始免交杂费。

3. 老竹民族学校

2007年9月3日,同时撤并莲都区曳岭中学、莲都区老竹民族小学,新设立莲都区老竹民族学校,成为九年一贯制学校。1992年前,老竹镇有曳岭中学、老竹镇中学、永丰中学3所中学。1992年9月撤老竹镇中学并入曳岭中学,1993年9月撤永丰中学并入曳岭中学,2007年老竹中心小学与曳岭中学合并,改称老竹民族学校(九年一贯制)。

1991—2015年老竹镇初中学校情况一览表

表12-5-2-7

学校	办学地点	办学主体	班级数(个)	在校生数(人)	教职工数(人)	校长
曳岭中学	榴溪迁老竹	公办	12	517	45	
老竹镇中学	沙溪	公办	8	432	21	雷明余
永丰中学	梁村	公办				
老竹民族学校	老竹	公办	18	662	73	徐宏坤
老竹民族学校	老竹	公办	18	578	60	钟国有

2015 年老竹镇九年制义务教育阶段课程设置一览表

表 12-5-2-8 单位：课时

课程门类	一	二	三	四	五	六	七	八	九	九年课时总计
品德与生活	2	2								
品德与社会			2	2	2	2				626
思想品德										
语文	9	9	7	7	6	6	5	5	5	2055
数学	5	5	4	4	4	4	5	4	4	1357
外语			3	3	3	3	4	4	4	832
体育	3	3	3	3	3	3				939
体育与健康							3	3	3	
音乐	2	2	2	2	2	2	1	1	1	532
美术	2	2	2	2	2	2	1	1	1	532
科学			2	2	3	3	4	4	4	762
历史与社会							3	3	3	309
信息技术			1	1	1	1	2	2	2	346
综合实践活动			4	4	4	4	4	5	5	1250
地方课程与学校课程	3	3								
周课时总数	26	26	30	30	30	30	34	34	34	247
学年总课时	910	910	1050	1050	1050	1050	1190	1190	1122	9522

老竹民族学校的教育任务 2007 年，老竹镇中学、小学与曳岭中学合并为老竹民族学校，为九年一贯制学校。从此老竹民族学校承担着老竹畲族镇、丽新畲族乡、原巨溪（归太平乡管辖）乡 31000 多人的九年义务教育以及老竹畲族镇幼儿与成人教育三大教育任务。

学校设施设备 老竹民族学校自 1990 年由榴溪迁往老竹以来，学校硬件设施又有改善：学校兴建了 2 幢新的学生宿舍楼、小学部宿舍楼，扩建了 200 米跑道的操场，同时还重新装修粉刷了老教学楼和教师宿舍楼。美化了学校环境，一所九年一贯寄宿制的老竹民族学校正式形成。2003 年，学校完成了综合楼建设，内设物理实验室、化学实验室、生物实验室、图书馆、音乐教室、舞蹈房、报告厅等多功能的教室。校园占地面积3.73公顷,建筑面积16086平方米,总投资2000余万元,校内有教学楼、综合楼、宿舍楼、餐厅、室内外运动场等设施。

学校教学设备完善,拥有按省标准设备的物理、化学、生物实验室5个;多媒体教室37个;计算机房和音乐室2个;报告厅、图书馆、阅览室、舞蹈房、民族文化展览室、留守儿童俱乐部和美术室各1个,学校图书室藏书近5万册。

学校教学质量　初三学生升重点高中人数每年在莲都农村学校中名列前茅。2008年,有42人(其中少数民族考生有14人)进入省重点中学就读。

1991—2015年普通中学教育情况一览表

表12-5-2-9

年份	学校	毕业生(人)	招生数(人)	班级数(个)				学生数(人)				民族学生(人)	教职工数(人)
				合计	一年级	二年级	三年级	合计	一年级	二年级	三年级		
1991	老竹镇中		168	8	3	3	2	432	168	160	104	43	21
1992	曳岭中学	234	251	12	5	4	3	579	251	168	160	65	35
1993	曳岭中学	214	209	12	4	4	4	527	214	145	168	52	42
1994	曳岭中学	168	248	12	4	4	4	686	248	224	214	57	39
1995	曳岭中学	214	332	13	5	4	4	803	332	252	219	55	31
1996	曳岭中学	219	244	13	4	5	4	814	244	328	242	59	35
1997	曳岭中学	242	220	13	4	4	5	742	220	234	288	63	41
1998	曳岭中学	285	351	14	6	4	4	837	351	281	205	57	50
1999	曳岭中学	205	275	15	5	6	4	856	225	351	280	52	50
2000	曳岭中学	281	268	15	5	5	5	808	268	220	320	56	51
2001	曳岭中学	191	288	14	5	5	4	671	288	199	184	49	38
2002	曳岭中学	184	173	14	5	5	4	634	173	228	233	45	51
2003	曳岭中学	230	294	16	5	5	6	744	224	258	262	45	51
2004	曳岭中学	260	235	16	5	5	6	668	195	219	254	46	53
2005	曳岭中学	219	116	15	5	5	5	522	116	190	216	37	55
2006	曳岭中学	398	300	19	6	5	8	878	300	222	356	187	59
2007	老竹民族学校	256	383	16	6	4	6	826	294	297	235	23	60
2008	老竹民族学校	225	229	13	5	4	4	660	229	222	209	39	57

续表 12-5-2-9

年份	学校	毕业生（人）	招生数（人）	班级数（个）				学生数（人）				民族学生（人）	教职工数（人）
				合计	一年级	二年级	三年级	合计	一年级	二年级	三年级		
2009	老竹民族学校	208	225	13	5	4	4	676	225	229	222	52	56
2010	老竹民族学校	305	221	18	6	6	6	740	221	235	284	171	69
2011	老竹民族学校	283	198	18	6	6	6	658	198	223	237	164	68
2012	老竹民族学校	237	230	18	6	6	6	654	230	197	227	161	67
2013	老竹民族学校	227	198	18	6	6	6	622	198	197	227	136	67
2014	老竹民族学校	194	165	18	5	8	5	602	165	240	197	113	58
2015	老竹民族学校	234	197	18	6	4	8	578	197	147	234	100	60

2007 年，老竹民族学校成为“丽水学院体育系实践教学基地”“丽水学院民族体育示范教学基地”。学校利用大课间时间开展畲族传统的稳凳、高脚、蹴球、板鞋、彩带纺织等系列民族体育教学。注重畲族文化校本课程建设和畲族文化课题研究，研究推广课题“畲族嫁娶婚礼”“畲族音乐文化在课堂中的实践与研究”“畲族服饰与美术课堂教学有机整合”“畲族彩带纺织与课堂实践”，将民族特色融入学校管理与常规教学，形成了极具民族特色的地方校本课程。学校先后多次获得浙江省课外阅读先进集体、浙江省绿色学校、浙江省中小学远程教育先进学校、丽水市农村示范学校、丽水市文明学校、丽水市卫生先进单位和 2009 年丽水市教科研先进集体等多种荣誉称号。2015 年，老竹民族学校初中部成为丽水市莲都区课程改革农村所试点学校之一。

2015 年，老竹民族学校有教职工 113 人，其中高级职称教师 8 人，有市学科带头人 2 人，市教坛新秀、学校带头人 4 人，少数民族教师 24 人，区教坛新秀、德育新秀 3 人；全校有 40 个教学班，1488 名学生，其中初中学生 578 人，小学学生 910 人，少数民族学生 278 人。

三、其他教育

1950 年，确定把工农教育列为国家教育工作的重点，针对当时文盲人数多的情况，同年 9 月发出了“开展识字教育，逐步减少文盲”的号召，扫除文盲，提高文化水平成为长期成人教育的主要内容。1950—1960 年老竹畲族镇识字班、夜校、冬学、扫盲班遍地开花。随着文化程度的普遍提高，成人教育逐步走向技术培训，提高农村劳动者的技术水平和就业能力。

（一）扫盲识字

1950年3月成立扫盲筹备办公室，10月成立冬学委员会，1951年2月实现村村办冬学、扫盲班、识字班，开展识字教育。1953年办速成(识字)班，1955年3月改冬学为民校。民校以“农闲多学”的原则，坚持常年学习，以扫盲识字为重点，1956年9月崇义乡成立扫盲识字协会，开展识字扫盲运动。是年冬，老竹、周坦、后坑、沙溪、曳岭脚、大片、黄桂、陶村、新屋均办起了识字班、扫盲班与冬学。其中，老竹村设上俞店、老屋底、新屋底、前街、学甫5个扫盲点。上俞店教学点，聘请了一名刚从大学毕业的女学生，名为曾秀华(巨溪里坑口人)到校执教。各村参加识字扫盲的人很多，大村有上百人，小村20—30人、50—60人不等。1960年后县教育局专门给乡镇教育配备了成教干部。1973年“文化大革命”中各村的农民夜校改成“政治夜校”，由各小学教师下村分点(以生产队为单位)给农民宣读重要报刊文章与相关政治时事，教农民识字，并为他们宣讲一些政治时事方面的知识。

1980年后，县教育局对农村扫除文盲工作更加重视，专门成立了成人教育办公室(简称“成教办”)，专门有一名教师负责成教工作。1986年，丽水市教委对老竹的扫盲工作进行了抽样验收，非盲率达到上级基本无盲乡(镇)的要求。

2013年，针对镇区实际，举办文化学习班，开展健康知识、莲子栽培等培训。2014年，在人口比较集中的老竹、沙溪、后坑、周坦等村，办扫盲培训班，300多人参加培训学习，通过考试有262人取得了扫盲证书。

（二）成人文化技术学校

1993年，老竹畲族镇一方面建成人文化技术学校，在各行政村设班，开展对“新文盲”的扫盲工作；另一方面开展农民实用技术培训，提高劳动者素质。成人文化技术学校，根据群众需求，开设相应课程，使科技转化为生产力。1994—2008年的15年间，采取集中或分散的形式，每年在全镇各行政村举办食用菌、茶叶、香菇、柑橘、农机修理、厨师培训班5—6期，受训率达3800多人次，其中厨师230人。

后坑狮子山村，家家户户都种有茶叶，是老竹畲族镇茶叶面积最大的一个村，为提高茶叶单位面积产量，成人文化学校就请老师到该村举办茶叶种植过程中相关知识培训班。

2010—2015 年，老竹成人文化产业，根据上级指示开展家风家训、健康教育、农民实用技术、农民普及性培训、权证培训、安全培训，其中家风家训培训，每年度均有 1000 多人次参加。扫盲及其他培训都达到要求。2015 年 1 月还开展了畲族歌舞培训，有 588 人参训。2013—2015 年老竹成人技术学校被评为丽水市“成人教育先进学校”。

2009—2015 年老竹畲族镇农民素质培训情况表

表 12-5-2-10　　单位：人

培训时间	培训内容	培训人数
2009 年 2 月至 7 月	厨师、烹调培训	230
2009 年 5 月至 12 月	新型农民科技	5723
2009 年 3 月	农业实用技术培训	1927
2010 年	茶叶、香菇种植培训	1089
2011 年 1 月至 12 月	农村劳动力素质培训	50
2011 年 2 月至 12 月	山羊养殖培训	60
2012 年 1 月至 12 月	农民实用技术培训	103
2013 年 7 月	扫盲培训	897
2014 年 12 月	扫盲识字	323
2015 年 1 月至 12 月	农民普及性培训	700
2015 年 11 月	初中中式烹调师培训	28
2015 年 1 月至 12 月	初中文化、初级技能证培训	60
2015 年 11 月	一对一扫盲	25
2015 年 1 月	畲族歌舞培训	588

第三节 文　化

1965 年曳岭区办起了广播站。“文化大革命”期间，老竹村文艺宣传队自创哲学小戏剧《目标》《山村怒火》等丰富群众文化生活。1993 年始，老竹、柳城（武义管辖）、丽新、板桥（松阳管辖）4 个畲族（乡）镇轮流举办“三月三”畲族歌会，带动乡村旅游业的发展。

2003 年实现广播电视“村村通”工程；2010 年，有广播电视网络 49.1 千米，全片区（含丽新乡）有有线电视用户终端 5553 个，25 个行政村均建有应急广播室;2015 年,老竹镇区建成 7 个村级标准文化礼堂,礼堂内设“天天乐”活动点和农家书屋。

畲族文化富有特色。畲族非物质文化遗产有山歌、舞蹈、祭祖、婚礼和纺织等。2008 年,“畲族三月三”“畲族婚俗”被分别列入国家第二批和第四批非物质文化遗产项目名录。2009 年,“畲族祭祀仪式”“畲语”“畲族服饰”“炼火”“畲族叙事歌”被列入浙江省第二批和第三批畲族非物质文化遗产代表性项目名录。

一、文化机构团体

1955—1965 年,老竹、陶村、曳岭脚 3 个村各办有一个剧团,其中老竹为越剧团,曳岭脚、陶村为婺剧团。老竹越剧团的《梁山伯与祝英台》《打金枝》《秦香莲》几部戏曾一度走红乡里。曳岭脚婺剧团的《水泊梁山》《伍子胥过关》《打金枝》等婺剧剧目名传曳岭山区。陶村婺剧团的《六郎告状》《三子下凡》《辕门斩子》《卫林寺》剧目在老竹演绎闻名。

1966—1976 年,“文化大革命”期间,老竹镇的曳岭脚、陶村、周坦、老竹等村,大部分组建了“毛泽东思想文艺宣传队”。经县文化馆专业指导,采集了一些忆苦思甜、抓阶级斗争、学习雷锋、以粮为纲、劳动光荣、提倡勤俭节约、反对铺张浪费、移风易俗以及党的方针政策方面的素材,由文化干部、学校老师、社会爱好文艺人士创作成“小品”“三句半”“表演唱”“小话剧”等搬上舞台。“文化大革命”期间,移风易俗破“四旧”,各村的文艺宣传队排练京剧革命样板戏,诸如《沙家浜》《红灯记》《智取威虎山》《奇袭白虎团》《海港》《杜鹃山》等。老竹村文艺宣传队曾经排练演绎过《红灯记》《沙家浜》和《奇袭白虎团》3 部革命样板戏。

1974 年,崇义公社党委从各中小学抽调文艺骨干、排练哲学小戏《半篮花生》,在公社各大队巡回演出。老竹村文艺宣传队还自创了哲学小戏剧《目标》《山村怒火》参加丽水县文艺调演,获得创作演出一等奖。

二、文化事业

(一)广播电视

1955 年,老竹全境只有一只搭借电话线的广播电视喇叭,挂在老竹大王殿原崇义乡政府旁电话室外屋檐下。那时,只见一个木匣子会讲话,声音也清楚，人们很稀奇，男女老少抽空都会集中在喇叭底下听新闻和唱戏。1965年曳岭区办起了广播站，站址设在曳岭区公所内，设备很简陋，用的是扩音器1台，录音机1台，话筒1只，木制播音桌1张。曳岭区广播站可向全区的崇义、永丰、丽新、巨溪、苏港5个公社播音，公社喇叭只数很少，也没有公社广播站。同年，丽水县广播站在碧湖平原公社搞试点，建乡镇(公社)广播站。1968年5月由县广播站牵头在老竹镇前街75号筹建曳岭广播站，5间2层，建筑面积270平方米的机房与办公楼，1970年完工。房屋所有权属县城广播事业局，由曳岭区广播站负责管理(县广播事业局派专管员)，当时按战备站设计，属丽水县二级广播站。1971年区广播站由曳岭区公所老屋迁入镇前街75号办公、播音。

1972年9月各公社筹建创办公社广播站，1973年5月成立公社广播站，1973年12月公社广播站迁至镇前街75号与曳岭区广播公署办公。节目分开制作，按时段插播，公社节目于县、区节目结束后播出。1974年撤曳岭区广播站建制。1981年生产责任制后，公社广播站除播送公社党委、政府通知外，还办了自办新闻。从20世纪90年代至2000年，公社广播站每周有一至二档本地乡土新闻节目。

1980年，在老竹门前山"白鹤仙顶"建电视差转台，镇区的老竹、仁宅、沙溪、曳岭脚、黄桂、下桥的部分自然村，后坑、红桥和丽新乡的黄弄、上塘畈村村民可收看到中央一台、浙江一台、丽水台3个频道的电视节目。1983年在辖区梁村前山建造电视差转台1座，两座转台于1998年市乡有线电视联网后停运废止。公社广播站起初主要设备只有木制播控桌，206型四速电唱机1台，电子管L601型录音机1台，电子管JY通用前级增音机1台。1997年后，使用专业广播中心控制桌HS8-2型，9201GSP%GDP组合配电柜，2×250万晶体管高保真扩音机。1996年，老竹畲族镇25个行政村实现村村通有线广播，全镇4587户有3168只喇叭入户，入户率为69%，农村广播覆盖率为85%，同时建有村广播室23个。

2003年实现广播电视"村村通"工程；2004年实现广播电视光缆传输，广播电视系统实现数字化，提高了广播电视节目质量，实现了电视图像高清化。2005年文化与广播电视合并。2010年底，辖区有广播电视网络49.1千米，全片区(含丽新乡)有有线电视用户终端5553个，老竹畲族镇25个行政村均建有应急广播室。至2015年，全镇有线电视用户达3366户，农村有线电视覆盖率达85%。

2015 年老竹畲族镇广播电视一览表

表 12-5-3-1

行政村名	广播		电视	
	受众人数（人）	受众率（%）	用户终端（个）	入户率（%）
合计	13109	82.3	3524	52.5
曳岭脚	1365	81	344	50.9
榴溪	1057	81.5	296	52.7
新陶	1071	75.2	294	44
沙溪	570	85	157	50.2
老竹	1728	86	791	98.6
后坑	943	83	260	55.2
周坦	1351	83.5	315	46.5
郑丰	413	80	80	32.5
梁村	1139	85.5	249	43.1
徐庄	1913	82.9	409	39.6
丁公	628	83	131	41.6
赤坑	931	81.8	198	52.1

(二)文化礼堂

进入 21 世纪，老竹畲族镇各村建立了文化礼堂。2013 年，根据莲都区委宣传部转发浙江省委宣传部《关于加强农村文化礼堂建设的通知》精神，开始抓行政村文化礼堂建设。2015 年，老竹镇区建成曳岭脚、新陶村、沙溪村、老竹村、梁村、后坑村、周坦村 7 个村级标准文化礼堂。文化礼堂内设“天天乐”活动点和农家书屋。至 2015 年，全镇文化礼堂、农家书屋有藏书 33514 册。

老竹村文化礼堂由村会堂和村活动中心改建而成，总面积 560 平方米，全省统一标识和当代浙江人共同的价值观——“务实、守信、崇尚、向善”四个核心词在礼堂醒目位置。礼堂内设有讲堂、农家书屋、展示厅、精神家园、村史廊、成就廊、励志廊、时政廊、文化廊、民俗廊 10 个部分。礼堂具备召开村民大会、举办节庆典礼、文化仪式、文体活动、文艺演出、集会议事及影视放映功能。还设有讲堂一个，讲堂布置在教室内，门口悬挂“老竹讲堂”的匾额，内墙正中挂有“老竹讲堂”的主题画面，两侧墙面有统一的宣传展板。讲堂配有投影仪、电视、讲台、座椅，是一处和基层党校、乡村业余学校、人口计生学校、老年学校、农业科技学校、邪教教育学校及培训共用的场地。具备中小学规模的政策宣讲、主题教育、科学与法律知识普及、技能培训、交流恳谈和远程视频教育等功能。

老竹畲族镇行政村文化礼堂体育设施一览表

表 12-5-3-2

名称	老竹	沙溪	后坑	新陶	周坦	曳岭脚	梁村	徐庄	丁公	郑丰	赤坑
藏书数(册)	1500	2700	1401	3300	1500	4000	1547				
文化长廊(个)	1	1	1	1	1	1	1				
电视室(平方米)	60	50	30	110	38	180	60				
棋牌室(平方米)	80	10	16	70	48	60	60				
乒乓球室(平方米)	50		50	90	30	90					
大会堂(平方米)	560	300	350	650	850	650	400	1100	700	220	230
乐器室(平方米)	20		30								
台球室(平方米)			40								
篮球场(平方米)	600		600								
健身场(平方米)	500	300	500	400		500	300				
门球场(平方米)	50	1500		400	400		1000				

三、文化活动

老竹畲族男女老幼皆爱唱歌，以歌代言、以歌叙事、以歌抒情、以歌会友、以歌会亲、以歌为乐，是畲族的独特畲歌习俗。畲歌成为畲族民间娱乐活动项目之一。在男女婚嫁、逢年过节、闲暇休息和日常生活中唱，同时在丧葬时也唱，根据事件、场合以表述不同的内容，悲欢离合，爱憎分明。

清代至民国时期的沙溪、后坑、赤坑几个畲族村的民间娱乐活动，除唱民歌之外，还有“板龙”“彩灯”“马灯”“舞狮”等一些常见的娱乐活动。

根据 1994 年版《丽水市志》记载，丽水畲族民歌分《历史歌》《杂歌》《丧歌》《情歌》《婚俗歌》《故事歌》《生活歌》《解放歌》等，百行以上的叙事歌有《高皇歌》《封金山》《末朝歌》《元朝十八帝》《天下图》《地下图》《插花娘》《清代十八皇》《长毛歌》《孙传芳》《灾荒歌》等，其他短歌难以计数。

2010 年 4 月 16 日，第十七届“竹柳新桥”三月三“风情东西”畲族歌会暨丽水市第三届乡村文化艺术节在莲都区老竹畲族镇东西岩举行。歌会主会场设在东西岩广场,分会场设在沙溪村祠堂;内容有畲族歌会开幕式、畲族风情的文艺表演、畲族成果图片展示、畲族婚嫁表演、全体嘉宾民俗体验活动、交接旗仪式与通宵达旦的畲族对歌篝火晚会等畲乡风俗系列活动。

2011年4月5日,第六届莲都区第六届"风情东西三月三"畲乡文化节在老竹畲族镇东西岩景区举行。畲乡文化节主要内容有游览东西岩景区、体验畲族民俗活动、品尝畲乡特色小吃、观看畲乡风情歌舞表演等。

2012年3月24日,由莲都区东西岩景区管委会、老竹畲族镇政府主办,浙江丽水东西岩旅游开发公司、丽水户外运动协会承办的2012东西岩"三月三"畲乡文化节暨丽水市首届千顶帐篷户外驴友露营大会在东西岩景区举行。共接待市内外游客8万人次。

2013年4月12日,由莲都区风景旅游局、莲都区老竹畲族镇人民政府主办,莲都区东西岩景区管委会、浙江丽水东西岩旅游开发有限公司承办的2013东西岩"三月三"畲乡文化节暨"发现畲乡之美"美文美景征集旅游节在东西岩景区举行。活动内容的畲族歌舞、畲族传统体育项目、畲族山哈美食、畲族传统手工艺展示等。

2014年4月2日,第二十一届"竹柳新桥"三月三畲族歌会老竹畲族镇举行。在老竹畲族镇沙溪村举行畲族传统民俗礼仪展演,其中有畲族婚嫁表演。随后,在沙溪村文化礼堂举行畲族祭祖仪式。在沙溪村文化长廊上游客可体验打草鞋、织彩带、爆米花等民俗活动。

四、非物质文化遗产

2009年,老竹对境内的乡土历史文化进行普查,确定可挖掘、保护与传承的非物质文化遗产有畲族山歌、三月三歌会、畲族叙事歌、彩带纺织、畲族婚嫁、畲族叙事歌、畲族祭祀仪式、畲话、畲族服饰制作技艺、"炼火"、中医药治疗脑卒中、畲族草药、畲族麻糍制作技艺、陀螺制作技艺、绣花鞋制作技艺、蓑衣编织技艺等、金盆露酒酿造技艺等。2010年沙溪村蓝金玉的畲族婚嫁项目被莲都区评选为第一批非物质文化遗产传承人。

第四节　卫生与体育

1994年版《宣平县志》记载:民国初,县公署设防疫施医局、牛痘局、禁烟局等卫生管理机构，并安排清道公、清扫工，在空旷处设置垃圾箱。老竹辖区有几家药铺，也有畲医，其中山背村蓝蔚居畲医之首，还有江先鲁药铺、江志彬药铺、戴芳药铺。后坑村双磨自然村村民雷炳生，自学成才，利用中西医结合为畲族人民治病，对畲药也有研究，博得百姓信赖，成为畲医传人。

中华人民共和国成立后，于1954年4月曳岭医院建立，院设崇义乡老竹村区公所内。1954年9月崇义乡联合诊所成立。20世纪70年代，辖区有“赤脚医生”76人，实现了小病不出村。2015年设有曳岭中心卫生院1家，村级卫生室8家，诊所4家，从业人员达122人。

2006年开始治理镇区污水工程。2007年投资250万元镇区污水集中处理厂二期完工，投入使用，实现了镇区生活污水的无害化处理。2012年，开展美丽乡村建设，洁净村庄、治理街路，老竹畲族镇的环境更加洁净漂亮。

一、民间医药

畲族山村历来缺医少药，民国时期畲民中患病者多，主要疾病有跌打损伤、淋巴肿大、疽虫病、钩虫病、血吸虫病、疟疾、疥疮、肺炎、小儿蛔虫、麻疹等。急性传染病和寄生虫病流行，发病率和死亡率较高。《莲都区卫生志》记载，畲族畲医在实践过程中形成一套基础理论。

（一）畲 医

1. 畲医基础理论

畲医基础理论主要有痧症理论、“六神”理论、痞积理论等，并采用畲医特色的治疗方法，包括痧症疗法（又称发痧疗法）、外治疗法、正骨疗法、食物疗法、心理疗法等。

2. 畲医的用药特色

畲医治病多以青草药为主，故民间称之为“青草医”。绝大多数畲医是亦农亦医的。畲医用药有特殊之处。一种草药要视患者发病季节和病情而到不同的生长地点采集。使用的草药大多用全草，也有的只用根、叶、皮、茎、花、果等或其中的某一部分。用药讲究新鲜，随用随采。生长季节性较强的草药，按季节采集，加工后备用，但储藏期一般以百日为限，最长不过一年。用药配料有禽畜肉（内脏、骨等），还有黄酒、生姜、糖类等。配药往往根据患病者病情而定，如热性疾病加冰糖、白糖；寒性疾病加红糖、生姜，虚性加猪蹄、夹心肉（猪腿，瘦肉）；跌打损伤加黄酒。少数畲医将中草药制成丸、散、丹、膏。如治疗喉疾的药散必须用草药经过焙烤、研末藏放备用。草药多为采摘加工后交给患者,防止技术外传。

3. 畲医传承谱系

畲族医药是长期积累的医疗经验,医术多为祖传。大多靠口传心授,单线传承,传男不传女,传媳妇不传女儿,不收外姓徒弟。有子承父业,妇科、儿科也有婆传媳。畲医集中在雷氏、蓝氏、钟氏等族系。

4. 畲医相关器具

畲族主要医药器具有药背包、药刀、铁研船、药筛、火罐、梅花针、银针、研钵、药耙、捣臼等。

畲医畲药是畲民在长期生产、生活实践中,为适应生存环境和生活健康要求,积累探索出的一门自然科学,具有鲜明的地区性、民族性、传承性等特点,是中国传统医药的重要组成部分,也是伟大医学宝库亟待保护、开发的部分。由于畲族只有语言没有文字,其医术只限于口语传递,许多精华都缺少文字记载,大多数民间畲医均年事已高,个别名畲医已去世。畲族民间的良药、良方和精良的医药技术不但难以收集整理,而且逐渐失传。

为使这一神奇的民族医药不失传,抢救、整理和开发畲族医药,使之造福人类已成为当务之急。2005年11月25日,在浙江省丽水市人民医院成立了全国首家畲族医药研究会——丽水市畲族医药研究会。2006年6月,丽水市畲族医药研究会申报的“畲族医药”项目入选丽水市非物质文化遗产名录。2007年,丽水市申报的“畲族医药”项目入选浙江省非物质文化遗产名录;2008年6月14日,国务院公布了国家级第二批非物质文化遗产名录,其中传统医药共计8项,丽水市申报的“畲族医药(痧症疗法)”名列其中。

5. 畲医痧症理论

畲医认为,因风、寒、痧等邪气侵犯肌体,或因过食肥、甘、厚、腻之品,或因久病不愈,耗损胃气,而使脾胃虚弱,运化无力,气机壅滞,风、寒、痧等邪气所致的病症,如头风、风痛、风湿、风寒、风水、风热、风毒、风痧、风疳等。寒证按病因分寒多挟湿、挟风,如风寒、冲水寒、气寒、里寒、寒痧。畲医药不仅用药物,也擅长用发痧来施治。例如,人肌体受到热邪、寒湿之邪侵蚀,易冷易热,头昏胀痛,重者昏迷,畲医药认为属中邪恶。中热邪,发热泪盈眶痧,中冷邪发冷痧;若热湿之邪相关,则发斑蛇痧。治疗痧症等疾病先通利血脉,对病者穴位施行拍痧、吸痧、抓痧、挑痧等疗术,打通筋脉,畅通血流,再内服解毒、排邪恶的青草药。

畲族医药形成一种“痧气”致病学说。痧气分为外感和内伤:外感最常见的有风、湿、火三气入侵,阻滞脉络,使机体筋脉气血不畅。或三气相搏而生;或三气夹杂寒、暑之邪，乘虚而入；或因感染时疫而患；或因秽浊所触而发。夏秋之际，风、温、热三气盛，人若劳逸失度，则外邪侵袭肌肤，阳气不得宣通透泄，而引发痧症。一年四季均有发生痧症的可能，但多见夏秋湿热气盛之时，冬春发病多为感染疫气。天有八风之邪，地有湿热之气，人有饥饱劳役。内伤主要由于贪杯好色，饥饱劳伤，过食肥厚，偏喜辛香热辣之品而生。

畲族医学认为，只要身体出现不适感觉，均可认为是痧气入侵，按痧症进行治疗，故有“痧症无虚症”之说。

6. 畲族对痧症的命名和归类

痧症的病名繁多，各地畲医均不能统一完整叙述。因地域不同产生同症异名，或同名异症。畲医一般以祖传医技而自成体系。痧症的命名一般会按六气、发病部位、仿生形态、病症特征等来命名，生动易记，便于诊断治。根据资料整理，畲医痧症常用病名汇总如下：

眼痧　白眼痧、黑眼痧。

舌痧　羊舌痧、蛇舌痧。

风痧　头风痧、额风痧、流风痧。

斑痧　红斑痧、黑斑痧、紫斑痧。

穿痧　穿骨痧、穿膈痧、穿胸痧。

线痧　黑线痧、白线痧。

肠痧　盘肠痧、绞肠痧、烂肠痧、坠肠痧、小肠痧、大肠痧、扭肠痧（夏日伤暑，腹痛剧烈、意识不清）、漏肠痧（夏日伤暑、吐泻、腹痛）。

动物痧　蛇痧、鱼痧、蛤蟆痧、凤凰痧、乌鸦痧、鹿痧、象痧、狮子痧、猪痧、母猪痧、奔牛痧、夯牛痧、羚羊痧、猿猴痧、狐狸痧、猫痧、老鼠痧、兔子痧、鳝鱼痧、蝎子痧、壁虎痧、蜈蚣痧、蜻蜓痧、老鹳痧、黄鹰痧、螳螂痧、鹊子痧、蚯蚓痧、蜒蜒痧、蚂蚁痧。

气候痧　夏日痧、冷痧、寒痧、热痧、风痧、暑痧、瘟痧。

颜色痧　栀黄痧、乌痧、青筋痧、血腥痧、红珠痧。

病症痧　痨痧、疟痧、疯痧、霍乱痧、缠丝痧、闷痧、漏底痧、血痧、膨胀痧。

其他　滚筒痧、偏枯痧、反弓痧、缩脚痧、珍珠痧、肿身痧、夹警痧、子午痧、夹梅痧、钻心痧、黑珠痧、羊毛痧、暗痧、哑巴痧、肚翻痧、蛔结痧、斜腰痧等。

7. 畲医痧症的辨证方法

痧症病种范围极为广泛，涵盖了内、外、妇、儿、五官、皮肤、骨伤等科。畲医认为，只要身体出现不适感觉，均可先认为是痧气入侵，按痧症进行辨证治疗。对痧症进行发痧祛邪治疗即刻能使疾病痊愈或减轻。痧症虽然与现代医学和中医学的某些病相似,但无论从诊断上还是治疗上均不能相提并论。畲医学对痧症有自身独特的发病观、辨证法和一整套的发痧治疗手段,所以掌握痧症辨证,是正确选择发痧疗法的前提,也是治疗痧症的关键所在。痧症的辨证方法多种多样,归纳起来主要有常规辨证法和特殊辨证法、三焦辨证法三大方法。

8. 传统诊治方法

望、闻、问、切,系中(草)医最传统的诊疗方法。传统诊疗方法,分内服与外治疗法两种:

内服的剂型　汤剂、膏剂、散剂、丸剂。汤剂,将一剂配成的草药煎煮成适量的汤药,分次于饭前或饭后服下。膏剂、散剂和丸剂,亦分别听医师吩咐,采取舔、吸、温水送服的方法内服。

外　治　针刺、艾灸、拔罐、刮痧、推拿、正骨、贴敷、熏洗等。外治可以在医师指导下进行;针刺、艾灸、推拿、正骨必须医师亲治。

(二)畲　药

据畲医传人蓝海松介绍,其祖父蓝章土乃一代畲医,从医60年,大多以草药医治。他本人自1974年6月(当时18虚岁),参加丽水县“赤脚医师”培训班,历时半年。1975年担任村里“赤脚医师”,采用中西医结合和草药为人防病治病,坚持了40年,至2015年治愈病例6000多例。

畲药的用途与种类

据畲医传人蓝海松发现,老竹地处丘陵,草药资源丰富,境内的草药有百余种,其用途可分为以下10种[①]:

消肿止痛类　威灵仙、杨梅根、瓜子金、蛇葡萄、南岭荛花、八角枫、苦爹菜、丹参、水杨梅、支柱蓼。

清肺止咳类　南天竹、瓜子金、枇杷、千日红、单叶铁线莲、岩风、木槿、鱼腥草。

清热解毒类　水龙骨、单叶钱线莲、天葵子、黄栀子、金银花、杠板归。

清热利湿类　马齿苋、海金砂、水龙骨、石韦、三白草、绵茵陈、萹蓄。

祛风除湿类　威灵仙、茳草、八角枫、老鹳草、扶芳藤、五加皮、豨莶草、卫矛、络石藤。

---

① 资料由畲医雷炳生提供。

滋阴生津类　麦冬、天门冬、六月雪。

养血滋阴类　何首乌。

散寒止痛类　马兜铃、竹叶椒、飞来鹤、牡荆。

通便解毒类　何首乌(生)。

跌打损伤类　卷柏、银钱草药、及己、杨梅、红茴香、瓜子金、算盘子、乌蔹莓、南岭荛花、八角枫、猢狲姜、丹参、槲蕨、阴石蕨、竹叶椒、梵天花、徐长卿、球子草。

另外,牛寨村畲医传人蓝海松提供了治疗2种疾病的草药:

中风　钩藤、红藤、释花藤、海风藤、红花、牛藤、桃仁、生地、黄枝根、大青叶、木通、绿柴叶(山麻糍)、水昌蒲、白茅根、红柏鸟、黄柏、野韭菜、茯苓、桑树根、地骨皮、接骨木、杏叶、防己。以上药物应根据病情选用,剂量由执业医师配置,切忌擅自用药。

小孩惊风　三叶青、小春花、雪里开、麦冬、棕榈根、空心杻根,寒杻根、钩藤钩、白茅根。以上药物应由执业医师根据病情选配用药,切忌擅自用药。

(三)畲医传人和畲医名录

老竹畲族镇有畲医有6名:郑坑村雷根德,以草药接骨而出名;牛寨蓝章土,草药行医60年;下桥山背自然村蓝岩宝,18岁从医,后成为曳岭医院医师。另据1994年版《丽水市志》记载,还有赤坑村雷有青,徐庄上村畈蓝中财、钟宝成。他们都以草本行医救人。至2015年,老竹有畲医传人2人。他们是牛寨村蓝章土之孙蓝海松和后坑村双磨自然村雷炳生。

著名畲医蓝蔚　又名蓝宝岩(1909—2000),男,畲族,老竹畲族镇榴溪行政村山背自然村人,是曳岭中心卫生院唯一的一位畲族中医师。蓝蔚自幼好学,少时立志习中医,16岁后得到巨溪名医林云海指点,学业有成。初为乡间从医,1953年参与筹建原崇义联合诊所,并担任财务负责人,与戴芳、郑宗何、潘何平、陈先鲁等中医前辈一起共事,工作期间曾辗转就职于崇义卫生院、丽新乡卫生院、永丰乡卫生院丁公门诊部,由于工作需要,至1979年以78岁高龄而退休。工作期间,蓝蔚勤于把脉,用心救治,救人无数,享誉乡里。1967年6月间,陶村一名何姓少年,发热达42℃,在曳岭医院住院一周后,病无起色,邀蓝氏诊治后,处方两剂,一剂而热退、再剂而神清,身凉脉静,遂转危为安。1968年,丽新乡黄弄村一村民,双下肢肿胀如象腿,且溃烂流脓,请蓝蔚诊疗开药后,10余天时间即肿消腐愈,健步如飞。畲医蓝蔚悉心治病,名鹊乡间,求诊者络绎不绝,名传后人记之。

民间草医蓝章土　男，清乾隆二十七年(762年)出生，生于松阳县城黄岩行政村绳路后自然村，8岁时失去父母，随叔父生活，帮人放牛，18岁流浪到老竹牛寨村安家。由于家中一太婆会用草药给小孩治疗头疼脑热等常见病，打开了蓝章土习医的思想窍门，从此，翻山越岭采集草药，向太婆请教。蓝章土勤劳手快，悉心求学，还经常听取民间一些偏方，3年精通医学基础理论，主治外科，跌打损伤、痂、痈等疾病，也会医治内科肝炎、小孩惊风、风湿、伤湿、水湿、妇女产后生母痉等疾病。

老竹畲族镇畲医一览表

表12-5-4-1

姓名	性别	居住地址	从医时间	主　治
蓝　蔚	男	榴溪村山背自然村	1930—1979年	内科
蓝章土	男	郑丰村牛寨自然村	1921—1955年	外科、跌打损伤及痂痈等
雷根德	男	郑丰村郑坑自然村	1935—1967年	伤外科
钟金龙	男	赤坑村赤坑自然村	1951—1996年	内科
雷有清	男	赤坑村赤坑自然村	1990—2015年	发热、风湿类
蓝中财	男	徐庄村上村畈自然村	1949—2000年	肝、胆
钟宝成	男	徐庄村上村畈自然村	1960—2015年	伤骨科
雷培章	男	赤坑村蔡弄源自然村	1969—2015年	伤骨科
蓝海松	男	郑丰村牛寨自然村	1975—2015年	风湿、类风湿、关节炎
雷炳生	男	后坑村双磨自然村		风湿、类风湿、骨质增生、坐骨神经痛、腰椎间盘突出、肩周炎、关节炎、偏瘫、跌打损伤、皮肤病等

二、现代医疗

(一)卫生院

民国初期，老竹村后街只有一家陈先鲁药店。中华人民共和国成立后，人民政府重视扶持卫生事业，1954年4月建立曳岭卫生所。是年5月陈先鲁药店纳入公私合营，陈先鲁被派至周坦诊所执业从医。曳岭卫生所、周坦诊所属宣平县域管辖，1958年5月划归丽水县，同年8月曳岭卫生院改称曳岭医院，周坦诊所并入崇义公社诊所，保留陶村潘何平药店。1962年5月划至金华专区武义县管辖，同年8月又划归丽水县。1963年曳岭医院购得老竹下俞店的老竹大队畜牧场旧屋(曳岭中心医院地块),扩建医院。1983 年,区所在地的崇义公社卫生院并入曳岭医院,下设永丰公社梁村卫生院、丁公诊所。1992 年撤、扩、并后均属老竹畲族镇管辖。

乡(镇)卫生院是卫生行政兼医疗预防的综合机构,承担全镇的卫生医疗工作任务,同时负责组织、领导群众开展爱国卫生运动,培训卫生技术人员,对村医疗点、卫生室进行业务指导。是农村医疗网点的重要节点,也是解决农村居民看病难的重要节点。自 20 世纪 90 年代初,老竹境内有中心卫生院 1 家,诊所 3 家,村卫生室 2 个。曳岭中心卫生院前身为区卫生所,1970—1980 年,注重农村“赤脚医师”培训,全镇有“赤脚医师”76 人。1954 年 4 月,建院初期,有职工 8 人,1990 年底,全院职工 36 人,其中卫生技术人员 32 人,有主治医师 5 人,主治中医师 1 人。1990 年临床科室设内科、外科、妇产科、中医科、伤骨科、口腔科、五官科、功能检查及其他辅助科室有胃镜室、心电图室、放射科、检查室、中、西药房等,设有病床 30 张,分内科、外科、妇产科 3 个病室。

至 2015 年底,老竹有中心卫生院 1 座,村级卫生室 8 家,诊所 4 家,从业人员达 122 人。2010 年全镇门诊 36405 人次,2015 年为 25456 人次。

(二)设施与设备

2008 年医院投资 605 万元建造了住院楼;2009 年起建起了一幢门诊综合楼,建筑面积 1965 平方米;2010 年又新建了一幢职工宿舍,建筑面积为 1000 平方米,到 2010 年底,曳岭中心卫生院总面积达 5734 平方米,有核定病床 40 张。2010 年,医院添置了西门子彩超 1 台、全自动分析仪 1 台。2014 年又添置了数字化计算机 X 线摄影机(DR)1 台。2015 年添置了全自动生化分析仪、自动尿液分析仪、电解质分析仪各 1 台。

1958—2015 年部分年份曳岭区医院职工人数一览表

表 12-5-4-2　　单位:人

年度	总计	卫生技术人员													行政管理人员	勤杂人员
		合计	中医师	西医师	护师	药师	中医士	西医士	护士	中药士	药剂士	助产士	检验士	其他卫生人员		
1958	8	7						3	2			1		1	1	
1962	6	6		1				3	1			1				

续表 12-5-4-2

年度	总计	卫生技术人员													行政管理人员	勤杂人员
		合计	中医师	西医师	护师	药师	中医士	西医士	护士	中药士	药剂士	助产士	检验士	其他卫生人员		
1965	8	8		1				6				1				
1970	31	29	1	6			2	6	10		1	2	1		1	1
1975	24	22	1	5				4	6		1	3	2		1	1
1980	27	25	1	7			1	4	5		2	3	1	1	1	1
1985	42	38	1	5	5		1	6	6	1	2	5	1	5	4	
1990	36	32	1	5				9	3	1	1	1	1	10	2	2
2000	38	34	2	4	3	1	1	8	2	1	1	1	1	9	2	2
2008	38	34	2	4	2	1		7	8	1	3	2	3	1	2	2
2009	36	32	2	4	2	1		7	7	1	3	2	2	1	2	2
2010	37	32	2	2	2	1		8	8	1	3	2	2	1	2	3
2011	53	45	3	7	2	2		11	8	1	3	2	4	2	1	7
2012	51	40	3	5	2	3		10	7	1	3	2	2	2	3	8
2013	43	36	3	7	5	3		7	4	1	2	2	1	1	3	4
2014	49	42	3	11	7	3		7	3	2	2	2	1	1	3	4
2015	48	41	2	10	5	3		10	4	1	2	2	1	1	3	4

2015 年曳岭老竹中心卫生院主要医疗设备一览表

表 12-5-4-3

品名	规格	数量（台）	配备年份	价格（元）
牙科综合治疗台	CS16 型	1	1984	1550.00
雪花牌电冰箱	BY185 型	1	1982	1060.00
电光分析仪	TC—322B 型	1	1985	663.00
雪花牌电冰箱	F—70 型	1	1974	587.90
妇科综合手术台		1	1988	826.00
电泳仪	DY—74 型	1	1988	1100.00
电动抢救洗胃机	XW201—A 型	1	1986	790.00

续表 12-5-4-3

品名	规格	数量（台）	配备年份	价格（元）
200mAX 光机	FZX—2200 型	1	1976	12900.00
300mAX 光机	X85—30 型	1	1964	3220.00
心电图机	XDH—3 型	2	1979	2880.00
光导纤维胃镜	XS4 型	1	1985	500.00
九孔无影灯	739 型	1	1976	890.00
高频手术电刀	CH74—1 型	1	1978	830.00
电热恒温水温箱	S648 型	1	1978	587.00
卧室圆形高压蒸汽消毒器	YXQGyZI—600 型	1	1987	920.00
雪花牌电冰箱	LBI1—26 型	1	1981	2120.00
超声波机	A 型	2	1977	2800.00
侧面操纵式综合手术台	YCSZ100 型	1	1976	1295.00
骨科包		1	1984	750.00
显微镜	宁波产	1	1964	546.00
进口显微镜	日本产	1	1982	1200.00
可控同步呼吸机	KTH—2 型	1	1986	352.00
心电监护仪	XJ—11 型	1		1100.00
分光光度计	721 型	1	1988	1470.00
心电图机	XDH—3	1	1989	1200.00
西门子彩超		1	2010	
全自动麻醉机		1	2010	
三分类白血球分析仪		1	2013	
数字化计算机 X 线		1		
摄影机		1	2014	
全自动生化分析仪		1	2015	
自动尿液分析仪		1	2015	
电解质分析仪		1	2015	

曳岭区医院历任正副院（所）长一览表

表 12-5-4-4

姓　名	性别	籍贯	职务	任职时间
张一雷	男	乐清	所长、副院长、院长	1954 年 4 月—1962 年 2 月

续表 12-5-4-4

姓　名	性别	籍贯	职务	任职时间
王登峰	男	山东	院长	1958 年 8 月—1958 年 11 月
邵克扬	男	永嘉	副院长	1962 年 6 月—1965 年 10 月
杨联青	男	丽水	副院长、革命领导小组副组长	1965 年 10 月—1973 年 2 月
周村农	男	江苏	革命领导小组组长	1970 年 1 月—1972 年 11 月
邵克扬	男	永嘉	革命领导小组组长、院长	1972 年 12 月—1982 年 9 月
金永棋	男	丽水	副院长	1980 年 2 月—1984 年 5 月
陈献岳	男	丽水	副院长	1976 年 9 月—1985 年 1 月
李训水	男	丽水	院长	1982 年 9 月—1985 年 1 月
程飞龙	男	丽水	副院长	1983 年 7 月—1993 年
涂永昌	男	丽水	副院长	1983 年 7 月—1987 年 2 月
陈献岳	男	丽水	院长	1985 年 1 月—1987 年 2 月
章连成	男	丽水	副院长	1985 年 3 月—1988 年 2 月
涂永昌	男	丽水	院长	1987 年 2 月—1988 年 3 月
章连成	男	丽水	院长	1988 年 3 月—1993 年
张小伟	男	丽水	副院长	1988 年 4 月—1993 年
涂永昌	男	丽水	副院长	1988 年 4 月—1996 年
邓素琴	女	丽水	副院长	1989 年 8 月—1993 年
张小伟	男	丽水	院长	1994—1996 年
钟岳其	男	丽水	副院长	1994—1996 年
徐国华	男	丽水	院长	1997—2000 年
潘晓华	男	丽水	副院长	1997—2001 年
雷仕聪	男	丽水	副院长	1997—2000 年
雷仕聪	男	丽水	院长	2001—2003 年
钟水新	男	丽水	副院长	2002—2003 年
王安平	男	丽水	副院长	2002—2003 年
王安平	男	丽水	院长	2004—2005 年
黄小汉	男	丽水	副院长	2004—2006 年
林和兴	男	丽水	院长	2006—2010 年
梁伟健	男	丽水	副院长	2006—2010 年
李慧龙	男	丽水	副院长	2006—2007 年
华先妹	女	丽水	副院长	2008—2010 年

续表 12-5-4-4

姓　名	性别	籍贯	职务	任职时间
何联武	男	丽水		2008—2010 年
林和兴	男	丽水	院长	2010—2011 年
黄小汉	男	丽水	副院长	2011 年—
陈祖朝	男	丽水	副院长	2011 年—
陈祖朝	男	丽水	副院长主持工作	2012 年—
黄小汉	男	丽水	副院长	2012 年—
陈祖朝	男	丽水	院长	2013 年 3 月—2015 年
黄小汉	男	丽水	副院长	2013 月—2015 年
叶丽萍	女	丽水	副院长	2013 年 9 月—2015 年

1954—2015 年在曳岭中心医院工作过的畲族医师共计 18 名。他们分别是蓝蔚、钟岳琪、雷文翠、蓝余仙、蓝丽民、蓝永康、雷仕聪、雷海贵、蓝美君、钟水新、钟日升、钟玉香、钟丽丽、蓝剑锋、雷玉琴、钟春梅、蓝丽珍、钟媛媛。

三、体　育

畲族是个古老的少数民族，历史悠久，其民间体育与民间传统风俗与日常生产劳动有着千丝万缕的联系，体现了畲族民间体育的独特趣味和竞技性。

（一）竞技体育

据畲族民间流传的主要体育项目有操杠、打铳、稳凳、蹴石磉、竹竿舞、堵棍、竹轿和打拳等。

操　杠　是畲民古传的农耕活动，其发源于很久以前的一个大旱年景，由于水少，发生争水保（育）苗的争执。操杠运动有两人参加，参与者要拆下锄头的锄柄，两人各手持锄柄两端在田岸上以蹲步双脚换步跳跃，以力量和耐力坚持跳跃，能坚持者为胜，几人轮赛，评出一、二、三名，第一名可放田水一昼夜，第二名可放田水一天半，第三名可放田水一天，采取这种和谐方法取得放水保（育）苗的权利。此运动于中华人民共和国成立初在沙溪、后坑、赤坑、郑坑、黄桂几个畲族村有过合作化，1958 年人民公社期间没有被重视，失传半个世纪。

打　铳　此项运动发源于受畲族狩猎，将射箭同狩猎连在一起，畲族民间称“打铳”。

稳　凳　发源于畲族传师学师仪式中的问师爷神，随时代变迁，逐渐演变为畲族民间的一项体育运动项目。这项运动是要用一块中间有洞的石磨，装上一根三尺高的木棒，上方顶一条板凳，四脚朝天，由两人各坐一端，背朝背翘起旋转，选手要在飞旋中俯身捡起地面的圈套，向立杆投掷，圈多投得多而准为胜。2015年，老竹民族学校在体育中开展稳凳、高脚、蹴球、板鞋等系列民族体育教学活动。

堵　棍　又称顶棍。发源于畲族俗语“不做光棍打单身”。这项运动由两人顶住（事先选好的）约2米长的木棍，开局时两人（面对面）拼命往前推，地面中点画线放一物，谁先抢到此物谁赢。

打　轿　即少年儿童玩的“竹竿秋千”，畲族又称“竹轿”，此项运动就是以竹枝编扎一个直径50—60厘米的环套，人坐在环套中，竹梢自然弯曲，有节奏地上下起伏动荡，人似坐在轿中。

打　拳　镇境内有些村庄在农闲季节，特别是冬雪季节，由好武术者牵头，自愿组织若干人，筹集工金（教师工费）聘请拳师傅教练拳术，俗称“打拳”。打拳这一运动，畲汉两族年轻人均有爱好。

民国时期至中华人民共和国成立初，辖区流传一种称之为“三楷”“七步”的拳术与棍术较为强身健体，一度在镇境流行。

“三楷、七步”　“三楷”是一种打四方步的短拳，一共四路。出拳前先施礼，再扎“马步”，然后一路一个方向地打，四方打毕，再换第二路，四路打毕又施一礼。这种短拳，多为强身健体之招数，如作散打，就不打套路，将四路拳花一一拆开，根据对方出招而应招。故师父收徒时，就得先选有一定思想素质的徒弟，并在施教前，向徒弟言明：学这种拳，一定有收敛自身行为，以强身健体、保护自身为目的，切勿轻易出拳伤人，否则害人害己。“七步”是一种防身棍术。它也有一整套的套路，其套路名称为“派柴棍、归心棍、绕棍、北棍、横风、靠身棍、挡头棍”等，每一棍法都各有其用；据施过“七步”棍的老人叙述：“七步”为打墙弄（在农舍墙弄交手最为实用），而古人言：“七步”学成，无须带专门制作的棍防身，柴柴棒棒顺手可得，扁担、棒柱皆是防身器械。“七步”师傅收徒前，也得给徒儿讲一番话，学棍以强身健体的重要性，同时叮嘱徒儿切莫乱伤无辜，要“以棍强身、以棍养性”的“七步”礼仪。

“三楷、七步”是本境民间众多竞技体育和武术中的其中2种。民国时期老竹辖区有徐庄楼根底村，国宝老人会施展“三楷”拳，还有徐庄东头村的海水老人。两位老人虽会施拳法和收徒传教，但其本人十分谦虚和收敛，遇人逢事从不以其“功夫”服人与伤人，人一生敬之。而此拳、棍法至20世纪70年代就无人问津了。

（二）养生休闲

老竹境地气候温和、四面环山，自然景观幽美，是养生休闲的胜地。据《宣平县志》记载：明景泰三年(1452年)增辟了括苍至曳岭古道，北至曳岭头入宣平县(柳城)25千米，南通处州府(丽水)25千米，历为丽水至宣平驿道，供人们入老竹登东西岩养生休闲。明代丽水进士何镗诗称："海内称十八洞天……惟青田石门为最佳，缙云仙都为最奇，而穹窿崛起，怪峰环山峙，莫过于宣邑之东西岩。"古人休闲，莫非就是观景、看戏、听故事、聊天作乐算是甚好的养生休闲方式。

中华人民共和国成立后，老竹人民忙于搞社会主义国家建设，养生观念淡薄，休闲时间少。改革开放后，生活水平提高，人们开始重视养生休闲。早年的"三楷、七步"已成老套，取而代之的健身活动是龙灯、排舞、街舞、腰鼓、篮球、门球、折扇、空竹、舞剑、太极等。

进入21世纪后，老竹镇建有体育健身活动场10个，分布于大片、曳岭脚、新屋、陶村、老竹、后坑、红桥、梁村、浅田和徐庄，篮球爱好者可利用业余时间随时上场练球健身。镇政府还在梁村、老竹、新陶村建有3个门球场，组织了5支门球队，其活动正常有序开展。文化养生、体育养生已成为多数村民的自觉行动。在政府的重视与支持下，全镇建有"天天乐活动点"12个，每天有千余名村民在天天乐活动点参加活动。至2015年统计，老竹境内拥有腰鼓队、打莲香队、太极队、广场健身队、篮球队、乒乓球队、门球队、文艺表演队、桑力球队等文艺体育队伍42支，常年参与各项文体活动达3000余人次。其中，老竹、新陶、后坑村还被定为区级"天天乐"活动示范点。辖区的大片、曳岭脚、陶村、老竹、红桥、景都、黄桂、下桥、仁宅、郑坑、周坦、西岸、梁村、麻铺、高丰、徐庄、浅田、东头、小黄弄、丁公、赤坑等21个村装有健身路径，共有体育健身器材280余件，供村民健身使用。

2012年5月19日，莲都区老竹畲族镇首届农民健身运动会在老竹民族学校运动场举行。镇老年体协和老竹畲族镇各村组成的共26支代表队380多名运动员参加了运动会。2014年11月23日，老竹畲族镇民族学校田径运动场举办老竹畲族镇第二届全民体育运动会。

(三)老年人体育协会

1995年成立老竹畲族镇老年人体育协会，遵照"重在基层、面向全体"的宗旨，本着"乐于奉献、旨在健康"的精神。2008年成功创建为"小康型体育强镇"。2012年创建为"浙江省老年体育(回春医疗保健操)特色项目之乡"。2013年老竹村被核准为"省级文化活动中心"。至2015年底，全镇有60周岁以上老人2342人，"天天乐"广场16个，体育活动场所27个，文体表演队53支。每年重阳节期间，全镇举办丰富多彩的文体展示活动，有效地推动"老有所乐、老有所为”的和谐社会构建工作。

第五节 传统手工艺

老竹传统手工艺种类繁多,大体可分为做木、做篾、剃头、制油、制衣、纺织等。做木可分做大木、做小木两种。盖房称做大木;制作板箱、衣柜、镜台、木椅称小木。制油,老竹的畲族、汉族人都称为打油。老竹镇境畲汉族人将纺纱、织布、打毛衣称为纺织工艺,如编箩筐、畚斗、畚箕、团匾、团箕、纸空、篾簟称为做篾,做篾也分做大篾、做小篾两种。织彩带、织帽、织风斗(帽)、编篾(草)席、编制蓑衣、笠帽称为纺织,统称手艺。

一、制 油

制油,老竹畲(汉)民俗称为“打油”。20世纪80年代前,当地农民打油都是将晒干去壳的油茶籽送到水碓,用油车打油。

(一)水 碓

旧时,水碓是人们碾米、磨粉、打油的“加工厂”。水碓根据村坊大小,设计各异,大的水碓占地面积200—300平方米,内设水(车)轮、对臼、石磨、碾盘、锅灶、油车等六大部分。

(二)水 轮

当地人也称车淋。以一根6—7米长的大根松木制成车轮杆,两头有铁打的淋头箍,中间有一个由直径2—2.5米的木头拼成的水轮,以流水冲(灌)力为动力,带动大木水轮转动,带动房内磨工齿的石磨和碾子进行磨粉、碾茶籽等,碓米亦由水轮转动舂米。

(三)油 车

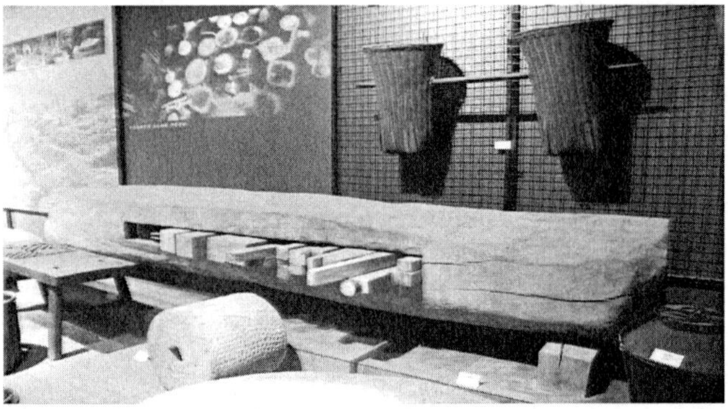
丽水市博物馆收藏的榨油车(梁寅伍 摄)

油车是传统的制油工具。有一个直径1米、厚35—40厘米的圆形空槽,将碾碎蒸熟的茶子原料,用干净的稻(秆)草将原料包扎好,套上事先预制的竹篾扎成的箍(也有铁制的），也叫油箍套子，一个一个地排放到油车槽内，再用垫木（圆形）压紧，在垫木边放入针木块。针木一头稍尖，大小各异，可以调换，插紧针木后，开始打油，第一轮打实了，再增加或调换一块针木。大的油车，前撑有一个高达5米以四根木头组成的架，老竹人叫它“四天王”；中间挂吊一根重量75—100千克的大硬木，此木一头有一个铁箍（圆形），当地人称“油撞头”。

打油开始时由一人把住“油撞头”向刚插入的针木按顺序轮番撞击数次，待槽内“油饼”慢慢压实压紧，即可以接着打。如有料被挤出（称“御箍”）则要把被挤卸的那个“茶饼”卸下重新包装入槽再打。第二轮“油撞头”由两人把手，后面用3—4人，花的力气需要更大，5—6人将“油撞头”拉得老高，用力往前按压。这时正是出油的时候，油车里的油也顺着油车底槽缓缓地流入事先预备好的容器中。打油填料一般要打四伙（分四次打），特殊情况也有打五伙的，打油过程中不断更换针木，一直要打到油车槽内的茶籽饼料有一定硬度，不再出油方可停息。一般年景每50千克去壳茶籽可打出12.5千克茶油，出油率为25%左右。

旧时，水碓油车还可以打桐油、青油（柏籽油）、茶籽油等。1949—1970年老竹镇境内有水碓21座。随着生产技术的发展，水碓及水碓中的油车被碾米机、磨粉机、榨油机所代替，于20世纪80—90年代逐渐退出历史舞台。老竹畲族镇境内的21座水碓、18台油车相继被拆除。

二、纺 织

老竹畲族村民历来有男种棉、女纺纱的生产习俗。畲族妇女喜爱纺纱，将自家种的棉花以手工纺车纺成棉纱线，调成一束束纱卷或纱团，再请织布师傅

丽水市博物馆收藏的纺车（梁寅伍 摄）

丽水市博物馆收藏的土布织机（章定海 提供）

上门织布。有的将纺成的棉纱送到市场交易。老竹村织布师傅刘潘亮，手艺精湛，深受畲民喜欢。他扛着织布机长年在沙溪、后坑、赤坑、黄桂、老竹、周坦等村为人织布，日织丈许，工资不多，主家管饭。

三、编 织

(一) 饰品编织

饰品编织不仅是畲族民间传统手工艺，也是汉族女子须掌握的基本技艺。老竹畲族镇饰品编织主要有手巾、彩带、帽子、肚兜等。手巾、彩带以自制的蚕丝或棉纱为原料，用手工编织。一般以红、黑、蓝、白、黄的蚕丝或棉纱线为底色，将蚕丝或棉纱线牵在工板正中，上好带镜，撑好带撑，即可编织。

畲族手工编织的主要为手巾、彩带①等饰品。手巾的花纹有云头、云勾、云山、荷花、鸳鸯、鲤鱼、太阳、山水等等，手巾长 1.2 尺、宽 6.8 寸。彩带长 5 尺，带宽 0.5—0.8 寸不等。带宽有 13 行、19 行、25 行，等等。彩带纬线大多用白色。带边平板，中间图案有文字、花草、鸟兽等。字样彩带有单行字、双行字等式样，大多是“天地日月、田地山川、住室用具、食品礼物、字中情意”等字样。编织彩带的花纹或字样用带刀挑直径穿横丝即可。带头上还织有“某某”花纹，意为蜘蛛结网，决心相嫁，以蜘蛛为样，不怕风雨，为建设美满家庭而辛勤劳动。旧时畲族女青年常把彩带作为定情信物。

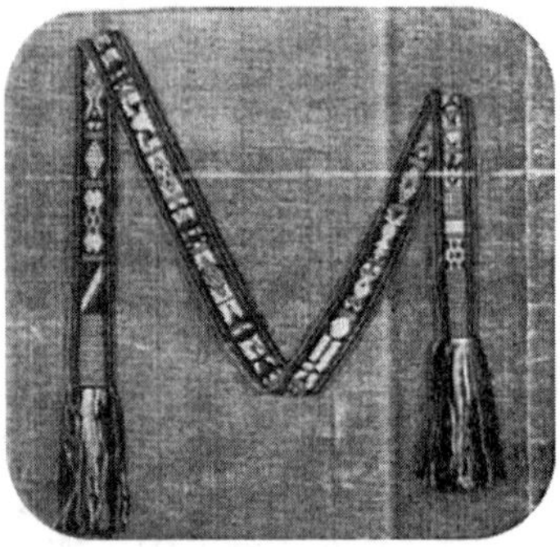

畲族彩带(1)(章定海 提供)

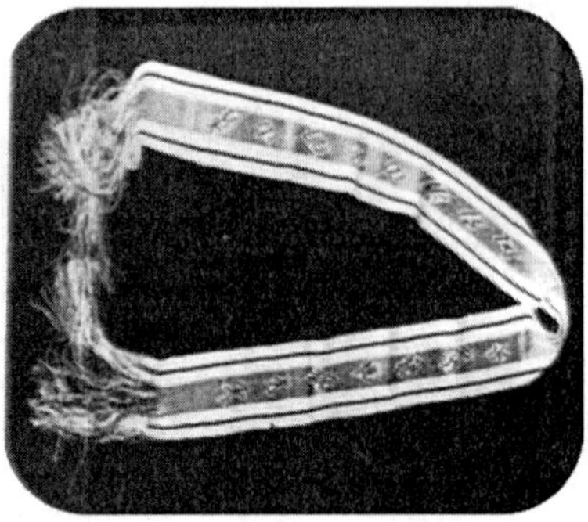

畲族彩带(2)(章定海 提供)

钟银英非遗作品简介 上图畲族彩带(1)是毛线编织，尺寸为 232 厘米×6 厘米×0.1 厘米。该彩带是在畲族传统节日农历三月三的场景创制的。畲族彩带(2)是用纯蚕丝编织的，尺寸为 220 厘米×10.5 厘米×0.05 厘米。该彩带是在

① 彩带：也称花带、字带。

传统畲族彩带的基础上创新编制的，将蚕茧手工抽丝，再用祖传绞线机绞成的纯蚕丝编成。

（二）箩筐编织

箩筐、篾簟、畚箕等竹制品的编织是一种传统手工艺。老竹畲族镇篾匠无几，唯黄桂村雷樟根为畲族篾匠之前辈，赤坑村蓝伟东、雷新富为畲族篾匠传人。

箩筐编织，高度集中表现出畲族篾匠的智慧和才能，在篾筐编制中，整个过程分取料、制料、编织三个过程。编织箩筐的篾料，首先用篾刀将毛竹破开，制成若干小片，去掉篾黄，再将留下的篾青分破为三层，即头层篾（青）、二层篾、三层篾，而后将篾片破成篾丝或篾片，用尖门铁或刮刀刮光，开始编织，编成粗坯，再取丝篾锁口、抢甲。箩筐，老竹畲族镇农村有两种叫法，以篾丝编织的叫筛箩，以篾片编织的叫板箩。筛箩只能装谷、豆、麦、番薯、玉米、茶籽等颗粒大的粮、油原料；以篾片编织的叫板箩，可装米、面、油菜籽等食品和原料。而篾匠编织工日数量也有不同，编织筛箩的一般为一个工日，而编织 2 只板箩要两个工日。

（三）斗笠编织

老竹畲族农民出行、农事干活均有戴斗笠的习惯。1980 年前，当地畲族妇女有用麦秆、蒲草编织草帽的习俗。

编织麦秆箬帽，畲女取麦穗下一段长达 30—40 厘米的麦秆，将其漂白、压扁，打成 7—9 股的“麦秆辫”，这种“麦秆辫”的头为圆形或方形，编到 4—5 米为一顶麦秆箬帽，这种麦秆编制的箬帽只能在晴天遮挡太阳，被淋雨就会发黄、发霉，影响使用寿命。

（四）草鞋编织

早年草鞋是农民出行和从事相关农活的必备之用品。在民国时间与中华人民共和国成立后的 1980 年前，老竹畲汉 90%的农民都有编草鞋的习惯与手艺。一般农户都备有 3—5 双草鞋。

编草鞋，时间一般选择在雨天或冬季的农闲季节。传统编草鞋工具简单：草鞋耙 1 个、大木棰 1 个、草鞋摧（长 40—50 厘米、3 个齿）1 个、小手连棰 1 个。

编草鞋的原料：苎麻或绿麻、糯稻草或破布条均可作为编制草鞋的原料。

编织过程：取苎麻或绿麻若干，搓成草鞋绳（当地畲民称“草鞋栅”），再取糯稻草 1 把，用大木锤锤软，抖净粉末与稻衣，使糯稻草又韧又软，便可置一条四尺凳，架草鞋耙，根据穿者脚码计放草鞋栅（绳），开始编草鞋“鼻头”（草鞋最前面部分，3—4 厘米，一般用麻绳），草鞋“鼻头”编成，即可一股一股往前编鞋掌(中间部分),编到脚小指部位要在两边用苎麻或绿麻套在边草鞋栅(绳)上放置两只“耳朵”(穿草鞋带用),得编到脚掌三分之二处,又要在左右双边的草鞋栅(绳)上用麻做两只扣,继续编后脚掌,看尺寸差不多,再编草鞋后跟,后跟稍窄,在后跟部将草鞋栅往两边分开锁住,通过弯折与三分之二处的扣连接,穿上草鞋带,即可成功编制一只草鞋,然后再编另一只。草鞋为直底,一般不分左右,两脚均可履,且经济实惠。

(五)蓑衣编织

蓑衣编织是非物质文化遗产,以毛棕编织而成,是农民雨天出行、下地劳动作业的一种雨具,与斗笠配套。

蓑衣的编织过程:取毛棕 2.5—4 千克,去棕骨,以棕搜(耕状),将去棕骨的毛棕梳理成棕丝,将理直的棕丝压在桌上或大板凳上,编织(穿蓑衣)老师用一种叫料肖的工具,将棕丝打成棕线,再将一片片棕片放在桌上或门板搭成的棉床上,拼成要编(穿)的某一块料状,就开始用棕线将一片片拼成的棕片一针一针编织(穿线)成形。蓑衣分上身和下围两片,上身分领口、披肩、背三个部分,下围为一大块,中间由绳带片连接,有的在下围还编有一个口袋,便放一些小物件。一件蓑衣成品的重量为 1—2 千克。物质文化遗产传承人宋朱平祖辈从事蓑衣编织,还会编织柴绳、箩绳、棕袋、磨刷子、桌刷、棕扫帚、棕包、担络、棕绷床、棕毡等用品。

第六节 社会保障

农村低保、农村新型合作医疗是社会发展新形势下的一种社会保障制度。老竹畲族镇人民政府根据国家有关法律、法规,结合当地经济发展水平,依照国发〔2009〕32 号《国务院关于开展新型农村社会养老保险试点的指导意见》和莲都区人民政府莲政办发〔2004〕145 号文件精神和《丽水市莲都区最低生活保障管理实施办法》等精神,坚持“保障基本生活,公开、公平、真实;国家保障与社会帮扶相结合,鼓励劳动自救、应保尽保、应退尽退、动态管理”的原则,于 2005 年开始抓这项工作,经努力,农村低保、新型农村合作医疗保险都取得了一定的社会效益,促进了社会的繁荣和稳定。2012 年,老竹畲族镇有 5074 人参加城乡居民养老保险,3918 户参加农村政策性保险,249 名残疾人享受农村低保,基本实现保险全覆盖。到 2015 年底,全镇 7174 户 16467 人,有 372 户 419 人享有农村低保金,11616 人参加了新农合保险。

一、农村低保

老竹畲族镇人民政府根据《丽水市莲都区最低生活保障管理办法》和相关文件，设立社保便民服务中心，具体负责农村低保工作，根据《实施管理办法》第二条之规定："家庭人均收入低于当地低保标准或确定为二级以上(含二级)的重度残疾人，其家庭实际生活水平高于当地低保标准100%—150%的困难对象，均可向户籍所在地乡镇人民政府或街道办事处申请要求获得基本生活保障和物质帮助的权利。"根据文件精神对镇辖区的残疾人、困难户、五保户和城镇"三无"人员进行调查核实，并根据《实施管理办法》规定的"应保尽保、应退尽退"的原则，逐年确定低保对象。老竹畲族镇人民政府年鉴资料显示：2008年对256户低收入农户508人，按上级政府要求落实了"一户一策一干部"扶贫结对措施；2009年新批准低保户45户。2010年老竹畲族镇低保户达337户404人，五保户70人。2012年，全镇249名残疾人享受低保。2013年新增低保对象15户15人。2015年老竹畲族镇农村低保对象达458户537人。

二、新型农村合作医疗保险

新型农村合作医疗保险，简称"新农合"。老竹畲族镇人民政府根据丽水市莲都区人民政府办公室莲政办〔2004〕145号文件《关于印发丽水市莲都区新型农村合作医疗实施办法(试行)的通知》要求，于2005年在全镇实施农村合作医疗制度。2008年，老竹畲族镇有12253人参加新型农村合作医疗保险，参保率为85.3%。2010年，全镇有11202人参保，2012年12109人，到2015年全镇11786人参加新型农村合作医疗保险。

2010年与2015年各行政村新型农村合作医疗参保一览表

表12-5-6-1

<table>
<tr><th rowspan="2">行政村名称</th><th colspan="3">2010年</th><th rowspan="2">行政村名称</th><th colspan="3">2015年</th></tr>
<tr><th>人口(人)</th><th>参保人数(人)</th><th>参保率(%)</th><th>人口(人)</th><th>参保人数(人)</th><th>参保率(%)</th></tr>
<tr><td>大片</td><td>361</td><td>290</td><td>80.33</td><td rowspan="2">曳岭脚</td><td rowspan="2">1686</td><td rowspan="2">1287</td><td rowspan="2">76.33</td></tr>
<tr><td>曳岭脚</td><td>1273</td><td>783</td><td>61.51</td></tr>
<tr><td>黄桂</td><td>706</td><td>563</td><td>79.75</td><td rowspan="2">榴溪</td><td rowspan="2">1281</td><td rowspan="2">1015</td><td rowspan="2">79.23</td></tr>
<tr><td>新屋</td><td>591</td><td>448</td><td>75.80</td></tr>
</table>

续表 12-5-6-1

行政村名称	2010 年			行政村名称	2015 年		
	人口（人）	参保人数（人）	参保率（%）		人口（人）	参保人数（人）	参保率（%）
陶村	768	587	76.43	新陶	1424	1020	71.63
下桥	544	401	73.71				
沙溪	438	331	75.57	沙溪	671	490	73.03
仁宅	193	147	76.17				
老竹	1829	1426	77.97	老竹	2010	1414	70.35
后坑	716	546	76.26				
郑坑	249	179	71.89	后坑	1136	829	72.98
红桥	322	279	86.65				
周坦	983	702	71.41	周坦	1618	1131	69.90
西岸	509	392	77.01				
高丰	249	202	81.12	郑丰	517	392	75.82
梁村	1264	953	75.40				
徐庄	870	685	78.74	梁村	1333	984	73.82
浅田	496	335	67.54				
东头	383	277	72.32	徐庄	2308	1793	77.69
小黄弄	400	298	74.50				
丁公	475	355	74.74	丁公	757	574	75.83
麻铺	251	198	78.88				
章记	247	181	73.28	赤坑	1138	857	75.31
赤坑	405	338	83.46				
高畔	464	306	65.95				
非农	5587	—	—	—	—	—	—
合计	20573	11202	—	—	15879	11786	—

说明：总人口数包含中、小学生及外出人口。

三、敬老院

1982 年 12 月 29 日，崇义乡政府在东西岩景区毗邻的沙溪村建立“老竹敬老院”(院址借用崇义公社林场职工宿舍)，建院初，有周坦、后坑、曳岭脚、陶村 4 位“五保”发证老人入院。

1995年原丽水市(县级)人民政府依照相关文件规模创办敬老院。2005年总投资133.68万元在沙溪拆除原崇义中学校舍,新建老竹敬老院,占地面积2180平方米,建筑面积2380平方米。院内设有厨房、餐厅、活动室、浴室、卫生间、办公等附属用房,设有扶手等设施,配有灭火器、应急灯等消防器材。2010年7月经济体制改革后由民办非企业单位变更为纯公益事业单位。有工作人员12人,其中院长1人、财务1人、其他勤杂人员10人。2015年,老竹敬老院有房间41个,床位82张,有在院五保老人64人,户院挂钩49人,孤儿2人。

敬老院秉承"老有所养、老有所学、老有所为、老有所乐"的办院方针,定期开展健康有益的文化娱乐活动。区、镇两级老年体协组织每逢重阳节,都给敬老院老人带去慰问品和精彩的文艺节目。

第六章 语言与口传文学

畲族有本族的语言,却没有文字。畲语可以在全国各地的畲族之间交流,但老竹畲民在族内交往讲畲语,与汉民则讲老竹本土方言。在漫长的岁月中,老竹畲族形成一种颇具特色的口传文化,包括畲语、畲歌、畲族民间故事、畲族谚语等,记录着老竹畲民的过去与现在,代代相传。

老竹畲族迁入已有几个世纪,畲族民间诗歌伴随着畲民的生产、生活走过了漫长的历史,成为畲民生活、社交的一个重要部分,对歌、盘歌是畲族人民娱乐的一种重要形式,也成为畲族男女相识、相恋、结亲的方式。畲族的故事、民谚等与畲民的日常生活息息相关,既给人带来智慧和欢乐,也展现出畲族民间文化之魅力。

畲族文化内容丰富,形式多样,除畲语、山歌之外,民间口头文化也是其中之一,按其内容可分为民谣、谚语、神话、传说、故事等诸多种类。

第一节 语　言

畲话,也称"山哈话",意为"山客话",属汉藏语系苗瑶语族,语支未定,类似汉语客家话。老竹畲族同各地畲族一样,通行双语制,即与汉族交流时,使用老竹本土方言或汉语普通话;畲族内部交流时则使用本族内部通行的畲话,本志记述的畲话就属于这种语言。从前畲族禁止与外族通婚,畲话因而保持着许多原始特点。畲语音调永远保持畲话特色。名词在不断更新,动词、数词、量词、介词、助词、副词等却基本不变。形容词的应用较少。畲民迁徙到任何一个地方,其语言就会和当地方言有机结合并传承下来。改革开放后,随着小城镇化的迅速发展,畲汉通婚和融合进程加快,畲族孩子在学校接受汉语教育,如汽车、电影、电灯、钢笔、书报、尿素、磷肥等常用语基本上接近汉语,而语音则与汉语大不相同,但有些名词与汉语大不相同,如节漆树,畲话就叫作“铁(tān)篱(lí)西(xī)”。随着社会的进步，畲话也不断地发展和创新。

老竹畲族镇政府加大力度保护畲族文化，通过举办“三月三”畲歌会等畲族传统文化活动，传承畲族文化，以使畲话很好地传承下去。

一、畲　话

(一)语　音

畲话(山哈话)翘舌音少，唇齿音多，语言节奏感强，舌尖音和舌面音较多，畲话最大的特点是：超地域，在族内交流方便。在整个国家基本统一，语音、语调和节奏，个别词语因受地方方言影响，音节不太一致。

畲话的语音及含义一览表

表 12-6-1-1

畲话音	含义
侔(nü)	肉
食(xí)	吃
符生崽(fu san　zhai)	后生
代公(dai góng)	岳父
虚(xǘ)	水
佬(lǎo)	嬉
腮伶(sai lin)	小孩
安公(an　gong)	祖爷
阿姆(a mu)	祖母
热头(rie tuo)	太阳
酿头(niang tuo)	早上
日昼(ni jiǔ)	中午
暗布(an pǔ)	晚上
崽(zhǎi)	儿子
阿妈(a mao)	奶奶
布妮崽(bu nin zhāi)	姑娘
代叵(dai po)	岳母
待公(dai gōng)	外公
割禾(ge wo)	割稻

续表 12-6-1-1

畲话音	含义
来担(rei tán)	耕田
目太(mao tai)	别看
裸虚(iu xú)	下雨
找(zhao)	跑
行(hǎn)	走

(二)词 汇

畲族在传统畲歌抄本中,利用与本族语言同音的汉字,或利用汉字某些偏旁结构另造新字,来记录本族语言中一些特殊音、义。这种构成法反映出当地畲族语言特色。

老竹畲话部分日常用语一览表

表 12-6-1-2

普通话日常用语	畲话的汉语语音
吃早饭	食(xí)念(nian)头(tou)
吃中饭	食(xí)念(nian)酒(jiu)
吃晚饭	食(xí)安(an)布(bu)
天晴	滩(tan)苍(cang)
下雨	落(luo)虚(xú)
下雪	落(luo)雪(suai)
刮风	希(xī)崩(beng)
插秧	补(bu)坛(tan)
耘田	哈(ha)草(cǎo)
看戏	太(tai)嘿(hǎi)
吹火筒	火(huo)棍(gun)
泥鳅	符(fu)溜(liu)
锄头	巨(qú)头(tòu)
什么	西(xi)奈(nao)
鼻子	仳(pi)洞(dong)
耳环	妮(ni)酿(nian)
闪电	老(lao)公(gong)洋(yan)

续表 12-6-1-2

普通话日常用语	畲话的汉语语音
理发	滩(tai)头(tou)
头发	头(tou)毛(mao)
姑娘	布(bu)妮(ni)崽(ze)
小伙子	付(fu)嗓(sang)崽(ze)
哪里	奈(nà)乍(zà)
筷子	撑(can)高(gao)
掘地	掘(gui)虾(xia)
掘芋	掘(gui)浮(fú)卵(luan)
洗衣服	筛(sang)伞(san)
燥	炸(za)炸(za)
烧饭	煮(ju)盼(pán)
箬帽	笠(li)头(táo)
冰雹	龙(long)卜(pò)
雷阵雨	老(lāo)公(gong)虚(xǔ)
公鸡	该(gāi)公(gòng)
母鸡	该(gai)佣(yōng)
杀猪	勒(lao)朱(jū)
摘茶叶	川(qua)茶(ca)米(mai)
好东西	好(hāo)瑙(ráo)瑙(ráo)
笊篱(早上捞饭用)	捞(lǎo)皮(pí)
节漆树	铁(tān)篱(lí)西(xī)

(三)词 法

1. 单音节词多

间(房间)　　有(没有)　　秆(稻草)

苎(苎麻)　　箩(箩筐)　　蚁(蚂蚁)

2. 保留古汉语词汇

正奚(真是)　　莫须哎(不要去啊)　　赤(红)

禾(稻)　　崎(陡)

真皓(真亮)　　啮(咬)　　斫(砍)　　走(跑)

3. 变义用法

老竹畲族镇畲话变义词词法一览表

表 12-6-1-3

畲语例词	汉语原义	含义	例句	用法
喔	鸣叫声	叫喊	喔人开会	象声词用如动词
呸	象声词	唾吐	牙血呸出来	(同上)
嚎	哭声	啼哭	快的(赶紧)莫号	(同上)
戥	小秤	用秤称	戥柴爿	名词用如动词

4. 转借和引申

老竹畲族镇畲话转借和引申词法一览表

表 12-6-1-4

畲语例词	含义	例句
讲究	原因	这件事情有讲究
干戈	牵连、相干、有关	其与你无干戈
出处	结果、结局	其会无出处
切	想念	切娘峒里好树花
度	娶	郎要度娘来管家
乃	只	乃听少娘好名声

5. 偏义复词

老竹畲族镇畲话偏义词词法一览表

表 12-6-1-5

词例	含义	例句
饭箸	饭和筷	筷子
酒水	酒和水	酒
雾露	雾和露水	雾
坑沟	山坑	大坑(大溪)

6. 构词带有古代语素的痕迹

猪囚(猪圈)　　鸡基(鸡窝)

酒瓯(酒杯)　　牙痕(牙印)

悭基虫(吝啬鬼)　　颈燥吾涸(口很渴)

7. 构词带有“象形”“指意”色彩

弯丢丢(很弯)　　水渍渍(很湿)

崎蹬蹬(很陡)	哑溜溜(很滑)
乌冬冬(很暗)	烘燎燎(火烧得很旺)
满西该(到处)	呸米水(痰)

8. 一词多义

引申和比喻用在不同的句子中有不同的含义。例如“蒂”,本是“花蒂”的“蒂”,因花生果,果结在蒂上。畲语把蜂刚开始筑巢叫“蜂蒂”,把“怀孕”叫作“作蒂”。再列举:

世界——事业(作世界)、地方(满世界)

头对(对象)(好头对)、夫妻(结头对)、会面(头对头)

定当——确定(讲定当)、完毕(做定当)、糟糕(真定当)

分——分开(分家)、给(分我)、被(分人打)、辨别(分清)

凑——增加(食的凑)、恰巧(真凑)、帮忙(凑下)、延长(看下凑)

9. 把修饰、限制的偏词放在主词之后

以餐具类列举:

碗公(大碗)	刀拜(菜刀)	作头板(切菜板)
铲起(镬铲)	镬崽(小锅)	镬珊(竹刷)

10. 有些词尾带有固定的腔调

以“子”“崽”“儿”作缀词,表示小或含鄙视,或归一类物。如:

凳崽——小矮凳(示小)

贼崽——盗贼(含鄙视)

嫩菜儿——小菜苗(示小)

柴子——野生果实(归类)

以“翁”表示铁器工具的背部。如“刀翁”(刀背)、斧头翁(斧头脑)。如用“卵”“皮”表示事物的形态与性状。

光头卵——圆而光滑

茶子卵——圆或完整未破

石鼓皮——指表皮或喻薄状

苦皮——植物的薄表膜

用“伶”表示一端大、一端小的尖状物体。

田角伶——尖形田角

栋杆伶——扁担的尖端

石鼓伶——圆而尖的长形石

茶壶怜——茶壶嘴

11.有些地名,与通常汉语称呼有别

半源——杉坑	岭玟顶——茂端	车圩——东
城竹兜——柿树坳	撑石岩——山寮	上寨——牛角山
石板垄——腾坑	七尖——小子坑	东岩——张源头
乌岩东——阴岩	牛凭——吴坪	角廊头——谷垟头

(四)语 法

语法结构一般与汉语语法差不多,以特定的语序、虚词和语感来表达情意。但是它也具有民族性、稳固性和一致性的特点。略同述异、偶举数例:

1. 常用反问句式表示肯定或否定。

我讲阿唔奚?(我说的没有错。)

我讲是阿唔喔哈?(我说的是对的。)

还有人劝你阿唔?(看,再没有人来劝你啦。)

就是其顶好啊?(不一定就是他最好。)

2. 词序与现代汉语不同

谓语前置　烂手爪啦啊(手烂起来了);做认真的(认真点做事)。

宾语前置　饭食了就来(吃了饭就来);你寮人客来啦(你家来了客人);茶泡好(泡好茶)。

定语、状语后置　其寮牛买来了,壮壮咯(他家买来一头肥壮的牛);楼下老鼠逐个都死掉啦(楼下个个老鼠都死掉啦);我寮田禾见丘都有水(你家每丘稻田都有水);分(被)烫烫虫(毛毛虫)烫去真痛,火烧火辣的(被毛辣虫螫去火辣辣地疼);真么咕人(人不舒服)。

补语前置　我寮猪有好吾涸(我家的猪吃得很好)。

省略句成分　(我)难得豢着你(省主语);(他)真正去掉啦?(省主语);我讲的卖错(不会错)!(省谓语);奚个鬼念着(你)啦!(省宾语);无(一)日好(省数词);你寮个个(人)都会唱歌(省代词);帮我(的)书拿来(省助词);管其(就像)管(自己的)子女(一)样(多种成分省略)。

使动、意动和被动用法　个(这)真气人(这事真使人气恼)——使动;莫吃亏其(不要使他吃亏)——使动;莫打水[不要被雨打(湿)]——被动。

借助证据词加强陈述、感叹或反问的力量　常用复音重语气词。例如:我真唔去啰(我真的不去啦);真倒霉哩(真倒霉哩啊);体面唔涸罗(很体面啦);我就去的格(我去就是)。

（五）畲语造字

畲语通用汉字，但实际生活中，汉字不能全部表达畲语的语音和词意。族内有些普遍通行并流传的自造字表示畲语的音义，或借用汉字表示约定俗成的畲语词义。可以说是畲语造字的一种迹象。常见于畲族民歌手抄本中，例如：

伓（吾）——表示否定词“不”。

塈——表示介词“问”“对”和连词“与”“同”“跟”。

亻彳——表示动词“站”。

娚（佬）——表示动词“对歌”或“游玩”。

娘——表示称谓“母亲”。也表示“女子”“姑娘”“我娘”，即女子自称。

纽——表示量词“朵”“枝”。

纤——表示量词“朵”“枝”。

掌——表示动词“住”。

寮——表示名词“房屋”。

关于畲族的文字，据清代蔡永兼及现代史学家考察福建华安县汰溪摩崖石刻云：“他字潭古为畲家故乡，后畲家逐走歹人，刻石记事。又有漳岩之龙门，漳郡之兰太武祝贺加刻文字，故为畲族等三种古文。”说明畲族本有“民间文字”，已失传。

二、老竹话

老竹畲族镇地处丽水市莲都区西北面，东邻太平乡，西与丽新畲族乡相连，北接武义县溪口乡，南与联城街道接壤，方言语音、语调近似丽水语，但又有一种独特的腔调，听起来干脆利落，不带余尾音，有人说老竹话有点硬邦邦的。其实不然。听惯了都一样，蛮悦耳动听的，给人以亲切感。比方说：“你早！你好！吃过味（没）？”听起来是单枪直入，其实，简明扼要，很亲切，很少带“哎”“啊”“吧”的语气助词和叹词。在此列举部分日常用语、农具、家具、食物、花卉等名称的方言乡音供参考：

老竹话日常用语一览表

表 12-6-1-6

普通话	老竹方言以汉语拼音注音	说明
太阳	热头（nie tóu）	
脸盆	面桶（mián tóng）	旧时用木板箍成的器具
早上	天刚（tian gang）	
中午	内午（nèi wǔ）	
晚上	乌议（wu nin）	
插秧	插田（cha tián）	

续表 12-6-1-6

普通话	老竹方言以汉语拼音注音	说明
耘田	乎田(hū tián)	
看戏	望戏(màng xì)	望:方言 màng
冰雹	龙坡(lóng pó)	
打雷	响雷公(xiang lei gong)	带闪电的又特响的称"雷公乖"
玩耍	嬉嬉(xī xī)	
顽皮	调皮(tiáo pí)	
理发	剃头(tì tóu)	
跑	乖(guāi)	
跑来	乖哩(guai li)	
跑去	乖叩(guai kou)	
畲族人	畲过人(shang guòu ren)	"人"念能
汉族人	民过人(ming guòu ren)	
节约	称做人家(zuo ren jia)	方言"家"念 guó
盖房子	盖屋(gai wō)	
挖红薯	掘番薯(jué fán zhi)	番薯丝、番薯片、番薯干
灰铺	灰寮(hui liāo)	
南瓜	金瓜(jing guó)	"西瓜"念"丝瓜"
萝卜	菜头(cài tóu)	
做好事(酒宴)	摆排场(bāi pái chǎng)	场(丈)
父亲	伯(bai)	
母亲	媚(méi)	
爷爷	公(gòng)	重叠称公公
奶奶	娜(nà)	重叠称娜娜
姐姐	妲妲(dá dá)	
哥	哥(gu)	
凳子	板柄(bān bìng)	柄念第四声
椅子	交(高)椅(gao yi)	
石磨	麦磨(mán mò)	古时磨粉用(把粮食弄碎)
石臼	对臼(duì jiù)	
电视机	电视机(diàn sì zhī)	
轮船	轮船(léng xuán)	

续表 12-6-1-6

普通话	老竹方言以汉语拼音注音	说明
篾簟	地簟（dǐ diàn）	古时舂米用的器具摊在地上晾晒用
谷箩	板箩（bān lú）	盛粮食用
风车	风柜（feng ju）	扬匾[①]谷用
玉米	苞萝（bāo lú）	
大麦	杜麦（dú mái）	
小麦	细麦（si mái）	
马铃薯	洋芋（yáng yù）	
杜鹃花	山茶花（shang zúo huā）	
李子	麦李（mái lí）	

① 匾：指冇。

第二节 口传文学

畲族是一个爱唱歌的民族，有以歌代言的传统习俗，老竹畲歌是当地畲民在生产、生活实践中的口头文学创作。由于畲族没有文字，畲民以口传的方式把故事传说、奇闻趣事、生存状态、风俗礼仪、知识经验、传统信仰礼仪乃至个人的喜怒哀乐，编成通俗易懂、易学易记的歌谣，广为传唱，世代传承。

一、畲 歌

老竹畲族迁入有 380 年，畲歌是伴随着畲民生产、生活走过了漫长历史的歌谣，形成了历史歌、劳动歌、时政歌、生活歌、情歌、风俗歌、杂歌等畲歌，以传承民族历史文化，传播生产、生活知识，进行启蒙教育和伦理道德教育，以及代言议事、婚恋媒介等。2015 年，老竹畲族镇有业余民歌手 11 人，其中男 5 人、女 6 人。

（一）畲歌类别

传说，有一个叫蓝念五郎的畲族年轻人，家住深山，跟随山外一位汉族师公学艺，每天深夜才回家。他夜晚走冷清的山路，为了壮胆，就将从师父那里学来的咒语大声地朗诵起来，那声响传出后，在深山中立即引起回音，好似一唱一和，他感到很有趣，回家就同妻子讲了，并由自己唱，叫妻子回唱，结果觉得蛮好听。这种对歌慢慢地流传开来，就成了畲族的山歌对唱。如今，对歌已经成为畲民生活和劳动的组成部分。

畲歌是一种无伴奏的民间曲调。据1994年版的《丽水市志》载，丽水畲族没有专业音乐家。畲族民歌格式基本上是每首七言四句，一般28个字为一条，构成一个乐段。曲调以五音为主，其排列是宫(1)、徵(5)、商(2)、羽(6)、角(3)等5个调式。曲调节拍，以自由节拍居多。拍子有2/4、4/4、3/4、6/8等8种形式，有的是几种拍子相结合。

畲族人民能歌善舞，以歌的形式创造了绚丽多彩的文化艺术和民间文学。

1. 历史歌

《高皇歌》 是畲族最主要的一部史诗。《高皇歌》是畲族民歌的代表作，被畲族人视为"创世史诗"。根据抄本不同，整首歌有400—500行。《高皇歌》又称《盘古歌》《龙王歌》，手抄本流传甚广，几乎家喻户晓。1991年浙江省民宗委反复征求浙江歌手的意见，编选为112节448行，并配以歌词主要情节的畲族图和国际音标，作为中国少数民族畲族古籍出版。

据蓝、雷、钟氏宗谱记载，远古的帝王高辛氏是他们的始祖，忠勇王龙麟与三公主所生的三子一女，高辛王分别赐以盘、蓝、雷、钟四姓。此后经过几千年的生存抗争历程，这四姓顽强地生活并繁衍为一族。老竹的畲族最早是蓝国用支族蓝应瑞于明崇祯八年(1635年)迁居仁宅村，至2015年已有381年历史。

畲族传世祖歌《高皇歌》是七言诗格式的长篇叙事山歌。诗中记述了畲族始祖盘瓠不平凡的来历，征番的丰功伟绩，以及率领全族子孙垦荒种田，辗转迁徙的历程。歌中分为盘古开天辟地，皇五帝掌管天下，雷王犯罪竞危及高辛王，龙麟请缨平番有功，招龙麟为驸马与三公主婚配，高辛皇赐畲族盘、蓝、雷、钟四姓，龙麟不愿为官举家搬迁广东潮州凤凰山，龙麟打猎殉身，盘、蓝、雷、钟四姓子孙向闽、浙迁徙以及对族内婚、传师习俗都有详尽的唱述。现将老竹畲族镇流传的《高皇歌》节选如下：

盘古开天到如今，世上人何几样心，
何人心好照直讲，何人心歹侩骗人。

讲山便讲山乾坤，讲水便说水发源，
山哈当初住广东，祖安潮州凤凰山。

当朝坐天高辛皇，国泰民安谷满仓，
番边番王恶心起，来争江山抢钱粮。

番王作乱反过功，手下兵马无万千，
争去地盘几多郡，边关文书报上京。

番边大乱出番王，高辛皇帝心惊慌，
便差京城众兵起，众兵差去保边疆。

番边兵马来得强，高辛兵马难抵挡，
打过几回都输了，退兵回转奏高皇。

高辛接本心惊慌，便喎[①]朝官来思量，
一切办法都使尽，挂出皇榜招贤郎。

皇榜内里表灵清，谁人法高挂职印，
收服番边番王乱，招为驸马再封身。

挂出皇榜三日正，龙麟[②]晓得近前仰，
随手便来收皇榜，收落皇榜在身边。

朝官带其见皇帝，龙麟自愿去平西，
领旨转身唔见影，一阵云雾去番界。

番王酒醉眠高楼，身盖金被银枕头，
文武朝官唔随后，龙麟割断番王头。

番兵番将追过来，云露雾来似云盖，
番边兵将追唔着，其追唔着往后退。

割来王头过海洋，神仙老君来相帮，
腾云驾雾游过海，官兵接头使盘装。

① 喎：叫或喊的意思。
② 龙麟：龙麒。

官兵接头使盘装，奉上殿里去见皇，
皇帝眎[1]见心欢喜，愿招龙麟做婿郎。

龙麟平番是惊人，公证自愿来结亲，
皇帝圣旨封下落，龙麟是个开基人。

龙麟平番立大功，招为驸马第三宫，
封其忠勇大王位，王府造落在广东。

三男一女生端正，皇帝殿里去捞[2]姓，
大子盘装姓盘字，二子蓝装蓝字姓。

第三细仔正一岁，皇帝殿里捞名来，
雷公云头响得好，笔头落纸便姓雷。

忠勇受封在朝中，亲养三子女一宫，
招得军丁为驸马，女婿本来是姓钟。

三男一女封端正，好努皇帝管百姓，
掌在广东潮州府，留传后代去标名。

龙麟自愿官唔爱，京城唔掌广东来，
唔受好田去作山[3]，山场林土其来开。

龙麟起身去广东，文武朝官都来送，
凤凰山上去开基，山场土地由其种。

龙麟自愿官唔爱，一心闾山学法来，
学得輸法来传祖，头上又何花冠戴。

① 眎：看的意思。
② 捞：讨或求的意思。
③ 去作山：去种山。

闾山学法法言真，行罡作法斩妖精，
十二六曹[①]来教度，神仙老君救凡人。

灵感法门传子孙，文蝶奉请六曹官，
女人来做西王母[②]，男人来做东皇公[③]。

凤凰山上是清闲，日日擎弩去上山，
乃因岩头捉羊仔，羊头龙麟跌落岩。

龙麟身死在岩前，寻了三日都唔见，
身死挂在树丫上，老鸦来呙正寻见。

龙麟放落安棺椁，大细男女泪哭燥，
头古白帽两个身，身着苎布尽戴孝。

龙麟落棺未安葬，功德[④]日夜做得忙，
闾山法主来安位，又请三清师爷官。

凤凰山上去安葬，孝男孝女尽成行，
文武百官送上路，金榜题名占地场。

金榜题名实是真，文武百官送起身，
铁链吊棺未落土，缴去[⑤]棺汗无官荫。

凤凰山上安祖坟，荫出盘蓝雷子孙，
山上人多难做食，分掌潮州各乡村。

---

① 十二六曹：畲族举行传师学师仪式时，有法师 12 人，统称“十二六曹”。
② 西王母：一个女法师的称谓。
③ 东皇公：一个男法师的称谓。
④ 功德：畲族老人死后的祭奠仪式称“做功德”。
⑤ 缴去：揩去。

今下唔比当初时，受尽合老[①]几多气，
朝中毛[②]亲难讲话，处处合老欺侮你。

当初皇帝语言真，吩咐盘蓝四姓亲，
女大莫去嫁合老，合老翻面是毛情。

当初出朝在广东，盘蓝雷钟共祖宗，
养女若去嫁合老，就是除祖灭太公。

广东掌了几多年，尽作山场毛分田，
山高土瘦难做食，行落别处去作田。

搬去福建去作田，亦何田地亦何山，
作田作土是辛苦，作田亦爱靠天年。

兴化古田好田场，盘蓝雷钟掌[③]西乡，
合老欺侮难做食，走落罗源粪[④]连江。

掌在福建去开墓，山哈四姓莫相欺，
你女若大我来度，我女若大你度去。

古田罗源粪连江，都是山哈[⑤]好住场，
乃因官差难做食，思量再搬掌浙江。

福建官差欺侮多，搬掌景宁粪云和，
景宁云和浙江管，也是掌在山头多。

① 合老：也称阜老，指汉族。
② 毛：意为“无”。
③ 掌：住的意思。
④粪：畲音“侬”“与”之意。
⑤山哈：畲族自称。

景宁云和来开基，官府合老也来欺，
又搬泰顺平阳掌，丽水宣平也搬去。

蓝雷钟姓分遂昌，松阳也是好田场，
龙游兰溪都何掌，大细男女都安康。

盘蓝雷钟一宗亲，都是广东一路人，
今下分出各县掌，何事照顾莫退身。

盘蓝雷钟在广东，出朝原来共祖宗，
今下分出各县掌，话语讲来都相同。

盘蓝雷钟一路人，莫来相争欺祖亲，
出朝祖歌唱过了，子孙万代记在心。

盘蓝雷钟一路郎，亲热和气何思量，
高辛皇歌伟世宝，万古留传子孙唱。

祖公歌　据中国文史出版社2009年6月出版的《武义畲族三月三》一书记载，畲族是一个古老的民族，相传有4000多年历史，有文字记载畲族先人活动的历史已有2000多年。民间手抄山歌本对自己民族历史作了唱述，武义县畲族歌手珍藏的手抄山歌本《祖公歌》，以67节268行叙述了祖先的历史渊源，最后以“祖先功高是封王，唱出了天下子孙传”作结。

烧天火烧地　描述远古时天崩地陷，万物遭受劫难，一对畲族兄妹在石猪精的帮助下逃过劫难的故事。

封金山　唱述的是畲族人民的理想王国，向往耕者有其田，安居乐业，过着平和幸福生活的歌。这首歌反映了畲族早期共同生产共同享福的原始共产主义思想。在游离不定的迁徙过程中，对歌词中唱的“三万七千好田场，又种禾谷养牛羊”的田园风光充满美好憧憬，那是畲族人心中的天堂。

兄妹成亲　讲天落油火，万物枯焦，在石鼓洞幸存的一对兄妹，在山神的帮助下，从山顶滚石磨到山下，石磨则兄妹成婚，繁衍后代的故事。

末朝歌　360行，前半部唱历朝历史，后半部讲清政府和民国初期军阀统治，苛捐杂税，民不聊生的悲惨生活，最后对新社会提出殷切期望：“大鱼一碗一角钱，当今末朝在眼前，真命天子出何处，幼年细仔日后见。”

钟良弼　唱述蓝、雷、钟姓畲族青年为争取科第考试与官府作斗争的《钟良弼》故事。

其他还有《同源姓》《小同源》《大同源》《迁徙歌》等，唱述古代畲族生活和对未来的追求向往。

2. 婚嫁歌

畲族山歌形式多样，畲民用山歌来唱述某事物发展的整个过程，比如婚嫁歌，整个婚嫁过程就是一个歌唱与娱乐的过程。从新郎家迎亲队和红轿进家门时，新娘就要唱山歌戏谑亲家伯和媒人，《你做媒人两张嘴》：

你做媒人两张嘴，好比火筒两头吹。

女家又讲舅家富，男家又讲女家陪。

亲戚及姐妹要唱《嫂留歌》，以“哭煞辟邪”，如《我要留妹耕年春》：

行郎担酒过田头，阿嫂留姑做年凑。

阿嫂留姑做年食，明年分你过门楼。

从晚宴开始，男女歌手就开始仪式歌，宴后搭歌台，长夜对歌通宵达旦，唱到新娘走出村口才停歇。

对歌内容也是按照婚嫁仪式安排进行的，上半夜唱的是婚嫁过程需做的事情，如《定亲歌》《奉茶歌》《赤郎歌》《行郎歌》《交银歌》《交彩礼歌》《脱草鞋歌》《因缘歌》《选花歌》《红轿请亲》《嫁女歌》《请亲歌》《银器歌》《夸新娘》《成双歌》《请娘歌》《大红流》《白鹤度亲》《铁弓缘》《卖花线》等情歌。其间插入男女歌手即兴编唱嬉戏取乐，风趣逗笑的山歌，活跃盘歌堂的快乐气氛；半夜子时一过，歌手马上唱《点心歌》；后半夜唱的是针对喜事的戏名故事歌、酒令歌，如《八仙歌》《花名歌》《鸟名歌》《十把白扇》《十劝姐》《十劝郎》《十请娘》《十里送娘》《看堂山》《起寮歌》《白蛇传》《山伯英台》《牡丹对课》《刘海砍柴》《三公主》等。

天快亮了，新娘上轿的时辰快到时，就唱《催新娘歌》《抬轿歌》《新娘梳头歌》《时辰歌》，最后唱压轴歌《十二生肖》以示盘歌对唱结束。

接下来以祝福为主题，唱新娘打扮结束走出房门所进行各种礼俗的仪式歌。新娘手捧酒盏行“对盏礼”时，歌手陪唱《对盏歌》，拜别祖宗唱《按祖歌》《保佑歌》，新娘站在板凳上面，将筷子传给身后的弟妹时对唱《留箸歌》《食姐妹饭歌》《感谢祝福歌》。

新娘抬到新郎家，新郎新娘要唱《行酒令》，对饮十杯酒，喝一杯唱一节。第一杯唱："一代为夫出头天，结发夫妻千万年。今日食了和合酒，荣华富贵千万年。"第二杯又唱："一双红烛长又长，一对旗杆在门堂。旗杆又加鲤鱼斗，秀才加上状元郎。"闹洞房时歌手要唱《十看新娘》，从十个方面将新娘看尽夸尽，最后得出结论并祝愿："新娘生得十分好，夫妻二人同到老。"还有《八仙贺洞房》《十杯歌》《送大舅》等婚庆喜歌。

3. 祝寿歌

畲族有摆十酒习俗，逢 10 岁、20 岁、30 岁经济条件好的人家会摆酒请客。来客只是嫡亲送贺礼，40 岁畲语"四"与"死"同音，不摆"十酒"，50 岁始称寿贡，凡是来往亲戚朋友都自动来祝寿，寿席上男女歌手唱庆贺寿诞的山歌，如《寿面长长》："寿面长长福滔滔，满堂宾客笑呵呵。福如东海长流水，寿比南山节节高。"

祝寿歌

金碗银箸成双对，银瓶装酒在桌背；
祖宗积德功劳大，福禄寿长千万岁。
彭祖八百来庆岁，南极仙翁敬酒来；
寿比南山千年松，福禄东海千万岁。
山峰高，寿元高，南山更比北山高；
福禄寿禧蟠桃宴，南山山顶结寿桃。
寿桃圆圆成双对，善良人家成富贵；
金童玉女蟠桃献，寿比南山千万岁。

拜寿歌

一对寿烛满堂红，灯火花开闹丛丛；
今年上寿八百岁，明年加寿万年春。
东海龙王来祝寿，寿如东海水长流；
天宫王母献蟠桃，寿比南山不老松。
阿公今年做寿辰，寮下子孙成大行；
一拜天，二拜地，三拜阿公在高堂。
四拜高堂大安宁，五拜五谷大丰登；
六拜风调共雨顺，七拜阿公寿龄长。

八拜八仙同庆贺，九拜福寿大绵长；
十拜富贵玉满堂，松柏长春万年青。

上寿歌

人上五十寿龄来，勤力人家成富贵；
福如东海水绵绵，寿比南山千万岁。
人老六十花甲来，六十甲子转头轮；
人讲话语听顺耳，荣华富贵过眼云。
老年七十古来稀，公婆今哺(日)庆寿斟；
寮下子孙同拜寿，椿萱并茂笑微微。
八十上岁是老人，高寿福大是福气；
子孙耕读在身边，也知庄稼也知书。
九十上岁老寿星，爷做官来子读书；
临殿三篇文章好，一举成名天下知。
人老寿高百岁临，子孙满堂家运兴；
山中自有千年树，世上也有百寿星。

在“三月三”对歌堂上，有选择地对唱畲族习俗礼仪歌，既延长唱歌的时间，也是歌手们再一次学习和交流提高歌技的机会。2008年，畲族“三月三歌会”被国务院列入全国第一批非物质文化遗产名录中。

4. 生活歌

日常生活中任何事情，畲族人都可唱歌。如《生活歌廿条》中唱姑嫂关系：

生活歌廿条

一块青砖叠翁头，姑嫂讲话要相投；
园头种有菠凌菜，菠凌开花在叶头。
一块砖头叠翁边，姑嫂起早去作田；
草鞋双双田头摆，两人薅草共一行。

劝佳歌

一劝做佳[1]心莫粗，也莫随便骂媳妇；
媳妇原是别人女，嫁转门来要照顾。

① 畲语婆婆称“阿佳”(音)。

二劝做佳莫心疑，子与媳妇孝顺您；
别人寮女嫁你子，子媳恩爱你福气。
三劝做佳要想长，对待子媳心一样；
莫去两边添言语，家内吵闹是难当。
四劝做佳心莫乌，指桑骂槐吵不过；
十句语言无句好，媳妇听了心不服。
五劝做佳要想前，做好做歹要现见；
莫去背后数媳妇，媳妇听了把心伤。
六劝做佳莫多嘴，两个媳妇两路来；
老实贤惠都也有，切莫胡乱进人屋。
七劝做侍爱斯文，媳妇不响你莫问；
饭若煮差也要食，吃了三碗正过顿。
八劝做佳心要平，心平讲话有人听；
莫在背后讲长短，吵吵闹闹家难成。
九劝做佳心放悠，出门莫去骂媳妇；
亲人传话有出入，媳妇听了眼泪流。
十劝做佳心放宽，以身作样带头干；
句句语言都讲好，家庭和睦乐平安。

其他还有《十劝郎》《孝顺歌》《报恩歌》《家事十劝歌》等500余首。劝人尊老爱幼的歌如："松柏越老越有油，葛藤越老越好抽，南瓜越老越好食，人奈越老过百寿。"

5. 劳动歌

劳动歌在田间山岗伴随着具体的农活即兴编唱，有将山歌改编随着劳动节奏而唱，以唱山歌来反映劳动情景或倾诉劳动感受，或叙述劳动与节气的知识。《种田歌》表达对谷种、禾身、禾苗到禾稻生长形成过程的表述。《十二个月作田歌》从正月唱至十二月，将每个月该干的农活逐一列出编成歌来对唱。

长年歌

正月时节是新年，今年还去做长年；
春二三月容易过，八九十月苦连连。
六月时节田地燥，财主叫我踏水车；
未亮吃碗夜剩饭，黄昏吃碗现剩菜。

八月时节五谷黄，财主叫我开谷仓；
大仓小仓都装满，我做长年没片糠。
九月时节是重阳，财主人家酒肉香；
大大小小有得吃，我做长年没口汤。
十一月风雪满天飞，财主人家做棉衣；
大小都有绸缎穿，我做长年穿破衣。
十二月起冻冷冰冰，财主人家闹盈盈；
杀猪杀鸡办年货，克扣工钱不付清。

此歌生动直观地唱述一个畲民长工劳动的艰辛，用比较法唱出内心朴实的思想感情。

采茶歌

三月采茶暖洋洋，采茶又见耕田郎；
栽的田来茶叶老，采的茶来秧又长。
七月采茶茶叶金，姐妹家堂织手巾；
两边织出龙狮子，当央织出采茶人。

十二个月作田歌

正月立春雨水来，百草抽芯青苔苔；
青山百草尽抽芽，耕田垅里人烧灰。
二月惊蛰连春分，阳鸟日夜来报春；
阳鸟催耕叫得好，作田人家有谷分。
三月清明谷雨来，谷籽落泥看它长；
用得牛来茶又老，采得茶来秧又长。
四月立夏连小满，拿起犁耙闹连天；
烂田犁起油油嫩，旱田没水泥难翻。
五月芒种连夏至，夏至过掉栽禾迟；
田如栽迟禾不长，冬来谷脑更细枝。
六月小暑大暑连，夏至水注闹纷纷；
夏至落的十日水，穷人没米难过顿。
七月立秋处暑雨，人种小豆赶节时；
一来食茶又食酒，分人待客好面皮。
八月白露秋分凉，白露过了早谷黄；

姐妹上山办柴火，兄弟修路补谷仓。
九月寒露连霜降，田垟望去白茫茫；
富人担转仓满满，穷人担去纳田粮。
十月小雪连立冬，田垟望去尽收空；
富人担转仓满满，穷人担转仓空空。
十一月大雪连冬至，大小山头白披披；
富人棉被穿不尽，穷人床上都没被。
十二月小寒大寒中，北边吹来风真凶；
吹到穷人身边落，十指节节都冻痛。

二十四节气歌

正月新年立春透，作田郎子心是愁；
田垟百草都抽芽，落田秧灰还未烧。
立春过了雨水见，百草抽青在路边；
路边百草发青啦，上年留神分今年。
雨水过了惊蛰响，雷公隆隆闹喧天；
一阵乌云一阵雨，水落通了好犁田。
惊蛰过掉春分时，老人讲话要牢记；
田地农事活算好，莫等季节错过去。
春分过掉就清明，早禾谷种拿来浸；
早禾谷种都浸好，麦田种子再来浸。
清明过去谷雨上，谷种落田秧抽长；
勤力男女秧会大，懒人秧苗难得长。
谷雨过去立夏行，大小男女都没闲；
四月作食时忙碌，莫荒田来莫荒山。
立夏过了小满近，上山落田手做软；
小麦上场人工紧，老牛犁田拖圈圈。
小满过掉是芒种，芒种前后人没空；
百样粮菜种落地，秋来收转好过冬。
芒种过了是夏至，田里禾苗青枝枝；
勤力人家草娠了，懒汉人子草隔皮。

夏至过掉小暑上，田内早禾谷穗黄；
有食人家留得老，没食人家等接荒。
小暑过了大暑行，要割禾来又播田；
郎女起早田垟做，出门去嬉是没闲。
使料毒[①]虫又看水，莫蹲树下讲半昼。
立秋过去处暑顺，老老嫩嫩铲田塍；
田塍田岩[②]草削光，老鼠没窠逃纷纷。
处暑又接白露来，番[③]麦出土叶开开；
番麦最爱水雾雾，碰上大晒[④]花难开。
白露过了转秋分，日夜平分定乾坤；
禾谷晒燥装入仓，拿那[⑤]换钱粜出村。
秋风过去寒露上，天气冷转会拷霜；
地里番薯早掘转，烂冬番薯会烂光。
寒露一去是霜降，田地粮草都收光；
草叶霜煞便燥了，禾秆担转做牛粮。
霜降过掉到立冬，糯米做酒香喷喷；
人客落寮有酒香，剩落一缸等耕春。
立冬一过小雪透[⑥]，雪花飘飘盖山头；
富人绸缎夹棉袄，穷人无棉日夜愁。
小雪过掉大雪上，冷云寒风吹不散；
财主人家寮里住，穷人卖柴冻作团。
大雪过去冬至乌，天乃不晴冷不过；
富人裙衫穿不冷，穷人没棉灼火炉。
大暑过了到立秋，管好暗[⑦]禾正有收。
冬至过掉到小寒，床上薄被盖不暖；
不怨爷来不怨娘，乃怨自个公婆懒。

① 毒：治。
② 岩：坎。
③ 番：荞。
④ 晒：旱。
⑤ 那：点。
⑥ 透：到。
⑦ 暗：晚。

小寒又接大寒冷，家家准备过新年；
勤劳人家办年货，懒惰人家莫怨天。

十二时辰歌

子时鸡啼转五更，新度夫妻令醒轻；
贤惠新娘会讲话，句句讲来新郎听。
丑时鸡啼报满村，新娘点火入灶门；
爹娘问她会介早，煮饭郎食好耕春。
寅时饭菜排定当，轻轻言语叫句郎；
贤惠新娘叫郎醒，盆汤面帕早备上。
卯时食了起身行，新娘在后管头牲；
男人加做女人事，千万莫驽女人评。
辰时日头半天红，相叫新娘落田中；
记得古人一句话，三早就能抵一工。
巳时日头树影圆，莫来闲话讲一片；
勤力耕作做有吃，切莫偷懒坐田边。
午时日头天中央，新娘回家煮饭汤；
郎食饱饭去乘凉，牛羊鸡猪新娘养。
未时日头渐转西，两人做事手脚快；
爹娘教郎着勤力，做出一个好世界。
申时日头坳里黄，郎娘双双叫回乡；
大户人家饭食饱，贫穷人家米未放。
酉时双叫转回乡，闻见人家饭菜香；
大户人家饭食了，贫穷人家米煎汤。
戌时食了寮里坐，爷娘相问做几多？
贤惠新娘会应话，年长月久做亦何。
亥时时辰半夜上，人困夜静实安当；
勤耕苦作是着力，一令困到天大光。

6. 情　歌

畲族的情歌大致可分为以下几种：

请问歌　畲族男女青年在路中相遇时，常以歌请问，以此来传情试探，而且不对歌不予放行，从中娱乐。如《拦路歌》男青年拦住女青年，经过几条(节)

山歌的对答,最后女方以歌表态:“妹唱山歌心含情,只要郎仔听分明,你郎若有真情意,山歌也会做媒人。”男方不失时机地以歌定音:“妹有情来郎有情,鸳鸯成对人同心,井水也变烘烘热,好似蜂蜜甜到心。”巧借他物试探对方态度的,如《问你阿哥爱不爱》:“采花蝴蝶飞过来,问你阿哥爱不爱?郎有情来妹有意,蝴蝶成对双双飞。”把无法抑制的激情,迫不及待的心情用唱歌表述的,如《等到云退月又斜》,女:“不是树栽是藤栽,一夜长了两三回,长去上丘结个籽,分等郎吃解心开。”男:“桃籽开花没算花,蚯蚓过路不算蛇,等到妹大郎又老,等到云退月又斜。”男女双方要选一个合心如意的对象,会冷静地把对方了解一下,如《拣好郎》中唱道:“十指伸来中指长,劝你小娘拣好郎,莫拣东海鹭鹭白,鹭鹭虽白颈长长。”

郎拣娘[①] 通过男女对唱表达了对待婚姻的态度和决心。

女:郎拣娘,拣到我娘垌里上;
　依郎同坐又同拣,侬你共水不共塘。
男:娘拣郎,拣到我郎垌里上;
　我郎塘头水更浅,你娘塘尾水漾漾。
女:郎拣岁,要拣当年十八岁;
　大你一岁你不愿,小你一岁你不爱。
男:娘拣对,拣到我郎垌里来;
　大家都是作田命,亦无马骑大船载。
女:郎拣娘,你郎来拣又嫌娘;
　你拣大户人家女,穷人嫁女无嫁妆。
男:娘拣郎,小娘心大又嫌郎;
　要拣百二田租食,要拣富贵状元郎。
女:郎拣上,拣来拣去眼望痒;
　十二姐妹由你拣,也无一个中意郎。
男:娘拣上,大户人家好家当;
　被妨拣着富人子,心内高兴笑朗朗。
女:拣来拣去差不多,只要郎子心莫粗;
　要拣小郎同心愿,不怕富人银钱多。

---

① 摘自《畲族情歌选》。畲族女歌手自称“娘”或“少娘”。

男:要拣小娘结公婆,不是为拣嫁妆多;
千金难买人心好,两人同心做得何。
女:郎拣娘女没用人,爷娘听得又担惊;
寮里样事都未办,一床蚊帐未做兴①。
男:郎拣小娘贤惠娘,事事都能细思详;
莫讲日子来得紧,总要两人有商量。
女:小郎有情同心肝,莫来又讲我娘懒;
黄金莫被铜掺假,路边花草折枝断。
男:小娘有情共心肠,后来总吓娘嫌郎;
真金不心火来拣,莫望树叶一时黄。
女:两人讲来同心肝,总下郎大心亦散;
青山难对青龙凤,世上为人难了难。
男:好花难得共园栽,郎拣小娘心上爱;
好话侬娘慢慢讲,一心为娘郎正来。
女:真讲拣人亦为难,总吓嘴讲不作算;
高山又有高山突,硬柴扁担也挑弯。
男:拣人第一要托心,大家都是年轻人;
只要小娘心意愿,郎子话语句句真。
女:歌言被郎唱得来,莫生白话来骗嘴;
讲出前言对后语,莫来水牛作假退。
男:歌言侬心相合对,不是白话骗娘来;
石板凿字千年在,断定缘语就不退。

《少郎生好合娘心》:“少郎生好合娘心,可比明月照山林,你是十五光明月,我娘愿做月边星。”爱慕之心溢于言表。

《铁铸秤锤好定秤》男女对唱:

女:深山树大变成林,
郎哥岁来做大人;
你若有意相共枕,
莫做芭蕉三根心。
男:铁铸秤锤(砣)总跟秤,

① 兴:起。

石板铺路响叮叮;
娘子有情来共枕,
回转就去请媒人。

《郎是针,妹是线》为男女对唱,歌中女告白:

阿妹对郎实实忠,
被人传说脸发红;
无端给人拿去讲,
假装目暗耳朵聋。
男:即时不怕风摇动,月出影斜身正中。

《两人共好结姻缘》这首歌颇有诗情画意,让人心生美好感想,期盼幸福生活充满阳光。

郎讲有缘妹有缘,
好似蜂子入花园;
黄蜂成双采花蜜,
郎妹成双好团圆。
郎有心来妹有心,
隔山种竹连成林;
竹鞭生在泥土里,
竹毛盘来结成产。

7. 时政歌

时政歌反映畲民社会生活现状,内容有畲民深受压迫反抗旧政权的斗争,控诉旧政权盘剥人民的政令措施,叙述旧社会畲族人民的苦难生活;有歌唱畲族人民积极参加革命和英雄人物故事,有畲族人民歌颂社会主义建设和改革开放所带来的畲乡巨变,歌唱畲族人民过上幸福生活的情感心声。

抓丁苦

龙角吹起响玲玲,民国世界不太平。
派款拉夫百姓苦,年年还要抽壮丁;
爷娘年老没做食,儿被抓丁罪过人;
害尽天下几多家,去到远方没音信。
两千江水两万路,日夜总把苦日数;

等到白头儿不转，双眼难挟去阴府。

做长年

正月新年去上工，爷娘送出是心疼；
寮里没粮受饥饿，出外帮人做长工。
二月过了人耕田，爷娘看见心都冷；
寮里没食真苦楚，无奈帮人做长年。
三月清明便来到，谷种落泥出秧苗；
田塍田坎都铲好，财主看见头摇摇。
四月时节来插田，长年日夜没空闲；
日夜没空真辛苦，财主还要骂我懒。
五月端午忖转家，财主又叫去种瓜；
垄头种到垄毛转，财主行来还要骂。
六月田地都作齐，禾田生草叶蔚蔚；
耘田施料是辛苦，财主来看还生气。
七月大旱天作难，田里禾苗都晒干；
山上种作都晒死，财主开口骂长年。
八月来到中秋前，田头农事较空闲；
心想转家看爷娘，恶心财主讲没闲。
九月初九是重阳，杀鸡杀鸭喜洋洋；
大小男女都有吃，就是没我长年尝。
十月来到便立冬，日夜赶紧忙收种；
财主收租仓仓满，长年人子肚内空。
十一月里落雪天，长年身上夫夹衫；
寒冬无棉冷难当，财主骂话没好听。
十二月里讲过年，爷娘等我过年钱；
两手空空转回家，看见爷娘泪涟涟。

8. 劳动、时令歌

记述一年四季节气的变化，反映自然规律，提示人们按时劳作，是农事知识的百科全书，更是畲民生产劳动的结晶，主要有种田歌、砍柴歌、种麻歌、牧牛歌、担水歌、点棉歌、纺纱歌、织布歌、节气歌、月令歌、新春歌、春耕歌等。中华人民共和国成立后,畲族人民翻身当主人,畲族歌手编唱了许许多多社会主义建设、山乡变化、畲乡脱贫致富奔小康的新时代山歌。

春耕歌

正月立春雨水来，春满乾坤人添岁；
百草时时发新叶，处处花木正好开。
一年四季春当前，春分催人莫等闲；
求人不如求寸土，男女起早忙耕田。
男落田哩女落田，冬来冇食莫怨天；
节气不等人工紧，百种落泥要抢先。

砍柴歌

驽娘砍柴共个岗，你娘脚手会那些；
郎崽柴把未缚起，你娘缚起提过岗。
伴娘砍柴共坳拖，好问你娘何未何；
乃是未何无要紧，东杆堵杖算我做。

赶牛歌

赶牛哥……高高石鼓上头坐；
牛乃在此冇要紧，牛若逃去叫阿哥。

解放史歌(摘选)

解放大军过长江，长江流水渺茫茫；
革命大军几百万，一直解放到浙江。
公元一九四九年，也是宣平解放年；
省城各县都解放，捶锣打鼓闹喧天。
解放以后没太平，土匪扮作老百姓；
对抗共产想翻天，杀我干部和百姓。
人民政府有主意，组织民兵打土匪；
又有大军开来打，土匪不久就灭去。
公元一九五〇年，又讲领导户分田；
教人田亩报清楚，好照人头分去耕。

党中央，有主意，三反五反做得是；
反对投机反倒把，又反贪污反浪费。
美国佬，称霸王，大打朝鲜开战场；
打到中国边界地，抗美援朝保家乡。
一九五三年来到，粮食统购又统销；
统购谷米无千万，统销粮食发粮票。
互助组，组织来，民主管理实是对；
发动合作公平分，人民办社闹纷纷；
同心合力来生产，增加粮食讲万斤。
共产党,讲造桥，大小坑门都架桥；
当初山路没好行，今下汽车开门头。
共产党,造水库，各处都造大水库；
造起水库发水电，点起电灯皓不过。
共产党话人人听，村村又牵广播线；
寮寮装起新喇叭，政府讲话寮里听。

红军歌

一字哩来百花香，红军革命到畲乡；
打倒土豪与劣绅，山哈后生扛钢枪。
二字哩来成双对，红军打仗畲乡来；
打倒官府救百姓，免掉重租和杂税。
三字哩来三横生，红军爱我老百姓；
畲家红军是兄弟，牵手同心干革命。
四字哩来四角方，红军解放各地方；
到处畲山红旗飘，豺狼不敢再逞强。
五字哩来五枝花，红军头戴五星花；
不怕牺牲打天下，钢刀压肩都不怕。
六字哩来四点分，红军打仗受苦辛；
吃了上顿没下顿，忍饥挨饿为人民。
七字哩来两边开，穷人日子苦难挨；
今年红军分谷米，寮寮锅灶飘饭香；
多亏红军畲家来，拔掉穷根富树栽。

九字哩来是重阳，共产党来指方向；
畲家跟党闹革命，幸福道路无限长。
十字哩来是腊冬，红军队伍真威风；
前头红旗来引路，后头百姓行来运。

(二)畲歌传承

畲族山歌全凭世代传承。传承的方式是口耳相传：一是上辈传下辈，父母传儿女，也有平辈互传、拜师学艺、朋友相传等。畲族山歌已成为畲族人民劳动生活中的一种重要文化形式。畲族人民常常是以歌代言、以歌会友、以歌叙事、以歌抒情。畲族有的文化人，还可即兴发挥。辖区沙溪村蓝德水、蓝梅莲夫妇就是本镇畲族山歌传承人之一，他(她)们常出席一些婚宴、歌会。二是相互交流。畲族是一个能歌善舞的民族，无论是民族自身的交流，还是与汉族及其他民族的交流，采用山歌和舞蹈的形式，使汉族人容易接受，也觉得有其特色。三是畲族人能言就会歌，以歌代言，世代传唱。劳动对歌、来客盘歌已成为畲族的一种特色风俗。

畲族山歌传承人雷荷莲(左二)和女儿蓝土英

1987年在崇义畲乡首届“三月三”对歌现场

嫐东西岩

作者：蓝德水

女：何介地方是吾美，
是介游嫐好地方；
你奈吾信带你探，
带你游嫐东西岩。

男：处州何介东西岩，
是介游嫐好地方；
各地游客都来嫐，
人人都讲是吾美。

女：好嫐东岩随娘来，
莫客山林树木越；
东岩是介好垌地，

男：随娘去嫐东西岩，
东岩是介好地方；
东岩是介好垌地，

分郎嫐掉心正平。
女:好嫐东岩莫客气,
石板铺路转刀弯;
行透半岭歇下力,
仰着前头是东岩。
女:带你去嫐行往上,
奴郎去嫐观音堂;
当央坐着观音佛,
十八罗汉坐两行。
女:东岩嫐了起身行,
一直行透天门岭;
上下天门通透顶,
东岩顶上是大平。
女:东岩顶上日月潭,
又何龙亭来歇凉;
今甫带郎嫐一直,
下次再来会太忘。
女:东岩嫐了便起身,
带郎去嫐石穿心;
介边钻过吾边嫐,
两人钻掉正平心。
女:钻了穿心落垵凉,
又好绕过桃花源;
桃花源里桃花洞,
凑着美女正何缘。
女:东岩西岩两兄弟,
两桁石笋一样齐;
又何尼姑对佛尚,
又何金鸡对凤凰。
女:东岩西岩都嫐遍,
明日回转远遥遥;
何缘千里吾客远,
劝郎下次再来临。

奴娘去嫐心正平。
男:奴娘游嫐吾客懒,
吾客山路转刀弯;
又何娘女陪郎嫐,
郎子想来真喜欢。
男:奴娘去嫐观音堂,
观音娘娘坐当央;
奴娘双双去拜佛,
保佑郎子保佑娘。
男:东岩顶上何大平,
一条岭子天揶揶;
又何天门分上下,
奴娘牵手慢慢行。
男:奴娘去探日月潭,
回转龙亭好歇凉;
东岩顶上真好嫐,
下次来嫐再叫娘。
男:听娘又讲好起身,
还讲好嫐石穿心;
好钻穿心真味道,
两人钻的笑因因。
男:凑着美女是何缘,
美女又掌桃花源;
桃花美女真贤惠,
分郎带转结妻房。
男:东岩西岩两弟兄,
两桁石笋生定当;
麒麟又侩对狮子,
金鸡又侩对凤凰。
男:东岩西岩都嫐上,
明日回转各人乡;
总爱奴娘何缘伤,
千里路头会会娘。

畲汉百姓共一家[①]

作者:蓝德水

女:山哈年年三月三,
四乡轮流摆歌场;
山哈对歌是传统,
畲汉百姓聚一堂。

男:三月初三摆歌场,
畲汉百姓聚一堂;
畲汉百姓来聚会,
大利高兴笑朗朗。

女:春三二月日转暖,
百草抽芽满山花;
风调雨顺年情好,
百姓富裕笑呵呵。

男:春三二月百花开,
民族政策实在对;
政策开放来致富,
何食何使笑嗳嗳。

女:春三二月百花香,
今甫又是三月三;
畲汉百姓来聚会,
畲汉百姓吾分家。

男:春三二月开百花,
三月初三传万家;
民族团结政策好,
畲汉百姓共一家。

女:老竹是介山哈乡,
生哈地位步步上;
生哈干部吾算少,
乡长亦是山哈当。

男:畲汉百姓共一乡,
乡长亦是山哈当;
汉族亦做畲族事,
介色正是畲族乡。

女:浙江处州山哈多,
畲汉百姓讲得来;
田头做嗸何话讲,
畲家人女汉族罗。

男:处州山哈各地分,
畲汉又掌上下村;
今天吾比当初样,
畲汉联姻旺子孙。

女:畲汉百姓共一乡,
路头凑着话一趟;
何酒何肉同来食,
奈是何事大利邦。

男:畲汉百姓共介乡,
何讲何笑何思量;
何事相互来帮助,
何酒何肉共桌尝。

女:大利都是处州人,
畲汉百姓一条心;
民族团结创大业,
实现四化面貌新。

男:大利都是处州人,
畲汉百姓心连心;
全靠今下政策好,
民族团结吾变心。

---

① 字意说明:何—有、吾—不、探—看、越—密、垌地—地方、嫐—玩、行—走、仰—望、侩—不会、桁—根、透—到、佛尚—和尚、天挪挪—惊险、今甫—今天、亦—也、奈—那、做嗸—做事、使—用、食—吃、榕—家。

女:畲汉百姓共一家,	男:畲汉百姓共一榕,
民族政策真吾差;	何食何使好笑笑;
全靠政策开放好,	全靠民族政策好,
大利发财乐呵呵。	畲汉百姓大发财。

老竹畲族镇畲族民间歌手一览表

表 12-6-2-1

行政村	歌手姓名	出生年份	特长	自创歌曲
榴溪村	雷荷莲	1926	演唱	
沙溪村	蓝德水	1955	创作、演唱	《畲汉百姓共一家》《娚东西岩》
	蓝梅莲	1957	演唱	
	蓝金玉	1948	演唱	
	蓝彩莲	1955	演唱	
	蓝新英	1954	演唱	
	蓝彩女	1955	演唱	
高丰村	蓝柏林	1951	演唱	《高山通公路》
	蓝海松	1957	演唱	
郑坑村	雷海华	1958	演唱	
徐庄上村畈	雷葱云	1957	演唱	
后坑狮子山	雷岳明	1960	演唱	
赤坑湾山村	雷培英	1937	演唱	
老竹村	钟圣权	1937	创作	创作歌词 100 多首

高山通公路

蓝柏林①

郎今住在高高山,山路九曲十八弯;
人人都讲种桃好,没有车路真难担。
畲民有事找政府,民族政策促致富;
开通车路可运桃,杭州上海赚钞票。
高高山上车路通,脱贫致富奔小康;
畲民家家乐呵呵,感谢政府感谢党。

① 郑丰村蓝柏林,身居镇区海拔 395 米的高山——牛寨村,这里山地肥沃、气候宜人,适宜种植瓜果蔬菜,苦于道路不通,难以运输。2000 年政府补助,该村开辟了康庄路,村民种了桃子等瓜果蔬菜,运往大中城市销售,增加了村民收入,由此他创作了这首山歌。

开发大地变天堂

钟圣权①

昔日畲家住茅房，一年四季愁断肠，
愁住愁吃又愁穿，苦难当中度时光。
今日畲家住洋房，家家户户喜洋洋，
电灯电话电视机，热闹非凡歌声扬。
畲家乡村美如画，青山绿水人情长，
畲家有了共产党，开发大地变天堂。

二、民 谣

(一)歌 谣

训牛歌

道坝匀匀走，田角圆圆转。
犁田犁得好，赏你三把烂稻草。
犁田犁勿好，赏你三记篱丝爪②。

种山歌

种田不如种山场，种起苞萝当食粮；
种起番薯养猪娘，种起棉花做衣裳。
种起靛青落染坊，种起杉树做栋梁；
六月住在高山上，山风吹吹润润凉。

月亮歌

月亮光，照四方，照到西乡大地方；
没饭吃，喝米汤。没床困，困柴仓。
没衣穿，裹片棕。没菜配，菜干汤；
隔壁姑娘讨碗水，一觉困到大天光③。

---

① 钟圣权，畲族，中共党员，1937年12月生，浙江省龙游人。普师毕业。1950年3月入伍，1962年5月退伍。后在丽水市莲都区老竹畲族镇老竹村务农。曾任龙游溪口乡、沐尘乡乡长4年；1969年1月起，任丽水县碧湖区赵村小学、莲都区老竹中心小学校长。丽水市文联会员、莲都区文联会员、丽水市业余文物管理员。1953年起从事畲族民间文学研究工作。

② 爪：用竹扎成的赶掉工具。

③ 天光：天亮。

（二）汉族民谣

第一穷肩背一根铁火筒(铳)；
第二穷冬天手捧大火笼；
第三穷日日困到日头红；
第四穷一日到晚醉哄哄；
第五穷干活老是喊肚痛；
第六穷打赌赌得眼睛红。

虱多不痒，债多不愁；
只要记，不要气。
人往高处走、水往低处流；
穷在街头没人看，富在高山有远亲。

山穷出石，人穷出力；
会做不会算，不值人一半。

买得春衣成，河水又结冰；
办得冬衣成，杨柳又抽青。

春寒多雨水，夏寒断水流；
秋寒干东海，冬寒春更暖。

留得葫芦籽，哪怕没有瓢；
留得青山在，不怕没柴烧。

点点指指，同年同志。清官戴绸，绸官带队。麻吊笼空，缺了一只脚。

月亮光、照四方，照到西乡大地方，四娘叫我吃天光，没菜配，菜干汤，没床困(睡)，困柴仓，柴仓痒显，爬楼窗，跌滴乐哩，硬邦邦。

三、神话传说

猎 神①

古时，畲族有个蓝大伯，长年刀耕火种于山间，常见山鸡、野兔、野猪出没，有时于眼前飞蹿，却无法抓到，甚是懊恼。

蓝大伯聪明过人，农闲之时，他发明了弓弩，供人们射猎野兽，从此许多野兽被弓弩猎杀。豺、狼、虎、豹等猛兽见了蓝大伯发明的弓弩十分害怕，于是仇恨蓝大伯，便对他进行报复。老虎咬死了他的父亲，山豹咬碎了他的妻子，野猪踩死了他的儿子。因此蓝大伯更加痛恨野兽，为了报仇和保护山民，蓝大伯便到闾山学法，三年法成，便成了能降龙伏虎之“猎神”，由此，畲民上山狩猎都要先祭拜猎神，求赐野兽、佑护平安。

插花娘娘的传说

很久前，宣平的老竹、马村一带畲汉人民就口传着一个插花娘娘的故事。辖区的上弄坑、东西岩、松阳板桥、丽新余庄等地还建有插花娘娘庙。

相传，松阳县茅弄村有一蓝家，家境贫寒，家有一女，名曰蓝春花，年方十八，才貌出众，做事大方，天生聪明。迫于家境贫困，来到丽水马村一姓何员外家当女佣。

何员外五十开外，家有一妻三妾，但见春花姑娘，淫念又生，对其百般刁难，设法调戏，并要蓝春花做他的第五房小老婆。蓝春花誓死不从，连夜逃回茅弄娘家。

何员外见色忘义，随遣家丁打手夜闯茅弄蓝宅，向蓝春花家眷与村民施暴，逼蓝家交出逃回的蓝春花。蓝春花为不祸及家人和乡亲，挺身而出，灵机一动应允嫁何家当小，才平了事态。

成亲之日，当花轿抬到横岚山岗时，突然乌云密布，狂风四起，脾气刚烈的蓝春花，使出浑身力量，乘机腾身出轿，跳崖殉身。事后，人们在崖下找到蓝春花尸体，大家就纷纷折来山花为其遮体，形成了美丽的花冢。待乡亲们为她造好坟，搬开花冢，蓝春花的遗体不见了，人们说她已经升天为神了，于是畲族人民就为她造了庙宇，称为“插花娘娘庙”。

插花娘娘的故事一传十、十传百地传开了。后来，畲族人民为纪念聪明漂亮、刚强坚贞的姑娘，就相继在各自的驻地建起了“插花娘娘”神庙祭拜她。

---

① 章定海整理。

畲族歌手赤郎，还把蓝春花的传说故事编成了一首《插花娘娘歌》，在畲乡历代相传至今。

东西岩的传说

据传，很久很久以前的一年夏天，久晴不雨，老竹的江外畈、乌砝畈、后坑、破桥、周坦、西岸和丽新乡的黄弄、咸宜、山村、亭村、马村等十多个村的几千亩农田无水灌溉，禾苗干枯，百姓叫苦不迭，万民对天求雨，惊动了天庭。玉皇大帝派天兵天将云头视察，果真不假。一个带天兵视察的姓石的将军向玉帝禀报了凡间旱情。玉帝即命石将军化身下凡，将永康方岩山附近之石移至马村宣平港，拦截部分水流经山村、过黄弄、流到老竹灌溉农田后并入虎迹溪入瓯江。

石将军领命后，摇身一变，化作放牧老人。玉皇大帝取身后青龙宝剑，将其变成了根竹拐杖赐予石将军，并嘱咐他天黑赶到永康方岩，次日黎明前将永康方岩石群赶到宣平港马村，玉帝还说："让寡人用祥云送你一程，尽快完成任务，拯救受旱禾苗，造福山城百姓。"

石将军很是忠诚，立马乘祥云赶往金华永康地界，在云头细挑了两块大岩石，又挑了一些小岩石，等到暮色降临，他才落到凡间，部署了如何移动这些岩石的方案；石将军决定将这批岩石变成一群猪、羊赶往马村。

等到夜深人静，石将军挥动玉帝以青龙宝剑变的竹拐杖，施法将石群变成了一群猪、羊，自永康方岩山麓在月光下缓缓向西行走。虽有月光，但毕竟是夜间行走，脚步不实，加上牲口活蹦乱跳，走得很是缓慢。加上永康至马村足有百十余里路程。石将军将猪、羊赶到沙溪时已是寅时将末，卯时来临，东方渐渐发白。

沙溪村畲族人民自古有起早农耕之习俗，一位蓝大叔一早在黄兰村地里铲草种菜，远见一群猪、羊活蹦乱跳，东碰西撞，急得大声叫喊起来："谁家的猪、羊逃出来踩踏庄稼啦！"这时石将军心急如焚，大声吆喝："畜牲还不快走！"举起竹杖向前头行走的猪身戳去，这一戳，只听一声轰轰巨响，那猪已变成了石头。其猪身被戳成了一个大洞。顿时石将军怒火上升，挥动手中拐杖，劈向身边一只山羊，谁知拐杖变成了长剑，岩石被劈成了碎片、碎石，石将军也变成了岩石。

此刻，天庭的张大师掐指一算"不好"，石将军因延误时辰也已化成岩石。遂遣白鹤将青龙宝剑衔回，白鹤飞到老竹前山的顶上稍停了片刻，看准了丢失的青龙宝剑,衔起宝剑飞回天庭向玉帝交了差。

后来,沙溪、老竹一带的人们,称被戳穿一个洞的山岩叫"两岩",称洞为"穿身洞"。把被宝剑劈过的岩石叫"剑劈岩",把石将军化成的岩石叫"将军石",将军石后的山岩叫"东西岩",白鹤歇过的老竹前山顶叫"白鹤仙顶"。

如今老竹东西岩自然风光宜人,获评国家AAAA级旅游景区。

破　桥①

古时,曳岭浚溪村边的溪上没有桥。来往行人全靠摆渡。一天,下大雨,溪水猛涨,无法摆渡,松阳梅桥有个周孝人,急着要到丽水城为老母抓药治病,便向天发誓:"如若水退三尺,让我过渡撮药治愈母亲,愿在此造桥!"誓毕,果然水退三尺,他过了河,抓药回家治好了母亲的病。第二年,周孝人真的来造桥,造了一年,还未造成。一日黄昏,一个衣衫褴褛的人来到工地讨茶喝,周孝人见茶罐没茶急忙为他烧水泡茶,还给他安排住宿。第二日一早,破衣人不见了,那桥却造好了。只见那座桥,用乱石堆积而成,桥墩凹凸不平,桥面块石很不规则,但桥很牢固,多大的洪水也冲不垮。人们说这桥是神仙造的,因模样破旧,便叫破桥。后来,那桥边的村庄也就叫破桥村。

破桥神仙堰坝②

浙江丽水莲都区老竹畲族镇破桥村,有一条经几千年山洪大水冲击不垮的拦水堰坝——破桥堰坝,人们称其为"神仙坝"。

该堰坝长65米,呈斜形,以溪滩乱石堆砌而成,且从肉眼看不出有人工堆砌的痕迹,但它历经千场洪水依然斜卧在破桥公路桥上游,完好无缺,一动不动默默地为破桥村下三十多亩农田拦水灌溉,可谓神奇。

相传西汉末,王莽建立新朝,此时战乱纷纷,四处爆发革命,绿林农民大起义,男丁大多上了战场,留守田园的皆是老人或妇人。西汉地皇四年(23年),适逢大晒年景,五月中,破桥、老竹、周坦一带的稻田无水灌溉,大地被晒得道道裂缝,稻苗干枯,眼看颗粒无收,人们坐立不安,夜不能寐,破桥紫阳观一雷氏老妇,日日念经求雨,坚持一个月有余,总不见雨。她想如此下去总不是办法,就大声唱起山歌:"王莽战乱收男人,女人乡间受苦情。天若再不落雨(水)

---

① 摘自1994年版《丽水市志》。

② 章定海搜集整理。

来，恐是天下没女人。”雷氏老妇老调重弹，连唱十日有余，歌声惊动了皇天，六月初七天空乌云密布、电闪雷鸣，顿时狂风四起，下起了瓢泼大雨，但时间不长，只有半个时辰。但也足可使久不见水的稻苗返青。

有农谚说：“六月落雨隔田岸。”这雨只落(下)紫阳观。

破桥桥头的王老妇，天天在桥下戽水保苗，提水抗旱，已是精疲力竭，傍晚时分，她坐在门口啼哭，哭声十分令人伤心，当王老妇哭成泪人之时，她眼前站着一位道士模样的人，老妇见了此人，忙着倒茶递水，道士喝过香茶，忙问王老妇，为何啼哭？王老妇一五一十向道士说了战乱与旱情情况，并告诉道士：她家和邻居在桥下畈有十多亩稻田，这天不雨，稻苗即将枯死，如此下去，将颗粒无收，岂不全家饿死，能不伤心？再说，溪里还有水，但引不到稻田，要是在桥上游有一条坝，我们开条水渠，就可引溪水到田，可我村人丁稀少，造条拦水坝谈何容易？

道士听了老妇诉说，觉得很是有理，便告诉老妇：“明日午时三刻，你点清香三支，立于破桥南端，朝天拜三拜，口念若有神仙帮我筑条拦水堰坝，可代代引水灌田，我愿代代在桥头奉茶供水。便有人为你造坝。”

次日午时三刻，王老妇立于桥头南端，点燃三支清香朝天三拜，照念祝词。词念毕，只见天空一道红光闪烁，桥北不远处，有一银须鹤发、身着道袍、红光满面的老人，缓缓飘来，抓起一石子朝南边桥头抛撒而来，顿时水面哗哗作响，泛起点点银光，老妇后退三步，朝前一看，一条乱石堰坝徐徐从水中凸出，王老妇急忙双膝跪地一拜再拜，定睛细看那老人不见了，只见拦水坝横卧溪间。老妇大声叫喊：“神仙啊！天上的神仙为我筑坝了！”从此，破桥拦水坝就成了“神仙坝”。

事后，王老妇每日烧好茶水无偿供路人饮用，有了拦水堰坝，王老妇的田园年年丰收，家底渐渐好转，王老妇还在桥头盖起一个路廊，供路人歇息，并交代后辈，要供茶之举代代相传。直至1970年破桥拆掉改成公路桥时，王老妇人造的路廊才拆掉，供茶之举中断，可桥头南端仍然居住着好几房王家后人，守护着这条“神仙坝”。

为了纪念那位好心的“道士”，破桥人在村北建了一座道观，起名“紫阳观”。

狮子山的来历①

相传，老竹狮子山的形成，有一个麒麟追狮子的故事。

---

① 蓝培星口述，章定海整理。

很久以前,曳岭龙岩山上有一对狮子,一雌一雄,它们很相爱,一日多武义五福村山上走出一只麒麟,见两头狮子在玩耍,便走上前去,谁知被正在玩耍的狮子踢了一脚,麒麟恼火了,要跟狮子比武。这时正值雌狮怀有身孕,雄狮想,比武是动真格,拼本事的,若比输了要给人看不起,何况麒麟火气凛凛,一比武必有损伤,还是走为上计,于是雄狮拉雌狮拔腿就跑。

麒麟见状,随即就追,从大片龙岩山起一路追赶到了老竹乌砝畈,雌狮已经精疲力尽,伏着一动不动,身强体壮的雄狮已跑到黄岭上,它生怕妻子被麒麟追到,回头一看,却被生人看到,生人厉声尖叫:"哇,狮子跑不动了!"顿时,雌狮、雄狮、麒麟都变成了一座山岩,即后坑村的狮子山、黄岭上岭下村的狮子岩(狮子头朝黄岭上)以及老竹前面的乌砝后山,也称麒麟山。

四、民间故事

畲族民间故事不少,传播甚广,其题材广泛,内容丰富。

蓝邦光赴考

据蓝雷钟氏宗谱载,早年,畲民不可参与科举考试。话说畲族有个后生,名唤蓝邦光,因父亲不识字,受尽土豪财主欺压,蓝邦光从小愤愤不平,就奋发读书,自学成才。一年适逢会考,但县衙张榜:"不许畲人参考。"蓝邦光见榜一怒,便聚集畲人数百,撕下榜文,闹至县衙,据理力争;县官理屈词穷,又慑于畲民人众,恐事闹大,酿成祸害,便当堂允诺畲民可以参考,是年蓝邦光一考即中秀才。自此,不准畲民参考的律条也被取消。蓝邦光赴考的故事在老竹附近畲乡广泛流传。

蓝七妹招亲

从前,畲家蓝族有个美丽又善歌的姑娘叫蓝七妹,长得一张瓜子脸,柳眉凤眼、杏桃嘴,身材挺拔苗条,惹人喜爱。当地常有人登门为她说亲,三村五里的小郎不少向她示爱求亲,都被七妹婉言一一回绝。

一日,蓝七妹跟爹娘说:"女大当嫁,但我要亲自出题,为蓝家选婿,若有小伙答题中我意者,不论贫富,不论畲人、汉仔,我愿嫁其为妻,伴其终老,否则……"爹娘自知七妹性格,从来说一不二,恐出意外,无奈点头应允。

选婿这天,三乡八里的后生,从四面八方赶来,蓝七妹家院子里挤满了人。蓝七妹面不改色,立于案前,当众出题,后生们对题应答,都被七妹否定,突然人群中走出一汉族青年，此人相貌平平，但身强体壮，敦厚老实，他名叫陈友良，友良一答题，竟被七妹接受，众人十分意外。

原来陈友良是蓝七妹自小结识的牧友，两人从小青梅竹马，友情感情交集，七妹自然中意。七妹是个聪明的女孩，自然晓得自古相沿“畲汉不婚”之习俗。但蓝七妹采用了“出题招亲”之计，打破了禁锢了几千年的民族隔阂，使有情人终成眷属。从此畲汉两个兄弟民族结亲的人一年比一年多了起来。

破头山的来历[①]

破头山坐落在莲都区老竹镇梁村东南方向一公里的地方，山的尖端裂开，深 30 多米，传说是被神仙用蛤蟆草射掉的。

相传小梁村这地方风水好，龙脉正，村的右前方有两座雌雄山，夜里合起来，白天移开。这里有一户人家，家里只有一个老母亲，她有四个孩子，都相继高中，一个接一个到外面做官去了，由于路途遥远，交通不便，更兼事务繁忙，没有把老母亲接去。她一个人孤零零地待在家里，这一天，她八十大寿了，还是不见孩子们回家吃团圆饭，给她拜寿。她等呀等，等到时辰都过去了，一个影子也没有，越想越伤心，就流下了眼泪，坐在门口伤心地哭了起来。

正在这时，一个神仙变作讨饭的经过门口，见到老人伤心地哭泣，就问她何故，老人一五一十地告诉了神仙。神仙说：“叫你的孩子们回家很容易，就是你要他们怎么回来，是头戴乌纱回家，还是只要孩子清身回家。”老人说：“我不图孩子们做多大的官位，只要他们平安回家就好。”神仙说：“这很容易，你很快就会见到孩子们了。”只见神仙随手摘一根蛤蟆草，向着对门的雌雄山射去，就听“轰隆”一声巨响，四只白鸽飞了出去。没过十天，四个孩子就被革职为民，回家了。

从此，雌雄山再也不会合起来了，那座山尖被裂开，变成了破头山。

梁一万戏富神[②]

梁一万，梁村人，相传与青田章楷、松阳塌鼻等非常友善，民间称为“处州四大才子”。

---

① 梁村梁官兴口述，时年 64 岁。1988 年采访，略删改，转载《碧柳古韵》。

② 梁村梁国芬口述，时年 67 岁。1988 年采访，略删改，转载《碧柳古韵》。

有一天,梁村梁一万到了一座城里,看到那些城里各行业店老板与富豪相互串通,高价出售,坑害百姓。梁一万非常气愤,想要教训教训他们。他看到一个富豪老翁拖着一个孙子在面店里跟老板玩,眼一眨,计上心来,来一个一箭双雕。他要了一碗肉丝面吃了,叫老板结账。一万故意算错三八二十八,富老翁听了大笑他不会算,说出了三八二十四的算法。一万一听正中下怀:“多谢老翁指教,要不是老翁指正,不知要给人家错去多少银子,来!来!来!今天我请客。”叫老板烧了肉丝面,请老翁吃,老翁推辞不过,就坐下来吃。一万抱过小孩说:“小弟弟,让你爷爷吃,我抱你到街上买糖吃。”见到卖肉老板就称了十斤肉,说:“老板,真对不起,我银子没带来,这样吧,我把孩子先放你这儿,我肉拿回去,马上把银子送来,再抱孩子回去。”老板同意了。一万拿着肉又走到棺材店里,对老板说:“老板!我家里太公死了,要选一个最好的棺材。”老板说:“你自己选吧!”一万选了一具最好的棺材,对老板说:“老板!刚才买了肉,带来的银子不够了,这样吧,我把这些肉放在你这儿,我先把棺材盖背回去,再叫八仙来抬,我把银子也送来。”老板一听,很相信,觉得也有道理,就同意了。梁一万背着棺材盖走到一家布店,布店老板一看就知道此人要买白布了,又有油水了,赶忙出来接客。一万说:“老板!我太公死了,想到你这里买一些白布。”老板说:“有!有!要多少,有多少?”一万说:“我要两匹。这样吧!刚才买了一口最好的棺材,银子不够了,我把这棺材盖先放这,布我先拿回去,好让家里人早些做衣,再来付银两,取棺材盖。”老板说:“好说!好说,速去速回。”一万扛着两匹白布大摇大摆地回家了。而留下“连环债”让富绅们去理论。

第三节 谚语与隐语

老竹畲族镇的谚语是汉畲两族人民在长期生产生活实践中不断积累起来的语言精华,包括自然天气、农事生产、养生生活、时政事理、谚语歇后语等。

一、谚 语

(一)汉族民谚

贤惠嫂、担稻草、天光早、屋尼(晚上)早、省油省灯草。

穷人没指甲,富人没头发。

省柴没有灰，省米没好归（收入）。

耳朵不镂不聋，人家不吵不穷。

大麦到立夏，不死也要挂。

烂糊田翻碓臼，越翻越深。

牛没力拖横耙，人没理讲横话。

有理走遍天下，无理寸步难行。

人要面皮，树要树皮。

人心是杆秤，好坏分得清。

真人不讲假话，明人不做暗事。

好男人不进赌场，好女人不嫁两郎。

好汉要三帮，关老爷要周仓。

煮豆配酒，喝大雄公的发财酒。

越嬉越懒，越吃越口淡。

一家晓勿得一家事，和尚晓勿得尼姑寺。

山上没直树，世上没直人。

生了的性格，钉死的秤。

肚饥不怕大麦饭，要困勿怕水磨楼。

小时会偷针，大时会偷金。

不会偷偷牛，不会打打头。

墙头一蓬草，风吹两边倒。

刀切豆腐两面光。

做官莫做小，做树莫做梢。

坐在学堂死读书，不如在十字街口听古典。

做官的爹不如讨饭的娘。

爹亲娘亲，不如自己的脚手亲。

树大要分杈，儿大要分家。

三分人才七分扮，瘌痢扮得成花旦。

心慌吃不了热粥，心急办勿成大事。

船到桥头自然直，车到山前必有路。

一个铜钱一个命，三个铜钱打人命。

糯米服砂糖，一行服一行。

路上有财宝，也要起得早。

县衙大门八字开,有理无钱莫进来。

望了《三国志》,一步生三计。

过头话少讲句,过头饭多吃碗。

晒死坝头坵,饿死独自人。

好愁不愁,愁得六月没日头。

六月不晒背,冬天要后悔。

水浸石头烂,贪多嚼不烂。

相争相打没好归,扫扫地下一铣灰。

冬吃萝卜夏吃姜,不劳医师开药箱。

(二)畲族民谚

鲤鱼爱水塘,阿伲(咱们)山乡。

鸟飞得再高也要回家,人走得再远也要回家。

阿爹懒动锄头,阿媚(娘)没油梳头。

进村莫入灶房,进寮(家)莫进内房。

放过叭仗(鞭炮)定得亲,莫管天晴变天阴。

丝带有彩,有心就来。

泡茶喊坐坐,客来勿寂寞。

浅浅茶情意重,满满酒醉倒人。

家里人勿和气,连座草寮搭不起。

家里一园鲜花,毋愁蜜蜂勿来。

望望在眼前,走走一整天。

一样的米,养出百样的人。

木勺虽粗,盛的是清水;

嘴巴虽笨,美的是心灵。

最高的山也搭不着天空。

最能干的人也会有过失。

勿怕千里路途遥,脚步不停尺尺近。

只要自己心里欢喜,咬口苦瓜也叫甜。

山勿嫌树多,水勿嫌鱼多,人勿嫌本领多。

种得多大的树,才有多大的树荫。

家里有千金万银,对人莫话朝南话(傲话)

取料取直树，交友挑好人。
坏人进寮多灾，黄鼠狼入屋少鸡。
草梢头抖抖动，草丛里没野兽也有虫。
背后莫说别人坏，草木都把耳朵带。
伤了铳的野猪更凶狠，得了便宜的人更贪心。
稗草的样子再像稻，到头也结不出谷来。
乌心(烂心)番薯吃不得，黑心朋友交不得。
豺狼再凶恶也敌不过好猎手。
空话说十箩，莫如动一锄。
七算八算，算得头往牛角钻。
贪吃的嘴巴特别馋，贪闲的身子格外懒。
过了靶的野猪难打，过了季的田难种。
猫发威也威不了老虎，
牛勿吃水，莫硬捺头。
痒处有虱，怕处有鬼。

(三)农 谚

立夏边，走路要人牵。
立春晴，百样好收成。
头六(正月)明，保人丁，
二六晴，保六畜，
三六晴，保五谷。
初八夜里见参星，月半夜里闹龙灯。
要食面，望月廿(廿晴则月熟)。
未蜇先蜇，人吃狗食(惊蛰前响雷则岁歉)。
春甲子雨，撑船入市；
夏甲子雨，赤地千里；
秋甲子雨，禾头生耳；
冬甲子雨，牛羊冻死。
春丙寅晴，无水分秧；
夏丙寅晴，晒死稻娘；
秋丙寅晴，晒谷上仓

冬丙寅晴,无雪无霜。

惊蛰响雷公,十个牛栏九个空。

春社阳阳,没水插秧。

冬社晴,断菜心(春社即立春后第五戊日)。

春秋两社主年丰。

久旱逢庚雨,久雨逢甲晴(庚甲主晴雨)。

丙不藏日(俗谓丙日多晴)。

二月二阳一阳(晴),柴头两遍长;

二月二阴一阴,柴头一片青。

二月二晴一晴,冷风冷雨到清明。

二月清明早播秧,三月清明晚播秧。

清明发南风,稻桶打对通。

立夏晴,蓑衣箬帽满田塍。

立夏落(雨),蓑衣箬帽挂屋角。

夏季沽,有田懒得扶(耘)。

处暑漏一漏,可种三日豆。

二月落(雨)勿息,三月耕白田(旱)。

四月秧拔节,五月六月没得吃。

东边彩虹西边雨。

出北虹要造反。

早五更见霞,大水满丫。

日夕见霞,晒死老鸦。

日头送山红彤彤,明日一个大日头。

密星照冷土,第二日落雨。

夏天落夜雨,百姓当财主。

平阳(原)五更雾,一定要放晴。

雾露弹地平,必定要天晴。

雨落五更头,一日大日头。

雨落五更,一日雨伞勿要撑。

乌阴(晚上)风,半夜雨。

天光(早晨)阴阴凉,午巴(下午)晒晒干。

蟹在路上爬,天公要落雨。

四月八，十有八九猛雨发。
春寒多雨水，夏寒断水流。
吃了端午粽，棉衣远远送。
五月初一难得落(雨)，六月初一难得晴。
端阳有雨是丰年，芒种无雨空种田。
六月盖被，柜中无米。
六月星稀(音 so)，天要晴。
月亮大晕要晒干，日(音 you)头大晕不过忧。
立秋无雨最可愁，万物从来只半收。
雨打秋头，廿个大日头(主旱)。
雨打秋尾巴，大水满人家。
七月秋淋，八月乌，一株苞萝两个甭
霜降见霜，米烂陈仓。
未霜见霜，米贩像霸王。
重阳无雨一冬晴。
十月初一晴，柴炭满街擎。
冬至天阴无日色，来年太平。
大寒晴主岁稔。
邋遢冬至(下雨)，干净年(正月初一晴)。
腊日(冬至后第三戊日)得雪，来年二麦必稔。
两春(两头春)夹一冬，无衣暖烘烘。
山头白一白，明年种得好花麦(荞麦)。
地下暖一暖，天上滚雪卵。
结漆(柴)开花勿用力，黄菊开花悔不及。
上半月望初三，下半月望十四，
月亮生毛(月有晕)，雨坐牢(无雨)。
四月初八做梅(雨)娘，今年水车横屋梁。
夏季响雷公，塘底好栽葱。
重阳三九晴，晴到明年过清明。
(冬后)一日赤膊，三日倒缩(天气要转冷)。
清明早，立夏迟，谷雨种棉正及时。
七月葱，八月蒜，九月种罗汉。

二、隐 语

畲族曾有一套便于族内管理的俗语，是畲族内部使用的语言，外人就是懂得其话也不解其意。俗语的形成和发展，与畲族选定的历史原因、经济地位、地理条件、社会生活等密切相关。

(一)日常隐语

日常隐语一览表

表 12-6-3-1

俗语	语意	俗语	语意
过渡	吃饭	挣篙	筷子
开光	洗脸	寮掌	做产
灼火	对歌	扭颈	杀鸡
踏脚	做粿	打梨卓	吃粥
挟铜	谎言	做大人	结婚
扛锄头	洗脚	捡田螺	作揖
上平岗	眠床	炒猪肚	争吵
老虎尿	陈老酒	白鸡娘	酒壶
草鞋耙	鸡	两头尖	谷米
刨壳	猪头	—	—

(二)盘问隐语

遇上能讲畲语的陌生人，则问："顶角"或"盖耳"?或问"儿窟油麻"?意问对方姓蓝或姓雷。因为蓝的"艹"称"顶角"，下端"皿"有三个"口"，称三窟油麻；雷的"雨"称"盖耳"，下端"田"有四个口，称四窟油麻。如果对方虽然能讲畲语若回答不上盘问俗语，则不承认他是畲族人，若是回答对了，就按宗族排行彼此称呼，以嘉宾款待。以下是一些盘问隐语的例子：

你家橱中几多碗？(你家有几个人？)

你家门前几个踏步？(你家有几代人？)

你的毛竹破几爿？(问对方宗族排行辈分)

你住在竹园里或竹园外？(你家祭祀过祖没有？)

第七章　民间文献

老竹畲族镇民间文献主要有科仪教本、宗谱、匾额、碑刻、契约文书等，记录了境内的人文历史。科仪教本均为手抄本。宗谱有手抄本或刻字、活字印刷本；改革开放后，多为电脑排版印刷本。匾额均为木制，由名人书写，悬挂在大屋厅堂。契约文书均为手抄本。碑刻多在村口出现，东西岩景区牌坊建于2007年1月。

第一节　书　籍

老竹境内遗存的古代书籍，数量相对较多，民间保存着清代和民国时期的科仪教本和书籍。最完整的是各姓宗谱和畲歌手抄本。信仰佛教的村民还收藏有一些佛经念本。

一、科仪教本

据《丽水市志》(1994年版)载："清宣统元年(1909年)……招收年长失学者入学，授学部颁简易识字学塾课本，有浅易算术、体操、习字等课程，学堂教师兼塾师，于晚间授课。"又载："民国29年(1940年)战时民主学校扩及四乡，在畲民集中地区办有畲民学校。"老竹村民肖进逸(住老竹学甫弄16号)现存民国35年(1946年)《百家姓》《昔时贤文》

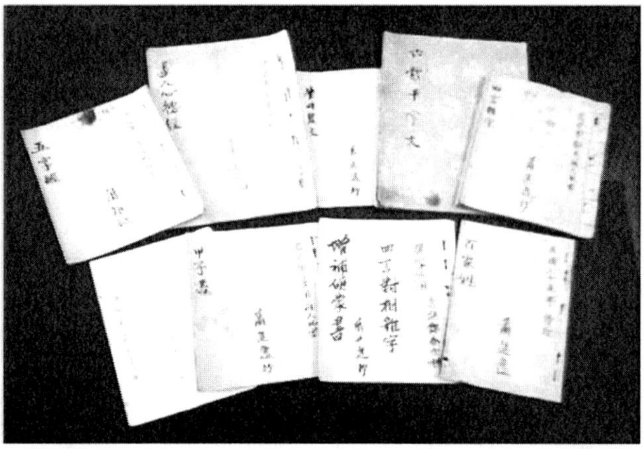

(清)科仪教本(肖进逸　存　李祖平　摄　2017年2月10日)

《五字经》等都为当时的识字教本。

中华人民共和国成立后，人民政府重视农民初等业余教育，1950 年农村办冬学；1952 年推行速成识字法，办速成识字法实验班等，采用《三字经》《千字文》为教本。

（民国）术数书籍（钟明根 存 李祖平 摄 2017 年 2 月 10 日）

沙溪畲族村黄兰自然村钟明根之父钟凤麟（已故）是当地小有名气的地理风水先生，红白喜事多请其挑选黄道吉日。钟明根初中毕业后继承其父衣钵，成为畲家地理风水先生。他珍藏有民国 13 年（1924 年）版的上海广益书局印行的《增补象吉通书大全》1—29 卷和湖北滏阳赵九峰著的《地理五诀》、周一景先生著的《山洋指迷》、钟凤祥著的《董公选择要览》等术数书籍。

佛经（涂娟英 存 李祖平 摄 2017 年 2 月 10 日）

老竹畲族镇民间佛教信仰较为盛行。农历初一、十五到老竹玉峰寺拜佛诵经成为惯例。农村常有打斋谢佛活动。老竹有拜佛斋娘 80 多人，无偿为他人诵经，以盼除病消灾，赐福保平安。其佛经唱本主要有观世音菩萨普门品《大悲咒》《心经》《十小咒》《慈悲观音宝忏》《弥陀宝忏》《金刚般若波罗蜜经》《财神福德宝忏》《佛说长寿灭罪护诸童子陀罗尼经》等。

基督教于 1988 年开始由丽水小水门教会传入老竹。1993 年，老竹原崇义公社“五·七”农业中学宿舍改建为基督教堂，面积 220 平方米，坐落在沙溪敬老院旁。当时仅有信徒 12 人，至 2015 年有 100 余人，其中畲族 19 人，主要传授耶稣《圣经》和 1218 年版的《赞美诗歌》。教徒每星期日（礼拜日）集会谈《圣经》、唱诗和祷告，经济来源靠教徒奉献自筹。

二、祖 图

据调查，联城镇的胡椒坑畲族自然村在民国早期存有一套畲族祖图。祖图包括“三清”(玉清、上清和太清)神像、十殿阎王、射猎祖师、行猎祖师，本姓始祖，左门神、右门神、金鸡、玉兔等画像。其中两幅长轴画卷“祖图”特别贵重，以连续画面形式展现畲族始祖盘瓠忠勇王龙麒出世、平番受封、招亲、生育三子一女、辞官、打猎殉身等事迹。在20世纪50年代，沙溪畲族村黄兰自然村的钟明根曾在“做功德”时见过此祖图与祖担。《丽水畲族古籍总目提要》第27页载：“胡椒坑畲族祖图长轴1幅(两段)。畲族祖图之一。”多幅相连式伏羲神话与盘瓠故事糅合的“龙麒”图腾传说画卷，俗称“祖图”或“长联”。举行“学师”祭祖和“做功德”表仪时，分两截挂于两边壁楣或大门外两侧墙上。清光绪四年(1878年)蓝千二郎等主持绘成。约略叙述：祖先化的龙麒事迹，卷首绘伏羲、太古、神农、颛顼数五，继绘天降“娄金龙宿”下凡变一麒麟救度高辛，帝喾皇后耳痒出金虫，置焙篮盖以荷叶，后敕将军到西番杀逆王等，再后是变身、成婚、生子、敕娃、学法、迁居、殉身、参禅、下葬、受旨诸内容。白色标布、墨色五彩，注文黑色。布幅30.5厘米×50厘米，画面各28厘米×498厘米。今藏莲都区联城镇砭峡胡椒坑畲族自然村，照片缩印件藏于浙江丽水学院畲族文化研究所。

祖图(节选)(丽水学院图书馆 存 李祖平 摄 2017年2月10日)

根据老竹村章定海、陈仁松回忆，老竹村李珠文上代李娼儿、李杨树保管着一幅李氏祖图；肖国华、肖日朝在20世纪50年代见过肖氏祖图。这两幅祖图均在农历除夕至正月十五挂在老屋中堂,儿孙们以辈分长幼为序历行朝拜。过满元宵节即取下封存,“文化大革命”期间在“破四旧”运动中被销毁。

第二节 铭 刻

老竹境内铭刻数量不多,其中匾额5块,均为木制,由名人书写,挂在大屋厅堂。碑刻多立于村口或祠堂。21世纪新建牌坊7座,展现新农村风貌。

一、匾 额

老竹畲族镇曳岭脚村于2012年6月18日被浙江省政府批准为“浙江省历史名村”。民国12年(1923年)重修的《宣平县志》中载有唐、宋、明、清代的进士14人、贡生9人,其中“贡元”3人(贡元即同科贡生之首),立有匾额3块,今尚存。

1. 曳岭脚村63号蔡金林居所存“贡元”匾额一块,匾额长165厘米,宽73.5厘米,匾额正中刻有楷书“贡元”二字,右边书刻“钦命内阁学士兼礼部侍郎文渊阁直阁事南书房行走提督浙江学院加四级记录五次阮元为”字样,左边落款:“贡生蔡人文立,嘉庆六年岁次辛酉中秋月吉旦。”珍藏悬挂在中堂阶前上方矮沿下。

2. 曳岭脚村77号项祥金居所存“贡元”匾额一块,匾额长150厘米,宽60厘米,匾额正中刻有楷书“贡元”二字,右边无题字,左边落款“项兆芹 嘉庆十六年 礼部颁布”。悬挂在中堂香火榜顶部。

3. 曳岭脚村110号祝兴方老宅楼上存“贡元”匾额一块,据祝兴方收存的《祝氏宗谱》记载,该“贡元”是清康熙五十九年(1720年)恩科贡生祝万厦。匾额铭刻楷书“贡元”二字清晰可视,其余题款已被刨去无存。

4. 周坦村林财富户楼上存“勤俭可风”匾额一块,匾额长180厘米,宽65厘米。匾额刻有行楷“勤俭可风”4个大字,右边刻有“覃恩赐进士中宽大夫知浙江处州府事前翰林院编修加一级记录四次王文充为”,左边落款“宣平庶民林良训立 皇清乾隆六年岁次辛酉仲春月穀旦”。

二、碑 刻

蔡氏祠堂建祠碑 曳岭脚村蔡柏尹任宁国府录事参军[南宋乾道二年(1166年)]。当年,由蔡柏尹主事兴建曳岭脚蔡氏祠堂,面积1840平方米,不幸蔡氏祠堂遭焚，仅留断壁残垣（年代无考）。南宋嘉定十六年（1223年）蔡伯尹内侄蔡仲龙高中状元，敕封大理寺卿，端明殿学士。明弘治年间（1488—1505年），曳岭脚严公携曳山蔡氏乡里重建，立《建祠碑》一块，碑身石料长180厘米，宽49厘米，厚10厘米，碑文刻有蔡仲龙等名录，留存于世。今尚在曳岭脚蔡氏祠堂内。其碑文不甚明晰。

老竹永平堤碑 民国12年（1923年），宣平县令陈景元率董事韩蔡宣、邱兆麟、潘豪等就地募银一千余元，外商义赈一千零九十八元，于当年10月建成老竹永平堤，长三百余丈，高一丈，宽亦如之。是年，在堤中段建造30余平方米凉亭1座（已毁），亭后壁立永丰堤石碑1块，以铭建堤造福之德。该碑身长230厘米，宽85厘米，厚12厘米。今立老竹东岩路水管站南。

美丽畲山寨沙溪村名碑 2007年建造，坐落于老竹畲族镇东岩路北端沙溪群建桥东头，碑体长690厘米，高165厘米，碑文内框面积6平方米，以青瓦棱次垒叠而成，碑文框外左、右、下三方选用溪滩石砌成篾簟花纹。“美丽畲山寨沙溪”菊黄色凸体字（阳字）镶嵌棱瓦之中。

曳岭脚村碑 立于2014年，选用缙云溪巨石碑，身呈倒立梯形，上顶260厘米，下底150厘米，高180厘米，耗资8万元。碑上刻有凹体字“浙江省历史文化名村”“浙江省森林城镇创建基地”“曳岭脚”字样。

三、牌 坊

老竹畲族镇区立有牌坊7座，国家AAAA级旅游景区东西岩风景区沙溪村口1座，新屋村村口1座，陶村村口1座，梁村南、北、西三方各1座，浅田村村口1座。都仿效徽派建筑，牌坊以三门四柱三层构成。

东西岩景区牌坊 （梁寅伍 摄）

东西岩景区沙溪村口的牌坊建于2007年1月，采用福建青石条，中门宽为520厘米，两边门各364厘米，高度8米，分三层，中间层刻有丽水市委书记楼阳生题词“风情东西”,每层两头均有挑檐马头,整座牌坊恢宏、厚重,彰显一方文化底蕴。

其他6座建筑结构相同,只是大小规模因地而异,略有差异。牌坊中门顶分别刻有梁村、新屋村、陶村、浅田村等字样。

第三节 文 书

老竹镇文书遗存不多,早年契约文书均为毛笔字手抄本,主要涉及土地买卖,赘婿、典当等,另有几份民国时期的会书、税票、分立书,以及法院传票。

一、契约文书

(一)契 约

刘有陶卖田契约 清乾隆二十七年(1762年)三月丽水刘有陶撰。文中记载:刘有陶自愿将自手[①]民田1处,计额2亩12分,托中立契出卖与钟国顺为业,三面言定价银12两正。其银当日亲收完足,其田任凭钟边推收过户收租完粮管业。立契人、见中人、代笔人一并画押。盖有清乾隆时宣平县衙大方印及骑缝章。该契后又于民国5年(1916年)12月经宣平县衙验契,并贴有民国印花税票。契面有所破损,本色草纸,楷体墨书。纸幅23厘米×30厘米,15行16字。

钟德兴当田契 清道光十年(1830年)十二月丽水钟德兴等撰。文中记载:钟德兴、钟德圣、钟德光兄弟三人将父手遗下田1处3丘共1亩2分,自愿托中立契出当与钟向东,取值9200文整。其钱当众亲收,以后每年八月秋收交纳干谷2石整,送到大常仓口交足。如有租谷不清,当契以作卖契管业。立契人、见中人、代笔人一并画押。本色草纸,楷体墨书。纸幅24厘米×35厘米,15行20字,保存完好。浙江省丽水市莲都区老竹畲族镇道弄源村钟氏存。

陈家余卖田契 清光绪十九年(1893年)十二月丽水陈家余撰。文中记载:陈家余因缺用,将祖遗自己名下民田1处计额3分整,自愿托中立契出卖与钟天寿为业,三面言定目值时价洋银1圆整。其银当众亲收足讫,其田自卖之后任从买主耕种收租管业,日后不拘年限备办原价取赎。后来又在同一纸上立“杜断找契”。“找契”明言前契3分田地“因前价不足,再托愿(原)中向到与钟天寿兄边”“三面言定找断目值时价洋银一圆五角整,其洋当众亲收缘足”,

① 自手:自己。

其田自卖之后无找无赎，永为钟姓子孙血业。立契人、见中人、依口代笔人一并画押。本色草纸，行体墨书。纸幅47厘米×41厘米，19行28字。保存完好。浙江省丽水市莲都区老竹畲族镇黄兰村钟氏存。

蓝元水租田札 民国11年(1922年)12月丽水蓝元水撰。文内记载：蓝元水自愿向本境庙董首钟满寿租得水田1处，面积8分。三面言定，每年交纳租谷1石4斗整，八月秋收之日送到仓口交足。如若天年荒旱虫伤，则请田主面割均分。立契人、见中人、代笔人一并画押。本色草纸，楷体墨书。纸幅28厘米×15厘米，9行20字。保存完好。浙江省丽水市莲都区老竹畲族镇道弄源村钟氏存。

江余高卖田契 民国23年(1934年)3月丽水江余高撰。文中记载江余高将自手置买蔡姓民田1处，田大小共计17丘计额3分整，计租7斗整。四至界内茶桐杂木一应在内，自愿托中断卖给黄兰庄钟石发为业。三面言定，断得目值时价大洋14圆整。其洋当众亲收完足，此田自卖断之后任从钟姓改易耕种，契明价足，无找无赎，一契割断。立约人、见中人、代笔人一并画押。本色草纸，楷体墨书。纸幅45厘米×36厘米，13行26字。在上角写有“利”字。破损严重。浙江省丽水市莲都区老竹畲族镇黄兰村钟氏存。

江金宝租田札 民国28年(1939年)11月丽水江金宝撰。文史记载：江金宝因缺田耕种，向钟土贤租得水田1处，即流坑庄灰铺门口大小田3丘，计额1亩2分，计租谷3石。其租谷约至每年八月秋收之日送到仓口交足，不敢欠少。今立租札为照。立约人、见中人一并画押。本色草纸，楷体墨书，纸幅24厘米×21厘米，11行16字。保存完好。浙江省丽水市莲都区老竹畲族镇黄兰村钟氏存。

蓝献财民田当契 民国36年(1947年)11月丽水蓝献财撰。文中记载：蓝献财因无钱应用，自愿将祖遗下民田1处，面积计1亩5分，四至分明，托中立契出当给蔡正之管业。三面言定，目值当价早谷9石，其价谷即日收讫。其田自当之后每年秋收之日交纳干租谷3石，送到仓口交足，不敢欠少。两家承愿，日后不拘年限备办契内原价取赎。有立当契人、见中人、代笔人一并画押。本色草纸，楷体墨书。纸幅49厘米×31厘米，11行27字。保存完好。浙江省丽水市莲都区老竹畲族镇黄兰村钟氏存。

钟福旺讨垃地札 清同治九年(1870年)十一月丽水钟福旺撰。文中记载：钟福旺因先祖无山安厝，自愿托中人到蓝宅志周等租得砿岩1处安厝祖坟。三面言定，交铜钱500文整，到年将钱利作坟租清讫。日后祖坟若改别处，此山岩归还山主管业，不得异言。有立札人、见中人、代笔人一并画押。本色草纸，楷体墨书。纸幅30厘米×28厘米，10行15字。保存完好。浙江省丽水市莲都区老竹畲族镇道弄源村钟氏存。

蓝门雷氏卖坟地契 清同治十三年(1874年)十一月丽水蓝门雷氏撰，浙江民间经济文书。文中记载：蓝门雷氏将祖手遗下拍分自己名下砒岩1处，自愿托房侄议说立契出卖给表玄孙钟福旺家安太祖坟茔1穴。三面言定，茶礼钱2800文整，当众亲收完足。之后其岩洞内外坟茔只许两姓祭扫，永为葬家二人永远管业。立契人、见中人、代笔人一并画押。本色草纸，楷体墨书。纸幅46厘米×38厘米，15行20字。保存完好。浙江省丽水市莲都区老竹畲族镇道弄源村钟氏存。

钟凤杨当山契约 清咸丰九年(1859年)十二月丽水钟凤杨撰。文中记载：钟凤杨因缺钱用，将自手置买茶子山1处，自愿托中人立契出当与蓝进福等。三面言定，当得铜钱5000文，当众收讫。而后每年秋收交纳干谷1石，如有欠少，当契以作卖契管业，各无异言，日后不拘年月可按原价取赎。立当契人、见中人、代笔人一并画押。本色草纸，楷体墨书。纸幅25厘米×33厘米，15行14字。保存完好。浙江省丽水市莲都区老竹畲族镇道弄源村钟氏存。

董蔡会卖山契 清光绪三十年(1904年)十二月丽水董蔡会撰。文中记载：董蔡会同弟因口食无力，自愿将祖父遗下黄兰占七埯山1块，托中立契卖与钟天寿为业。三面言定，目值时价英洋2圆。其银同中收讫，其山卖断后任凭钟姓执契管业。此出两家情愿并无逼抑等情。有立杜断卖山契人、见中人、代笔人一并画押。本色草纸，楷书墨色。纸幅37厘米×44厘米，12行26字。保存完好。浙江省丽水市莲都区老竹畲族镇黄兰村钟玉林存。

陈增春卖山契 民国26年(1937年)9月丽水陈增春撰。文中记载：陈增春因缺钱应用，自愿将太祖遗下山场1块，土名坐落可马垵，四至分明，其山内见有松杉杂木一应在内，托中立契卖给雷细土为业。三面言定，目值时价法币9圆整。其洋即日同中亲收完足，其山断卖后任从买主执契管业。日后无找无赎。有立约人、代笔人一并画押。本色草纸，楷书墨色。纸幅40厘米×35厘米，13行28字。盖有验印1枚、骑缝章1枚。保存完好，浙江省丽水市莲都区老竹畲族镇西坑口村6号存。

雷福兴卖山契约 民国22年(1933年)12月，赤坑村雷福兴今因与兄产业自愿将父手遗下分入自己名下茶子山一处，土名坐落赤坑□灰燎垵茶子山贰块，……四至分明，自愿托中立断契与雷木旺弟□□为业，三面言定，断得目值时价洋银拾伍元，其洋当日仝[1]中亲收完足，不少分厘，升合如卖立自能一力。茶子山两家心愿一切一断，日后永远无找无赊，并愿其山立断契为照。卖主：雷福兴、见中：雷德玉、依口代笔：蓝官附一并画押。

（二）凭 据

蓝门雷氏招夫婚书 民国9年（1920年）3月丽水蓝门雷氏撰。文中记载：蓝门雷氏因夫病故，祖公年老、子幼无力，难以维持家业、种作田地，自愿托媒将钟陈祖招为夫婿。三面言定，钟陈祖日后无子，蓝姓前有子供赡继父过老。如有子，前业产归还蓝姓。日后陈祖手所得业产，两姓兄弟平分。此出两家情愿，陈祖选择吉日上雷氏亲边为婿，同拜天地香火，发子旺孙。钟边如若反悔，自愿单身出门；如蓝边反悔，则亲送子过门。有立婚书人、在见人、媒人、代笔人一并画押。本色草纸，楷体墨书。纸幅24厘米×55厘米，23行12字。保存完好。左上角有彩语“大利”。今存浙江省丽水市莲都区老竹畲族镇道弄源村钟氏处。

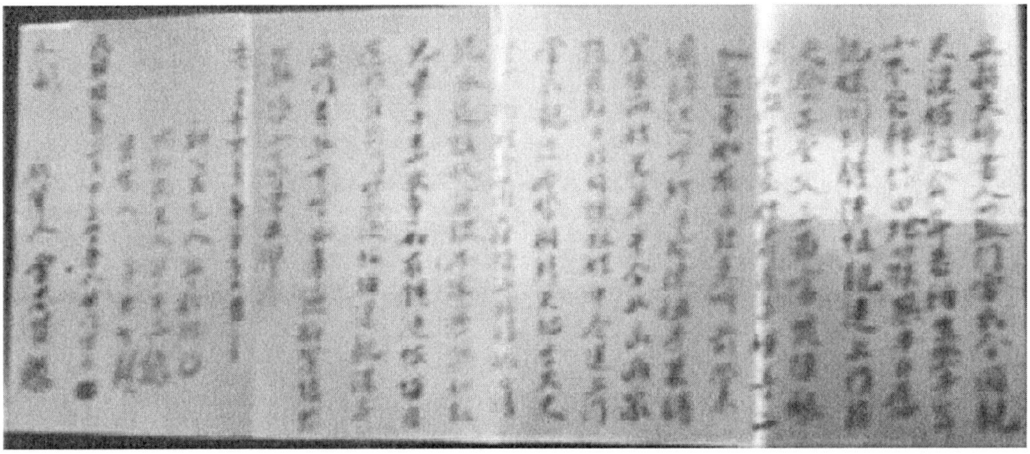

“蓝门雷氏招夫婚书”（施强 摄）

（三）集会账册及其他

会书 民国12年(1923年)10月丽水蓝火旺撰。文中记载：蓝火旺等与乡党同人商议，组织一经济互助会，诸君商定各集资金凑成××圆，以一个月为一期，每期轮至得会者则得会人之股份，由起会者担负如数付讫以全其数轮至末会而止，以期做到有无相通，成人之美。各会友认定股份及次序详列如后：雷忠花、钟朝仁、李樟旺、雷兰旺、钟仕春、蓝火旺等。立会书者蓝火旺画押。本色草纸，行体墨书。纸幅20厘米×53厘米，17行。保存完好。浙江

① 仝：同。

省丽水市莲都区老竹畲族镇道弄源村钟森土存，复印件藏于浙江丽水学院畲族文化研究所。

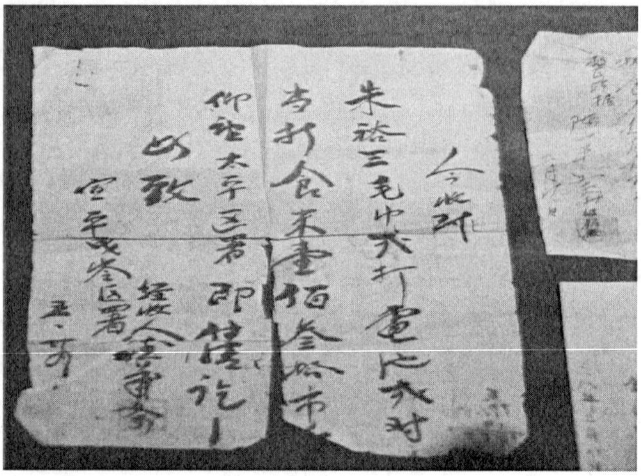

丽水市博物馆收藏的票据 （梁寅伍 摄）

兰士雄税票 1951 年 9 月 4 日，兰士雄屠宰生猪一头，向浙江省宣平县曳岭税务所缴纳屠宰税时值 13600 元[1]。盖有票证专用章和填发、经收人左振声印章。税票收执联和中华人民共和国印花税票两张由徐庄行政村上村畈畲族自然村蓝德宝保存。

二、分关书

老竹畲族镇沙溪畲族村蓝炳海珍存分关书一份，时为“中华民国十三年(1924 年)岁次甲子腊月日立”。本色草纸，楷体墨书，字迹规范清晰，纱线装订一册，封面注明立书时间，置分关书人。保存完好。

该分关书首叙家史，载:“立分关书蓝忠称仝妻钟氏所生六子，长男信彩娶媳雷氏，次男信邦娶媳蓝氏，三男信月娶媳钟氏，五男信蛟娶媳雷氏，六男幼殇，惟存四子，俱以(已)婚娶完全是万幸。”

分关书续论分关之由，载:“尝谓一家之亲父子兄弟也，父子者天性之恩，兄弟者同气之义，古人同衾共被之义，虽百世之元不可得而今也，但今人不知共义，一世之长成必有一世之分异，是以今不如古，然而树大则枝分，源和有派别，物无一致之理……”

分关书中载有田产、房产、山场四子分搿抽签股份写明田地面积、房产间数、产权坐落、四至界限。特别提到畲家长子顶头抽的特权。最后，分关书人分别画押，在场见证人亲房子侄、娘舅、姻翁、依口代笔人一应俱全，画押告罄。

三、法律文书

浙江丽水地方法院刑事传票 传“宣平树庄”(老竹畲族镇徐庄行政村)蓝

① 13600 元:时值 10000 元约人民币 1 元。

陈贤盗窃一案，被传时间为"中华民国 38 年 1 月 5 日"，该传票由徐庄村上村畈自然村蓝德宝保存。

同邻各户联保切信　民国 21 年（1932 年），浙江省丽水县第五区洪山乡第五六闾第五一邻，共 10 户画押出具同邻各户联保切单。联保切单述："为出具切结事，今结得邻内各户所填人口职业等项，均系实在，并无'为匪''通匪''窝匪'等情，自出结后互相监察。倘有前项不法行为，邻内之人即行报告核办。如有扶同隐匿秘不揭报者，甘受连坐之罪，所具切结是实。"该切结单由老竹畲族镇后坑行政村乌砇自然村张柏强（浙江省丽水市收藏协会会员）收藏。

第四节　唱　　本

畲族山歌由祖辈口传，用汉字著成唱本。许多畲语用汉字中的同音字、近音字和仿造字代替。老竹畲族镇畲民多数会唱山歌，具有演唱特长的歌手有蓝德水、蓝海松等 13 人。唱本有祖传本、手抄本、印刷本等。当地从清代就有婺剧唱班，故存有不少婺剧唱本。

一、畲歌唱本

畲歌手抄本　牛寨村歌手蓝明飞，娘名蓝章荣，民国 17 年（1928 年）出生，曾有手抄本收藏在丽水市博物馆畲族厅 L0072（三）-34 号，成为畲族唱本珍藏品。

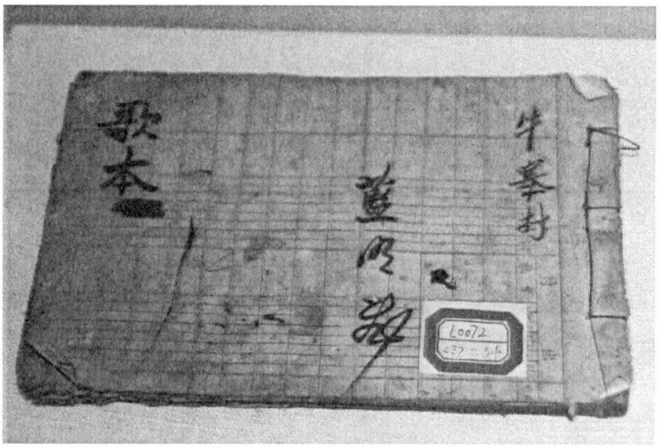

丽水市博物馆收藏的蓝氏歌本（梁寅伍　摄）

《畲族叙事歌集粹》　老竹村歌手钟圣权，民国 26 年（1937 年）出生，丽水市第一届文联民间文学会员，1949—1951 年曾任沐尘乡第一任乡长，后一直从事文化采写，长期热心于畲族山歌的收集和编写，他珍藏有《畲族叙事歌集粹》印刷本。主要内容有神话传说歌、历史要闻歌、时政歌、生活故事歌、小说歌、新民歌等 6 个篇章。唱本 32 开，共 407 页。

畲族山歌祖传唱本　沙溪村歌手蓝德水，1955 年出生，丽水市莲都区畲族研究会理事(老竹片长),原老竹民族学校教师,擅长畲族山歌的传承和抄录创作,存有民国8年(1919年)修订的祖传唱本和1985年自手创作的唱本各一册。

畲歌《太公元哥》等5本 高丰村蓝海松,1956年出生,丽水市莲都区畲族研究会会员,原高丰村党支部书记,兼乡村卫生员。秉承畲族传统文化,对畲族山歌情有独钟,存有祖传本、手抄本和印刷本等9本唱本。内容有《太公元哥》《浙江畲族民歌录》《畲族情歌选》《畲族哀歌选集》等。

二、戏剧唱本

婺剧剧目唱本 清末至民国时期,老竹畲族镇红桥村(原破桥村)王仕明、王荣德、王良清创办婺剧唱班。他们自拉自奏自唱,周边乡村百姓人家做好事,都会请他们歌乐弹唱,以增喜庆气氛。1950年后,村民王潘火、王云清等接替传承,被当地人称为"破桥唱班",颇有名气。有婺剧剧目唱本《文武八仙》《对金钱》《借云破曹》《碧桃花》《渭水访贤》和锣鼓调《拾番》等。

第八章　习俗信仰

老竹畲族镇畲民的生活习俗、生产习俗、人生礼俗、岁时习俗、信仰习俗均具有鲜明的民族特色，与他乡的畲民有着共同的风格。畲族崇拜祖先，崇拜高辛皇和图腾始祖龙麒及三公主。嫁娶、出生、寿辰都备礼祭祀，春节和“三月三”挂祖图。婚丧习俗、“三月三”歌会以及各种祭祀活动，包括二月二祭土地、四月八“年节”、五月五“五月节”、九月九“重阳节”、新谷登场祭谢天地、出发狩猎先祭猎神等，都彰显着悠久的文化气息。中华人民共和国成立后，随着社会的发展，一些有封建迷信色彩的风俗、习俗已逐渐消退。

第一节　习　俗

畲族是一个农耕民族，男女共耕，喜种茶苎，采集畜养，还有狩猎习俗。在生产劳动中，经常要做“福”，祈求神灵保佑风调雨顺，农业丰收。牛歇节、猎神节、尝新节等民俗活动，必设宴敬天谢地，祈求新年风调雨顺，庄稼枝繁叶茂，春华秋实，粮食、经济双丰收。

畲族的衣食住行，自有一套习俗。畲族女装主要有凤凰装、八角罗裙、绣花鞋等，花带是畲族妇女的常用装饰。畲族的食俗与众不同，喜欢自己采集、加工食品，忌食牛肉与狗肉；酒俗也与汉族有所不同，有客人光临时，家家户户拿出自己的酒菜参与宴请。

老竹畲民长期与汉族杂居，其岁时习俗与当地汉族相同，但“二月二”会亲节、“三月三”歌会是畲族特有。许多畲族在“三月三”歌会时，走亲、会亲，盘歌宴客。

老竹畲族和其他地区的畲族一样，历史上曾提倡族内婚，严禁与异族通婚，但因畲汉杂居，这个传统族规逐渐被破除。畲族男女通过对歌等形式进行自由恋爱。婚事中有请表姐、哭嫁、衔姐妹饭、退轿煞、留风水、撒轿米、分路钱、送踏路牛、食茶泡、擦新女婿等习俗。妇女产后有埋胎盘习俗。丧事中有唱畲歌习俗。

一、生活习俗

(一)服 饰

畲族服饰在闽、浙、粤、赣等地基本相同。据《处州府志》载,畲族服饰是“无寒暑、皆衣麻”。昔日,老竹畲民的服饰同样也是:“皆衣麻,崇蓝黑,无裙。”诚然,畲族的服饰按性别分男服和女服,根据生活需要分日常生活衣、劳动衣、出客衣、法衣等。畲族妇女节庆时穿“凤凰装”,包括凤头冠、凤身蓝冠衫、凤尾扎的花鞋穗。畲族妇女的服饰装束充分反映古东夷部族的凤凰图腾崇拜和信仰。

生活服 男性日常生活衣(包括劳动衣)为“布衣短袖、衣尚蓝”,多为青色和蓝色的棉布和苎布制作。少数男子穿大襟长衫,均为圆领,戴银项圈。胸襟和两旁袖口上均镶有月白色加红色或黄色加红色花边。缀3—5颗铜扣,外加圆领直襟有5排布扣的“钱吊衫”,下襟开衩处镶有云头图案,称为“郎冠衫”或“蓝冠衫”,在娶新娘后三天,送新娘回娘家做“送转客”时穿。男裤多用蓝青色棉布。夏天穿苎布短裤,裤头上按15厘米左右宽的蓝色或青色布。结婚时则穿紫色或蓝色长衫礼服。

女性(妇女)服饰上衣为大襟衫,长度过膝,领、袖、襟处都镶有用金线、五色线制成的二至三层的花边。衣衫多用尚青色棉布、苎布制作,少数富裕户也穿绸缎。节日所穿紫色“诰翠衫”,大襟和袖口都绣“回”字形花纹,衣襟排扣5颗,古作礼服。“三月三”等重大节日常有穿着。女性裙裤通常用黑色棉布,夏天用苎布。妇女上山、下田劳动时,用腰带缚住“围身裙”。所缚腰带用五彩线、白粉线、羽毛线等织成橄榄式花纹和汉族“卐”字纹装饰。新娘出嫁时,用青色绸缎或精哔叽做裤。外穿蓝色或紫色叠春“虎牙裙”,腰间束白色腰带,下面再垂两条长1米的飘带,直垂至脚面。

头 饰 畲家少女喜用红色绒线与头发缠在一起,编成一条长辫子,盘在头上。结婚时将两鬓发脚削平,盘发戴头冠(谓凤桃)。畲族称戴头冠为“德给”。德给的主体部分是由一根长10厘米的前中后斜的、直径3厘米左右的竹筒做骨,外裹红布帕,下悬一条33厘米长、3厘米宽的红绫。老、中、青不同年龄的妇女,发间还分别环束黑色、蓝色、红色绒线,冠上饰有一块圆银牌,牌上悬着三块小银牌;冠垂前额,畲族谓之龙髻,表示是“三公主”戴的凤冠,具有纪念始祖意义。冠上还插一根银簪，再佩戴上银项圈、银项链、银手镯和耳环。畲族妇女的首饰，全是银匠打造的银器，总共需十来块银元的原料。一般在节日或出门做客时佩戴。平时则用银簪改梳发髻，头上再裹包蓝花布帕。

畲族妇女十分重视头冠佩戴，男方娶亲时，聘礼中的“银器”是不可少的。女儿出嫁时要打凤凰装，头冠要以三支16厘米长的银片焊接成一个三角支撑的棱体固定在竹冠主体上，朝前的一支还焊着有图案的银长片，有的图案像两个人形，表示对人祖伏羲、女娲的纪念。有的刻有鸟的图案，表示崇拜凤凰图腾。下接两“古文钱”形银片，背面刻人形，象征人财两旺；再下是菱形银片缀以象征配偶的“双鱼”（民间图案化为“囍”字），寓意平安祥和，家庭幸福。

儿童头戴猫儿头的童帽，中青年常扎头由，老年人戴黑布风帽，巫师、法师分别戴宫帽、天尊帽、头冠字帽。男子结婚时戴青色红顶帽，宽檐外敞，帽顶突起高达8厘米，两边插金花。姑娘出嫁时戴“凤凰冠”，冠的结构以竹片为骨架，先制成梯形的头冠套，头冠外围缝上五色波纹的“冠栏布”，额前镶双龙、凤凰、蝴蝶、花木、鱼鸟等图案。“凤凰冠”上额正当中悬立一块“双龙戏珠”银饰，左右两旁紧立两个武士，左骑驴，右提剑。额下面贴镶两块长12厘米、宽3厘米的银质“冠栏”片。其下并排悬挂四片四方形有花纹的银片，表示盘、蓝、雷、钟四姓联姻。再下挂九个“银星”，九星下垂胸还串挂着九穗花纹银片，錾有山、海、花、鸟、鱼、兽之类图案，每穗连接九小片。冠上还用金丝线悬挂四串玻璃珠，长达50厘米，下连接元宝形银牌4个，垂至胸前。额角左右两侧各挂一块蝴蝶形银牌，连着16个小片四方形花纹银片。冠髻之后垂挂一块錾有“双龙戏珠”的银牌。髻上横插一根髻针，以保持戴冠稳定。一般妇女常戴的首饰有鸳鸯银手镯、银戒指，其上錾有梅花、八卦、福、禄、寿、禧等图案与字样，还有龙爪拳头式带铃哨的戒指。富裕人家的妇女胸前佩戴银牌、项链，脚戴银镯，耳戴耳环。中华人民共和国成立后，凤冠已成古董，戴凤冠的人已罕见。婚嫁装饰也大都未用，一些畲族村镇也只在重大节目活动时佩戴。

鞋　履　木屐与草鞋是昔日畲民穿着的鞋。劳动时经常赤脚。木屐造型简单，用半寸厚的木板做成鞋底前掌和后跟凸出两块稍厚的部分，锯成网状，增加摩擦力，防滑，前端中心打一小洞，后跟两边各打一小洞用麻线或棕搓细绳穿住前端小洞，分两股系牢后跟的小洞，两脚大拇指窝夹住绳子即可步行，尤以夏秋为多，走时会“咔哒”作响，亦称木屐为“骑马鞋”。草鞋是畲家的独特手艺。草鞋有单带草鞋和四耳草鞋之别，皆用稻草，亦有用山麻皮、葛

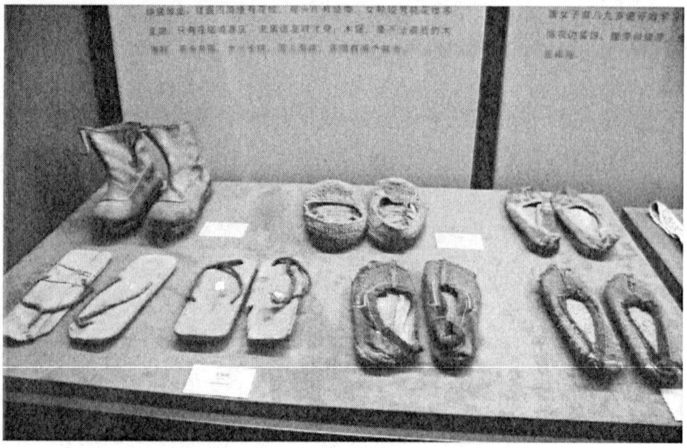

丽水市博物馆收藏的畲族鞋履（梁寅伍 摄）

根或加细布条掺和稻草编制。单带草鞋用一根细麻绳系束草鞋的周边，不用束缚，穿着极简易方便。四耳草鞋则在草鞋前鼻处拴两股草鞋绳，穿过前面两“小耳”，交叉后穿过后厢的两“大耳”，往上至脚背打个活结，穿至半旧时可翻过来再穿，这样就更舒适，使用价值更高。还有一种叫满耳草鞋，制作更加考究，全部选用苎麻编制(亦称麻鞋或船鞋)，鞋底、鞋鼻、鞋耳都夹进彩色新布条，穿起来不但美观，而且耐用又不伤脚。这种麻鞋一般在出远门时配上布袜同穿。

历史上，畲族是离不开草鞋的。新娘要穿草鞋行嫁，迎亲时行郎送担，穿着草鞋翻山越岭走到新娘家(畲族婚俗有“脱草鞋礼”)。畲族男子狩猎时，穿着草鞋追捕猎物跑得快。畲族妇女上山砍柴、采草药，穿着草鞋跋山涉水方便。旧时，家中的男子在冬春之交的雨雪天，要编打好全家人一年所穿的大、小草鞋。畲族草鞋有坚韧、轻便、适足、耐穿、正反面都能穿的特点。畲俗有破鞋不能火烧，要扔在路旁让大水冲走，免得脚肚抽筋。

钉　靴　用牛皮请鞋匠加工的钉靴，靴底钉有许多防滑鞋钉，最宜雨雪天穿。这种钉靴较硬、较重，牢固耐穿，通常一家人有一两双就够了。如今钉靴已绝迹，被高筒鞋所替代。

大襟衫　妇女通常穿不镶花边的上衣，是右衽的大襟衫，早先长过膝，后越来越短。若是用质地较厚的土棉布制作的冬装，则里面缝上一层软薄的市布作衬，使之更结实耐穿。右襟内缝有一块略短的布，可在其上做一口袋装物，外表看不出。男子的“棉裹身”(短棉袄)也采用大襟式，其好处是穿起来腹部较暖和。大襟衫现在只有少数老年妇女还穿。

长夹袍　又称长棉袍，多为青色，是老年男子的冬衣，外套一件长衫防污。若穿脏了，只洗长衫，棉袍一般只刷、晒，不洗。穿长夹袍不仅使下身保暖，烘火笼时还可双手提着用前襟遮住，不易散热。双手拉起前襟，可以盛物。

比褡褂　畲族的比褡褂是夹层的，中间絮一层薄薄的棉花，类似棉背心，所以又称“棉夹衫”。它是一种秋衣，外层的衣料较好，里层可差些。若是做给打猎的男子穿，里层就用硝制的麂皮或多张松鼠皮拼制而成，不垫棉花，既轻便又暖和。青壮年男子都备有此衣，套于单衣外，穿着方便，不碍劳作。

冻　安　畲语称兜肚为“冻安”，主要用于夜间防寒。不仅可供小孩睡觉时穿，成年女子也可穿缚于外衣与内衣之间当饰品。成年女子所挂的冻安用数层白细布制成，形似五边形，上端两角钉纽襻再系带挂于颈上，中间两角各钉一段带子系于后腰，下角垂于腹前，但不露出衣外。外层的五个角都绣有花纹，有的在左右两角绣上对称的蝙蝠图案，下角若不绣花，则再钉一小块颜色不同的三角形布片（朝上的一边呈波浪形），四周用不同颜色的布卷边。整个冻安就像一件精致的工艺品，且在正中开一口，成为一个袋子，只装钱币，不装食物。畲族妇女是刺绣能手，巧手能绣出精致漂亮的各式冻安，还有装铜钱用的铜钱包、枕头花与麦秆纺织的扇芯等精致的刺绣。除了给自己家人用外，还作礼品送给亲友。现在只有极少数畲族人穿戴冻安。

禾作裙　畲语称围裙为“禾作裙”“拦腰裙”，男女禾作裙各不相同，禾作裙用土棉布、蚕丝布的一块布头制作，女式围裙的下端要留一段33厘米多长的未织的经线。

畲族妇女要将这些经线理清，依次一排一排地用手工编织成各种不同的花纹，其中要留出一排排相同的洞孔，但又不像网。这样的花纹结到23厘米宽时，余下20厘米长的经线就作为围裙下摆的垂缨，垂缨末端若不齐则用剪刀略加修理，不可将其剪得太短。较粗的土棉布的经线操作起来较容易，又细又软的蚕丝布的线头打起结来就很费时，围裙的上端可到腰部，也可用带子缚于腰间，也可到胸前，其上端呈梯形，最上两角钉纽襻，可用带子缚于颈上，也可用银链勾住纽襻挂于颈上。腰部两角则钉上带子缚于腰。若不织土布，买市布做的围裙就没有下端编织的花纹和垂缨了。

男子的禾作裙较为简单，长度为腰部至膝下10厘米，宽度恰好围住双胯骨。裙双幅为蓝色，裙头用10厘米宽白布作边，两头各缝一条67厘米长的彩带，用以缚身固定。禾作裙不仅在劳动时能防止把衣裳弄脏，春天时扎起底下两角作包袱，可放播种的种子；夏天可以当面巾擦汗、洗浴；秋天进山去砍树、砍柴，可包饭菜，又可作垫肩，减少肩膀疼痛；冬天紧束裙带，衣服贴身更加保暖；用围裙盖住火笼烘火，可以防风和延长保暖时间。视干活情景，有时男女会更换使用长短围裙。禾作裙老年人还在用，年轻一代已不兴扎围裙。

脚　绑　即绑腿,是畲族男女必备之物。早先,畲族男女进山砍柴砍树避虫、蛇,下水田插秧薅草赶蚂蟥,都要给小腿裹上长长的白布条,即为打绑腿。畲族妇女穿花裙扎绑腿戴头冠(德给),畲族男子扎围裙打绑腿戴笠帽,这是畲族人给外人的着装印象。畲族妇女的脚绑是夹层的,多用蓝色或白色棉布、市布制作,形似上宽下窄的梯形,四角钉布带往后缚,扎起来正好裹住小腿。两块绑腿的外层也绣花,通常是循四边绣些小花和树叶状的图案,少数的正中也有绣花纹图案。男子绑腿一般用白色棉布、市布,都是畲族妇女自己制作。畲民穿戴与汉族同,打绑腿风俗已消失。

彩带　老竹畲民也称“花带”“彩丝带”。畲族服饰中彩带是不可或缺的。这种带子用各色丝线织成,带心以黑白两种丝线织出花纹图案与文字。畲族男女喜爱用花带作裤腰带、围裙带。还有一种比较难织的大花带,畲民出门做客打扮好后,将大花带系于腰间,用作束腰。花带可以体现畲族女子的聪明才智,所以未婚姑娘往往将大花带作为定情信物赠给情人。

丽水市博物馆收藏的畲族彩带(梁寅伍　摄)

水巾是一种长带,长333厘米,宽20厘米,用丝线“牵”好,架在织布机上织就,然后用手工方法染成墨绿色或深蓝色。水巾带两端皆有线穗,也要像编织围裙一样编一段花纹,余下20厘米长散线作垂缨。水巾是畲族妇女不可或缺之物,做新娘时叠两层围两股缚于腰间,其外再缚以彩丝带,水巾两端瓔珞上还要吊结数枚铜钱(一般为八枚),行走时叮当作响。夫家还必须用两条水巾攀(稍加扎缚固定)大橱嫁妆。男女年老亡故时,都要在腰间扎缚一条成色较新的水巾。很多人家还拿水巾背小孩,捆绑物件。

扎　包　扎包形似长带,以蓝色或灰白色为主,长267厘米,宽处27厘米,中间宽两头稍窄。有的带子中部钉上用硝制过的软而长形的毛麂皮,上方有开口,扎缚在腰间时,麂皮部分正好围住腹部和两侧软组织,秋冬季节既可保暖,又可使装束利落,兼有防身作用。上方的开口就是袋口,里面可藏钱币。扎包一般是出远门的男子或是会武功的人使用。畲族民间少有保存扎包。

花　鞋　畲族妇女不裹脚，花鞋分“口边花”与“通面花”两种。口边花指在鞋口前方绣有一朵“主花”，靠近主花边的鞋口绣点碎花。它与便鞋不同之处就是有花。通面花的花鞋制作工序较复杂，鞋底也较厚。这种花鞋在鞋口处要镶花边，鞋面全绣上花，鞋帮还要另外绣出来，鞋口前方要从鞋口正中向前钉绣一条里面包扎着五彩丝线的“鞋鼻”，前端让五彩线头散开呈穗状。通面花鞋是畲族姑娘做新娘时穿的鞋，是吉祥物。闹洞房时能得到通面花鞋，即使只有一只，人们都会激动不已。

布　袜　昔时畲民多穿布袜。布袜是用双层白布缝制的长筒袜，袜底较厚，针脚很密。大多是畲族妇女自己缝制，也可购买，出嫁女儿每年春冬都要为父母赶做布袜各两双，称作“替身己”。

棉　帽　畲族青壮年男子大多不戴帽，只有老人与小孩子在冬天戴棉帽。棉帽的形制大多是有耳的“铜罐帽”，帽檐呈横向长方形，上翻钉实，两耳呈曲线形，可盖住耳朵，也可上翻不遮耳朵。制帽的外层布多为蓝、黑两色，夹里布料略差。小孩与大人的帽子只有大小之差别，形制一样。一些父母给婴儿制作的“狗头帽”，帽顶两侧各有一小口，上缝有两只小耳朵，内侧缝小块带毛的松鼠毛皮或兔子皮，有的在前额处钉一小块方形玉片作点缀，若在玉片上方绣一“王”字，则成为“虎头帽”。畲俗：“小孩子戴狗、虎帽胆子大”，可避邪，小孩能平安长大。还有一种畲族风帽，蓝色，用粗棉布制成，长 1 尺 27 厘米，宽 33 厘米，双面夹层，中有棉花，长方形状，只缝帽顶，戴时掰开帽口套在头上，后可遮背挡风，盖耳只露小部分脸孔，额头上部另加布条绣云头图案，以装饰美观和包住额头遮风取暖。

（二）食　俗

在长期的艰苦环境中，畲民发挥自己的聪明才智，适地而生，自给自足，随着主、客观条件的变化而改变，形成了独具风格的饮食习惯。畲民的食物很多，主要有杂粮类、米面类、瓜果类、野菜类。杂粮类主要包括番薯、苞萝、荞麦、洋芋等。

1. 杂粮类

番　薯　农历八月半后，番薯成熟，块茎挖出，洗净整块加水煮熟；也有在炊饭时，将大块番薯切成片（约 1.5 厘米厚）贴在铁锅上烙熟，这样烙的番薯特别香甜。一般人家都有上千斤番薯青（是常年的主粮之一），鲜的吃不完，将鲜番薯刨成丝晒干贮藏。每天烧饭待水滚米粒开花时，将干番薯丝倒入煮胀后，捞出来放在饭甑内蒸熟即可。早餐后盖严锅盖,锅底灶膛内埋实火灰,中餐照样温热可吃,晚餐添把火热过再吃。21世纪以来,农村都用电饭煲烧白米饭,番薯饭成了食疗养生的稀罕食物。畲民也把鲜番薯磨成粉,洗成淀粉,把淀粉用蒸糕的方法蒸熟,冷硬后抽成丝晒干就成了番薯粉面,这样既可整顿饱食,亦可汤菜另加入鸡、鸭蛋和肉丝即成为待客的点心。番薯挖回阴藏一段时间糖化后,削皮切片,用滚水烫到八成熟晒干,到过年时,用清水细砂炒黄,或用油炸,其味松脆香甜。把番薯片装入坛内,可保存三个月。用削番薯片剩下的番薯皮煮熟加入麦芽化成糖水,煎成胶状糖油和入爆米花等揉成糖,成为上好的年节零食。

苞萝(玉米) 畲民多居山里,山坡上多种苞萝,故苞萝也是他们的主要食物,主要有烙饼、调糊、煮、烤等几种吃法。烙饼是将新鲜的嫩玉米磨成浆,烙成嫩苞萝浆饼,这种饼味鲜、饼软且有甜味。其次是将干玉米磨成粉,加水调匀后烙饼,有的还在饼表面抹上一层猪油,再撒上点食盐烘松,饼质松脆,味香诱人。调糊是将磨细的苞萝粉,纷纷撒进滚水锅里慢慢调匀即成,然后装碗食用,吃苞萝糊得从碗中间吃起,这样苞萝糊不会出水,碗壁干净不粘。苞萝糊调稀些就成苞萝羹,其中可加些酸菜、萝卜丝、肉丝等,其味咸香,不用配菜。还有煮、烤玉米的食法。把刚掰来的苞萝连包裹着的外蒲一起放进锅里蒸熟,即可直接食用。在山上或田地野外,拾柴生火,在苞萝蒂部戳一根细棒,手握细棒在火上烤嫩玉米,烤熟半焦现吃,其味焦香极鲜,既可尝鲜,又能充饥。还有鲜嫩玉米切成段煮排骨,鲜嫩玉米打成浆汁作饮料等,成为时尚的美味佳肴。

荞　麦 荞麦在农历五月成熟,正好接荒,可做成荞麦饼、荞麦糊、荞麦面条等,其做法与苞萝饼、糊类同。人民生活改善后,多为蒸荞麦糕、荞麦馍,可上酒桌。

洋芋(马铃薯) 洋芋的含淀粉量很高,是畲民的主食之一。立春下种,立夏收获,有的也种秋洋芋。通常是把洋芋刮皮后洗净煮熟即食,炒熟的当菜配粥或下酒。同样,可磨粉或淀粉做成粉丝来食。

2. 米面类

大　米 大米是老竹畲族镇畲民最主要的食物,后坑、郑坑、沙溪、下桥、黄桂的畲民以种田为生,米饭是主食。糯、粳米做的食品种类很多。过年时用粳米舂年糕;八月半、重阳节时打麻糍;清明节做蓬点心;端午节包粽子;农历十月家家用糯米做黄酒,也称"山哈酒"。

糯米粑 糯米粑即麻糍,生日、祭祀、年节常见食品,麻糍不仅是待客、回礼的上好食品，也是畲民普遍喜爱的食品。麻糍制作方法大致与汉族相同。还有一种礼仪大麻糍，每个重一千克，共五个，用于竖屋上梁拜祭天地神抛梁结束后，分给木匠、泥水匠、打石老匠，再留下两个给主人用于祭祖宗神。

糕米粑 又称新新糕（年糕），选用晚粳米或籼米加少许糯米制成，是过年必备的食物，分白粿与黄粿两种。白粿是将米浸胀磨成粉，蒸熟后倒入石臼舂就取出，将其揉搓成圆条状，再切成二三十厘米的长条，置于木制的米粿模中压成扁条状有花纹的米糕（也有圆粿模），摊凉后浸于清水缸中保存，可随时取之炒食。

黄　粿 旧时老竹一带一般是在过年时节制作，用粳米加碱水制作而成。食用方法可炒、可煮、可蒸，香韧可口。

黄粿制作流程：首先，到山上砍回叫“狗耳粑”的灌木晒干后，将其烧成灰后注水，用澄清的水制作碱水；其次，将粳米倒入碱水中浸 24—36 小时，待米泡成略带黄色后捞出；最后，将捞出的米一层一层倒入饭甑蒸熟，后将熟饭倒于石臼中舂成细腻粿团，放上面床，搓成约 10 厘米的宽条状，再切成 15—18 厘米块状，凉后便可食用。一般家庭将黄粿浸于碱水中储存。经开发，市场上普遍流通的黄粿是用塑料膜真空包装，保存时间较长，既保鲜又卫生。

面　食 主要以小麦磨粉加工成面干，平常的菜拌面而食。亲朋走动送两把洋面（面干，一般一斤一把），这是老竹一带畲民的送礼往来的习俗。还有水饺、馄饨、菜干饼或糖饼，土素面、擀杖面、手拉面（水牵面）、面馍、馒头、油条等。

畲民喜甜食，其他食品还有甜麻垒、甜汤圆、甜馒头、甜馅狗耳粑、甜年糕、甜油卵滋、甜玉米糊、糖蒸米粿、甜馅麦饼等。用菜干拌红糖做煎麦饼的馅，吃起来香甜酸爽。畲谚有“要食就食菜干糖，好女要嫁头婚郎”之说。

3. 瓜果类

老竹畲族镇畲家种的瓜果品种很多，主要是以南瓜、冬瓜、丝瓜、蒲瓜、黄瓜、番瓜（西红柿）、苦瓜等来做菜，以甜瓜、西瓜来解渴、解暑。

4. 野生食物

野生食物有蕨粉（山粉）、柴豆腐、苦楮豆腐、苦叶菜、山笋、柏树蕈等。若到断粮缺食之时，也吃蕉芋、棕榈籽、苎麻花、稗子、松花粉、三十六桶和野葱。人们也在节假日结伴进山采山竹笋、野菜食用。

蕨　粉 制蕨粉只挖取蕨根，挑回洗净，槌碎后洗粉，粉水在木桶中沉淀后，就是雪白的山粉。山粉属凉性食物，是清热的药膳，可加蕈类、精肉等调糊吃，也可制成粉丝。但其根难挖，含粉量不高，洗粉时易使双手皮肤皲裂，不是吃食困难,大多不会去操持此事。还有葛藤根也同此法制粉,品质更优。

柴豆腐 取一种叫"豆腐柴"的野生灌木之叶,洗净后拌碱水揉碎,捏出叶汁摊于盛器中,不久就凝固成豆腐似的胶状物,将其切块烧煮为菜,性凉而味鲜。

苦叶菜 是一种长茎的匍地阔叶草,摘取其叶与嫩蘖,洗净后放入镬中氽熟,再捞到清水中漂清,欲煮时捞出再搓几下,尽量去其苦味,就可煮而食之。苦叶菜是清凉解毒的药膳,虽然有点苦,但吃起来有回味。漂洗过的苦叶菜晒成干,还可拌米煮粥。苦叶菜于人身心无碍,坐月子的妇女也可吃。

野生竹笋 种类很多,如毛丹、赤壳(金竹)、乌桂竹、石竹、油竹、梅竹等所生的笋,除石竹外,都比毛竹笋好吃。山中野笋比人工培育的菜园笋产期晚而长,可接菜园竹笋之荒。到大山去采野生笋或苦叶菜与捉鱼不同,不怕人多,所以都结伴而行,进山不能讲不吉利的话,在山上忌讳直呼人名,相互间联系"啊""哎"等呼叫声以及口哨声、刀具敲击声。

树 蕈 山里有无毒的树蕈,味道十分鲜美。

二道茶 畲民喜饮茶,平时用碗喝茶,夏天及农旺季节都用茶罐或大钵泡茶,到较远的地方劳动时,还用毛竹做的茶筒装茶。茶筒大多用60厘米长的老毛竹制成,也有将老葫芦去籽后,外用篾丝编织护壳,清洗干净后装茶水。客人到家必先敬茶,有的地方有饮"二道茶"之俗,如有几个客人来,就泡几碗茶,第一道茶由主人双手端给客人;主人冲第二道茶后,由客人端自己吃过的那碗茶,不可错端别人的茶碗;主人不再冲第三道茶,如还要饮茶,除自己加水外,主人会把茶叶倒掉后重新另泡。俗云:"头道香,二道补,三道洗肠肚。"

5. 豆制食品

畲族豆制食物的原料主要有黄豆、绿豆、饭豆、黑豆、赤豆等。每个节日都要做豆腐。红、白事场面,豆腐更是一道主菜。过年是大节,每户都要做四五道豆腐,甚至更多。除了留少许"水豆腐"在一两天内吃完外,其余全用茶油炸成"豆腐泡",再加盐炒好晾干,可储藏很久。若是热天做的豆腐吃不完,可事先取若干豆腐切成方块,晾于摊有稻秆的筛子上自然腐化几天,拈以炒过的食盐后装封于罐中,不久就成了霉豆腐。

农忙季节没有时间做豆腐,还可将豆子浸胀后加水磨出来倒入锅里煮,即成"豆腐仔"(小豆腐),拌以猪油与葱花等香料,就是一道味鲜可口的菜。如喝酒无菜,临时将黄豆略泡一下再加油盐翻炒即可吃,甚是方便。畲民一般不制"豆腐皮"或煮豆浆。还有一个乡俗:谁家磨"豆腐仔"吃,煮熟后都要捧一碗分给左邻右舍品尝，畲民称“豆腐仔”是尚树（大家的、共同的）豆腐。另一种称“豆腐娘”，即把磨好的豆浆放在小木桶里，用开水冲浆时，将浮起的泡沫捞起放铁锅里煮熟，即为“豆腐娘”，口感稍逊于“豆腐仔”。

火　锅　畲民喜吃火锅，除夏季外，其余季节都会将菜肴盛于铜镬，搭在风生炉上端，炉下以红炭火加热，置于饭桌中心，全家围坐而食。有的地方办酒席也用火锅，将菜肴分到每桌的铜镬中，即使桌数很多，客人也能吃上热食，而无因吃冷的油腻食物致病之忧。畲谚有：“风生炉，滚豆腐；味道鲜，唔使酱油醋。”

6. 炸制食品

炸制食品是指经油炸过的食品。居住山区的畲户自产茶油，平川地区则为油菜籽油，用茶油炸的食品比用菜油炸的更受欢迎。

油炸食品除“炮豆腐”外，还有炸薯片、炸洋芋片、炸面片、炸粿片、炸糕片、炸油馓、炸“牛耕藤”、炸“油卵糍”、炸芋片、炸花生米、炸大豆等。薯片和洋芋片是将整个土豆和洋芋去皮、切片、煮熟、晒干，再用油炸。“油卵糍”是将糯米浸胀磨成“水粉”，拌芝麻与糖并搓成长圆形的粉蛋用油炸。芋片是将毛芋煮熟去皮、捣碎后拌糯米粉搓成条状，再切片油炸。炸大豆则选粒大的黄豆品种为原料。也有将肥猪肉切片油炸，使之略有脱脂，再捞出拌以白糖，吃起来香甜可口。以上炮制食品除“炮豆腐”、炸洋芋片、炸肥肉片、炸花生米、炸大豆等作菜肴外，其余大多当零食，也作待客的点心。畲谚：“赶牛一道（把）草，点心一亚（捏）豆。”

7. 腌制食品

腌制的蔬菜主要有芥菜、白菜、萝卜、黄瓜、豇豆、刀豆、长毛豆等，萝卜的叶和块根都可腌制。将芥菜叶洗净、晾干、切碎后，放大木桶中逐层踩实、加盐，然后盖棕榈叶用石磨压实，腌十来天后翻出晒干，再用饭甑蒸炊后晒干，就是腌菜干，可久藏。多数人家将菜干蒸上气后掀开饭甑盖，另用枫树的嫩枝叶置其上再蒸，晒出的菜干就有一种异香。芥菜内心的嫩叶，可挑出切碎晾干后另外腌于小罐中制成“辣菜”，这种“辣菜”取出就可煮食，无须晒。有的还将下段的粗菜心去皮夹于菜叶层中腌制，味道比腌萝卜还好。白菜也可整株腌制，将其洗净后放于锅中拌盐加热搓软，捞出压于桶中，不几天即变酸。刀豆和长毛豆产量高，但它的嫩荚炒起来并不好吃，经过腌制后味道就大不相同。将腌制过的蔬菜晒干，畲民叫“菜干”，是畲族常年用菜，如炒菜干肉、菜干饼、菜干肉馅粽等。

8. 酱制食品

酱制食品主要有甜酱、酱油及其副产品豆豉。

甜　酱　用小麦磨成粗粉，做成饼，放入开水中煮熟，再摊于竹蒲团中撒上少量麦粉(防粘)，在其上盖以黄芩的嫩枝叶，放于阴凉处霉发几天，见饼上生有带黄色的霉菌，即把树叶挑净，将其晒干搓碎，加上用紫苏茎叶煎的冷开水和食盐，调均匀后置于罐中密封好，再端到烈日下曝晒半个月左右即成，晒酱期间不要任意移动，下雨则加盖。若发现麦饼中有黑霉菌，则已霉变，要把这部分丢弃。封好再晒的叫"阴晒"，也有露天晒的，那样水分蒸发快，晒的时间不宜太长。不能选在冬、夏两季制酱，冬季温度不够，夏季温度太高。

酱　油　用熟黄豆和盐水晒制而成。事前估计好豆、盐、水三者的比例和曝晒的天数。将黄豆浸胀煮熟，捞出摊凉，覆以黄芩嫩枝叶阴发几天，以其不腐烂为准；用紫苏的茎叶煎的凉开水和豆与食盐拌匀，盛于口大的陶钵；再端到菜园里预先置好的小桌几上晒。晒酱油期间，不可任意移动，不能淋雨，夜晚和下雨时要及时加盖，每天日出后开盖曝晒。若天气晴好，晒的时间就短些。晒好后端回用筲箕沥出酱油，煎沸，即可舀出装封。如觉得酱油咸度尚不够，则多煎一会儿，但煎的时间长不如晒的时间长，那样酱油会更香。晒酱油最好选取日照时间长又少雨的季节，地点一般选日照时间长而牲畜不能到的菜园里，以防止风暴及牲畜将酱缸弄翻。

药　膳　畲民药膳的药都是自采自种的草药、难采之药，也有极少数来自中药店。常见的药膳有滋补、祛风、除湿、暖胃、顺气、活血、消炎、去毒等功效。他们上山下田劳作时，见有某种少见的草药，就会连根挖回，种在园角地边，有的种在坳上的石罐中，用时取之较方便。许多畲民在屋后会种上耳草、黄连和野生补药(可与猪肉一起煮食)，有些畲民屋边也种有一些草本和木本的药用植物。没有条件种或者难以种活的，则取回干藏。还有一类不是草药，而是打猎时留取禽兽身上可入药之部分，如虎豹山羊骨，野猪的鼻尖、胃、睾丸，山羊血等。有些昆虫及两栖类、爬行类小动物也可入药，则将其焙干或碾粉收藏。药膳还有泡茶、制药酒饮用及与肉类、米饭一起煮食等。很多草药的根、茎都可煎汤，和食物一起炖、煮而食。

9. 水产类

畲民对鱼腥海产的嗜好，与其祖上原住于闽、粤滨海一带的生活习性密切相关。他们喜好鱼腥野味，常在田沟堰潭、溪坑水塘捕捞鱼虾鳅鳝，夜晚上山坑抓石蛙。逢天旱枯水期，还将油茶饼放入石臼中舂成粉粒，然后挑到大坑小溪"毒鱼"(俗称)。每逢春天大水，又张网到溪边捞"大水鱼"。到大溪坑潭毒鱼须村里一伙人联合行动，商定到哪段溪流捉鱼后，就各自准备照明用的松明块，装满一篓。吃了晚饭，各人拿出油茶饼若干片，集于村旁路边烧至半焦，再用踏碓或放石臼中槌粉装箩。待邻村或溪边村庄的人睡静后，即挑着油茶饼粉、背上渔网到溪边，将油茶饼粉从流水有冲力的石坝倒下，不一会儿鱼就翻白上浮，可用网捞，并顺溪流往下游捉去，到天亮时，捉得多的人篓里的松明就变成了一篓鱼。

清晨，邻村人们闻讯后迅速赶来，也能捉到一些鱼。民俗规定，不论谁毒鱼，任何时间、任何地点，只要有人发现，任何人都可以来抓鱼。因此，毒鱼的人都在深更半夜人们睡安静了才开始行动。山坑里的石斑鱼、鲤鱼、鲫鱼、鳗鱼和鲇鱼等鲜嫩可口，小鱼则焙鱼干炒食，也是下酒的好菜。炎炎夏日的中午，虾类都躲在田沟的草里乘凉，有时一个人一中午可捉到一小篓。

还有人备有鳖枪，在坑沟的洞穴里捉鳖，技术好的人一天能捉好多只。小孩则喜欢在山坑翻石块捉蟹。畲语称泥鳅为“湖溜”，常与田鳝一起生活于田沟。水稻快成熟时田沟放了水，将油茶饼粉撒于田沟，鳅、鳝就会从淤泥中伸出头来，用铁制的湖溜钳去夹就可以。可以用口径略小的湖溜篓捉无鳞的鱼和泥鳅。

家底稍好的畲户常备有海带及墨鱼干。在婚俗礼单中，女方要的八样菜点中鱼肚（长胶）、明甫、虾米、蛏干、海带五样海菜是不可少的（有的还有海参），而被视为山珍的只有香菇、木耳、金针几种。

10. 食物禁忌

各地禁食之物有所不同，一般都不吃蛇肉与猫肉，见有死蛇要挖坑埋葬，猫死后将其盛在篮中挂在树林中风化。生肖属龙的人不吃狗肉、鳖肉和鸭肉，视此等动物为秽物。狗肉和鳖肉不能放在灶台上煮，而要在户外或工具房等辅助房中搭石为灶，吃完即拆灶，并洗净锅碗，将炊具带回家。妇女和小孩不能吃不正常死亡的猪、牛肉，小孩不可吃动物血。小孩不满周岁不开荤，即不吃肉和猪油。

（三）居 俗

1. 畲 寮

畲族的住宅，俗称寮（也叫“厝”），经历了从茅草寮到树皮寮再到瓦寮的转变过程。茅草寮是过渡房，在经济条件转好的情况下，畲民便改建为有梁柱的树皮寮、稻草寮或瓦寮。

中华人民共和国成立后，畲乡多数畲民已住上泥木结构的瓦寮，尚有少部分住在茅草寮或岩洞中，树皮寮较少见。大部分畲民用稻草盖房，称秆寮。进入

21世纪，老竹畲族镇的沙溪村结合东西岩旅游，开办了十几家“农家乐”民宿。郑坑、后坑、上村畈、蔡弄源、黄兰等村畲民进行了旧村改造，大部分畲民盖起新洋房(砖混结构)，居住环境发生了根本性变化。

拣寮基 畲民建房选址称拣寮基，由家主、长辈和风水先生到事先选定的地点用罗盘定朝向，确定是否为吉地。畲民的房屋大多选建于向阳的围弯或山坞向阳背风之地。近山则利用山泉便当，面田则便利耕作，依山面田成为畲民拣寮基的主要特点。畲民住屋总体趋势是东西朝向，朝南的房屋较少，朝北的更少。如山水大势不尽如人意，则在村庄的后山、水口或附近的山坳处植树予以弥补。

畲民住房与当地汉族基本相同，有双檐口、双天井的大排三泥墙瓦房，天井有“反照”(大门后厅)的小排三，还有直头三间和五间头，正房的两侧斜披插间当厨房、猪栏、杂物间等。畲俗“拣寮做棄、唔毛唔做”，意为与家主命相有冲突的屋基是绝对不能建房的。

定土开工 畲族建房称“起寮”。在破土动工前，地理先生要立香案，用朱砂在一根0.3米余长的方木桩上画字符，这根方木桩称作“朱砂牌”。将朱砂牌钎插于屋基正后十几米处，称为“定土”。定土后即可择吉日良辰开工。一般会选在天没亮之前，万籁俱寂，家主用锄头挖基捣石，或掘墙脚，是为开工。俗信以为：动土时没有人言鸟语，“地煞”就不会翻起来，可保新建房屋与人畜吉利无虞。定土开工后，挖墙脚、垒块石，还要择吉日开墙洞、筑泥墙。筑泥墙时忌哭声，据说哭声会使新打的泥墙倒塌，这大约是从孟姜女哭长城的民间传说而来。

浼人帮工 畲民建房的全过程都要浼人帮工。靠亲友相助协作完成。建房过程中，除了必需的泥水匠、木匠外，都需族人或亲朋帮忙，由集体协作完成，畲村建房由家主去请帮工，也有亲友不请自来的。各自吃了早饭就带着工具去帮忙，中午、晚上在主家用膳。以前，畲民建房帮工是不对换、不计酬的无偿帮助，这种优良传统一直流传下来。新时期，受市场经济影响，畲族帮工的形式逐渐消失，除亲朋好友无偿帮工，一般都要付工钱或对换工夫。

畲民起寮缺乏做栋梁、柱子、桁条的优质杉木，就到杉木充裕的地方去购买。他们将树木砍下，趁湿削去树皮，就地搭架悬空树木，待其干燥后请村人与亲戚一起背回来。有的人家要请二三十人，天刚亮，他们扛着棒拄(木棍做成与肩齐平，途中可用来支撑所扛段木离开肩膀休息的工具)，一端挂蒲草饭袋(又称草包饭)进山。一般当天就能扛树回家，路远的话，半夜过后就出发，下午两三点钟，主家妇女会送点心(饭菜或粉干面条)到途中分给大家吃。天黑前到家，主家以丰盛的酒菜招待，且赠送糯米粑。若是盖茅草房或翻修茅草房，上午请人割长茅草，然后挑回，吃过中饭，众人就一边打草榀一边盖。一天就能完成。用稻草盖房的，事先选好稻草，挑回堆于屋前屋后，女人在地上用竹竿挑送稻草到房顶，男人在房顶边接边盖稻草，三间屋一般半天就能盖好。自家烧砖瓦者，一窑要烧几天几夜，也会请有经验的朋友或亲戚帮助调班。凡是帮工者都会工作，做事认真负责，不出纰漏。

竖寮宴客 畲民竖屋上梁日是个大吉大利的大喜日子，这个日子是由地理风水先生结合主人家老少人丁年命精心拣择的，上屋梁的仪式也很隆重。竖屋前，主家要请多个帮工(喔相帮)，一部分人备酒席宴客，另一些人协助泥水匠、石匠平础石(俗称“平磉”)，协助木匠串柱榀、竖屋架。一般在吉日的前一天要穿好榀并竖好柱子(称捧树塾)。吉日凌晨上栋梁，“总管总理”半夜就要叫醒帮助上梁的人，与匠师一起吃了点心，就着手做各种准备，到择定的时辰准时上栋梁。

畲族砍栋梁树习俗与汉族大致相同。上梁时两头要系两条红色的用络麻打成的辫绳，再各附卷大带，点亮灯笼(桅灯)，由两位父母健在的青年站在梁架上，抓住五色绳辫把栋梁沿水平状拉上去(其他吊结用的麻线均用染成红色的络麻)。栋梁两端的栋柱榫头旁还要挂一串由五种颜色布条组成的四五寸长的“五色布”，使栋梁两端压住“五色布”。木匠把栋梁上好后，在正中钉上七根椽(前三后四)，再在椽上挂两叠瓦片(一前一后)，上梁的工作就算完成了。然后，将横书“紫薇銮驾”的黄纸贴于中厅正壁楣上。两边贴亲友贺送的对联，各条柱子都贴上对联。

吉日上午辰时(7—9时)举行抛梁仪式：首先在新屋中堂摆两张方桌，上摆香烛，四杯酒，四杯茶，用于祭鲁班师；其次是由风水先生主持祭祀，祭祀完毕之后，泥匠、木匠提上装着麻糍片的朱红小竹篮，先攀长木梯至栋梁下方梁架上扶栋梁站立，肩插鲁班尺，腰挂劈斧，左手握一束明香，右手举五色神剑，大声唱和抛梁词曲，先提左脚在长木梯第一步蹬三下；最后边唱边往上爬至栋梁，依《抛梁词》内容操作。

老竹的畲族风水先生雷德伟在抛梁时所唱的《抛梁词》节选如下：

伏夷伏夷三伏夷，脚踏云梯步步高，日进黄金夜进宝。

弟子手执鲁班经，大宅上面送凶星。

一进门来踏四方，小小八卦定阴阳。

阴阳定在兴隆地,兴隆宝地造新房。
左边青龙高千丈,右边白虎卧如眠。
前面青龙白虎团团转,后面蛟龙风水叠叠来。
玉皇排下子孙贤,起造在窠万万年,前面造起状元府,
后面造起宰相堂,左边造起金银库,右边造起粮谷仓,五龙之地。
伏夷伏夷三伏夷,起寮树木出哪里?树木出在昆仑山。
哪个看见?小将军游山玩水看见。
哪个出判?王母娘娘出判。
哪个开斧?程咬金开斧。
哪个取料?鲁班仙师取料。
大头取来做什用?大头取来做大梁。
小头取来做什用?小头取来做小梁。
中间取来做什用?中间取来做紫金梁。
大头量来小头一点不短,小头量去大头一点不长,不短不长是栋梁。
一抛馒首抛在东,代代子孙做国公。
二抛馒首抛在西,代代子孙穿朝衣。
三抛馒首抛在南,代代子孙中状元。
四抛馒首抛在北,代代子孙好享福。
一抛长命富贵,二抛金玉满堂,三抛三元及第,四抛四季发财,
五抛五子登科,六抛六国丞相,七抛七子八孙,八抛八仙过海,
九抛九子十三孙,十抛十全十美十富十贵。

先生抛出馒头麻糍片后,其他四人跟着从竹篮里抛撒麻糍片、糖果,先屋内后屋外,抛撒几遍。俗信以为来抢麻糍片的人越多越吉利。抛梁结束后,将鲁班师炉连同已折断的五色剑用纸钱包好送到村口焚毁,谓之“谢神”。

接祖入宅 新居落成、隔出房间、建好厨房、打好锅灶、搭好鸡窝后,即可择吉日乔迁新居。在新居中堂正壁贴上堂号,如“福德堂”“云安堂”等,写明祖宗神位的“香火榜”。畲族各姓的香火榜略有不同,要写出本姓的郡望,盘姓“南阳郡”、蓝姓“汝南郡”、雷姓“冯翊郡”、钟姓“颍川郡”,李姓畲民也有写“蓝李合祖之神位”的。整个香火榜所写字的总和要“过黄道”(相加后最后那个字符合“黄道”数序)。所谓“黄道黑道”是畲族世代相传的“道运几时通达路遥何日还乡”十二个字:这十二个字当中,第一、二、五、六、八、十一、十二是黄道,三、四、七、九、十是黑道。香火榜写的字数超过十二个字,这十二个字就循环

叠加，是归数“黄道”之数。

有些人家的祖宗神位是合在一起的，如今要分爨立户，就要从合炉中分祖，祭祀后从合炉中各领三炷香插入各户新香炉，在新居立一新炉，其仪式同上，畲俗称“掰香火”。

迁居接祖的形式在各地各姓之间不尽相同，祭祀后将分摆的祖宗香炉置于一只盛有稻谷、红纸、点有蜡烛的箩筐内，另一只箩筐盛放炭火的火盆，家主肩扛大手秤、左手拿算盘、右手提灯笼（桅灯）为前导，其他家人牵着牛、挑着鸡鸭笼，提着衣物箱跟随其后，家主一边走一边不断地向火盆撒食盐，盐在火中发出“叭叭”之声，其他家人就“发啊、发啊”地回应，到新居安放好香炉，再将牛牵入栏，鸡鸭放入窝。

2. 畲寮的种类

畲族在福建漳州、广东潮州一带未被唐朝军队镇压前，建筑水平是较先进的。《云霄厅志·名迹》引《宣平县志》载：西林五通庙乃云霄宫庙最古之建筑，此庙用石柱建成，柱上还镌有盘、蓝、雷氏字样，并指出“盘、蓝、雷氏系陈玉钤（元光）所征蛮僚”。这里所指的“蛮僚”即畲族，说明此庙是畲族先民所建被陈元光镇压后逃迁的这部分畲民，背井离乡，经历了一千多年的辗转迁徙。畲族在迁徙途中，临时搭建草棚、草寮栖身，茅草寮遂成为畲族很长时期内的主要住所。

茅草寮　畲族茅草寮大多四周有矮墙，墙上摆扛梁、搭“人”字形屋架（有的竖有两榀，各三根柱子），再盖以茅草榀。中开大门，有门板，可上锁（有的是柴扉，不上锁）。茅屋内分三间，中堂立祖宗神位，左右两间编细长柴枝隔开，一作卧室，一作厨房（有时另搭一小屋为厨房）。两室之上用长柴枝或篾条等铺定为“楼”，搭上两脚梯（移动的小梯）即可上楼，靠前后两檐口处很低，楼层较矮可放杂物。中堂无楼，上搁数根小木梁，可挂食物，以防鼠害（挂绳处扎杉树针刺拦鼠）。

还有少数茅棚，不筑泥墙，直接用两根小树干或是大毛竹搭成“人”字形状，上端绑扎在一根横梁上，下端插在泥地中，每隔四十厘米搭一“人”字形的棚架，通常是五六米长、三米宽的空间，棚架上扎茅草榀，只开一门，四周都以草榀盖严，不漏雨、不通风即为住所。草棚防火性差，房内生火取暖需十分小心，煮饭则在草棚外另搭棚泥灶。直至 20 世纪 60 年代初，畲民还有住草寮的，当地汉族称畲族草寮为“畲客铺”，草棚为“畲客棚”“畲客寮”。随着生活水平提高，畲族大多建砖混楼住大房屋，棚铺及其称呼都已消失，茅草寮、棚已退出历史舞台。

树皮寮 树皮寮是茅草寮与瓦寮之间的过渡房，它比茅草寮坚固，但不如瓦寮，可分扛梁式和柱架式两种。扛梁式树皮寮有单层与双层楼房两种，四周筑有高墙，隔间或用泥墙或用板壁，扛梁、楼梁和瓦梁都搭架在墙上，瓦梁较粗，其上再架以长椽和扎紧横放的竹片（畲民称寮勒），再将砍杉树时分段剥下压平的干树皮分层分批盖上去。盖了一批，就用篾条压住其上端，穿洞用棕榈叶缚紧固定于梁架上，使它不下滑，然后如前再盖上一批，合栋处用较阔的树皮数块连接横盖。盖好后在屋栋两头与檐口上方搁对半开的长木，压上数块扁石头，以防日晒后树皮卷起，也防大风吹落树皮。梁柱式树皮寮的屋架与两层的泥木结构瓦寮相同，只是盖房的材料是树皮而非瓦片，掀了树皮，钉上椽木盖瓦，就成了瓦寮。

树皮寮一般为一字三间，有门有窗。两层的楼板，多用细柴枝摊上破簟再披一层薄薄的黄泥压实而成，少有用木板为之。1970年之前尚有少量的农用辅助房为树皮寮，现已消失。

双檐瓦寮 瓦寮与汉族的建筑基本相同，多为两层楼房，少数有三层。瓦寮的大小结构，有三间带居头的小排三屋，也有一字五间双居头的大排屋，最大的是“五间对合”两天井（加客轩和后屋共有十六间）。楼梯一般设在正厅照壁后或两边靠墙铺楼梯。畲民不建两间房，两间谐音“冷间”，视为不吉。多数人家在房屋外左右两侧搭建厨房，畲民的厨房较宽，内设猪栏、鸡栖。如今，畲民建起了小洋楼，居住条件、卫生条件已比往昔大有改善。

暖　间 山区畲民一般将卧室做成暖间来越冬御寒。将正厅一侧的两间房中开一道门作为套间，用木板作地板，再以栋柱为界，把卧室划分四个部分使用。偏间面窗的前部摆小桌、箱、柜，栋柱后部摆两张或一张床；与之相通的正间面窗的前部中间置桌子，其他三面靠壁放较宽的长方凳，其中有一个长凳做成木柜状，里面存储番薯种越冬。桌子下烹一火盆，一家人在里面吃饭和睡觉都很暖和。

土　库 不设暖间的畲户，为避冬寒而在轩廊出处开一道门，在大门外侧筑三面泥墙另建一房，此房的天花板梁上铺细柴条，再铺篾簟，压一层黄泥打成，向阳方开一扇窗取光。房屋五面皆泥壁，保暖性能好，俗称“土库”。土库冬暖夏凉，尤其适合作老人的卧室。冬天不仅可在里面铺床过夜，还可放桌凳供全家人吃饭。桌下置一个火钵或火盆，整个房屋就很暖和。床顶和床底都可存放鲜番薯等。白天外出时，可开窗通风，调节空气。如秋收薯、芋等很多，则可移去床、桌，作为专门存放果实的仓库。

山　棚　山棚主要有看守山苞萝(玉米)的苞萝棚和烧炭时住的炭窑棚，是畲民劳作时的临时住所。种植在山上大面积的苞萝，在灌浆到成熟这一时段，为了防止鸟兽的侵害，就要有人去看守。看守苞萝的男子一般要胆大，他们背了粮食与炊具，带上砍刀、鸟铳及鞭炮等上山，在苞萝一旁砍下树枝和树叶，搭成“人”字形的棚，在棚里平架几根较直的木柴作床，棚外一旁垒石搭灶。不论白天或黑夜，要不时地驱赶鸟兽，如遇野猪等大野兽，则开铳射击，打不中也可吓走野兽。如若没人换班，就要等到掰了苞萝才能下山。下山后，苞萝棚就弃之不用了。

判　山[①]　烧炭的畲户，砍足一窑炭柴后搬到炭窑基旁边，就着手迁基打窑。打炭窑与烧窑需好几天，为了不耽误时间，就在炭窑边搭棚住宿。先清理出棚基，砍两棵树缚成“人”字形竖起，再用一棵树一头架于“人”字架上、一头着地，就是梁；梁上缚住木椽的一端(另一端着地)，缚几根“寮勒”，架子就撑起来了；再割些较长的芒秆(牧草)或茅草盖在棚梁两侧三角形斜面上，压好栋，就成了炭窑棚，可在里面过夜，可在棚边搭灶煮食。炭窑棚的利用时间较长，多则要住三五年。除挑炭外，迁窑基、备窑柴，用泥打窑顶、烧窑、出窑，砍一窑或几窑的炭柴和装窑、烧炭都可居住，直至把这片山的炭柴烧完。如要到另一片山砍柴烧炭，则连炭窑一同弃之，再另起炉灶，建窑搭棚。每处建窑搭棚，事先都要设土地神位。

晒谷寮　晒谷寮是一种农用房。许多村庄坐落于圩湾和山脚，房屋边的日照时间不长，需在离住宅较远的朝阳山坡或山岗上开辟晒谷坪。为了避免将未晒干的稻谷、玉米、黄豆等挑来挑去，就在晒谷坪边搭建泥墙草屋，这种草屋就称为晒谷寮。晒谷寮空间较大，有的盖上较厚的茅草，有的用瓦片。收谷时可将未晒干扬净的稻谷和篾簟存放在里面，可在里面置风车扇谷，也可睡人防盗。稻、麦等晒好后可放杂物或闲置，待来年再用。

仓、柜　畲族的仓、柜都设在楼上偏间，以杉木板隔成，有门，可锁。仓自楼板至串梁，与楼同高，容量较大，一般藏稻谷用。仓的上端空间也较大，里面可置一横板放其他杂物，天花板横梁打钉，可挂腊火腿、风肉。柜子用木板做成，可移动，约半人高，门朝上开，可存番薯丝等。豆类和种子大多存于口略小的陶缸(俗称“老鼠嗷”，因老鼠跌入此类缸中就爬不出，必死无疑)，易装封，可防虫蛀。过年时，要在仓、柜上贴小长方形红纸，上写“五谷丰登”“粮

---

① 承担砍伐山上的木材。

米满仓”。

20世纪80年代后，老竹畲族镇的畲民多数不再建寮。需建新房的都要土地、城建部门按村庄规划进行审批。90年代，建新房以占地百来平方米二层砖木结构的房屋为主。21世纪初，以占地90平方米的三层半砖混结构的洋房为主。房屋朝向是由村落的坐向决定的，其中沙溪村北部为坐北朝南，南部则坐西向东，黄兰村坐西北向东南。后坑村坐北朝南为多。郑坑村全部坐西朝东。牛寨村坐东南朝西北。上村畈村坐北朝南。金桥畈、金村坐西南朝东北。黄庄村坐东北朝西南。黄桂村坐西北朝东南。蔡弄源村坐北朝南。赤坑村坐东北朝西南。河源村坐西北朝东南。

老竹畲族镇畲民新建的房屋与汉族基本相同，一楼中堂为客厅，客厅有电视机、茶几和沙发(木制和皮革不等)。大多数畲民一楼客厅中堂仍立“香火”，根据堂郡而立(有红纸和木制红漆、三合板红漆)，传承沿用畲民的传统习俗。前厢房为客房，兼放酒坛、杂物；后厢房为厨房兼餐厅，厨房内设有大锅灶台，平时用煤气灶，年节用大灶台做豆腐、蒸年糕(发糕)、煮粽子、煮猪头等。红白喜事也能派上用场。二楼多为主卧室，室内有床、床头柜、大衣柜等，每层楼建有卫生间、浴室。三楼为卧室和供贮藏、洗晒之用的屋子。

现在建造与落成的仪式基本与传统的仪式相同。起工(开工)前请地理先生(风水先生)择定“黄道吉日”，届时请土地、城建部门到场放样敲桩(防止用户乱建扩建)，屋主先行挖基第一锄，再请挖机开挖，新房建到第一层时要择吉日良辰上大门梁(用钢混结构)，给泥水老司包红包。但去除了淋血辟邪的迷信习俗。盖顶时也临时到山林中砍栋梁树，栋梁树要挑选一株双根的其中一根，按长度截好，请八字好的青壮年(父母双全)抬回，架在“三足码”上(不落地)，木匠加工好择吉日良辰上梁，上梁仪式与旧时相同。上梁日请内亲喝上梁酒。乔迁习俗一直沿续至今。随着城镇化建设的发展，世居高山偏远地方的畲民，由政府实施下山脱贫工程，在镇区统一规划的脱贫小区安排建房用地建房，一些经济条件较好的到城里购买商品房。乔迁时请亲朋好友吃酒庆贺。

(四)行　俗

旧时，畲民基本上终年在家务农劳作，只在走亲戚、赶集、帮忙做工、挑货出卖、赶庙会、拜神灵时才出门，只有做生意、躲债、逃壮丁等特殊情况下才远行。1970年前，出行都是靠步行。此后，随着交通道路的改善，逐渐添置了自行车、手拉车、三轮车，直到电瓶车、农用车、小轿车，改变为以车代步。随着社会快速发展，老竹畲族镇到2015年底，村村通了水泥(砼)结构的康庄公路。从镇中心村老竹乘车出发到丽水城仅 19 千米，约 20 分钟；经畈岸到宣平柳城约 30 千米，约 45 分钟；到巨溪 16.5 千米，约 30 分钟，此三条线路都有公交班车。其中东西岩至丽水公交车从早上 6 点 30 分至晚上 6 点，每隔 20 分钟一班，交通便捷，促进了商业和旅游业的发展。

1．“做客”

畲民“做客”有两重意思：一是出远门赶集、做买卖、经商打工；二是到亲戚朋友家做客。做客一般选在正月较空闲之时，邻近的亲戚在正月走遍，路途较远的外村，往往是几户或同房族亲相约结伴而行。一般都会选在二月二龙抬头之日出远门，出门做客时都要打扮一新，尤其是姑娘妇女们，尽量穿戴得琳琅满目。喜欢狩猎的畲族青壮年往往还带上鸟铳，用铳杆挑着礼品走，在路上如遇猎物，即可追击，不致因未带猎枪而懊悔。

有的家庭在春耕前需要新添耕牛的，则一边做客一边物色合意的牛犊。木匠、篾匠等手工业者一般也在二月初外出做工营业。畲民经商小贩有贩小猪的“猪仔客”，还有“卖牛客”“靛青客”“做树客”等。赶庙会、进城赶集市也称做客。做客忌出门前讲不吉利话。

赶　集　一般是去丽水县城、碧湖、宣平、武义、永康、缙云、金华、兰溪、松阳、龙泉等县市赶集，也有少数人在年关前相约到温州、杭州、宁波、江西、福建等地。以前畲民结伴而行，是为了提防僻静山岭路坳遭强盗抢劫，结伴同行的人多，强盗就不敢妄为。如旧时老竹到丽水所经沈岭、稿岭，老竹到宣平的曳岭头就有强盗出没，经过的人少或回来时间较晚，强盗就会下手。出门前须到中堂香火榜上香，告知祖宗神、土地神以求护佑平安、顺利。

染　布　畲民旧时制衣主要靠自纺自织的土棉布、苎布和养蚕缫丝织的蚕丝布，除种靛青染料之外，畲民还会到山上采“鸭屎草”的根茎洗净煎出汁，用于将面料染成青色。也有用绿草、柏子树叶加黄泥和水放在铁锅里煎成绿颜色，用于染布。近代有了化学染料，商人开设染坊，畲民为图方便省事，就挑了土布到老竹的仁宅村或到县城所在地的染坊去染。他们事先需做好准备，从家里出发需起个大早，有的还带干粮在途中吃，等面料染好、晒干再挑回。染布这天忌吃肉。

担　油　老竹畲族镇赤坑、河源、湾山、蔡弄源一带的畲村多产茶油，畲民会将多余的茶油经曳岭头，过三港，出宣平挑到武义、金华、兰溪出卖，称担油。脚力好的畲族青壮年将茶油装于油笼（篾制纸糊的盛器）或油箱，肩挑、步行，翻山越岭，挑到金华、兰溪，往返一次需要十多天，每次挑 40—50 千克。有些缺乏劳动力的家庭,也雇脚力好的壮年人挑出去卖,挑脚者收取一定的“发脚钱”。

担油是一种重体力劳动,且要有耐力,出发前要做充分的准备,如确定结伴的人员,行走路线与每天的食宿点,准备途中必需的盘缠,携带换穿的草鞋、布鞋与少量的干粮和衣物。出发前要休息两天,调整精神状态,到时从容上路,行走速度不疾不徐,不使人疲劳过度。较之其他出行事务,这是最艰辛的一种。畲俗:挑着油提出门时,双脚在门槛上篦三下脚肚就不会抽筋。此俗1950年后消失。

捉猪仔 畲民经常会到丽水的老竹、松阳的靖居口、缙云新建等地买小猪,行日(集市)前一天去,住一宿第二天赶早进市场。捉小猪不仅要带足钱币,还要带一只猪笼和小水桶去,将买来的小猪放于笼内,再舀半桶“猪娘窠”的清水或泔水一起挑回家。一般买小猪即日要挑回,不在途中住宿,路远者由家人提灯到路上接应。挑回家后先给小猪放痧(用针把小猪耳朵静脉血管或尾尖刺出血),再用“猪娘窠”的水烧猪食饲之。畲民认为这样猪就容易长膘,无水土不服之虞。

族务活动 畲族各支族如要建宗祠、修宗谱、祭祀或给先祖迁坟修墓,首倡者不仅要放出消息让散居各地或外县的族亲知晓,还要四处奔走,进一步走访调查、筹措资金。外地族亲接到信息后,也要跟着行动起来,不仅要做相应的工作,还要选派一人作为董事成员商量、筹备,往返数次。这种出行无须自备干粮,所到一地都会受到族亲的热情接待。

2. 出行袋

捎马袋 将同样宽的长布条两端折回缝制成深约50厘米的两个口袋,中间留一段约66.67厘米的单层布,连接两袋,搭在肩上,就成了一前一后的两个袋子,长度前至胸后挂至背脊,这就是“捎马袋”。此袋携带方便,不损肩,是畲民出门通常装束。

抽筋袋 抽筋袋也叫干粮袋,是用市布缝制的约33.33厘米宽、50厘米深的袋子,袋口包缝一条字带或绳子,把物品装入口袋后将绳抽紧,袋口收紧封口。可用花布面料做。抽筋袋可装物品数量不多,男女老少都喜爱使用,畲民走亲访友装礼品也用此袋。

苎布袋 用自织的苎布作材料,将剪成斜向的两块布合缝,即成一个“肚子”略大的袋子,袋口留两个三角形的布尖,可扎缚成套扣,用扁担挑,这就是苎布袋。两只袋可装约85公斤谷物。畲民多用它挑干燥的谷、豆之类。袋口的两个叉口包缝两寸长的细布加固，袋底正中合缝处缝一块“布耳”，谷物倒出时手提此“耳”抖一抖，即可把袋中谷物倒干净。为了使袋口更牢固而加长袋口的系缚部分，还可在两个三角形袋口边上包缝两条较粗的环状（长度相等）苎线绳，且各留七八寸长的环线绳在外。挑物时可视人的高矮将袋口绳扣缚多缚少。畲民出门挑较多的货物时都离不开苎布袋。

长鸡络 畲语称野雉为“闯该”。野雉络又称“长鸡络”，是用较细的苎线绳编织成的网袋。长鸡络的下端与织渔网相似，不过它先编成一个三角形的网袋，两边角编一扣纽，上端再编织边收小袋口，袋口穿两条绳子，两端各与边角扣纽相接，不抽口时可将干粮或猎获的野雉、野兔等放入网袋中，绳一抽即收了袋口。两绳又成了背带，可套入两肩把网袋背在背后。畲民出行时常背它，用它带饭上山、狩猎装猎物、装野山果等。

二、生产习俗

（一）做福习俗

做　福 即开正福。正月初一至初四，祈求一年四季平安。农历二月初一（或初二），为春福，祈求春耕顺利、五谷丰登。立夏日为夏福，庆祝麦子收成，有吃面条和夏饼习俗；有的畲族人家拿麦子换面。端午节前后（或农历五月三十日）晚稻、番薯栽插，为保苗福，祈求庄稼免遭病虫害、兽灾、旱灾等，求禾苗茁壮成长。白露日为白露福，答话神明保佑秋粮进仓。除夕为完满福，答话神明庇佑并庆祝一年的农事活动顺利。

畲族有较多的“福日”，较普遍的有：农历二月初一“土地爷福”（亦称“土地节福日”，有些畲乡定为二月初二）；五月初四的“保苗福”（亦称“五谷神生日福”，时间为五月二十五）；十二月二十（或二十四）的“完满福”；腊月三十则为“年满福”（亦称“余满福”）。此外，尚有“立夏福”“白露福”和“秋福”及“冬福”等，可谓：福日多多，各有含义。

畲族的“福日”，主旨是祈平安，盼丰岁，基本上都围绕农事生产而举行“祭福”。为了处理好每年“福日”的祭事、聚餐等，昔日在许多畲村有“福址”组织，较兴旺的畲族宗房，既有宗房祠堂，又有“福址公田”，以“公田”的田租收入支付“福日”祭事和聚餐费用。无“公田”的宗房，其开支则在本宗房内募集或按人头摊派。

抽龙祈雨 民国《宣平县志》记载：宣民遇旱祈雨，必用旗鼓叉棍等物，如械斗状，呼声震地。巫师吹角摇铃，倚土神旁以筊卜兆。寻获蛇、鳝、蛤蟆之类以为龙,舁迎而归,晨夕供奉香楮。抑或有得雨者,则仍纠集多人,用旗鼓仪仗送还原处,并奉以匾额,谓之"送龙"。

早时,老竹地方旱灾频发,甚至连年干旱,在科技水平不发达的年代里,老百姓只能信天信神,一遇大旱只能请巫师抽龙。抽龙时,首先召集许多人手拿棍、棒、叉、三眼铳等械具,一般都集中在祠堂坛,由几个人竖起两根火烤过的毛竹,巫师顺两个毛竹之间往上爬到顶端,在毛竹上端翻腾,念符咒祈雨(俗称翻龙险),下面吹着龙角,人们神情非常虔诚庄重。有时连县令都要亲自到场脱帽跪拜祈雨。

抽龙仪式举行完毕后,在巫师的带领下,众人开锣旗散,扛着各种械具一路浩浩荡荡前往目的地抽龙。一路上经过殿庙时,都开三眼铳示鸣。各地都有许多龙潭,选一个历来认为比较灵验的龙潭作为抽龙的目的地。

众人到了龙潭后,摆上"三牲",点上蜡烛,奉香向龙神祭拜祈雨。待利市烧毕,众人在龙潭周围寻找蛇、鳝、泥鳅、蛤蟆等生物,把它视为龙儿,捉其中一物抬回,晨夕香纸供奉。如果真的下雨了,则认为龙神显灵,祈雨成功。于是,组织人马把捉来的蛇、鳝、泥鳅、蛤蟆等动物送回到原龙潭去放生,即谓之送龙。送龙同样锣鼓齐鸣,队伍浩浩荡荡。抽龙的习俗在20世纪50年代初开始淡出。

牛歇节 四月初八是"牛生日",又称牛歇节。相传此日是天上神牛遭贬落凡之日,畲家有此日凌晨牵牛上山野吃露水草之俗,认为露水草是"天馒头",认为吃饱了"天馒头",耕牛能身强力壮耕作永不脱力。是日,牛要休息,并给喝些糖酒,吃些米糖、甜粥等,以贺生日,滋补身体。

在婚嫁中,畲族有用牛和农具一起作嫁妆之俗。同时,若同一村里有二女出嫁,两家绝不会"抢路抢风水",就友好协商,让路程远的先行,但后行的又忌"走旧路",于是就用一头角系红布牛在新娘前面踏路,因为牛是天上下凡的"神牛",凡牛踏过的路都是"新路",如此一来,后行的新娘就不是"走旧路"了。此牛称为"踏路神牛",此路也谓"牛踏新路"。

猎神节 狩猎是畲民最重要的一种生产方式,由于狩猎在畲民生活中占有突出的地位,信奉猎神自古以来就是畲族人民的主要信仰之一。畲民普遍供奉猎神,并在出猎前后都要进行拜祭。打猎前,在猎神前烧香祷告,猎获后用猎物祭谢,若猎获丰,再用"三牲"[①]祭谢。若要猎虎、野猪,要在猎神前杀猪祭祷。

① "三牲":指猪、羊、鸡。

有些地区的畲民把农历二月春分日定为猎神节，届时族长带领男丁，备“三牲”供品前往猎神坛前拜祭，点烛焚香，献供品、念祭文，甚为隆重。

尝新节　秋后“尝新米”日，畲家要备“三牲”和茶、酒等祭祀天地、五谷神、山神、土地和祖先，然后用新米粥和糖酒来“敬牛”，表示“尝新不忘牛辛苦，人未尝新先敬牛”之意。

圆冬节　立冬为畲族农户的圆冬节。户户砻糯谷，舂米做糍粑，全家共餐，庆辛勤劳动获得好收成。有的人家还要杀鸡宰鸭烹食，俗称“理园埕”，表示田园种植大计到此日料理完毕。个别畲民未做糍，至冬至日也要补餐，或舂米糍或做汤圆先供祖先，全家再吃汤圆，以祝来年好收成。

（二）耕种习俗

播　种　在畲族村民中传承着播谷种的习俗。旧时播谷种，二月清明迟播种，三月清明早播种，播谷种时，要下午三时后才能播种，上午、中午都不许播谷种，播谷种前，户主要烧点心给播种人吃，是为了“压秧根”，使谷种播下去不会翻根，谷种不会浮漂动。

随着时代的变迁、传统观念的变更，很多习俗已和以前的不相同了，播种谷种只要是在清明前后，上午、中午、下午都可以播种，点心给播种人吃的说法还是有的，但压根苗的说法就很少听说了。

插　秧　畲族插秧称“插田”。无论男女，凡参加插秧的均称为“插田老司”。多数畲民插秧要择日子，将插田老司称为“插田工，过年肉”，意思是请插田老司与定过年肉一样重要，要在头年底讲定。是日凌晨天还未亮，老司们到主家吃了早点心后，即到秧田拔秧。拔秧前，须右脚先落田，并用双手戽水连拔数次，然后方可开始拔秧，此形式称为“开秧门、赶秧鬼”。这样手脚才不会发秧疯。待主家吃了早饭，备好“三牲”，到秧田田头祭田土地时，插田老司需都上岸坐一下，有“不到田头坐一坐，土地公要打屁股”之说。待老司们都拔好一担秧，把秧挑到已平趟好的水田处，按田亩大小把秧抛入田中，然后回到主家吃早饭。插秧时，凡有大田，即由插田最内行的“开主老司”先行插头手开主，余都随后按开主老司的株行距疏密插第二、三、四手。插田日，须避开“属火”的日子，不然，插下的秧苗尾叶会被“烧焦”。“摸插田卵、吃插田饭。”插秧时节菜肴特别丰盛。早餐每人两个鸭蛋或鸡蛋。叫“插田卵”。说是吃插田饭，秧苗容易扎根成活，长出稻谷籽粒饱满。中晚餐吃“种田肉”，帮工、长工每人可得 4 块，每块 4 两（旧秤，合 125 克）外加一双卵可带回家。此俗逐步消失。

关秧门 插秧结束谓之“关秧门”。带几个秧苗回家丢屋顶上，据说瓦上就不会生“瓦辣”(一种小毛辣虫)。秧苗如多余可抛塘中，但不给牛吃，以防牛尝到稻秧滋味去吃禾苗。

割 稻 旧时用打稻桶打稻脱粒。早晚稻收割时，有人会用镰刀无意敲稻桶，就会给老辈人骂，说是敲稻桶者手会被镰刀割去，敲稻桶后会发稻瘟稻桶空(无收)。已无此俗。

苞萝帮 山区临时性互助组织。山区以苞萝(玉米)为主要作物，烧山、垦地、下种工作量大，单家独户难以随便结成“苞萝帮”互助，每帮20来人，由首领负责各户耕种顺序，以山高者为先。另有副手负责杂务。

(三)饲养习俗

烧栏头 多在厨房附近建猪栏，掘土为坑，砌以块石，栏柱用木桩，栏栅用毛竹，新栏建成，栏门悬挂彩色布条，以香纸“烧栏头”后启用。卖猪或杀猪前也要烧栏头，杀毕以猪肉祭栏神。杀年猪，要在米筛上铺黄表纸，洒猪血于纸上拿去烧栏头。过年时栏边贴红纸条，写“六畜兴旺”等语。烧栏头之俗已消失。

猪亲家 养种猪俗称“赶猪牯”，戏称“猪亲家”。出门时腰间缚汤布，手持竹枝随公猪后面催赶。主家除付酬资外还请吃点心，照例鸡蛋两个、面一碗，吃了就走。半月后如母猪未孕(俗称“倒栏”)，则再配一次，待遇与前次同。旧时每次酬资五角，后来视路途远近及物价升降而定，一般不再请吃点心。旧社会视赶猪牯为低贱职业，乡俗请客人吃面忌放两只鸡蛋，免与赶猪牯者相同。偶有“赶猪牯”的，但已用安装铁笼的机动三轮车运载公猪。

教 牛 小牛长到两岁时，要在正月里选择属龙或属虎的日子教其耕田。事前七八天先穿好牛鼻子，系好牛绳，配上牛口络。在选定的日子里，选择一块冬闲的空田，两位副手把犁钩筒(小毛竹制成，一头系麻绳)系结在左右两边的牛口络上，分站牛两边，双手捏住犁钩筒，掌握牛行方向。教牛者架上牛轭，系好牛绳，右手扶犁把，左手拿竹枝和牛绳，对牛大声说:“教你耕田赚饭吃。‘嗷’是叫牛走;‘哗’是叫牛站住。牛绳掸掸叫你歇歇力，趟得好放你吃青草。”这些话，在教牛过程中要反复说。教牛时不准小孩在旁边看，据说小孩看了会发笑，小牛觉得难为情，就耍脾气教不好。大人对小孩常用“比牛还难教”来形容不善于学习的人。

孵鸡仔 畲民自古勤劳，一般家庭都有鸡鸭自繁自养的习俗，自家养的鸡称为“主家鸡”。母鸡蛋快下完时，多数会孵小鸡。当母鸡整天发出“咯咯”的声音，且浑身鸡毛蓬松时，就是要孵小鸡的前兆。家妇就用自家鸡蛋到附近邻居家换新鲜卵(一窝鸡蛋在20—25个)。箩筐底垫好剪细的稻草，稻草上再铺一层蒲草席爿，形状像锅，即为赖孵鸡窝。放入新鲜卵，母鸡就会自觉入孵。孵小鸡时主妇告诫母鸡:“轻脚轻手(翅膀)，孵儿吃白米。”用酒浸过的白米喂母鸡，以增加母鸡体能，母鸡在翻卵或进食方便回窝时更加小心。其间主妇用水泱灯照的方法来辨别鸡蛋孵化情况，及时除去“返黄卵”(未受精蛋)。20天左右蛋内小鸡自行破壳而出(孵鸭仔过程相同，时间则需25天左右)。

三、岁时习俗

春 节 农历正月初一为春节开始，畲民早起放开门鞭炮。父母就拎着蓑衣，率子女到门外平地上，在东南西北四个方向各插三支燃香，然后和子女一起跪拜四方神灵，祈求赐福。部分畲家尚承袭“汲新水”之俗，即由此家大人到井边或山坑潭前，插三支明香，取回一桶水用来做早餐。吃饭在中堂香火榜前，得祭祀祖先后再吃。是日清晨，大人叫孩子到屋边竹林去摇毛竹，称“摇竹娘”，祈孩子快快长大，平安吉祥。同时，大人则用毛竹制成的“响板”在住宅四周边走边敲兜上一圈，以“驱秽气，逐鬼魅”。这一日家中忌来外人，特别是上午，若有人来家，就认为“晦气”“不清爽”，是全年不吉利的先兆。此日不借火。

正月初二始，出门拜年。是日，嫁出去的女儿回娘家拜父母，外甥拜娘舅等。还有给耕牛“进补”和牵牛出栏“游乡”之俗。

正月初五，有“送年”仪式，由父母拿着扫帚和畚箕，领着子女到中堂、走廊、房间、灶房和禽畜的栏舍等处，象征性地打扫点垃圾，然后拿到村口偏僻处，口中念道:“新年已过，送你上路，漂洋过海，早上天堂！”其意思是，过春节时，历代祖先的魂灵都被邀请回家吃住，现年节已过，就此送走。随后把畚箕搁下，悄悄返家，数天后再取回畚箕。

春节期间，村里来了客人，尚有是夜在来客的主家行“长夜对歌”的习俗，称“新年劳歌”。但来客若是孕妇或带婴儿的妇女以及家中有丧事的“孝男”“孝女”，则不允许找他(她)唠歌。

奶娘节 正月农历十四日，传说为陈靖姑(称奶娘)生日，畲族小孩都由大人领着过奶娘节，保佑小孩听话、平安。

祭祖节 正月初八，称为“上八日”，有“祭祖”之俗。祭祖按宗房或放祠堂或于是年轮到经办祭祖的“祭房”家举行。祭后，同在祭房家吃“太公饭”。

畲族青壮年不做生日,五十岁以上逢十才做生日,生日都在正月初二至初八这几天中举行,称为“上十酒”或“上十饭”。上十的人家,要请长辈和同辈聚餐,亲戚和同宗房者要送肉和索面等作礼物祝寿,称为“送十寿”。

元宵节 每年农历正月十五日,举行祭祖活动。正月十五元宵节,畲民叫“正月半”“过小年”。下午,要置“三牲”向天神、土地、社公、祖宗、猪牛栏土地、灶神等献祭。

补天串(穿) 正月二十,畲族山歌有“正月二十是天串”之说,此说是沿女娲补天故事而来,传说这天天被穿漏,要各户做麦饼吃,是谓“补天串(穿)”。

二月二会亲节 也是土地神节。当日,各家各户备供品祭土地,并“炒黄蚁”,即把玉米或黄豆放大铁锅中炒熟,供全家人食用,谓“吃黄蚁”,传说可消灭“黄蚁”(白蚁),使房屋不受蛀害。

三月三乌饭节 是畲族的传统祭祀节日,也是畲族的盘歌对歌节日和乌饭节。每年的三月三,畲民取山上野生的乌稔树叶煮成汤汁,和米泡数小时后再蒸熟成乌饭,用来祭祀和食用。

清明节 家家户户做“蓬点心”或蒸蓬糕到祖坟祭祖扫墓,此俗与汉族相同。

端午节 五月初五端午节,畲族称“五月节”,以茜草煮成红蛋,给孩子进补,也用鲜箬叶包粽子,用粽子祭祖。

五谷神诞辰 五月廿五,为五谷神诞辰,畲民各家置供品为五谷神贺生日,祈求五谷丰登。

分(封)龙节 农历夏至后的第一个辰日,为“分龙节”。这天,歇锄免耕,男不挑粪,女不洗衣,忌在屋外晾晒衣物,忌动用犁、耙、锄头、柴刀等铁器,唯恐“惊龙”而暴发山洪,或“走龙”致干旱。旧时,是日清晨,畲村族长或长者,就会走遍全村,互告勿违。是日,若遇狂风暴雨,也有畲民循古俗以铁锄或粪勺置屋顶“压龙”。部分畲村在“分龙节”结伴到远处山上砍“六月柴”,待干燥后再捆挑回家,或劈取“黄桑”“千斤”等野藤,供修补箩筐、篾簟等用。农历六月初六,畲俗与汉族相同,白天“晒霉”,将衣箱服饰杂物置日下曝晒,晚餐须吃肉。俗语云:“六月六,要吃肉;勿吃肉,生痨毒。”

鬼　节(七月半) 农历七月十五为鬼节,家家户户备酒菜,蒸料糕,祭祀祖先,一般为家祭,亦到祠堂、村庙和家宅香火榜祭祖。

中秋节 中秋节又称八月半,畲族称“过人节”。家家户户做麻糍、蒸米糕、做豆腐、请出嫁的女儿回娘家团聚。一年节日中,唯有这个节日不祭祖,俗语云:“八月半,小煮太公饭。”

重阳节 九月初九,重阳节,做麻糍,炊九层糕。

冬 节 十一月冬至,俗称“冬节”。同清明节和七月半一样民间称为“鬼节”,不须择日便可安葬死者,亦可拾骨移葬。

过 年 畲族俗语云:“没秧莫种田,没酒莫过年。”在过年前,畲民家家户户都要酿制糯米酒。腊月三十上午要在大门两边贴红纸对联;如当年有丧事的人家,须用绿纸或蓝、紫色纸的对联。同时,也要在牛栏、猪栏、鸡舍及稻桶、水桶、米缸、水缸、石臼、麦磨、谷柜、农具等上贴红纸条。下午3点后开始祭祀,将已烧好的鱼、鸡、猪头、年糕等供品挑到村庙、祠堂和祖先香火屋(或香火榜)前祭祀,鸣放火炮,祭毕,全家吃团圆饭。晚饭后即行“住岁”(守岁),家人聚在火炉塘边一起唱山歌,讲古老(传说故事),并点旺松明灯“造天亮”。

除夕与“煨年猪” 除夕,畲民要做许多糯麻糍,大部分置放在谷柜内,待过年后吃,称“隔岁有余”。除夕夜,要在灶后火炉塘里烧焐一根大树根(俗称根脑),称“隔年火种”,也叫“煨大猪”,以祈来年吉祥。

四、人生习俗

(一)生 育

畲族妇女有传统的勤劳美德,在家庭中的地位较高,因此自古畲民弃女婴现象极少,畲民认为不一定要有亲生儿子才叫传宗接代,育女儿,换个儿子来(招婿)也一样,儿女可领养。

妇女怀孕 畲族对生儿育女很重视,从怀孕到孩子长到16岁(叫“出化园”)都有一系列习俗活动。一旦知道妇女怀孕,家人就对她倍加尊重和照顾,并有许多禁忌:如忌孕妇看戏、忌看丧葬出殡、忌入别人产房、忌坐门槛,主要怕会动胎气,不利于胎儿发育。

产妇坐月子 月内忌吹风,忌吃生、冷、酸食物;三餐白米饭,忌红薯和竹笋;菜以鸡肉、瘦猪肉、鸡蛋为主,一日三次点心,都是鸡蛋或鸡肉,要用菜油煮,认为菜油祛伤,少放盐,加红糖、姜和上等红酒,注重热性带补,忌食寒性食物。产妇坐月子期间亲戚、朋友都会送鸡、肉、蛋等食物。孕妇到足月做产时,丈夫就要赶快请接生婆,邻舍妇女一般都会来陪产妇。旧时,接生婆都用土法接生,生男用笔杆断脐带,意为长大后会读书:生女用破开的吹火筒竹片断脐带,意为长大后会管家理财。产妇用红头绳将婴儿手往背后扎一个时辰,意为缚过手,孩子长大后不会糟蹋别人东西。

婴儿养育 婴儿出生后，丈夫须挑一只大公鸡、一壶酒到岳父岳母家报喜，酒壶嘴插花表示生女孩，不插花表示生男孩。当天又将挑去的东西挑回，并带来岳父岳母家送的一筐30个以上的鸡蛋和一套小孩的衣服。家务能脱手的岳母一般都跟来服侍女儿十天半月。

旧时，婴儿出生后，一般人家都行“请夫人”，一是请产妇保护神——陈夫人保佑产妇和婴儿安全，二是告知祖宗先人本日某刚出生男孩和女孩。有些人家还向陈夫人许愿，那么就要在“出化园”前某年还愿，叫“谢夫人”。孩子出生后第三天，有些人家要摆酒席，叫“请三旦酒”或“做三朝”，通知到的亲戚朋友都会来，一般客人都会在这天“送生母”。有些人家不请“三旦”则请“满月酒”，答谢“送生母”的客人。

满月时给孩子剃第一次头，称满月头。剃完头，母亲用煮熟的鸡蛋在婴儿的头上滚动，意为希望孩头能长得像鸡蛋一样圆平饱满。滚过头的鸡蛋给邻舍孩子吃，期望孩子今后气量大，会分吃。

到周岁前忌食猪油或鸡肉，主要是怕小孩拉肚子。有的人家还忌食鸡蛋，说是怕以后孩子讲话不囫囵 。周岁时始给孩子吃鱼、肉，叫“开荤”。满月后带孩子出门，用自家织的水巾(背带)背。没织水巾的买块蓝土布代替。冷天还要披大人的服装保暖。小孩会站立之后，吃饭时有专门的站桶(上小下大的圆桶)，大人边吃边喂小孩，小孩长到会自己坐着吃饭，桌子靠壁的座位就是小孩的专席。

小孩取名 畲族小孩取名与畲族排行有很大关系，同姓排辈分，同辈序长幼，蓝姓按大、小、百、千、万、念6个字排行；雷无“念”字，钟无“千”字，按5个字排行，循环使用。同辈人取名用同一个字头。后辈再用另外的字头，所以后辈不能和前辈用同一个字头。畲民命名取正名外，还有奶名和谱名。奶名即乳名或小名。常因保护神的不同而分别冠以“石”(石将军)、“奶”(奶娘陈靖姑)、“佛”(神佛)等字。修宗谱进取的名字叫谱名，见于灵堂神主牌、墓碑。谱名的命名对象按世系、排行而定，由讳名(世名)、字、行等三者组成。一般每一世(代)同辈用同个字头。行每同一辈按出生年月时辰先后依次排列以“念、大、小、百、千、万”字，周而复始循环使用，叫“暗行”。其排行用字则为：“雷姓缺‘念’，钟无‘千’，男人无‘一’，女人无‘二’，蓝姓五六两样生。”按族内规定雷姓排行仅用“大、小、百、千、万”五字；钟姓用“念、大、小、百、万”五字：男丁排行序数从二开始，如“蓝念二郎”“蓝念三郎”等；女丁排行从一开始，要缺二，如“蓝念一娘”“蓝念三娘”，要把“一郎”和“二娘”让给未满16岁就夭折的男女。

畲族谱名特有神秘性，晚辈对自身讳字行第不得而知，仅在祭祖或重修宗谱时开启才能阅看。因此，某人逝世时，亲属要向族长索取谱名；对于外嫁女人，生前做“寿材”(棺木)需要“名行”与“暗行”时，由她的兄弟向族长索要，族长将其行第写明用红纸封好。待举行酒宴，外甥再将红纸包安置在“棺木”内，俗称“讨位”。红纸包要待棺木主人逝世时才能启封。女性生前若是未做棺木，死后，外甥要跪在母舅面前为母亲“讨位”。

(二)成人礼

凡男子到16岁后，一般都要进行一次隆重的传师学师仪式，也称成年礼。成年礼仪式为学师人取“法名”，并用红布把“法名”和传师学师的时间写明，挂在祖公杖上给后代查考。认为经过学师的人，活着和死后都有地位，称之为“红身”，未经学师的称“白身人”。一代学师的可穿“红赤衫”，已传子的可穿“乌蓝衫”。如果一代不学师，就被称为“断头师”。

举行传师仪式时，要在学师厅堂悬挂畲族始祖图和歌颂传师联词的“字花”对联，立祖师香案，供祭品。仪式由“十二六曹”法师按规定步骤、形式、内容进行唱舞，分三个阶段：第一个阶段称“安公祖”，第二个阶段称为引朝，第三个阶段称“度水”。传师学师仪式主要情节有“请师爷”“接神”“过九重山”等。传师学师仪式可一户单独举行，亦可在同一支族内若干户合起来举行。传师学师简称“做阳”，亦称“做树头”，是世代相传的习俗。

(三)婚 姻

1.婚姻制度

旧时，畲族实行“一夫一妻”制，实行族内婚，即盘、蓝、雷、钟四姓互相通婚。由于姓氏过少，按祖规，同姓不同支的可通婚，凡青年男女谈恋爱找对象，父母为子女说和婚事，媒人作伐介绍婚姻等，都自觉遵守古沿族规。同时，还排斥族外婚(与其他民族通婚，主要是与汉族通婚)，畲汉不通婚曾经是畲民的祖训，作为畲族社会中无可代替的权威性的《高皇歌》就有这样的表述，所以畲汉不通婚成为畲族重要的婚姻禁忌。①

随着各种文化之间的交流、融合和社会的文明进步，这种族内婚禁忌被打

① 蒋炳：《畲族史稿》，厦门大学出版社1988年9月版。

破。明清时期,大量的畲民涌入浙江,形成畲族史上最大的入浙迁徙潮,畲族同胞与汉族百姓杂居,一些畲民不再墨守畲汉不婚的祖训,在坚持族内联姻为主体的前提下,逐渐接受畲汉通婚。

在畲族民间,除通常的嫁女之外,还有男嫁女方的婚俗。男嫁女方有两种:入赘到未婚女子家的叫“做女婿”;入赘给寡妇的叫“上门”。无儿子的家庭多行招赘,但不少有儿子的家庭也让儿子去入赘,而让女儿中留“招儿子”(招女婿)。一般入赘者的子女要随母姓,也有两个儿子分别随父母姓的。若夫妻双方都是独生子女,就得“做两头家”,即新婚头几年两边的家都要照顾,居无定处。这古老的规矩在畲乡仍在沿袭。

远房同姓同辈可嫁娶。嫁男和“做两头家”是畲族婚姻特色。男到女方落户,和嫁女一样,女方给男家一定彩礼,男到女家要改成女家一样的姓,使嫁来的男子在家庭和村坊不受歧视。做两头家即夫妻双方家庭都要参加生产,赡养两家父母,所生子女多则再分出继承两边家庭。由于姓氏过少,同姓不同支的可通婚。随着时代的变迁,特别是20世纪90年代后这种习俗逐步改变,已可同其他族通婚。

2. 婚姻形式

畲族有多种婚姻形式,老竹镇的畲族婚姻形式也基本一样。

男娶女嫁 在畲族民间,女嫁男方此为主要形式,俗称“扛婆娘”“讨亲”。此婚姻形式程序烦琐,许多场面异常热闹,既有民族间(主要是汉族)互相影响的仪式,亦充分显示畲族特色。

这种婚姻是男方按女方要求送予聘礼,迎娶女方,女嫁男方后,女不改姓,对男方父母亲戚,从夫称呼,所生子女从夫姓。还有一种情况,如果男方贫穷无力支付聘礼或女方缺乏劳动力,男方可到女方家居住一段时间,以其劳动抵充聘礼,劳动期满,再携妻回家。畲族女子不称夫家父母为公婆而称爹娘。

男嫁女方 男嫁女方时,多种仪式和女嫁男方相同,但一般无嫁妆,不行“溜筷”“御千斤饭”“点姐妹灯”等仪式,亦不坐轿。同时,女方要付给男方父母一定的彩礼。男到女方后,对女方的父母和亲戚按妻子同样称呼,在家中和妻子享有同等的权利,而对生养他的父母,只按“嫁出的女儿”行事,只需在年节送点礼品,不承担赡养义务。嫁到女方的男人,按照族规要改女方姓,成为继子,所生子女,皆从妻姓,与妻子的兄弟姐妹享受同样的权利、义务。这种婚姻形态在畲族社会里很多,在畲族的《高皇歌》和畲族祖图中就可找到依据。招女婿也叫招赘，一般入赘者的子女要随母姓，也有两个儿子分别随父母姓的。无儿子的家庭多行招赘。往昔，许多畲家往往喜欢把儿子嫁出去，而把女儿留在家里“喊子”“招儿子”成亲，说这样的家庭特别和睦幸福。

做两头家 亦称“种两头田”，若夫妻双方都是独生子女，就得“做两头家”，即新婚头几年两边的家都要照顾，居无定处。做两头家亦称“种两头田”。多因男女双方为独生子女，或一方的弟妹尚未成年，而父母体弱多病，家中缺劳动力，经双方同意，婚后彼此暂不落户，而是互相走动，共同承担双方的生产劳动。行这种婚姻的，婚礼极为简单，先是女方到男方摆酒宴请至亲，然后男女双双到女家摆酒宴请至亲。婚后生育子女的姓氏，一般的情况是，第一个孩子从母姓，第二个孩子从父姓，其后有第三第四个孩子的，姓氏由男女双方协商而定。若男女双方中有一方父母逝世，不需要“种两头田”了，则两家合并，把对方“香炉碗”(祖宗牌位)接到这一方，和本族的祖宗香炉同排摆设，年节亦同样祭祀。如果是因一方弟妹年幼而行“做两头家”的，当此方弟妹成年后，劳动力问题已解决，则此方就搬到对方家住，不再“种两头田”。合家后不再举行婚姻仪式，共同承担双方的生产劳动。这一古老的规矩在畲乡仍在沿袭。

子媳缘亲 旧时畲家普遍贫困，生了儿子后，唯恐长大后娶不起亲，就先行领养女婴。女婴较大部分是汉族的弃婴，或是因子女太多而送给畲家的。待女婴养育长大后，即和已成人的儿子结婚。要是女婴成人后不愿和养育她的“家子”成婚，亦不勉强，可作女儿另行嫁出，亦可“喊子”成亲。“缘亲”的酒筵和娶媳类同，但不举行嫁娶的仪式。在这方面，和汉族的“童养媳”完全不同，因为女方的地位在畲族中历来是较高的。

在畲族婚姻中，不仅有“童养媳”的“子媳缘亲”，还有“童养子”的“子女缘亲”。领养“童养子”，在畲族中也不少见，其情况是，若男女婚后过了许多年无生育，就抱子继承家业，所抱的孩子即视为亲生子，成人后即为他娶亲，如家中有女儿的，就行“子女缘亲”。要是“抱子”后又生育了子女，童养子与亲生子女在家中的权利和义务完全平等。有些家庭，因家境过于贫困，即在“缘亲”时也不摆酒宴，仅在年节时煮几只鸡蛋，烧点粉干、索面给“缘亲”的子媳吃了，拜过祖先，就算已行了婚礼。

3. 婚姻礼仪

(1) 结婚习俗

做　媒　男方委托媒人到女方打听是否肯出嫁，大人是否同意，并如实介绍男女双方的实际情况、意愿和要求，如同意，媒人就带男方去女方家中看对象，称“太婆娘”(看姑娘)。看人家，称“睇郎”，是女方母女俩去看男方的情况。

定　亲　即订婚。定亲前要拿男女双方的八字去合，请风水先生看看是否相冲相克。媒人将男方选的吉日连同彩礼一同送到女方家中，女方宴请内亲一起商时，然后由媒人把礼单带回给男方。需双月双日，但逢“四”需避。

送日子　娶亲日子商定之后，由媒人送到女方家中，如同意再通知男方。

送财担　娶亲前3天，男方把女方交给的“参礼单”上的东西如数送到女家，在此“送财担”间，有“拦路戏赤郎”“讨彩”等仪式。

送糯米　选一吉祥日，一般在迎娶前30天左右，男方准备好糯米、猪肉、香烟、糖果、聘金等，由“亲家伯”(媒人)陪新郎把糯米(供制酒)、黄豆(供制豆腐)等送到女方。

迎　娶　迎亲时的接姑、搬嫁妆等人的总人数要逢双，抬轿子的轿夫去接亲要会山歌，女方用杉木棘拦路，叫作“挡门关”，男方递了红包才能过，表示女方不是轻易可娶到的。快到女方家中时，女方大门由厨师挡起，男方在门外放两串鞭炮后，喊开门，女方就会向男方索要开门包，递上红包后，男女双方各放一串鞭炮，大门大开，进中堂，肩上的彩礼担被女方走堂接走。整个过程有“关门迎亲”“喝宝塔茶”“借镬杀鸡”“举盘说花”“长夜对歌”“御千斤饭”“溜筷”“送红轿”“点姐妹灯”等仪式。新娘到男方后，由新郎开轿门，扶新娘出轿，行拜堂仪式后，即沿“接代礼”(一张草席和一只蓝色布袋，由两人拿着，轮换铺地供新娘行走)走进新房，后即唱糖闹洞房。

畲族婚礼的一个特点是：新娘夜行嫁，卯时进夫家门。行嫁时有牛在前头踏路，意为新娘一切都要新的，牛踏过的路为新路。以往嫁妆有锄头、斗笠、棕衣、线篓、火笼等。举行婚礼庆典时，有对歌、拾田蛤、落脚酒、请大酒、借锅、请祖公、撬蛙、催亲歌、送神歌等仪式。

抹黑脸　搬嫁妆的人不在女方家中吃喜酒，除了留副嫁妆压轿尾外，要在天黑之前把嫁妆搬到夫家。女方绑好嫁妆由女方走堂人送到门外，男方搬嫁妆人去接并交换红包，姑娘们就会上去抹黑脸了。

留碗留筷　新娘穿上凤凰装后，就由哥哥或弟弟从房间中抱到中堂站在凳子上，脸朝外，捆好十只饭碗，十双竹筷，从新娘背后顺从右肩通过胸前，由新娘把碗筷放回桌上，意思是说作为女儿要出嫁了，碗筷留下，父母要靠哥嫂、弟媳供养了。

含砂糖饭 交碗交筷后，新娘母亲将砂糖饭喂入新娘口中，共吃三口，新娘取出手帕把砂糖饭包好，带到夫家去喂猪，也叫养大猪。完后就由哥哥或弟弟抱着上轿了，新娘对天地和祖师作揖，告别父母，前往夫家。孕妇和寡妇都要避开。

拜 堂 新娘的轿子到夫家大门时，要杀鸡淋生血，新郎用秤杆挑开轿帘，接姑把新娘扶出，在中堂拜堂，依次是拜天地、父母，夫妻对拜。地上铺两只蓝色麻布袋，袋内装草席，拜好堂后，新娘踩在蓝麻布袋上到新房，两只袋子交替使用，代表传宗接代。新娘入新房后，有的男子走到新娘房间向新娘讨糖果，有的会脱去新郎鞋子、袜子，要新郎母亲用糖果和橘饼赎回去。

送亲娘舅 新郎新娘一家人鸣鞭炮送家舅到门外远处，亲家舅与新郎互换一个红包。

做新客 到了婚后的第二年正月初二，新婚夫妻挑着原先定亲分房户数所需的白糖、橘饼，到岳父家做客，畲族人叫“做新客”。

农具陪嫁 是畲族婚嫁中最为特殊的风俗。在陪嫁的农具中，犁、耙、锄头、笠帽、棕衣是常规的“五大件”，其他如柴刀、草刀、镰刀、刀鞘、柴绳、草鞋等，亦常作陪嫁物。还有以稻、麦、豆、花生等种子作嫁妆的，叫“带种出嫁”。有些畲村，还行“带种猜种”仪式，该仪式的做法是，新娘家把精选的种子分装在两对枕头里，藏在两只作嫁妆的木箱中，在迎亲日，把加锁的木箱端放在中堂上，要迎亲的“当门赤郎”（媒人，亦称“亲家伯”）当众“猜种”。猜种时，女方的“赤娘”（女歌手）唱《藏种歌》，男方赤郎唱《猜种歌》，猜不对可再唱，猜对后，“赤娘”即唱《送种歌》，赤郎回唱《接种歌》，对新娘“带种出嫁”表示感谢。“带种出嫁”含有新娘到夫家后，就能像种子一样落脚生根，开花结果。农具陪嫁凸显了畲族是个热爱农事劳动的民族。要是在嫁妆中，农事生产工具尚未凑全的，婚嫁后女儿仍可回娘家向父母索取。

行 嫁 是早年间畲族的婚嫁习俗，行嫁即以步代轿，据传是更早时期“走婚”形式的变异。婚嫁之日新郎打扮一新，偕同“亲家伯”（媒人）和赤郎（歌手）等人，挑着礼担，一早到女方家赴宴，赤郎到后即与女方“赤娘”（女歌手）作礼节性互祝吉祥的对歌。中午宴毕，新娘头戴竹�缀石珠的畲族凤冠，身着镶花边的衣裙，腰束彩带，腿系绣花边的绑腰，脚寄夹布条串有铜钱的草鞋，手撑遮阳雨伞，带着送姑，偕同新郎家的迎亲人员一起，一路双悦对歌，行走到夫家成亲。在行嫁中，新郎若不善歌，可由赤郎替代；新娘若不善歌，可由送姑或“赤娘”替代。对歌的内容，有情意缠绵的缘歌（情歌），也有互考对方才智的传统歌如《争高手歌》《大讲歌》《谜歌》《加字歌》《尧字歌》等和一些即兴编唱的逗乐歌，一路歌声悠扬，笑语不断，行到夫家，余兴犹在。行嫁婚俗简约大方，对昔日相对贫困的畲家，经济负担也较轻。

(2)离婚习俗 已婚男女，因感情破裂，多次调解劝和无效即可离婚。离婚时也有个简单的仪式：旧时离婚时，请族中的老人和长辈吃餐便饭，以作佐证，并对孩子归属、财物分配等做好议定处理，然后由他人代笔写"离婚书"。畲民的"离婚书"上不盖私章，不按指纹，也不画押，而是要按"脚踏手印"，脚是左脚，手为右手，皆要全脚全手的印，其意思是：离婚后，脚不再踏进对方的门，手不再碰对方的人。现离婚已按相关规定办理，事实上，畲民男女离婚后，绝非水火不相容，还会有事共商，有困互助，和谐相处。

(四)丧葬习俗

畲族丧礼表达了畲族人民尊崇祖辈的优良品格，多方面地折射出畲族民间文化的强烈个性。从意义上讲，任何神仙都比不上自己的祖先可靠和值得信赖，于是，畲族人对祖先的崇拜始终放在各种俗神崇拜之首。随着时代的变迁和现代生活节奏的加快，畲族的学师、传师、做功德等崇祖仪式已渐渐淡化。

1. 丧 仪

报　丧　如果家中有死人，要立刻找叔叔、伯伯商议善后工作。找风水先生挑拣日子出丧。出丧前，孝子单腿跪地，向亲戚朋友报丧，告诉他们埋葬的日子，便于他们及时来吊唁。亲戚朋友要烧碗点心给来报丧的人吃。

出　白　给所有小一辈的亲戚男的发白帽子，女的发白孝素，孝子、孝媳、孝女、女婿都要穿一套白色孝服。

买水洗澡　孝子、孝媳等穿孝服，头戴白帽，半撑雨伞，一起跪在买水的溪、井边，风水先生念专业术语后，孝子舀三勺清水入桶，拿回家后用毛巾浸湿拧干，给死者擦洗身体。

入　殓　买水洗浴后，给死者穿好衣服，棺材内铺少许松炭、烧纸、席子，以及用稻草做的枕头一个，一切就绪后，把死者尸体扛入棺材中，盖上被子，孝子的被子最先盖，以先亲后疏的顺序盖，最后盖上大红纸一张。

竖番竹　在死者家门口竖一根毛竹，并在番竹底下放香炉碗，由风水先生把死者家的闲杂野鬼赶到番竹外，招死者的魂魄到香炉碗中，番竹上挂宽白粗布若干尺。

接娘家　在死者家中搬丧的人，准备好米筛一面、酒杯三只、酒壶一把、蜡烛一支，孝子、孝孙、媳妇们到门口的路上跪下接娘家的人，每人手上拿一炷香，米筛上点香和蜡烛，娘家的吊唁担子由走堂的人接走，娘家人到跟前时，唱畲族歌“接娘家”哀歌，娘家第一个人报出项位数后，把孝子、孝孙手上的香一一收来，入门插在死者的香炉碗中，第二个人扶起跪在地上的孝子们。

做功德　一般有两种：一是一般人家做一天一夜，叫小功德，采用阴做方法；二是死者生前如果学过师的，就要做大功德，要做三天三夜。小功德的程序有竖灵、报地主、念经、请七、做祭、行考等，男丧写“望乡台”，女丧写“安乐宫”。中堂和大门口挂五色纸剪有花纹的挽联。

哭　歌　畲族人在整个丧礼中均以哀歌代哭，接娘家、买水洗澡、奠酒等都有不同阶段的哀歌。哭灵的哀歌也是很多的，有的是自编的，歌词十分悲切。

戴　孝　孝子们在为死者料理完丧事之后，子女分别用白棉花线为死者戴孝，男的系在纽扣上，女的扎在头发上。吊孝时间一般为一周年，到一周年的日期，在死者家中备“三牲”，在香火供养后，即烧毁吊孝的纱线。至此，整个治丧程序方告结束。

畲族丧仪具有民族特色。畲族的丧礼有遗体处理、三天三夜的赤身人功德、一天一夜白身人功德、做“圣科”及“拔伤”（为非正常亡故人所做）的仪规。畲族丧礼据亡故者身份的不同，采用不同的仪式。在畲族民间，“做聚头”、做功德、做“圣科”及“拔伤”等法事，一般由“赤身功德师”来做，功德师中最高的阶层叫作“乌蓝”，而做“圣科”“拔伤”的称“香火师”。

2. 葬　仪

丧葬仪式　畲民老人去世，忌称“死了”，要称“老了”“过山掉”。死者的子女称孝子、孝女。死者断气时，床上如有搓帐，要立刻拆除，以免“天罗地网”罩住死者的灵魂，并用一只陶碗装上沙灰，插上三支燃香，点盏油灯，摆到小桌子上，放于死者的床前代表死者灵位，地上放置一个陶罐或铁镬供烧纸钱。

老人死后，做孝子者，如是丧父，须立即向房族叔伯报丧，丧母须向母亲娘家报丧。死者入棺前，子女、儿媳、孙辈等都要身着孝衣，腰束草绳，敲着铜锣，妇女半撑雨伞，边走边唱买水洗浴的哀歌，到河塘或山涧边给死者“买水洗浴”。当孝子用碗钵盛水时，要念明“买水”的用途，并向水中投入几枚铜钱。所谓“洗浴”仅由孝子用毛巾蘸水在死者胸前和后背各擦几下，然后由孝子在至亲帮助下给死者穿上寿衣。寿衣要单数，上身多，下身少。已经“传师学师”的死者，还需穿上学师时备用的“赤衫”入棺。女死者则穿大襟花边衣服,头戴“笄”装(畲族妇女的头饰),脚穿花鞋,下身着“红裙”入棺。入棺后,再盖上寿被。

行棺称“出山”。棺木抬出宅时,要在村边路口举行“上马祭”(亦称“路头祭”)。祭时,死者的子女、下辈等至亲都要下跪,边奠酒边唱哀歌,表示最后告别。

棺木落土前,孝子要在墓地附近跪着拾选九颗小圆形的石子,放到铜锣上,称“子孙石”,并放一个小礼包,称“子孙包”。由抬棺者的“头儿”在墓穴中心挖一个小洞,边念词边把“子孙包”埋入小洞中并盖上土,再把棺木放进墓穴。其间尚有解绳拔索时由死时女儿给“拔索包”,孝子手执锄喊爹(或娘)复土等仪式。仪式完成后,即可埋土筑坟。死者埋葬后,孝子要连续三天傍晚到墓前点燃香烛,并用稻草或柴禾在墓前燃烧,称“送火种”。葬后第七天,死者下辈均穿孝衣,备祭礼到墓前祭拜。祭时,孝子要用“响竹”(截取一根约半身长的小毛竹,一头剖破多瓣,击地时会发响)在死者墓茔周边边走边敲,顺走三圈,倒走三圈,表示告诉死者其“老屋”所辖的范围,称为“转山”。转山后,孝子孝女即在墓前脱下孝服,表示已尽孝敬义务,丧葬仪式即告结束。

丧葬互助组织 当得知某畲族家人有丧事时,亲戚朋友或左邻右舍都会前来帮忙。临时的丧葬互助组织就组成并发挥作用。

这个互助组织大致有两种分工:一是协助处理丧事家庭的内事,二是处理外事。当稍上年纪的妇女死后,家人要通知其娘家人来吊唁。来人多是其兄或其弟。如果来人是长者,不戴孝帽,如果是死者的弟弟,则穿孝衣。娘家人来时,在村外放鞭炮。这时孝子孝孙们拿香,按长幼依次跪在门外迎接。娘家人第一个人过来时,收拿跪者手中的香,第二个人将他们扶起来。有的地方还要“抬娘家”,即两人手臂相交,其舅坐在上面,抬进屋,孝子跪在灵台后,娘家人进门,先向外拜三拜,表示接他家的香火,再向里拜三拜,表示把娘家的祖宗安放在这里,再拜棺和灵位。这些程序都需他人协助。出殡时,帮忙更不可少。备“三牲”大祭,邻里老少多来向死者作最后的告别。送葬队伍,以放纸钱、举帐幡及和尚、乐队为前导,随后由孝子孝女及亲属护送棺柩,后续为亲朋邻里。其他人员送棺柩至墓穴安葬。有的亲朋邻里送一段路程后,会另找小道返回,避免邪鬼跟随。葬毕,丧家宴请亲朋,以示谢意。

祭 日 按死者灵魂升入天国须经七七四十九天的传说,要做七俗称“接七”。去世后每隔7天，孝子们要在厅堂灵前拜祭、追思。即当上辈长者去世的“头七”当天，举家孝子披麻戴孝，身背谷箩，携带白布或麻布片和谷粒，到先人耕种过的田地、山林去分别插上白布或麻布片，撒上少许谷粒。以示先人所开创耕种的田地、山林，后人已继承，另则表示思念之情，不忘先人养育之恩。直至第七个7天，祭后焚烧灵屋和灵牌，俗称谢灵。谢灵后，整个丧事始告结束，把其归入宗祠内祀奉。后来利用清明节、七月半、冬节等节日进行祭祀。

坟　历史上畲族曾盛行火葬。人死则停棺于野外，经数年后，举行火化，将其灰烬贮瓶内，埋入土中。丽水地区许多畲族村则实行土葬。葬前的墓穴请风水先生选择地穴点后，由壮汉挖好水平洞穴。把棺木滑入洞内。坟上用泥土覆盖，外筑坟头，立墓碑，谓之大葬。但是，有的因原墓穴不合理想，或当时找不到理想的墓穴，而临时安葬者，一般在三年后择吉日起棺，捡拾先人骨骸装在陶制的金罂中，另择风水好地，作第二次安葬，第二次安葬仍要修建墓地，立墓碑，谓之小葬。中华人民共和国成立后，仍多土葬，但治丧仪式渐趋简化，有的为死者开追悼会，以寄托亲属的哀思。

捡　骨　畲族的葬俗，不断变迁。明代至清初，畲族采用火葬，尔后改为土葬，又盛行“拾骨重葬”。顾炎武的《天下郡国利病书》及一些地方志书上都有记述。如卞宝第《闽峤輶轩录》中说：畲民“丧者……焚禾拾骨，置诸罐浮葬林麓间，将徙则取以去”。福建《贵溪县志》载：畲民“遭亲丧，鼻棺至山麓化之，拾其骨，请于祈求隙地葬之，小起坟”。浙江《龙游县志》载：畲民“葬者亦需停棺于野数年，然后举火烧化，贮以瓶而埋之”。由于“一路搬来一路种，官府欺人难生养”（畲族《高皇歌》），在迁徙中，不能弃下“太公骨”，故而形成了“荷骨迁徙择地重葬”之习，沿传到近代。

清代以后，不断迁徙的畲族在闽东北和浙南一带定居，葬俗也仿效汉族改为土葬，并吸收当地汉族的丧葬仪式，如报丧、买水、入殓行棺、祭材头、放子孙石、送火种、转山等，但保持了畲族传统的丧俗仪式，如接娘家、讨位数、蒸孝饭、唱哀歌及“做功德”等。在实行土葬和“拾骨重葬”前，畲族亦行“悬棺葬”。悬棺葬源于畲族始祖忠勇王龙麒之传说：龙麒狩猎不幸坠崖身亡后，子孙认为他是天上星宿降世，生为圣身，死不落土，故而即行“悬棺葬”。畲族族谱均记载，其始祖安在“会稽山七贤洞”。

请娘家、讨位数　丧母后孝子向母亲娘家报丧的当天晚上，就要备酒菜“请娘家”，酒至半筵，孝子媳等就要身穿孝服，到娘家舅舅等席前跪下“讨位数”。所谓“讨位数”,就是讨取死者的“大位数”(隐名)。此名由娘家的姓氏及上下辈中的项数和平辈中的行第组成,如蓝姓“大小百千万念”项数中是“小项”,中辈行第中是第十个,该死者的大位名就是“蓝小十一娘”(前须留一个位数给平辈中夭折而未载入《族谱》的亡灵),这就是死者的“大位数”(隐名),在“做功德”时,灵牌上就不用原名而用“大位名”,而在大位名上面,写上群名,畲族四大姓名分四大郡:盘姓为南阳郡;蓝姓为汝南郡;雷姓为冯翊郡;钟姓为颍川郡。上述已讨到大位数的牌位就写“汝南郡蓝小十娘之灵位”。

亡人若是男性,其“位数”就向本家族亲房叔伯讨,“请娘家”则改为“喔(叫)兄弟饭”,其仪式与向娘家讨位数相同。

在“请娘家”(或“请叔伯”)、“讨位数”时,孝子跪地“讨位”,女眷们则伴唱“讨位歌”。“讨位”后,除灵牌外,其他如灵台、魂幡、报牒、墓碑及功德道场中凡要报告死者之姓名处,均不用原名,皆用“大位名”。

第二节　民间信俗

畲族信仰为多神崇拜,是畲族精神文化的重要组成部分,富有鲜明的民族特色。畲民对祖先极为崇敬,尤其是对高辛王(帝喾)和始祖龙麒更为膜拜,畲族起源长歌《高皇歌》就是对始祖的颂歌,而传师学师(做聚头)则是通过一系列仪式教育年轻后人牢记祖宗的荣耀而引唤畲族加强民族团结。畲族各姓氏各宗房都有祖担、祖图和祖杖,这是祖沿世系的“传家宝”。

一、自然崇拜

畲族人民在生产劳动中,为求风调雨顺,五谷丰登,信奉神佛者多,经常祭祀祈福。畲族自然神中与农耕生活最为密切的是太阳神、谷神、谷娘,如谷仙子、种子仙、稻秧仙、青稻仙、黄稻仙等,也崇拜山神、水神、猎神、土地神等。

(一)太阳神

畲民崇拜太阳神,不论在大型的祭祀活动“传师学师”(做聚头)中,或平时日常生活禁忌中,对太阳神的崇拜都有明显的表现。“传师学师”仪式中,必有一男一女分别担当“东皇公”和“西皇母”之职。“东皇公”与“西皇母”皆为“太阳神”。畲民患病也有祈求“太阳神”佑护的,尤其是得了眼疾,患者在每天凌晨太阳刚上山时即焚香祭拜，祷求眼病早愈。

（二）“树神”“石神”

畲族崇拜古树和奇石，认为古树寿高，奇石永恒，皆为“神灵”，认为古树有“树神”，奇石有“石神”，于是为了孩子有神护佑而消灾吉祥，就拜古树或奇石为“亲爹”“亲娘”，因为畲族村庄周边，往往有古老的大樟树，于是就拜古樟为“干爹”或“认亲爹”。拜古樟或奇石为“干爹”（或“亲娘”）时，仪式很简单，即把孩子的生辰及小名写在一张宽 10 厘米、长约 17 厘米的红纸条上，符上一份“福礼”（拜祭时的香烛和酒，亦有加一块肉和两只鸡蛋的），然后带着孩子到古樟或奇石前，焚香点烛叩拜，然后叫孩子呼叫古樟或奇石为“阿爹”（或“阿娘”），再把已写好的红纸条贴在古樟的树干（或奇石）上，仪式即完成。完成认“爹娘”仪式后，多数孩子的小名就改为“樟树儿”“樟树仔”“樟树根”或“石儿”“石佑”“石土儿”等。有些畲家的孩子，成人后的大名也就不另取，把小名稍改，就叫“樟树”“樟根”“樟福”“樟寿”“石儿”“石土”“石佑”等。每逢年节，凡拜古树和奇石作“爹娘”的孩子，要向“爹娘”献祭以示孝心。祭物为一个红纸小包，内装谷、米、豆麦及干果等物。也有些畲乡，有在古樟的枝丫上端挂一山竹制的小弓箭，箭头扎有一个红纸小包，包内有孩子不能吃和不能看见的东西（有些用文字写上），以祈求“爹娘”（古樟）为孩子破除禁忌，消灾赐福。

二、世俗崇拜

畲民对祖先极为崇拜，尤其是对高辛帝王（帝喾）和始祖龙麒更为膜拜，畲族起源长歌《高皇歌》就是对始祖的颂歌，而“传师学师”（做聚头）则是通过一系列仪式教育年轻人牢记祖宗的荣耀而召唤畲族加强团结。畲族各姓氏各宗房都有祖担、祖图和祖杖，这是祖沿世系的“传家宝”。畲民年年正月初八（上八日）要按宗房集体祭祖，而逢节令及“福日”凡祭祀神明的同时，亦行祭祖。

（一）盘瓠崇拜

相传畲族始祖名“龙麒”①。在畲族中广泛流传含有与苗、瑶相类似的“盘瓠”传说：新石器时代的高辛氏（帝喾）时期，刘氏皇后夜梦天降娄金狗下界托生，醒来耳内疼痛，旨召名医取出一稀奇美秀三寸长的金虫，以玉盘贮养，以瓠

① 龙麒：即“盘瓠”，在畲族民间文献有书写为“龙期”。

叶为盖,一日长一寸,身长一丈二,形似凤凰,形似麟狗,号称"盘瓠",身纹锦绣,头有二十四斑黄点。

其时犬戎兴兵来犯,帝下诏求贤,提出:能斩番王头者以三公主嫁他为妻。龙犬揭榜后即往敌国,乘番王酒醉,咬断其头,回国献给高辛帝。高辛帝因他是犬而想悔婚。"盘瓠"作人语说:"将我放在金钟内,七昼夜可变成人。""盘瓠"入钟六天,公主怕他饿死,打开金钟。见他身已成人形,但头未变。

于是"盘瓠"与公主结婚。婚后,公主随"盘瓠"入居深山,以狩猎和山耕为生。生三子一女,长子姓盘,名能,次子姓蓝,名光辉,三子姓雷,名巨佑,女儿嫁给钟智深(亦作"字")。畲族人民世代相传和歌颂始祖"盘瓠"的功德。"盘瓠"是畲族图腾崇拜的物件。畲族先民以拟人化的手法,把"盘瓠"描述成神奇、机智、勇敢的民族英雄,尊崇为畲族的始祖。畲族的宗教信仰主要是祖先崇拜,而祖图就是畲族信仰的主要标志。祖图又称"盘瓠图"。畲族把有关始祖"盘瓠"的传说画在布上,制成约40幅连环画式的图像,代代相传,称为"祖图"。畲族民间还有"高皇歌",记述盘瓠王不平凡的经历,歌颂其英勇杀敌、繁衍子孙的丰功伟绩。畲族每年还定期举行隆重的祭祀,族人共聚祠堂、悬挂祖图,是早期原始社会中图腾崇拜的残迹。"盘瓠"传说只是畲族文化的象征之一,它所形成的特色文化跟畲族的风俗习惯及生活方式有着很深的联系。

畲族世代深居山野,深谙察山观水,其建筑自然就依山傍水,风光旖旎;百岁门虽是畲族人的生活场所,更是畲族文化的创造、文明的传承之地,经年累月,百岁门化为畲族文化的图腾与符号。畲族以龙麒为图腾,写进族谱,绘成图画,编唱山歌,将其作为崇拜的偶像。

(二)凤凰崇拜

在畲族的图腾崇拜中,"盘瓠"与凤凰是共存的。凤凰图腾崇拜在畲族的服饰、礼仪、神话传说等文化事项中有诸多表现,如畲族妇女喜扎"凤凰髻",衣饰"凤凰装",婚礼中取"凤凰蛋"、厅堂中贴"凤凰到此"横批。莲都、景宁一带的畲乡流传祖先为"凤父龙母"所诞子孙的传说。

在畲族传统习俗中,"凤凰"是使用率很高的专用语之一,如服饰中的"凤冠""凤凰装",发式中的"凤凰头""凤凰髻",婚联中的"凤凰到此"横批,婚礼中的"凤凰蛋"以及传说中的祖居地"凤凰山"等。按照畲族人民自己的说法,在穿衣戴帽上"老祖宗定下的规矩不能变",其服饰在很大程度上保存了自身古老的传统习俗。由于畲族历史上的迁徙性和分散状态，其服饰形成了一些地方特色。尽管有地方性差异，但其基本格调、基本内涵是一致的，都融入了浓厚的凤凰崇拜意识。

（三）传师学师

传师学师又称做阳、做聚头与奏明学法，是畲族法师向弟子进行传师的活动，也是反映畲民从崇拜原始图腾到崇拜部落领袖的一种信仰活动，是祭祖的盛典。在祭祀仪式全过程中，需12位法师操作，由证坛师、保举师、引坛师、度法师、监坛师、净坛帅、征战师和汉佬师等法师组成，立香案，挂祖图，供师爷杖。由法师带领学师者边歌边舞，演示畲族先祖上闾山、茅山学法，发兵行军打仗和狩猎等活动，然后由法师为其取法名、报度牒、度法水，再把学师者的法名和学师日期写在长条小红布上，吊挂在刻有龙殿头像的师爷杖上，"聚头"手续完毕。整个过程持续三天三夜。学师活动代代相传，失传的叫断头师。其内容甚多，重复的仪式程序不算，有60多项，其中主要步骤可分六大部分：采祖、演示、度法、取法名、出狩打猎、下坛界。中华人民共和国成立后，只有少数家庭进行过传师学师活动。

三、神祇崇拜

"插花娘娘" 相传插花娘神原系畲族少女，因反抗地主迫婚而跳崖自尽，同伴亲人以山花遮其遗体成神，称"插花娘娘"。畲民对坚贞不屈抗婚跳崖而死，成为"插花娘娘"的神灵也极崇拜。祭祀时，以对歌形式进行。凡去"插花娘娘"庙朝拜的人，都折一枝山花插入香炉。莲都、松阳、云和等县（区）信奉畲族女神"插花娘娘"。莲都区（丽水县）丽阳乡灯盏山，松阳县板桥乡插花岗，云和县紧水滩镇樟坪岗、雾溪乡的大仓等处都有"插花娘娘"庙，老竹东西岩在2013年也建有"插花娘娘"庙。在祭祀中，除了

东西岩"插花娘娘"庙（2017年2月10日 李祖平 摄）

焚香外，亦爱在香炉上插上绿叶山花，并在神灵前唱几首祈神护佑吉祥平安赐福的山歌。

马氏天仙 景宁、莲都、云和等县(区)畲村普遍信仰"马氏天仙"神。相传马氏天仙是唐代一位孝女，在景宁鸬鹚成神上天。

汤夫人 景宁、云和等县畲村信仰"汤夫人"神。相传景宁县敕木山的汤夫人用身法运木头至临安，供南宋王朝建造宫殿，受皇帝敕封而成神。

猎神崇拜 畲族崇拜猎神，这与畲民世居山乡，狩猎活动是其生活的一大组成部分相关。在畲族最隆重的"传师学师"(做聚头)祭祀仪式中，"狩猎师爷"(猎神)就占一席，在畲族的祖图上，就绘有祖先率众行猎打虎的画面。

畲族的狩猎工具有土枪(铳)、弓弩、药弹、毒矢、囚笼、竹吊等。行猎方式有个人狩猎和组织猎队围猎两种。畲民行猎前，必须先焚香点烛祭拜猎神(狩猎师爷)祈求"弟子上山铳头落火，铳尾发财"，然后取一支烯香插在铳口上，即离家上山行猎。若是集体行猎，需备"三牲"祭祀猎神，由结队的头儿(一枪手)取支明香插于枪头，即带队出发行猎。猎得野兽需祭献猎神后再行宰割分配。一般的规定是："打头铳"的先得兽头，"打二铳"的得兽颈，野兽未死补打"三铳"的亦可加分一份，如此分割后，凡参加行猎者均平均分配。此外，畲族尚有这个规矩，在野兽被击倒准备捆扎抬回村时，凡路过此处的行人，认为是与神"有缘分"者，亦可分得一份兽肉。

第三节 宗 族

宗族管理是以姓氏为组织进行管理的。由辈分最高者担任族长，或由威望最高的为自然领袖，负责管理族内的公共事务，如负责祭祀，管理祠堂公产，管理族谱、祖图及祭祀用品，主持处理族内外纠纷及大小事务。

老竹畲族镇主要有蓝、雷、钟三姓，都修有宗谱，其中蓝氏宗谱存后坑村的蓝培兴、沙溪村的蓝仙金、下桥村的蓝文华、赤坑村的蓝金玉、徐庄上村畈的蓝德宝等户；雷氏宗谱存郑坑村的雷金生、赤坑村的雷金坤等户；钟氏宗谱存郑坑村钟志明户。族谱编有本姓流源、历朝历代诏材恩荣记表、祖宗坟图、排行字头、族规、支系排列等内容。

一、祠　堂

祠堂是各姓氏集中活动的公共场所。老竹畲族镇的沙溪、郑坑、黄桂、上井等在清末建有宗祠。镇域内有畲汉宗祠30座，总占地面积20841平方米。祠堂主要用于祭祀，内设香炉、悬挂祖图画像，以示至尊。族人祭祖以排行辈分、长幼排序。

蔡氏祠堂　1994年版《宣平县志》载，曳岭在宣平县南45里。相传有仙曳履过此，故名。曳岭顶点即为曳岭头。村庄正坐落此岭脚，故名为曳岭脚村。曳岭脚又称"月山"村。北宋皇祐五年（1053年）曳岭脚蔡景佑，科考中郑獬榜任中书侍郎。蔡惟稽，熙宁九年（1076年）中徐铎榜，任正议大夫。曳岭脚村"蔡氏祠堂"位于该村中部奉旨始建于北宋。明万历三十年（1602年）重建，清末民国时期重修，坐北朝南，占地约1840平方米；建筑原有三进大门，遗存前堂、正堂及厢房，夯土地面，小青瓦阴阳合铺，硬山顶。前堂七开间，进深三柱六檩，梁架为抬梁穿斗混合式，明间原设正大门及戏梁穿斗混合式，戏台正大门挂"蔡氏祠堂"。正堂七开间进深四柱九檩，明间梁架为抬梁式，五架抬梁带前后双步，正殿用材考究，托架、雀替等雕刻精美，六柱设鼓墩形石柱础，柱础浮雕有莲花、梅花瓣和各种动物图案，古朴圆润。蔡氏祠堂原挂匾41块，存有"蔡氏祠堂"残匾，另有一块碑刻《重修蔡氏祠堂记》保存完好。

郑氏宗祠（梁寅伍　摄）

沙溪蓝氏宗祠（梁寅伍　摄）

明正统年间（1436—1449年），曳岭脚蔡氏祠堂毁于兵燹。登仕郎蔡俨公"文事武备，诘诛寇盗。族党贤达博访堪舆家，兹土最胜者复创而又落成之，以孝庙是祠堂也"。1957年被生产队用作粮仓，正大门曾用泥墙封闭，戏台被告拆除，第三进被毁做晒场。2015年,村委开始恢复重修。

双门郑氏宗祠 位于新屋村中心三路汇合处,坐西朝东偏南,占地326.6平方米;四合院式,鼓墩形柱础,小青瓦阴阳合铺,硬山顶。

双门郑氏宗祠始建于清代。建筑由前堂、厢房、戏台和正堂组成。前堂面阔三开间,开中、左、右三门,大门砖砌,门额上墨书"郑氏宗祠"四字楷书。明间设戏台,原为木檀台亭,后改为水泥浇筑。正堂面阔三开间,进深四柱七檩,明间梁架为抬梁式,五架抬梁带前后双步正堂抬梁间的板、抬梁、月梁等均有浅浮雕图案。厢房均两开间两层楼。双门郑氏宗祠雕刻精美,构造有特点,具有一定的历史、艺术和科学价值。

老竹畲族镇宗祠(会堂)一览表

表12-8-3-1　　　　单位:平方米

村别	名称	建造时间	面积	现存情况	管理人员
曳岭脚村	蔡氏祠堂	北宋靖康二年(1127年)	1840	重修完好	蔡金林
曳岭脚村	项氏宗祠	清顺治十四年(1657年)	500	破坏	—
大片村	大片会堂	1975年	400	完好	—
黄桂村	雷氏宗祠	2014年(重修)	300	完好	—
上井村	蓝氏宗祠	2012年(重修)	140	完好	蓝伟民
下桥村	蓝氏宗祠	2009年(重修)	75	完好	蓝建勇
新屋村	郑氏双门宗祠	清代	800	完好	郑文成 郑国兴
陶村村	陶氏宗祠	民国17年(1928年)	350	完好	陶雪美
陶村村	潘氏宗祠	不详	350	完好	—
沙溪村	蓝氏宗祠	清光绪十二年(1886年)	500	完好	—
老竹村	江氏宗祠	清咸丰七年(1857年)	900	完好	已改建为村委办公楼
老竹村	老竹大会堂	1975年	560	完好	为村文化礼堂
红桥村	大会堂	1958年	450	完好	为村文化礼堂
周坦村	潘氏宗祠	不祥	—	已改建	为村委办公楼
周坦村	大会堂	1973年	550	完好	为村文化礼堂
弄里村	刘氏宗祠	明初	400	1978年重修	刘天喜

续表 12-8-3-1

村别	名称	建造时间	面积	现存情况	管理人员
郑坑村	雷氏宗祠	清光绪元年（1875 年）	248	基本完好	雷新富
梁村村	梁氏宗祠	明初	620	2014 年重修	为村文化礼堂
浅田村	华氏宗祠	清代	320	2014 年重修	—
小黄弄村	龚氏宗祠	清咸丰年间（1851—1861 年）（父建）	500	完好	龚德华
小黄弄村	龚氏宗祠	清咸丰年间（1851—1861 年）（子建）	400	完好	龚德华
东头村	史氏宗祠	清咸丰年间（1851—1861 年）	300	破旧倒塌	—
东头村	史氏宗祠	1965 年	500	完好	—
丁公村	邓氏宗祠	清乾隆二十一年（1756 年）	698	区文物保护点	邓安其
丁公村	徐氏宗祠	清道光七年（1826 年）	500	后改会堂	徐王献
麻铺村	杨氏宗祠	民国 15 年（1926 年）	500	完好	杨建华
蔡弄源村	村集体祠堂	1962 年	500	完好	—
章记村	村集体祠堂	1962 年	500	完好	—
赤坑村	湾山祠堂	1961 年	600	完好	雷仙宽
高畔村	李郑氏宗祠	北寮大中祥符五年（1012 年）	500	大面积倒塌	—

说明：按行政村前后顺序排列统计。

二、族规家训

畲民在长期的生活中形成了许多不成文的行为规矩，如相遇时按辈分称呼，不能直呼名字，不准虐待父母，不得强占他人之妻或拐卖儿童、妇女，禁止偷窃他人财物，烧毁山林要采苗补植，田边植树要留足道路用地，参加赌博被强制吃狗粪干，屡教不改的惯偷、惯赌者要被赶出村等。

沙溪蓝氏宗规家训[①]

一曰孝父母 《经》曰:父兮生我,母兮育我。父母之恩,如同天地。且孝为百行之本,万善之元。久能孝则子孙必昌,凡温清定省,服劳奉养无所不尽,族内子孙尚其凛遵。

二曰和兄弟 《书》云:惟孝友于兄弟。《诗》曰:凡今之人莫如兄弟,是兄弟者如一身之手足也。手足稍有疾痛,一身不安,兄弟不和,何异于是。故酒食相让,财帛不矜,言语不计,妇言不听,怡然如宾如友,所谓兄弟和,一村怕也。

三曰序长幼 长幼次序乃天秩之礼,不可逾者。世有豪富之家,子弟多骄,奢淫佚或遇族内伯叔及乡村尊长,每多狎侮。凡我族内为父兄者,须训诲平日;为子弟者,当遵行临时毋并坐,毋疾行,先长毋言语放肆,斯礼让成风矣。

四曰别夫妇 《易》曰:有男女然后有夫妇。则夫妇乃人道之所造,端风化之所托,始于此不别,则闺门有亏,致生嫌隙,或夫妇不和,或公姑不敬,或子女口忿,不祥大矣。凡我族人,须知分内外别,男女新台,墙茨之讥,当自警醒矣。

五曰谨身己 《经》曰:人之初,性本善。又曰:性相近,习相远。可知善恶由人自习,人自习于此,不谨或致懒惰好逸而家道不振,或致酒色无变而亡身亡家。凡我宗族,无论贫富,勤俭持身,温厚处世,毋贫口腹,毋蹈淫邪,毋恃势力,毋多言争讼,若此者其庶乎。

六曰孝子孙 古人有云:少时习天性,习惯成自然。又曰:唯上智与下愚不移,故上智之人不教而善,中人之性教而后善。故蒙养之初,知识未启,私欲未萌,为父母者,当道之以正,或耕或读,为之求成立计久长,毋致溺情于有余而为禽犊之爱。凡我族人,尚其知之。

七曰睦宗族 宗族繁衍,原是一本所分。自应休戚相关,患难相扶,疾病相恤,方为亲睦。乃世多浇薄之流,视宗族如吴越,或以强凌弱,或以少加大,不知亲疏,不识尊卑。昔张公九世同居,虞帝亲睦九族。凡我宗人,各宜恪遵,毋负先人遗训。

八曰严治家 家之兴败,由于治家一人。一人宽则一家怠,一人严则一家勤。昔先贤有云:一粥一饭当思来处不易,半丝半缕恒念物力维艰,稍不区划,则贫富由此分。凡我宗人,各宜严肃,男勤于耕读,女勤于纺织,生财有道,礼义自兴,则成名家望族矣。

---

① 摘录自民国《汝南郡蓝氏宗谱》,吴志华整理。

三、宗 谱

老竹畲族镇畲族居民主要有蓝、雷、钟三姓，且都修有畲族宗谱，由族长或德高望重的能人专人保管。

蓝氏宗谱 老竹畲族镇存蓝氏宗谱54卷，原存后坑村3卷，赤坑村1卷，黄桂上井村2卷，下桥金桥畈村3卷。后坑村蓝氏宗谱，民国元年（1912年）蓝章寿据清乾隆谱重修。谱列重修校正说明、源流考、福建分关书、凡例、家规、畲民应考章程、礼部呈奏、蓝春林历官给匾、乾隆版后叙、重修谱序、墓图及内外纪世系等内容。“帝王总纪”列有“伏羲、神农、黄帝、尧、舜”和“小昊、颛顼、帝喾、尧、舜”两种“五帝”说。“源流序”称畲族盘、蓝、雷三姓始祖娶东夷奇珍、奇琏、奇珠三美女为妻；周初时裔孙蓝斯仁、蓝新全、雷勃然、雷横、雷彤等始迁广东潮州丰都县凤凰山“更立都宫”；明代国正公是福建连江太平里石蟠龙迁括苍云和武（雾）溪的发祥之祖，子孙散居黄岗、西舒、上井、山背及武义种子源、小黄弄、俞源、前吴等地，还有外迁遂昌、丽水、金华等县。清嘉庆八年（1803年）呈礼部畲民考试案，谓礼部于“嘉庆十年（1805年）九月十四日给告”。谱载一百一十七世祖蓝春林，曾任括苍太守，当时名流尝为之题匾。是研究畲族始源与迁徙的重要资料之一。古白龙夏祝三抄本。白色棉纸，布面线装，楷书墨色，页面28厘米×20厘米，版框26厘米×18厘米，10行22字。四周双栏，白口，有口题、卷数与重修年份。保存较好。浙江省丽水市莲都区老竹后坑村蓝培星存，复印件藏浙江丽水学院畲族文化研究所。

沙溪蓝氏宗谱3卷 民国26年（1937年）蓝忠贤等主持重修的丽水市莲都区沙溪村蓝氏宗谱，初创于清乾隆四十一年（1776年）。分列新旧序、源流序、历朝敕赐、祖图序、凡例、排行字母、家规、关书议约、像图、传赞、世系、行第等内容。该支蓝氏自叙于唐中和二年（882年）由粤入闽，居连江县中鹄里凤山石蟠龙三石境，至明崇祯八年（1635年），应瑞公始迁浙江，先居龙游县三十三都塘头山，后迁宣平仁宅（今莲都区辖），后裔分居上井、沙溪、赤坑、高畔等地。内纪第三世国用公居云和县垟背，十二世忠祖迁安徽宁国县后脚屋。沙溪以六世大雄公为鼻祖。清道光三年续谱并建宗祠，清光绪九年（1883年）被火毁，光绪十三年（1887年）重建。蓝仲贤于明万历十五年（1587年）立有分给子孙的田产分关，可知其在闽时已从事农耕。《世系•外纪》记录一百三十四世，一百三十五世居连江之同相公为《内纪》之首，下衍十五世，共一百四十九世。《行第》中载汉晋时尚有与盘姓畲民通婚事。对研究畲族历史迁徙与生活情况有参考价值。民国26年蓝仰寿活字本。草纸线装，宋体墨色。页面35厘米×25厘米，版框29.5厘米×20厘米，四周双栏，10

雷氏宗谱（郑坑村雷金生存 李祖平摄 2017年2月10日）

行23字。白口,有花鱼尾、口题、卷数、目录、页码及重修年份。缺封面、扉页。浙江省丽水市莲都区老竹畲族镇沙溪树蓝仙金存,复印件藏浙江丽水学院畲族文化研究所。

郑坑雷氏宗谱2卷 民国20年(1931年)雷如载等居景宁殿源草簿撰修。分列目录、源流序、历代敕封、五服图、凡例、家训、十二景诗、祠志、传赞、广东祠图、郑坑祠图、像图、山图、行第等,后附藏谱列号名单。谱载:本支雷氏先祖自广东揭阳经福建南靖、同安、仙游、罗源,至雷振兴裔孙林富、林贵、林荣兄弟于明万历七年(1579年)迁浙江景宁殿源,子孙有分迁丽水、松阳、遂昌、泰顺、龙游、寿昌(今建德市辖)诸县,八世孙明贡携子迁宣平郑坑(今丽永莲都区辖)为开基祖,后裔续分沙溪、上井、牛寨、汤庵、凉塘等地。自叙始祖"龙期"(一作龙麒)盘、蓝、雷三姓子分别娶东夷王三女为妻,女龙郎适钟志深;谓自蓝斯仁、蓝新全、雷勃然、雷彤、雷横等于周公旦辅政时始迁广东潮州凤凰山;唐玄宗时,有控诉怀庆府修武县豪强盘剥畲民事;经过斗争,清嘉庆年间再度批告"准于畲民一体考试"。对于研究畲族历史和社会活动有史料价值。宣平邓国钧活字版。白色棉纸,布面线装,宋体墨色。页面32厘米×21厘米,版框26厘米×18厘米,四周双栏,10行22字。白口,有鱼尾、口题、卷别、目录及重修年份。保存完好。据浙江省丽水市莲都区民族宗教局雷招华复印本录。载入《浙江家谱总目提要》,浙江民族出版社2005年版。

赤坑雷氏宗谱3卷 民国21年(1932年)雷明云等主持重修的丽水莲都区赤坑雷氏宗谱。此谱于清乾隆四十八年(1783年)初创。谱列新序、祠图祠记、造祠及祭祀捐款、乾隆以来五篇谱序、历代帝皇总记并源流序、嘉庆八年(1803年)考试给扎并布告、凡例、家规、行状行略、传赞、像图坟图、祀产、取名字目、系图、行传等内容。《外纪》记录127世,连《内纪》共140世。第一百一十三世祖开诚公于明洪武间自广东潮州海阳县东门迁福建罗源县福村麒麟山诗畈,第一百二十二世叶元移居古田县,其子尚文于明嘉靖八年(1529年)迁浙江景宁县二都油田桥,第一百二十七世时登为"内纪"鼻祖,明万历四十年(1612年)由景宁迁云和县长田大岭脚,其子茂云于明天启元年(1621年)迁遂昌湖山,族兄弟有分迁龙游县固溪及平阳县水头牛角坑等处,其孙其枫于清顺治十三年(1656年)迁宣平县十一都黄家弄(今蓬都区辖),其枫子孙又于乾隆元年(1736年)迁宣平县下湖源(今武义县辖)发族,于清光绪二十一年(1895年)建两厅三楹宗祠一座。其枫以下裔孙有迁严州分水县(今桐庐县辖),宣邑郑革弄、长陶、雾露垵(今武义县辖)、赤坑、下林(今丽水市莲都区辖)及遂昌石乌前山等地,族众遍布浙江省景、云、遂、丽、武、龙、桐、平八县市。此谱载有周初时雷勃然、蓝斯仁等从"南京"(今河南商丘附近)迁广东潮州事。对清嘉庆八年(1803年)畲民获得"一体考试"事记载也较详。该谱是研究畲族迁徙和社会活动情况的重要参考文献。民国21年(1932年)宣邑序生定乾活字版。布面线装,草纸白色,宋体墨色。页面36厘米×24厘米,版框29厘米×20.5厘米。四周单栏,11行23字。有花鱼尾、卷数、页码与重修年份。保存完好。卷一为杜伟按原谱重抄,无页码,另存清光绪三十二年(1906年)版谱一卷(卷三"行第"),缺首页,卷三比民国版少7页。浙江省丽水市莲都区老竹畲族镇赤坑村蓝仁香存,复印件藏浙江丽水学院畲族文化研究所。

湾山雷氏宗谱　不分卷,272页。民国32年(1943年)重修的丽水莲都区湾山村雷氏宗谱,佚名撰。初创于清道光八年(1828年),同治十二年(1873年)曾重修。分列源流序、谱图序、封号、词图、旧序、凡例、家规、传赞、像图、坟图、产业、系图、行第、谱跋等内容。《敕赐目录》载:西汉平帝五年(5年)命马援将军征交趾,雷抚我领兵相助,及五代时雷法嵩随同王宣知将军入闽征诛武陵王(误载为南齐武帝间)事。《始祖谱序》载:始祖于唐中和二年(882年)由广东潮州迁福建建宁,雷百八十郎与其子法亨由建宁迁浙江龙泉二十五都罗墩,后又迁遂昌十八都吴传村,法亨子敬昌于清康熙三十八年(1699年)再迁宣邑九都老竹店下(今丽水莲都区辖),敬昌子孙于清雍正五年(1727年)移八都丁川湾山,裔孙分迁丽邑大吴山、黄大山及武义县黄古弄等地,湾山村以敬昌为鼻祖。畲民知马援、王审知事甚少,此谱对畲族迁徙与社会活动情况具有重要的参考价值。民国32年(1943年)北乡梓人吴方达活字版。棉纸线装,宋体墨色。页面36厘米×24厘米,版框29厘米×20厘米,四周单栏,11行23字。白口,有花鱼尾、页码和重修年份。扉页印晦翁草书"家宝"二字。《宗祠图》仅标一"旧市坊"地名。缺封面,页码有数处错乱。浙江省丽水市莲都区老竹畲族镇赤坑村蓝银香存,复印件藏浙江丽水学院畲族文化研究所。

郑坑钟氏宗谱6卷　丽水莲都郑坑村钟氏支族宗谱,民国20年(1931年)遂昌钟进元等主持修撰。分列谱序、谱志、源流序、图像、凤凰山祠址图、行程志、人物志、家训、祠规、祠图、祠产、谱跋、世系等内容。"高辛氏像"后注"名俊,小昊孙",俊即舜。《谱志》载:遂昌钟氏初为粤民,有谅、宣公与蓝宗等于南宋绍熙三年(1192年)自广东潮州府潮阳迁出,明宣德三年(1428年)有孙、歌公二人迁至福建漳州府南靖县，后集洪公同男天寿、天福率领眷属28口迁至浙江处州景宁县二都锦岱垟。明崇祯年间(1628—1644年)天寿、天福兄弟迁遂昌北蔡村，后迁井头坞，并创建宗祠。《行程志》谓：宋、明之际，后裔续迁饶平、海阳、同安、安溪、连江、罗源、宁德，于明万历四十三年(1615年)至浙江景宁锦岱垟。此后还有分迁松阳、宣平、云和、龙游、汤溪、庆元、丽水、龙泉、松溪、浦城等地。此谱记叙该支族历史渊源的支派和迁徙较详细，是研究畲族历史文化的珍贵资料之一。丽邑程启泰活字本刻本。白色棉纸，布面线装，宋体墨色。页面30厘米×18厘米，版框25厘米×16厘米。四周双栏，7行16字。白口，有鱼尾、口题、卷数、目录、页码及修谱年份。保存完好。浙江省丽水市莲都区老竹镇赤坑村钟志明存，复印件藏浙江丽水学院畲族文化研究所。

老竹畲族镇宗谱情况一览表

表12-8-3-2

村别	姓氏宗谱	修谱时间	部数(部)	册数(册)	保存地点	收藏者
曳岭脚	蔡氏宗谱	2008年	1	2	曳岭脚	蔡金林
曳岭脚	吴氏宗谱	2010年	1	2	曳岭脚	吴金荣
曳岭脚	项氏宗谱	民国16年(1927年)	1	6	曳岭脚	项祥金
曳岭脚	祝氏宗谱	2010年	1	2	曳岭脚	祝兴方
曳岭脚	傅氏宗谱	2011年	1	2	曳岭脚	傅胜歌
榴溪村	雷氏宗谱	不详	1	2	黄桂村	雷荣兴　雷海贵
榴溪村	蓝氏宗谱	2014年	1	2	上井村	蓝　清　蓝根金
榴溪村	周氏宗谱	2014年	1	2	上井村	周立甫　周立平
榴溪村	毛氏宗谱	2014年	1	2	下桥村	毛日星　毛林伟
榴溪村	潘氏宗谱	1996年	1	2	下桥村	潘玉良　潘学蔡
榴溪村	蓝氏宗谱	2009年	1	3	金村	蓝文华
新陶村	郑氏宗谱	清光绪二年(1876年)	1	2	新屋村	郑国宏
新陶村	林氏宗谱	1932年	1	35	新屋村	分户保存
新陶村	陶氏宗谱	2003年	1	15	陶村	陶建文等分户保存
新陶村	潘氏宗谱	1993年	1	3	陶村	潘凤林
沙溪村	蓝氏宗谱	民国26年(1937年) 2013年重修	1	33	沙溪村	蓝仙金等分户保存
老竹村	江氏宗谱	清宣统元年(1909年) 2012年重修	1	60	老竹村	江良文等分户保存

续表 12-8-3-2

村别	姓氏宗谱	修谱时间	部数（部）	册数（册）	保存地点	收藏者
老竹村	肖氏宗谱	2014 年重修	1	12	老竹村	肖进逸等分户保存
老竹村	陈氏宗谱(肖娟祥)	2014 年重修	1	20	老竹村	陈仁德等分户保存
老竹村	陈氏(永川郡)	2014 年重修	1	15	老竹村	陈范进等分户保存
老竹村	郑氏宗谱	2011 年重修	1	5	老竹村	吴国进等分户保存
后坑村	蓝氏宗谱	民国元年(1912 年)	1	40	后坑村	蓝培星等分户保存
后坑村	雷氏宗谱	2014 年重修	1	10	狮子山村	雷东龙等分户保存
后坑村	张氏宗谱	2009 年重修	1	30	乌砝村	张国良等分户保存
后坑村	王氏宗谱	清宣统末年	1	1	前道村	王国标
后坑村	王氏宗谱	民国 3 年(1914 年)	1	1	红桥村	王陈仁
后坑村	雷氏宗谱	2012 年重修	1	20	紫阳观村	雷炳荣
周坦村	范氏宗谱	2013 年重修	1	28	周坦村	分户保存
周坦村	林氏宗谱	1995 年重修	1	14	周坦村	分户保存
周坦村	林氏宗谱	2006 年重修	1	30	周坦村	分户保存
周坦村	林氏宗谱	2013 年重修	1	20	周坦村	分户保存
周坦村	戴氏宗谱	2002 年重修	1	43	周坦村	分户保存
周坦村	刘氏宗谱	2013 年重修	1	48	弄里村	分户保存
周坦村	徐氏宗谱	2006 年重修	1	6	弄里村	分户保存
周坦村	潘氏宗谱	不详	1	6	弄里村	分户保存
周坦村	黄氏宗谱	1999 年重修	1	5	周坦村	分户保存
周坦村	王氏宗谱	不详	1	2	周坦村	分户保存
周坦村	梁氏宗谱	2008 年重修	1	2	弄里村	梁玉云
周坦村	丁氏宗谱	不详	1	2	周坦村	—
郑丰村	雷氏宗谱	民国 21 年(1932 年)	1	2	郑坑村	雷金生
郑丰村	锺氏宗谱	民国 20 年(1931 年)	1	6	郑坑	锺志明
梁村村	梁氏宗谱	2008 年重修	1	200	梁村	梁佰平等
徐庄村	鄢氏宗谱	2013 年重修	1	60	半山村	分户保存
徐庄村	蓝氏宗谱	2010 年重修	1	12	上村畈村	分户保存
丁公村	邓氏宗谱	2012 年 11 月重修	2	71	丁公村	分户保存
丁公村	徐氏宗谱	2015 年 4 月重修	2	41	丁公村	分户保存
赤坑村	雷氏宗谱	民国 25 年(1936 年)	1	6	蔡弄源村	雷财明 雷余生
赤坑村	雷氏宗谱	民国 21 年(1932 年)	1	1	赤坑苏岸	雷宏孝

续表 12-8-3-2

村别	姓氏宗谱	修谱时间	部数(部)	册数(册)	保存地点	收藏者
赤坑村	雷氏宗谱	2012年	2	12	赤坑	雷火贤
赤坑村	刘氏宗谱	2015年	1	1	赤坑苏岸	刘建华
赤坑村	徐氏宗谱	清咸丰四年(1854年)	1	1	外河源	徐晓平
赤坑村	蓝氏宗谱	2014年	1	1	外河源	蓝伟平
赤坑村	雷氏宗谱	清光绪三十年(1904年)	1	1	赤坑	雷玉祥
赤坑村	李氏宗谱	民国35年(1946年)	1	1	高畔村	利瓦伊
赤坑村	郑氏宗谱	民国26年(1937年)	1	1	高畔村	失毁
赤坑村	宋氏宗谱	民国36年(1947年)	1	1	高畔村	失毁
赤坑村	何氏宗谱	北宋至和三年(1056年)	5	1	高畔村	在重修
赤坑村	蓝氏宗谱	北宋天圣六年(1028年)	1	1	高畔村	在重修

第九章 人 物

老竹畲族镇，人杰地灵，人才辈出。为寻求渊源，彰志业绩，激励后人，本章秉承“生不列传”的原则，记录老竹畲族蓝、雷、钟三姓氏入迁始祖及渊源来脉，历代人物传略和主要人物录。人物传略记载宋代以来的文人志士、革命英烈、老红军、在社会主义建设期间做出贡献者，中华人民共和国成立以来市级以上劳动模范，热心家乡公益事业建设的企业家，科级以上干部和历任本乡的党政主要领导干部、各村支书和村长名录、大专院校毕业人员等。

第一节 人物传略

本节对老竹畲族镇的蓝、雷、钟三个畲族姓氏自明崇祯八年（1635 年）迁入以来的开基发族史实作简要记述。同时，对宋代以来地方知名人士、中国人民志愿军战士、为革命事业献身的烈士等人生平事迹进行简要介绍。

一、畲族开基先祖

蓝氏应瑞公 明崇祯八年（1635 年）迁入浙江，先居龙游县三十三都塘头山，后迁至宣平（今莲都）仁宅里（今莲都老竹）开基发族。为老竹畲族镇仁宅蓝氏开基祖。其后裔蓝可亮、蓝大兴、蓝樟树先后分迁至老竹镇上井、沙溪、赤坑、后坑、徐庄上村畈、黄岗、金桥畈、牛寨等村庄。蓝氏在老竹畲族镇繁衍生息 380 年，至 2015 年有蓝氏子孙 1148 人，居老竹畲族镇 166 个姓氏人口之首。

雷林富 雷氏林富兄弟为老竹开基祖。雷氏先祖自广东揭阳经福建南靖、同安、仙游、罗源，至雷振兴裔孙林富、林贵、林荣兄弟于明万历七年（1579 年）迁至浙江景宁殿源，其子孙分迁丽水、松阳、泰顺、龙游、寿昌（今建德市辖）诸多县(市),其八世孙雷明贡携子迁至宣平郑坑(今丽水莲都老竹畲族镇辖区),故雷明贡为老竹郑坑雷氏开基祖。后裔陆续分迁本镇沙溪、上井、牛寨、赤坑、狮子山、双磨,雷氏经多年繁衍发族。2015年,雷氏有1026人,居老竹畲族镇166姓氏人口第二位。

钟氏钟集洪支族 天寿、天元兄弟于明崇祯年间(1628—1644年)迁遂昌北蔡村,清乾隆年间(1736—1795年)由钟集洪支族的钟明芝、钟文麟先后由遂昌北蔡村迁入老竹后坑樟塘垵自然村,后分迁至本镇的郑坑、大片的黄庄、沙溪的黄兰等地居住。钟明芝、钟文麟为老竹郑坑钟氏开基祖。历经280年的繁衍发族,2015年,老竹钟氏已达526口人,居全镇166个姓氏人口第八位。

二、历代知名人士

蔡仲龙 字正奇,老竹畲族镇曳岭脚村人。南宋嘉定十六年(1223年)登蒋重珍榜第二,蒋重珍丁母忧,仲龙升为状元。

章承趣 唐代武贡生,老竹村人。唐中和二年(882年)黄巢率军侵逼扰民,当地千余乡民不敌黄巢军而退登东西顶。被黄巢军围困数日后,武贡生章承趣率乡人登东顶拒之。民国15年(1926年)修的《宣平县志》载:"章承趣俞强中和间黄巢乱群盗焚掠乡间强推承趣为部领保东岩为固三乡获全。"为纪念承趣有功,乡民多处造庙,逢初一、十五朝拜章公。《宣平县志》卷二第十五页载:"仁烈嘉佑章侯王庙一在县南老竹一在县东渠溪祀唐忠义章承趣宋敕封灵显庙。"该庙已搬至老竹村养龙垵。

蔡锡山 曳岭脚人。清咸丰十一年(1861年)随同知县郭光仪督率义勇军击贼有功,详报六品军功。"循良:宋郑睿,字汝彻,真宗时进士,官长史,夹辅仁宗入相。侄郑通,字宏达,仁宗时进士,官广西参议,以孝养同日致仕,荣归故里。时比迹二疏,上嘉其贤,敕赐双门,建坊二,即今双门宗祠侧其旧址。"

梁大任(1688—1739) 字学尹,号双峰(今梁村人),梁氏第二十五世孙。生性聪明豪爽,多胡髯,声如洪钟。读书治《易经》,入泮为庠生。文华殿大学士、清乾隆二年(1737年)状元于敏中之父于树范,于雍正初任宣平知县,与梁大任为莫逆之交。邑中大小公事,常与之相谋,赖其倡议。乡里有公益之事,梁大任悉心出力,不求回报,大率成人之美。江西、福建移民至懿德(今老竹、梁村)

一带，常受土人欺凌，大任常常出面主持公道，不许欺负。生平喜书大字，常将书作赠送四邻乡党。侍奉老母尤为孝顺。

俞日新 老竹人。忠厚乐善。清康熙六十年(1721年)捐出米数十斛设厂于章侯庙，煮粥一个月，存活甚多，邑侯褒之。

江达三(1891—1959) 老竹村人。民国时期曾任珊溪(老竹)小学校长，民国12年(1923年)任永平堤理事会会计，浙江省省长张载阳因其会计做得好曾授匾额嘉奖，匾额无存。

蓝官德 1929年5月出生，后坑村人。1951年1月参加中国人民志愿军，曾参加举世闻名的上甘岭战役，成为老竹畲族镇最可爱的人。

傅 州 1924年5月7日出生，周坦弄里自然村人。曾参加淮海战役、平津战役、渡江战役和解放上海战役。

老竹畲族镇宋代状元进士一览表

表12-9-1-1

姓名	科别	登第时间	官爵	籍贯
蔡仲龙	状元	嘉定癸未	状元、大理寺卿、端明殿学士、出知信州	曳岭脚
蔡景佑	进士	皇祐癸巳	中书侍郎	曳岭脚
蔡惟稽	进士	熙宁丙辰	正议大夫	曳岭脚
蔡 翊	进士	元符庚辰		曳岭脚
蔡梦龙	进士	咸淳乙丑	粤锡主薄、仲龙弟	曳岭脚
蔡明发	进士	绍兴甲戌	承事郎	曳岭脚
蔡 戬	进士	隆兴癸未	大司农	曳岭脚
蔡伯尹	进士	乾道丙戌	宁国府参军、仲龙叔	曳岭脚
蔡 浩	进士	淳熙丁未	迪功郎	曳岭脚
蔡 硕	进士	绍熙癸丑	建昌尹、戬子	曳岭脚
蔡 潮	进士	弘治乙丑	崇德行州、伯尹子	曳岭脚
蔡 源	进士	嘉定庚辰	广州教授	曳岭脚
蔡士从	进士	嘉定庚辰	太常寺卿	曳岭脚
蔡 登	进士	绍定壬辰		曳岭脚
潘梦得	进士	隆兴癸未	婺州教授	丁川
梁 椅	进士	嘉熙二年戊戌科周坦榜	太常寺丞、礼部郎官	梁村
梁泰来	进士	咸淳十年甲戌科王龙泽榜	宁海县尉	梁村

续表 12-9-1-1

姓名	科别	登第时间	官爵	籍贯
梁　朴	进士	绍兴甲寅科	桂阳军司法参军	梁村
梁季珌	进士	年科无考	吏总侍郎	梁村
梁汝永	进士	绍兴三十年庚辰科梁克家榜	兵部郎中、著作郎	梁村
梁　铦	进士	干道八年壬辰科黄定榜		梁村
梁　锴	进士	绍熙元年庚戌科余复榜	濮王府教授	梁村
梁彦国	进士	咸淳七年辛未科张填孙榜	文林郎、临安府帅干	梁村
梁以孜	进士	洪武十八年乙丑丁显榜	平遥知县	梁村
梁安世	进士	绍兴二十四年甲戌科张孝祥榜	韶州守、广西转运史	梁村
梁叔栝	进士	乾道五年乙丑科郑桥榜	平阳县主簿	梁村

老竹畲族镇历史上举人一览表

表 12-9-1-2

朝代	姓名	科别	登第时间官爵	籍贯
宋	蔡叔辉	解元	宣和庚子解元　吴江判	曳岭脚
	蔡光伯	举人	嘉定壬午经魁　中书	曳岭脚
	蔡大高	举人	宝庆乙酉　承信郎	曳岭脚
	蔡鶱	举人	嘉熙丁酉	曳岭脚
	蔡智	举人	绍定庚子经魁　清江谕	梁村
	梁佐	举人		梁村
	梁深	举人		梁村
	梁仲益	举人	迪功郎浙西运干	梁村
	梁洵	举人		梁村
	梁挺然	举人		梁村
	梁梦魏	举人	宋宝祐戊年	梁村

续表 12-9-1-2

朝代	姓名	科别	登第时间官爵	籍贯
元	蔡应嘉	举人	至元辛卯 交趾丞 梦龙孙	曳岭脚
	蔡仕佑	举人	大德庚子 通直郎	曳岭脚
	蔡璠	举人	皇庆壬子	曳岭脚
	蔡铭	举人	延祐戊午 左庶子	曳岭脚
	蔡世正	举人	延祐乙卯 迪功郎	梁村
	蔡士恭	举人	大德丁酉 处州路教授	丁川
明	项孔昌	举人	景泰癸酉 福安谕	曳岭脚
	梁道瑶	举人	明洪武 砀山教谕	梁村
	梁镈	举人	明弘治二年(1489)己酉 安顺知州	梁村
	梁爵	举人	明嘉靖十年(1531)辛卯 永宁知县	居隐浦
清	蔡锡鳌	武举人	同治丁酉 益补壬戌恩科	曳岭脚
	龚勇智	武举人	同治庚午	小黄弄

老竹畲族镇历史上贡生一览表

表 12-9-1-3

姓名	科别	官 爵	籍贯
蔡德神	贡生	常州教授	曳岭脚
蔡孝伟	贡生	淮阴令	曳岭脚
蔡大惠	贡生	嘉兴参军	曳岭脚
蔡 环	贡生	常州判	曳岭脚
陈 束	贡生	富州知县	曳岭脚
蔡熙文	监贡		曳岭脚
贡兆芹	岁贡		曳岭脚
祝象鹏	岁贡		曳岭脚
蔡惟忠	恩贡	杭州府於暨县教谕	曳岭脚
梁用中	贡生	延安经历	周坦
俞 亥	岁贡		老竹
江 梅	选贡		老竹
江必洋	恩贡		老竹
徐 仲	贡生	博士国子学录	丁公

续表 12-9-1-3

姓名	科别	官　爵	籍贯
邓开翰	岁贡		丁公
邓正绪	岁贡		丁公
梁惟后	贡生	乐清教谕　　梦璇子	梁村
梁梦璇	贡生	金华县丞	梁村
梁梦夔	贡生	文林朗、临安府帅王	梁村
梁祚璇	选贡	汤溪教谕	梁村
梁　乔	岁贡	桐庐训导	梁村
梁大钦	岁贡	候选儒学训导	梁村
梁　甫	恩贡	候选知县	梁村
梁　位	选贡	直隶州判	梁村
梁　佐	岁贡	候选儒学训导	梁村
梁明泰	恩贡	候选知县	梁村
梁　畏	岁贡	义乌训导	梁村
梁品芳	岁贡		梁村
梁天燕	岁贡		梁村
梁儒林	岁贡	候选训导	梁村
梁道瑶		砀山教谕	梁村
梁　豪			梁村
梁　玉		静海训导	梁村
梁　钟			梁村
梁　仪			梁村
梁　泰			梁村
梁　照		虹县知县	梁村
梁鸿翔			梁村
梁　波		经历	梁村
梁　枢		平原县丞	梁村
梁　栻		吉安训导	梁村
梁　铸		吏目	梁村
梁　榜		汤溪教谕	梁村
梁学道			梁村

续表 12-9-1-3

姓名	科别	官 爵	籍贯
梁用中		姚安经历、延安经历	梁村
梁天眷		处州同知	梁村
梁继善			梁村
梁天成			梁村
梁天鸾			梁村
梁 焕			梁村
梁廷杰		湖州府归安教谕	梁村
赵宜德	禀贡		黄弄
毛明烈	岁贡		下赵
周士魁	恩贡		象井
郑培梧	附贡		深屋
郑培权	增贡		深屋
郑培桢	附贡		深屋

三、革命人物传略

郑和斋(1891—1930) 又名郑士俊、郑跃明,老竹畲族镇新屋村人。梁村梁姓子,自幼为新屋村郑姓殷户领作养子。性豪爽,结交"青帮"兄弟,仗义疏财。民国16年(1927年)10月,加入中国共产党。民国17年5月在新屋村成立中共南乡区委,任书记,开展抗税、抗粮斗争,组织武装暴动。年底,遭国民党军警逮捕。民国19年8月27日,与关在一起的中共浙江省委书记刘英,省委代书记、中央特派员罗学赞,共青团浙江省委书记裘古环等19人,被秘密杀害于狱中。

郑志浩(1911—1949) 老竹镇新屋村人。1947年3月加入中国共产党。以国民党曳岭区崇义乡长身份为掩护,为中共游击队筹粮、购买军用物资、探听敌方情报,向游击队传递消息。家中办有服装厂,为游击队赶制军装。1949年3月,在敌人的"围剿"中,为转移物资和保护群众,被告发而被捕,同年4月被国民党杀害于老竹桥头。

江曳儿[①](1895—1955) 老竹村人。祧嫡系七户加父遗产。民国19年(1930

① 引自老竹《江氏宗谱》。

年)独自出资在仁宅通往宣平县的虎迹溪上建造三墩四孔石板桥一座,名“仁宅桥”。2014 年被洪水冲毁。

董鸿生、郑满英夫妇 裁缝师傅中的董鸿生,民国 25 年(1936 年)随浙江省民政厅贫儿园到老竹上井村,为贫困儿童制衣。民国 37—38 年,他与其妻郑满英为八路军游击队制衣,多次被民国政府有关官员怀疑,全国解放以后郑满英被认定为“中国共产党地下交通员”。

第二节 人物名录

本节对老竹畲族镇的革命烈士与中国人民志愿军名录、当代名人、劳动模范、各行政村党政干部、科技人员、中小学校长、全镇的大学毕业生,列表记录。

一、革命烈士与中国人民志愿军名录

老竹畲族镇中国人民志愿军人一览表

表 12-9-2-1

姓 名	出生年月	出生地	现住址	备注
蓝官德	1929 年 5 月	老竹镇后坑村	老竹畲族镇后坑村	已故
潘陈云	1928 年 2 月	老竹镇下桥村	老竹畲族镇榴溪下桥自然村	已故
潘茂成	1930 年 7 月	老竹镇横塘自然村	老竹畲族镇榴溪横塘自然村	已故
余三宝	1931 年 5 月	武义(现老竹沙溪仁宅)	老竹畲族镇沙溪仁宅自然村	
雷财明	1933 年 6 月	老竹镇蔡弄源自然村	老竹畲族镇赤坑蔡弄源自然村	

老竹畲族镇部分革命烈士一览表

表 12-9-2-2

姓 名	性别	出生年月	出生地	政治面貌	牺牲年份	牺牲地	所在单位与职务
邓新余	男	1916年1 月	东头村	群众	1949	宣平县联城乡西畈村	浙南游击队三支队战士
郑智浩	男	1911年8 月	新屋村	中共党员	1949	宣平县崇义乡老竹村	崇义乡乡长

续表 12-9-2-2

姓　名	性别	出生年月	出生地	政治面貌	牺牲年份	牺牲地	所在单位与职务
鄢凤琪	男	1920年9月	徐庄樟树脚村	群众	1949	宣平县崇义乡老竹村	浙南游击队三支队战士
梁士宏	男	1932年5月	梁竹镇梁村	群众	1949	不详	中国人民解放军三十三师九十九团宣传队队员
赖明（曾用名：赖振兴）	男	1918年2月	徐庄朝步源	群众	1949	松阳县玉岩区	松阳县玉岩区中队副
潘新田	男	1926年11月	周坦村	群众	1950	陈村乡青湾村	宣平县梁周乡周日坦村村长
曹官友	男	不详	陶村	群众	1950	宣平县梅岗头村	宣平县大队某班战士
梁延还	男	1929年5月	梁村	群众	1952	朝鲜	中国人民志愿军某连战士
梁礼德	男	1925年12月	梁村	群众	1952	朝鲜	中国人民志愿军某连战士
项陈俊	男	1908年	永丰乡麻铺村	中共党员	1935	宣平县城	宣平县永丰乡麻铺村党支部书记
郑和斋	男	1891年	新屋村	中共党员	1930	杭州	中共南乡区委书记

二、技能大师和劳动模范名录

李友良　汉族，1958年12月24日出生，浙江省丽水莲都人（户籍老竹派出所），莲都区老竹镇政府公务员。2015年3月，被中共浙江省丽水市委、丽水市人民政府授予“丽水市特色工艺书法技能大师”称号。浙江师范大学首席书法客座教授、中国书画家协会会员、中国书协会员、中国硬笔书法协会会员、中国当代艺术家协会会员。作品参加全国书法大赛多次获一等奖（金奖）并展出，入编《世界当代艺术名家大典》《中华盛世墨宝》《中国当代书法艺术家辞典》《中国当代书画精英作品大成》《全球华人书画名家作品典藏》；入选《世界人物·辞典》第八卷。

老竹畲族镇劳动模范一览表

表 12-9-2-3

姓　名	性别	出生年份	民族	工作单位	荣誉取得时间	级别
祝绍荣	男	1912 年	汉	老竹畲族镇曳岭脚村	1952 年	县级
应水法	男	1928 年	汉	老竹畲族镇曳岭脚村	1990 年	县级
周子庭	男	1925 年	汉	老竹畲族镇徐庄村	1958 年	省级
钟财英	女	1923 年	汉	老竹畲族镇沙溪村	1959 年	县级
徐火绒	男	1901 年	汉	老竹畲族镇丁公村	1953 年	县级

三、各行政村党政领导名录

老竹畲族镇 1949 年至 1960 年为曳岭区崇义乡。1961 年至 1983 年改崇义乡为崇义人民公社，辖 14 个村，即 14 个生产大队、72 个生产小队。1987 年改为崇义畲族乡，1992 年 5 月撤销曳岭区，崇义畲族乡和永丰乡合并为老竹畲族镇，辖 25 个行政村。2013 年 11 月，老竹畲族镇由 25 个行政村合并为 12 个行政村：大片、曳岭脚合并为曳岭脚行政村；黄桂、下桥合并为榴溪行政村；新屋、陶村合并为新陶行政村；仁宅、沙溪合并为沙溪行政村；原老竹行政村不变；红桥、后坑合并为后坑行政村；周坦、西岸合并为周坦行政村；高丰、郑坑合并为郑丰行政村；原梁村行政村不变；浅田、东头、小黄弄、徐庄村合并为徐庄行政村；麻铺、丁公合并为丁公行政村；章记、赤坑、高畔合并为赤坑行政村。

1956—2015 年老竹畲族镇各行政村党支部书记、村长一览表

表 12-9-2-4

村名	姓名	民族	性别	职务	任职时间	备注
大片村	应水法	汉族	男	支部书记	1969—1986 年	
	刘成权	汉族	男	大队长	1962—1978 年	
	钟宪益	畲族	男	大队长	1978—1983 年	
	胡小其	汉族	男	村长	1983—1986 年	
	刘岩其	汉族	男	村长	1986—1996 年	
	刘燕元	汉族	男	支部书记	1999—2005 年	

续表 12-9-2-4

村名	姓名	民族	性别	职务	任职时间	备注
大片村	刘岩品	汉族	男	村长	2011—2013 年	
曳岭脚	祝绍荣	汉族	男	农会长	1951—1952 年	
	徐炳友	汉族	男	村长	1954—1955 年	
	张砿真	汉族	男	村长	1956—1958 年	
	陈朝兴	汉族	男	支部书记	1956 年	
	魏树明	汉族	男	大队长	1956 年	
	马顺达	汉族	男	支部书记	1957 年	
	祝兴旺	汉族	男	大队长	1957 年	
	杨讨饭妐	汉族	男	支部书记	1958—1961 年	
	刘成权	汉族	男	大队长	1958—1962 年	
	钟官明	畲族	男	大队长	1962—1965 年	
	魏立成	汉族	男	支部书记	1965—1976 年	
	吴火仁	汉族	男	支部书记	1977—1984 年	
	蔡洪权	汉族	男	大队长	1977—1984 年	
	郑国标	汉族	男	村长	1984—1985 年	
	陶岳贤	汉族	男	村长	1985—1988 年	
	肖李富	汉族	男	村长	1988—1994 年	
	孙财元	汉族	男	支部书记	1995—2007 年	
	肖李军	汉族	男	村长	1994—2003 年	
	肖李军	汉族	男	支部书记	2008—2009 年	
	肖李军	汉族	男	村长	2013—2015 年	
	蔡祖欣	汉族	男	支部书记	2008—2015 年	
	温冬为	汉族	男	村长	2008—2010 年	
	俞祖献	汉族	男	村长	2008—2013 年	
黄桂村	雷朝新	畲族	男	农会长	1950—1955 年	
	雷志明	畲族	男	社长	1956—1958 年	
	潘毛成	汉族	男	支部书记	1959—1967 年	
	李国福	汉族	男	大队长	1959—1961 年	
	黄云和	汉族	男	支部书记	1968—1975 年	

续表 12-9-2-4

村名	姓名	民族	性别	职务	任职时间	备注
黄桂村	蓝树贵	畲族	男	革委会主任	1969—1975 年	
	蓝树贵	畲族	男	支部书记	1976—1988 年	
	蓝地财	畲族	男	大队长	1980—1984 年	
	蓝地财	畲族	男	支部书记	1988—1989 年	
	蓝章贵	畲族	男	支部书记	1989—1993 年	
	蓝岳松	畲族	男	村长	1984—1991 年	
	蓝岳兴	畲族	男	支部书记	1993—2002 年	
	蓝地财	畲族	男	村长	1991—1995 年	
	蓝伟民	畲族	男	支部书记	2002—2003 年	
	蓝地财	畲族	男	支部书记	2003—2005 年	
	蓝章贵	畲族	男	支部书记	2005—2011 年	
	蓝伟民	畲族	男	村长	1995—1998 年	
	吕子生	汉族	男	村长	1999—2002 年	
	郑元清	汉族	男	村长	2002—2015 年	
	蓝伟民	畲族	男	支部书记	2011—2015 年	
沙溪村	蓝石荣	畲族	男	支部书记	1956—1976 年	
	蓝云奎	畲族	男	大队长、支部书记	1957—1988 年	
	钟会兴	畲族	男	大队长、支部书记	1980—1989 年	
	雷炳林	畲族	男	大队长、支部书记	1992—2003 年	
	蓝砝金	畲族	男	支部书记	1995—1998 年	
	蓝岳贵	畲族	男	大队长	1995—1998 年	
	蓝王儿	畲族	男	村长、支部书记	1996—2006 年	
	蓝红星	畲族	男	支部书记	2004—2015 年	
	许永卫	汉族	男	村长	2007—2015 年	
老竹村	江雷申	汉族	男	农会长	1950 年—1954 年	
	戴家讨饭儿	汉族	男	村长	1950 年—1953 年	
	李　东	汉族	男	村长	1953 年—1956 年	
	李德宝	汉族	男	支部书记	1954 年—1964 年	
	朱忠林	汉族	男	村长	1956 年—1958 年	
	江忠成	汉族	男	大队长	1958 年—1976 年	
	郑官福	汉族	男	支部书记	1964 年—1969 年	

续表 12-9-2-4

村名	姓名	民族	性别	职务	任职时间	备注
老竹村	周岳山	汉族	男	革命领导小组长	1967—1978 年	
	章佰坤	汉族	男	支部书记	1969—1973 年	
	李德宝	汉族	男	支部书记	1973—1976 年	
	江树良	汉族	男	支部书记	1976—2011 年	
	李永连	汉族	男	大队长	1976—1983 年	
	江朝进	汉族	男	村长	1983—1988 年	
	陈仁松	汉族	男	村长	1988—2017 年	
	陈锦春	汉族	男	支部书记	2011—2013 年	
	吴丽平	汉族	男	支部书记	2012 年 8 月至今	
后坑村	雷君法	畲族	男	农会长	1950—1952 年	
	蓝培星	畲族	男	农会长、村长	1951—1957 年	
	蓝培星	畲族	男	支部书记	1964—1982 年	
	钟明祥	畲族	男	村长	1953—1957 年	
	官永进	畲族	男	支部书记	1958—1963 年	
	蓝章树	畲族	男	大队	1958—1966 年	
	蓝新余	畲族	男	革命小组长	1967—1968 年	
	钟永堂	畲族	男	村长、支部书记	1969—1997 年	
	蓝新明	畲族	男	村长	1992—1997 年	
	蓝仁亮	畲族	男	支部书记、村长	1991—1993 年	
	蓝仁亮	畲族	男	支部书记、村长	1997—2004 年	
	雷根荣	畲族	男	村长	1997—2002 年	
	钟炳荣	畲族	男	支部书记	2002—2007 年	
	钟财旺	畲族	男	村长	2005—2010 年	
	蓝炳申	畲族	男	支部书记	2008—2013 年	
	蓝金德	畲族	男	村长	2011—2013 年	
	王献平	汉族	男	支部书记	2014—2015 年	
	王建平	汉族	男	村长	2014—2015 年	
红桥村	王道金	汉族	男	支部书记	1957—1968 年	
	施桂祥	汉族	男	大队长	1957—1968 年	
	李金火	汉族	男	支部书记	1969—1983 年	
	王朝宗	汉族	男	村长	1978—1984 年	

续表 12-9-2-4

村名	姓名	民族	性别	职务	任职时间	备注
红桥村	王朝林	汉族	男	支部书记	1983—2002 年	
	王凤富	汉族	男	村长	1991—1996 年	
	王叶生	汉族	男	村长	1984—1990 年	
	王朝林	汉族	男	支部书记	2005—2008 年	
	王凤富	汉族	男	支部书记	2003—2005 年	
	王献平	汉族	男	支部书记	2008—2013 年	
	李学平	汉族	男	村长	2008—2013 年	
新屋村	余廷福	汉族	男	支部书记	1962—1968 年	
	江良娋	汉族	男	支部书记	1969—1984 年	
	何树成	汉族	男	支部书记	1985—1995 年	
	何树成	汉族	男	支部书记	2009—2013 年	
	郑友元	汉族	男	支部书记	1996—2008 年	
	林文生	汉族	男	村长	1962—1968 年	
	郑祖根	汉族	男	村长	1985—1995 年	
	何树成	汉族	男	村长	1977—1985 年	
	何树成	汉族	男	村长	1999—2012 年	
	郑平坑	汉族	男	村长	1985—1995 年	
	余松青	汉族	男	村长	1996—2013 年	
陶　村	刘　新	汉族	男	农会主任	1951—1954 年	
	何上井	汉族	男	支部书记	1954—1958 年	
	陶金和	汉族	男	大队长	1958—1972 年	
	陶增轩	汉族	男	领导组长	1969—1982 年	
	刘宗林	汉族	男	支部书记	1976—1977 年	
	何仁其	汉族	男	支部书记	1973—1984 年	
	何金锋	汉族	男	支部书记	1984—1985 年	
	刘樟根	汉族	男	村长、支部书记	1984—1995 年	
	潘伟大	汉族	男	大队长	1976—1985 年	
	江法根	汉族	男	村长	1988—1990 年	
	陶增木	汉族	男	大队长	1963—1965 年	
	陶进明	汉族	男	支部书记	1996—2005 年	
	刘淑红	汉族	女	支部书记	2009—2013 年	

续表 12-9-2-4

村名	姓名	民族	性别	职务	任职时间	备注
陶 村	郑建全	汉族	男	支部书记	2013—2015 年	2013 年陶村、新屋合并成新陶村
	毛新林	汉族	男	村长	2004—2015 年	
周坦村	陈章成	汉族	男	农会长	1949—1953 年	
	陈章成	汉族	男	村长	1954—1955 年	
	陈章成	汉族	男	支部书记	1956—1972 年	
	王树明	汉族	男	大队长	1958—1967 年	
	刘申福	汉族	男	大队长	1968—1972 年	
	范良斌	汉族	男	支部书记	1973—1982 年	
	陈高兴	汉族	男	大队长	1972—1981 年	
	何荣华	汉族	男	支部书记	1982—1985 年	
	陈根荣	汉族	男	村长	1982—1985 年	
	叶庆茂	汉族	男	支部书记	1986—1994 年	
	戴火荣	汉族	男	支部书记	1995—1997 年	
	林友成	汉族	男	支部书记	1998—2002 年	
	叶庆和	汉族	男	村长	1998—2000 年	
	何荣华	汉族	男	支部书记	2003—2007 年	
	江旭峰	汉族	男	村长	2001—2003 年	
	江旭峰	汉族	男	村长	2013—2017 年	
	范良斌	汉族	男	支部书记	2008—2012 年	
	戴焕余	汉族	男	村长	2004—2007 年	
	梁和富	汉族	男	支部书记	2011—2013 年	
	林荣青	汉族	男	村长	2008—2012 年	
	范苏陈	汉族	男	支部书记	2013—2017 年	
西岸村	刘阿信	汉族	男	农会长	1951—1954 年	
	刘吴隆	汉族	男	副村长	1958—1968 年	
	刘方禄	汉族	男	支部书记	1958—1968 年	
	谢增玉	汉族	男	支部书记	1969—1977 年	
	陈良枝	汉族	男	革委会主任	1969—1971 年	
	钱森林	汉族	男	革委会主任	1972—1976 年	
	谢祥禄	汉族	男	支部书记	1978—1984 年	
	何竹儿	汉族	男	村长	1977—1987 年	

续表 12-9-2-4

村名	姓名	民族	性别	职务	任职时间	备注
西岸村	何竹儿	汉族	男	支部书记	1987—1991 年	
	谢增玉	汉族	男	村长	1987—1991 年	
	何竹儿	汉族	男	支部书记	1991—2002 年	
	刘章明	汉族	男	村长	1991—1994 年	
	刘周法	汉族	男	村长	1995—1997 年	
	谢祥禄	汉族	男	支部书记	2005—2007 年	
	何竹儿	汉族	男	支部书记	2008—2010 年	
	郑焕根	汉族	男	村长	2002—2010 年	
	郑焕根	汉族	男	支部书记	2011—2013 年	
	何伟武	汉族	男	村长	2011—2013 年	
郑丰村	雷德玉	畲族	男	支部书记	1958—1978 年	
	雷玉其	畲族	男	村长、支部书记	1984—1990 年	
	雷海玉	畲族	男	村长	1987—1990 年	
	蓝金贵	畲族	男	支部书记、村长	1994—1996 年	
	徐良婣	汉族	男	支部书记	1958—1978 年	
	钟金贵	畲族	男	村长	1991—1993 年	
	蓝柏林	畲族	男	支部书记	1988—1993 年	
	雷茂荣	畲族	男	村长	2011—2015 年	
	雷悦林	畲族	男	支部书记	1990—2015 年	
	蓝海松	畲族	男	支部书记	1997—2013 年	
梁　村	梁福生	汉族	男	支部书记	1992—2008 年	
	梁云生	汉族	男	村长	1992—1999 年	
	梁良顺	汉族	男	村长	1999—2002 年	
	梁伟忠	汉族	男	村长	2002—2011 年	
	陈寅巧	汉族	男	支部书记	2008—2011 年	
	陈永亮	汉族	男	支部书记	2011—2014 年	
	梁佰平	汉族	男	村长	2011—2014 年	
	梁佰平	汉族	男	支部书记	2014.1—2015 年	
浅田村	潘增贤	汉族	男	支部书记	1970—2005 年	
	章文有	汉族	男	村长	1994—1997 年	
	揭徐友	汉族	男	村长	1997—1999 年	

续表 12-9-2-4

村名	姓名	民族	性别	职务	任职时间	备注
浅田村	华球春	汉族	男	村长	2000—2005 年	
	郑云庭	汉族	男	支部书记	2006—2013 年	
	华法永	汉族	男	村长	2005—2011 年	
	揭庭俊	汉族	男	村长	2011—2013 年	
东头村	史凤池	汉族	男	支部书记	1988—1998 年	
	史大路	汉族	男	村长	1986—2000 年	
	江金翠	汉族	男	支部书记	2001—2013 年	
	史明春	汉族	男	村长	2006—2013 年	
	史凤林	汉族	男	村长	1996—2005 年	
小黄弄	龚德华	汉族	男	支部书记	1988—2013 年	
	龚伟华	汉族	男	村长	1995—1997 年	
	朱国伟	汉族	男	村长	1998—2003 年	
	龚旭东	汉族	男	村长	2004—2010 年	
	江增岳	汉族	男	大队长	1981—1995 年	
	涂树满	汉族	男	村长	2012—2015 年	
徐庄村	李　琴	汉族	男	支部书记	1990—2013 年	2013 年，浅田、东头、小黄弄、徐庄合并成徐庄村
	鄢云光	汉族	男	村长	1991—1993 年	
	蓝建平	畲族	男	村长	1994—1997 年	
	徐的云	汉族	男	村长、支部书记	1998—2013 年	
	涂树满	汉族	男	村长	2013—2015 年	
麻铺村	章文玉	汉族	男	支部书记	1983—1998 年	
	杨苏平	汉族	男	村长	1992—1998 年	
	龚妙华	汉族	女	支部书记	2000—2005 年	
	杨学文	汉族	男	村长	1999—2002 年	
	陈荣华	汉族	男	村长	2003—2005 年	
	陈朝圣	汉族	男	支部书记	2005—2013 年	
丁公村	邓学规	汉族	男	支部书记	1983—2000 年	麻铺、丁公村合并成为丁公村
	邓日规	汉族	男	村长	1999—2001 年	
	徐王献	汉族	男	村长	2001—2005 年	
	徐仕德	汉族	男	村长	2011—2013 年	
	章文正	汉族	男	支部书记	2013—2015 年	

续表 12-9-2-4

村名	姓名	民族	性别	职务	任职时间	备注
丁公村	徐月明	汉族	男	支部书记	2008—2013 年	
	邓岩娼	汉族	男	村长	2014—2015 年	
高畔村	宋明生	汉族	男	支部书记	1992—1993 年	
	郑松青	汉族	男	支部书记	1993—1997 年	
	蓝光仁	畲族	男	村长	1992—1998 年	
	马海进	汉族	男	村长	1994—1997 年	
	李启权	汉族	男	村长	1997—1999 年	
	李启权	汉族	男	村长	2002—2008 年	
	何绍宗	汉族	男	村长	2008—2012 年	
	李启权	汉族	男	支部书记	2010—2013 年	
章记村	张良军	汉族	男	支部书记	1996—2003 年	
	张永其	汉族	男	村长	1990—1993 年	
	王良福	汉族	男	村长	1993—1996 年	
	王良福	汉族	男	村长	2008—2013 年	
	余金生	汉族	男	村长	2001—2005 年	
	余金生	汉族	男	支部书记	2008—2013 年	
	雷仁生	畲族	男	支部书记	2002—2005 年	
赤坑村	雷锦锟	畲族	男	支部书记	1986—2015 年	2013 年高畔、赤坑、章记 3 个村合并成为赤坑村
	雷财章	畲族	男	村长	1976—1999 年	
	钟树德	畲族	男	村长	1999—2002 年	
	蓝华锋	畲族	男	村长	2002—2005 年	
	雷官玉	畲族	男	村长	2006—2008 年	
	刘建华	汉族	男	村长	2008—2011 年	
	雷官玉	畲族	男	村长	2011—2015 年	

四、老竹畲族镇籍干部、科技人员、校长名录

中华人民共和国成立后，各民族平等，畲民社会地位提高，一批畲民担任各级领导干部，每届乡(镇)人民代表、(市)区人民代表中，畲族代表约占市(区)乡(镇)代表总数的8%—10%，到2015年底，老竹畲族镇有参加国庆观礼的畲族代表1人，当选为市(县)区代表的畲民代表22人次，成为县(处)级干部2人，正科级干部3人。

2015年老竹畲族镇营级、科级以上干部一览表

表12-9-2-5

姓 名	性别	民族	出生地	工作单位	职务	备 注
吴建设	男	汉族	曳岭脚	老竹镇畲族镇	镇委书记	1998—2012年任职
蔡勇为	男	汉族	曳岭脚	丽水市安全局	副局长	现任
何泽成	男	汉族	陶村	宣平县水利局局长	局长	1956年任职，已故
刘宗林	男	汉族	陶村	莲都区政治协商会议	副主席	2003年任职
周卫东	男	汉族	黄桂上井	丽水市委宣传部	正处	2004—2015年任职
梁新云	男	汉族	沙溪仁宅	莲都区人大常委会	主任	
丁建华	男	汉族	沙溪仁宅	北京军区	副师级团职	
梁根云	男	汉族	沙溪仁宅	莲都区公安局	政委	
梁志云	男	汉族	沙溪仁宅	双黄乡党委书记	书记	
梁满云	男	汉族	沙溪仁宅	丽水市城市管理直属机动大队大队长	正科	
周岳进	男	汉族	老竹村	温州市部队医院	军级	
钟日娟	女	畲族	老竹村	省民委	正处	
江爱军	男	汉族	老竹村	莲都区人大	副处级	
江佰木	男	汉族	老竹村	原柳城镇书记	副处级	已故
江林水	男	汉族	老竹村	原曳岭区区长	正科	已故
梁 宝	男	汉族	老竹村	原老竹镇政府退休	正科	
江里希	男	汉族	老竹村	上海海关	正科	
陈伟云	男	汉族	老竹村	莲都区森林公安局局长	正科	
肖永南	男	汉族	老竹村	江西九江机械厂	正科	
江建东	男	汉族	老竹村	市国土局	正科	
朱献培	男	汉族	老竹村	原莲都区党校校长	副处级	已故
蓝木申	男	畲族	后坑村	莲都区政府	正科	
钟皆兵	男	畲族	后坑村	丽水市委宣传部	正科	
雷丽娟	女	畲族	后坑村	丽新乡政府		
蓝春土	男	畲族	后坑村	景宁县县长	县长	已退休
叶焕然	男	汉族	周坦村	宣平县县党部	执行委员	
刘春富	男	汉族	周坦村	上海东海某部	营长	
郑绍周	男	汉族	周坦村	丽水市缙云县纪检委	书记	

续表 12-9-2-5

姓　名	性别	民族	出生地	工作单位	职务	任职时间
林玉美	女	汉族	周坦村	莲都区政协	常委	
涂智伟	男	汉族	周坦村	丽水市宣传部	正科	
叶信昌	男	汉族	周坦村	丽水市教育局	副处长	
刘海成	男	汉族	周坦村	南京军区	中校	
黄春木	男	汉族	周坦村	人民解放军某营	副营长	
乐友仁	男	汉族	周坦村	崇义乡	乡长	
傅善云	男	汉族	高畔村	原巨溪乡	党委书记	
黄玉兴	男	汉族	周坦村	原巨溪乡	党委书记	
雷秀香	女	畲族	郑坑村	紫金办事处	人大主席	
王岳成	男	汉族	梁村村	金龙集团	董事长	曾任丽水县市级人大常委会副主任
梁岳平	男	汉族	梁村村	丽水市党校	校长、副书记	
梁建成	男	汉族	梁村村	市政府行政中心	纪委主任	
梁禄生	男	汉族	梁村村	龙泉市卫生局	局长	
梁银树	男	汉族	梁村村	富岭乡政府	乡长	
梁葱女	女	汉族	梁村村	莲都区农业局	副局长	
梁岳勤	男	汉族	梁村村	丽阳乡	党委书记	
梁淑云	女	汉族	梁村村	杭州空军疗养院	正团长	
梁铁伟	男	汉族	梁村村	建行丽水分行	副行长	
傅良品	男	汉族	丁公村	浙江省外事办主任	厅级	
邓有富	男	汉族	丁公村	宣平县政府秘书	县级	
邓有亮	男	汉族	丁公村	黄埔军校 17 期步兵科	上尉	
杨增根	男	汉族	麻铺村	宣平县上坦区	区长	
邓良土	男	汉族	丁公村	武义县工商局	局长	
邓西盖	男	汉族	丁公村	永康市拖拉机厂	厂长	
邓安平	男	汉族	丁公村	南京军区某团	团长	
邓金朝	男	汉族	丁公村	莲都区交通局	科长	
胡国富	男	汉族	丁公村	原曳岭区	副区长	
徐有琪	男	汉族	丁公村	丽水市纳爱斯集团质检	科长	
邓明和	男	汉族	丁公村	莲都区计生委	科级	
雷弯山	男	畲族	蔡弄源	丽水市委党校副校长	正处	
雷金荣	男	畲族	蔡弄源	老竹畲族镇人大副主席	正科	

2015年老竹畲族镇科技人员、中小学校长一览表

表12-9-2-6

姓 名	性别	民族	出生地	职务或职称
何明星	男	汉族	曳岭脚村	中学校长
李旭平	男	汉族	曳岭脚村	大学教授
傅叔刚	男	汉族	曳岭脚村	市党校教授
蔡金华	男	汉族	曳岭脚村	浙江师范大学教授
蔡土生	男	汉族	曳岭脚村	西安铁路局干部管理学校党工委书记
钟培土	男	畲族	后坑村	碧湖镇小学校长
钟志成	男	畲族	后坑村	丽水刘英小学校长
李友成	男	汉族	后坑村	丽新乡小学校长
章朝庆	男	汉族	陶村	曳中校长
潘新朝	男	汉族	周坦村	丽水市实验中学校长
叶勇旭	男	汉族	周坦村	丽水市交通局
陈勇明	男	汉族	周坦村	白云街道办事处副主任
何伟谊	男	汉族	周坦村	莲都区拆迁办
冯巧波	男	汉族	周坦村	上海市电力学院教授(博士)
叶勇霞	女	汉族	周坦村	市外国语学校高级教师
叶勇菊	女	汉族	周坦村	市医院主治医师
范伟民	男	汉族	周坦村	天宁中学一级教师
何慧兰	女	汉族	周坦村	梅山中学高级教师
潘一桃	女	汉族	周坦村	刘英小学一级教师
潘月鹏	男	汉族	周坦村	老竹畲族镇农技员
戴徐伟	男	汉族	周坦村	青田县法院
涂慧芳	女	汉族	周坦村	水东卫生院院长
江菊云	女	汉族	周坦村	中心医院护士
戴妙霞	女	汉族	周坦村	市人民医院护士长
苏杰文	男	汉族	周坦村	中山小学副校长
雷陈荣	男	畲族	郑丰村	云和职高校长
梁坚强	男	汉族	梁村村	市房管处副处长(研究生)
梁巧华	女	汉族	梁村村	高级工程师(研究生)
梁海林	男	汉族	梁村村	丽水学院高级会计师
梁铁龙	男	汉族	梁村村	浙江金龙集团工程师

续表 12-9-2-6

姓　名	性别	民族	出生地	职务或职称
梁仁友	男	汉族	梁村村	莲都区农业局农艺师
梁岳连	男	汉族	梁村村	丽新中学校长
叶　芳	女	汉族	梁村村	水东小学校长
梁王俊	男	汉族	梁村村	丽水新华保险公司经理
梁勇青	男	汉族	梁村村	丽水大众汽校教练
梁柳波	男	汉族	梁村村	丽水市水利开发局
李岳田	男	汉族	徐庄村	乡镇畜牧医
史明星	男	汉族	徐庄村	镇农经审核教导员
胡国富	男	汉族	丁公村	曳岭中学校长
徐益南	男	汉族	丁公村	老竹民族学校校长
雷明余	男	畲族	蔡弄源村	榴溪小学校长

五、大专院校毕业人员名录

老竹畲族镇至2015年有博士后1人、博士生4人、硕士生2人,留学法国1人,留学日本1人,其中周坦村博士生2名,博士后1名,硕士生1名。全镇共有大学毕业生602人,其中畲族大学毕业生111人,占总数的18.4%。

2015年老竹畲族镇大专院校毕业生统计一览表

表 12-9-2-7　　　　单位:人

毕业院校	行政村名称											
	曳岭脚	榴溪	新陶	沙溪	老竹	后坑	周坦	郑丰	梁村	徐庄	丁公	赤坑
北京大学	1				1							1
同济大学	1				1							
中央民族学院					1							
中国人民大学	1											
上海交通大学					1							
上海科技大学	1				1							
浙江大学	4	3			3				2			
浙江政法管理干部学院	1			1	1							

续表 12-9-2-7

毕业院校	行政村名称											
	曳岭脚	榴溪	新陶	沙溪	老竹	后坑	周坦	郑丰	梁村	徐庄	丁公	赤坑
华东政法大学	1										1	
杭州大学	1				1				1	7		1
浙江工业大学	1				2		1					1
上海师范大学				1					1			
武汉大学				2								
浙江师范大学					2	3	1			1		
中国农业大学			1									
浙江农林大学	1				1							
中南民族大学						2						
南京大学					2							12
其他大学	43	84	51	39	119	40	28	7	66	50	82	17

2015年老竹畲族镇各行政村历年大专院校毕业人员一览表

表 12-9-2-8

行政村名	姓名	性别	年龄	民族	毕业学校	工作去向
曳岭脚	蔡玉娇	女	26岁	汉族	邢台学院	公司营业
	项　蓝	女	24岁	汉族	杭州师范大学	杭州
	付叔刚	男	63岁	汉族	杭州大学	丽水林校
	孙建荣	男	50岁	汉族	上海科技大学	丽水方正电机厂
	李旭平	男	51岁	汉族	浙江农林大学	丽水学院
	蔡玉进	男	75岁	汉族	浙江大学	浙江学院
	徐美华	女	60岁	汉族	浙江大学	丽水中学
	陶伟科	男	30岁	汉族	浙江政法管理干部学院	丽水市检察院
	王何灵	女	—	汉族	江南大学	—
	陶金伟	男	34岁	汉族	江西工业大学	丽水化工厂
	蔡余友	男	49岁	汉族	浙江建设职业技术学院	浙江荣量建设公司
	宋建国	男	37岁	汉族	浙江政法管理干部学院	衢州农场
	祝加伟	男	34岁	汉族	西南大学	建设局
	何丽梅	女	30岁	汉族	宁波大学	丽水绿城

续表 12-9-2-8

行政村名	姓名	性别	年龄	民族	毕业学校	工作去向
曳岭脚	项佳媚	女	24 岁	汉族	北京医药大学	清华大学
	吴巧丽	女	30 岁	汉族	浙江财政大学	丽水电影公司
	蔡亚琴	女	28 岁	汉族	同济大学	杭州亚夏希桥有限公司
	刘巧丽	女	26 岁	汉族	华东政法大学	上海互联网
	项佳驹	男	32 岁	汉族	宁波大红鹰学院	宁波平安保险公司
	吴俊娇	女	34 岁	汉族	浙江工业大学	—
	蔡海富	男	32 岁	汉族	丽水学院	浙江嘉利(丽水)工业有限公司
	祝晓慧	女	26 岁	汉族	宁波大红鹰学院	丽水学院
	吴俊妍	女	26 岁	汉族	浙江工业大学之江学院	联通公司
	郑楚雄	男	22 岁	汉族	扬州工业技术学院	上海联华超市
	刘　恋	女	24 岁	汉族	北京大学	—
	刘妙娥	女	28 岁	汉族	浙江医科大学(研究生)	杭州市省妇保院
	应彬蝶	女	25 岁	汉族	宁波卫生职业技术学院	丽水妇幼保健院
	应彬媛	女	23 岁	汉族	浙江旅游职业学院	丽水旅游集散中心
	吴旭芬	女	29 岁	汉族	天津医学院	丽水中心医院
	蔡永丽	女	31 岁	汉族	衢州学院	丽水万象社区
	蔡柳丽	女	26 岁	汉族	长江职业学院	丽水经济开发区管委会
	蔡益朗	男	45 岁	汉族	中国地质大学	杭州浙江
	章　坚	女	42 岁	汉族	中国人民大学	—
	傅慧伦	女	22 岁	汉族	浙江邮电职业技术学院	莲都区委政法委
	蔡卓远	男	56 岁	汉族	丽水学院	日本
	陈剑丽	女	34 岁	汉族	上海师范大学	丽水早教公司
	陈晓飞	女	30 岁	汉族	浙江财经大学	丽水泰降兑行
	陈晓敏	女	26 岁	汉族	浙江海洋学院	莲都人民医院
	刘祖伦	男	34 岁	汉族	华南农业大学	杭州中国平安保险公司
	刘俊杰	男	—	汉族	浙江理工大学	杭州市广告公司
	吴愔愔	女	35 岁	汉族	华东政法学院	丽水市监察委员会
	吴俊杰	男	35 岁	汉族	浙江财经大学	杭州市西湖区行政执法大队
	吴俊妍	女	25 岁	汉族	浙江工业大学	中国联通公司

续表 12-9-2-8

行政村名	姓名	性别	年龄	民族	毕业学校	工作去向
榴溪村	蓝海艳	女	23 岁	畲族	浙江师范大学	青田腊口小学
	蓝炎麟	男	46 岁	畲族	温州师范学院	丽水市莲都区外国语学校
	蓝丽君	女	29 岁	畲族	浙江大学	丽水市中医院
	蓝妙君	女	25 岁	畲族	浙江师范大学	景宁英川小学
	蓝海平	男	33 岁	畲族	丽水学院	缙云
	戴慧珍	女	29 岁	汉族	温州医学院	丽水中心医院
	潘文飞	男	27 岁	汉族	丽水学院	丽水水阁中学
	蓝素素	女	21 岁	畲族	浙江农林大学	杭州
	毛小鸳	女	31 岁	汉族	丽水学院	丽水泰隆银行
	毛鸳鸳	女	33 岁	汉族	浙江海洋学院	丽水泰隆银行
	蓝鸿赟	女	30 岁	畲族	西北民族大学	杭州经商创业
	蓝伟斌	男	30 岁	畲族	广东交通职业技术学院	丽水莲都
	蓝伟杰	男	28 岁	畲族	丽水学院	莲都区峰源乡
	蓝　波	男	29 岁	畲族	中南民族大学	丽水莲都供销社
	毛旭柳	女	22 岁	汉族	郑州黄河护理职业学院	丽水经商
	毛海彬	男	28 岁	汉族	苏州工业职业技术学院	外国
	潘炳宏	男	36 岁	汉族	南昌理工学院	缙云诊所
	潘炳波	男	33 岁	汉族	金华职业技术学院	丽水诊所
	潘炳剑	女	31 岁	汉族	丽水学院	丽水中医院
	潘文彬	男	28 岁	汉族	丽水学院幼儿师范学院	丽水职业高级中学
	毛丽丽	女	29 岁	汉族	宁波天一职业技术学院	丽水经商
	毛贵燚	男	25 岁	汉族	金华职业技术学院	杭州经商
	潘日平	男	48 岁	汉族	浙江水利水电学院	丽水水利水电工程处
	潘勇飞	男	48 岁	汉族	温州师范学院	温州教育局
	潘伟军	男	26 岁	汉族	浙江财经大学	丽水工商银行
	周卫东	男	57 岁	汉族	杭州师范学院	丽水市委宣传部
	周元琼	男	97 岁	汉族	中国人民大学	浙江科技出版社
	周元瑶	男	89 岁	汉族	浙江大学	武汉药品检验所
	周炳元	男	84 岁	汉族	浙江海洋大学	丽水市水利局

续表 12-9-2-8

行政村名	姓名	性别	年龄	民族	毕业学校	工作去向
榴溪村	周潮洪	女	49 岁	汉族	武汉大学(博士)	天津市水务局高级工程师
	周立强	男	58 岁	汉族	浙江农业大学	莲都农业局高级农艺师
	周潮晖	男	45 岁	汉族	浙江大学	天津市水文资管理中心
	蓝银君	女	25 岁	畲族	浙江旅游职业学院	龙泉旅游公司
	雷韬	男	22 岁	畲族	浙江树人大学	杭州电子商务
	雷建林	男	29 岁	畲族	丽水学院	中共景宁县委会
	雷碧伟	男	37 岁	畲族	金华职业技术学院	温州机械设计
	雷梦玉	女	21 岁	畲族	浙江财经大学	云和县人民法院
	雷旭烨	女	30 岁	畲族	浙江水利水电专科学校	杭州某公司会计
	蓝华军	男	28 岁	畲族	武汉大学	嘉兴创业
	蓝丽娟	女	29 岁	畲族	丽水学院	莲都区畎岸小学
	蓝妙娟	女	21 岁	畲族	湖南农业大学	四川省成都工作
	蓝秀萍	女	25 岁	畲族	浙江水利水电专科学校	丽水
	蓝佳莉	女	22 岁	畲族	义乌工商职业技术学院	丽水学院教书
	蓝伯清	男	30 岁	畲族	浙江万里学院	丽水纳爱斯公司
	雷云飞	男	24 岁	畲族	丽水学院	丽水电工
	雷杰	男	28 岁	畲族	浙江师范大学	丽水农商银行
	雷俏杰	男	21 岁	畲族	浙江万里学院	丽水实验小学幼儿园
	蓝慧瑾	女	30 岁	畲族	丽水学院	丽水
	蓝洪波	男	20 岁	畲族	浙江农林大学	丽水便民服务中心
	施冬冬	男	32 岁	汉族	宁波工程学院	宁波经商
	徐柳波	男	34 岁	汉族	宁波大学海洋学院	宁波经商
	余伟建	男	25 岁	汉族	景德镇陶瓷学院	丽水创业
	涂俏俏	女	29 岁	汉族	浙江工商职业技术学院	海宁经商
	邹富俏	女	25 岁	汉族	宁波职业技术学院	宁波舟昇建设有限公司
新陶村	梁何剑	男	27 岁	汉族	江西师范大学	宁波经商
	刘宗林	男	63 岁	汉族	浙江林学院	莲都区政协
	陶柳奁	女	—	汉族	浙江大学	浙江易盛云尚科技有限公司
	潘伟南	男	25 岁	汉族	浙江广厦建设职业技术学院	浙江伊表麦克基础工程公司

续表 12-9-2-8

行政村名	姓名	性别	年龄	民族	毕业学校	工作去向
新陶村	蓝潘初	男	27 岁	汉族	浙江警察学院	莲都区公安分局
	杜霞菲	女	22 岁	汉族	衢州职业技术学院	丽水人寿保险公司
	陶建阳	男	28 岁	汉族	浙江工商大学	丽水高速公路
	潘陈燕	女	28 岁	汉族	宁波工程学院	宁波
	何巧俊	男	28 岁	汉族	浙江科技学院	丽水妇幼保健院
	何伟勇	男	27 岁	汉族	浙江水利水电学院	丽水设计投标公司
	何明锋	男	27 岁	汉族	浙江邮电职业技术学院	丽水设计投标公司
	何亚芳	男	27 岁	汉族	杭州师范大学	浙江波磊实验集团
	潘妙俊	女	25 岁	汉族	浙江警察学院	丽水服装店
	潘妙锋	女	18 岁	汉族	北京联合大学旅游学院	水阁中介
	何亚成	男	30 岁	汉族	萧山广播电视大学	恒逸集团高新材料公司
	何燕红	女	27 岁	汉族	浙江财经大学东方学院	宁波开店
	张登鹏	男	24 岁	汉族	浙江广厦建设职业技术学院	丽水经商
	钟泰丽	女	22 岁	畲族	丽水学院	莲都联城执法中队
	潘美婷	女	28 岁	汉族	丽水学院	碧湖第二小学
	潘玉婷	女	22 岁	汉族	长春光华学院	水阁经济开发区实验小学
	陶友林	男	49 岁	汉族	浙江师范大学	丽水中学
	毛卫波	男	38 岁	汉族	温州医学院	丽水中心医院
	江旭艳	女	26 岁	汉族	浙江科技学院	老竹幼儿园
	江海伟	男	27 岁	汉族	浙江交通职业技术学院	杭州市交通局
	赵柳珍	女	23 岁	汉族	丽水学院	丽水宁波银行
	何程雯	女	24 岁	汉族	杭州电子科技大学	村务农
	陶慧慧	女	30 岁	汉族	浙江树人大学	杭州五龙环境保护有限公司
	刘宗武	男	65 岁	汉族	浙江农业大学	莲都广电网络中心退休
新陶新屋	彭云波	男	—	汉族	浙江艺术职业学院	艺术学院影视技术系
	郑佩佩	女	27 岁	汉族	金华职业技术学院	上海福利实业
	郑少锋	女	32 岁	汉族	义乌工商职业技术学院	老竹镇政府
	兰海平	男	38 岁	汉族	浙江师范大学	丽水水东学校
	郑伟义	男	30 岁	汉族	金华职业技术学院	杭州建筑公司

续表 12-9-2-8

行政村名	姓名	性别	年龄	民族	毕业学校	工作去向
新陶新屋	郑华军	男	49 岁	汉族	西安工业大学	深圳爱普生公司
	邓旭军	男	18 岁	汉族	沈阳工业大学	设计公司
	郑仙桃	女	39 岁	汉族	长沙学院	太平洋保险深圳公司
	陈秀敏	女	49 岁	汉族	沈阳工业大学	大连市政部
	邹伟飞	男	32 岁	汉族	陕西师范大学	丽水外国语学校
	林月珍	女	33 岁	汉族	浙江农林大学	临安市人民政府党政办
	江建丽	女	33 岁	汉族	温州师范学院	丽水梅山小学
	朱爱琴	女	48 岁	汉族	丽水学院	丽水市莲都区农业局
	郑坤杰	男	31 岁	汉族	浙江工商大学	莲都区人武部
	郑秦越	男	27 岁	汉族	浙江大学	—
	林月芬	女	28 岁	汉族	浙江机电职业技术学院	桐乡市某镇政府
	郑伟娟	女	37 岁	汉族	宁波大学	—
	雷余晶	女	29 岁	汉族	丽水学院	—
	郑　洁	女	25 岁	汉族	上海财经大学	—
	郑应超	女	26 岁	汉族	浙江广厦建设职业技术学院	—
	江凯丽	女	31 岁	汉族	浙江师范大学	松阳后劲枰枫幼儿园
	江爱菲	女	32 岁	汉族	浙江邮电职业技术学院	丽水电信公司
	郑丽波	男	27 岁	汉族	浙江万里学院	—
	余俊慧	男	25 岁	汉族	浙江农林大学	—
新陶村	毛新余	男	74 岁	汉族	浙江大学	温州农科所
	何　靖	女	29 岁	汉族	江西大宇职业技术学院	丽汽集团
	何金堂	男	58 岁	汉族	浙江林学院	莲都林业局
	杜锦菲	女	22 岁	汉族	金华职业技术学院	金华幼儿园
	陶　雪	女	29 岁	汉族	义乌工商职业技术学院	义乌打工
	陶　娟	女	29 岁	汉族	浙江医科大学	杭州江干区人民医院
沙溪村	蓝丽丽	女	30 岁	畲族	武汉大学	深圳世界名表中心
	蓝烨华	女	28 岁	畲族	中国美术学院	丽水看守所
	钟建伟	男	31 岁	畲族	武汉大学	莲都区人事局
	钟　慧	女	27 岁	畲族	温州大学	沙溪村来料加工

续表 12-9-2-8

行政村名	姓名	性别	年龄	民族	毕业学校	工作去向
沙溪村	钟秀丽	女	27 岁	畲族	金华职业技术学院	沙溪村委会
	蓝晓燕	女	29 岁	畲族	台州学院	嘉兴培训学校
	蓝 盼	男	31 岁	畲族	浙江大学	丽水龙安华城建筑设计公司
	邓丽娜	女	28 岁	汉族	东华理工大学	浙江奥盈房地产开发有限公司
	叶 超	男	29 岁	汉族	上海海事大学	东阳一代鲜超市
	叶 红	女	25 岁	汉族	丽水职业技术学院	韶兴经商
	蔡洪益	男	28 岁	汉族	丽水职业技术学院	丽水综合行政执法局
	何小慧	男	32 岁	汉族	丽水广播电视大学	丽水雅溪
	陈豪俊	男	22 岁	汉族	丽水职业技术学院	丽水综合行政执法局
	刘巧慧	女	22 岁	汉族	丽水学院幼儿师范学院	丽水幼儿院
	蓝 健	女	30 岁	畲族	丽水学院	丽水电视台
	蓝 琳	女	24 岁	畲族	浙江工商大学杭州商学院	丽水方华建设有限公司
	朱 勇	男	28 岁	汉族	昆山科技大学	—
	蓝秀娟	女	32 岁	畲族	丽水学院	丽水市莲都区人事局
沙溪仁宅	梁玉美	女	61 岁	汉族	丽水师范专科学校	丽水学院
	梁根云	男	68 岁	汉族	浙江师范学院	莲都区公安分局退休
	梁新云	男	61 岁	汉族	中国人民解放军陆军指挥学院	莲都区人大退休
	梁巍坚	男	39 岁	汉族	中共丽水市委党校	市建设局市政管理处
	梁满云	男	48 岁	汉族	中共丽水市委党校	莲都区政协
	梁志云	男	58 岁	汉族	中共丽水市委党校	莲都区征迁办
	梁玮珺	男	45 岁	汉族	中共丽水市委党校	莲都区妇联
	梁媛媛	女	37 岁	汉族	丽水广播电视大学	老竹镇人民政府
	梁 杰	男	22 岁	汉族	丽水广播电视大学	老竹司法所
后坑村	雷金余	男	88 岁	畲族	浙江师范学院	退休
	钟仁德	男	84 岁	畲族	浙江师范学院	—
	蓝木申	男	49 岁	畲族	中南民族学院	莲都区政府
	钟皆兵	男	56 岁	畲族	中南民族学院	丽水市委
	钟培土	男	54 岁	畲族	丽水学院	老竹镇成人学校
	雷东英	女	50 岁	畲族	浙江医科大学	丽水市医院

续表 12-9-2-8

行政村名	姓名	性别	年龄	民族	毕业学校	工作去向
后坑村	高叶新	男	50 岁	汉族	丽水学院	丽水括苍中学
	张柏友	男	50 岁	汉族	浙江师范大学	丽水梅山中学
	雷荣土	男	50 岁	畲族	浙江医科大学	杭州疗养院
	钟金水	男	60 岁	畲族	丽水学院	退休
	钟炳富	男	52 岁	畲族	丽水学院	丽新乡小学
	雷东龙	男	62 岁	畲族	丽水学院	退休
	钟石荣	男	58 岁	畲族	丽水学院	老竹民族学校
	钟美珠	女	50 岁	畲族	丽水学院	莲都小学
	张柏华	男	50 岁	汉族	中国农业大学	莲都农业局
	钟　健	男	51 岁	畲族	丽水学院	莲都农商银行
	钟风新	男	46 岁	畲族	丽水学院	碧湖镇医院
	张柏伟	男	45 岁	汉族	宁波大学	宁波市特钢有限公司
	雷晓云	女	38 岁	畲族	湖北民族学院	天宁中学
	钟志成	男	47 岁	畲族	宁波大学	刘英小学
	钟松德	男	43 岁	畲族	温州大学	老竹民族学校
	钟建龙	男	38 岁	畲族	石家庄学院	石家庄市信息学院
	蓝风林	男	38 岁	畲族	丽水学院	莲都区卫生局
	雷　虹	女	28 岁	畲族	宁波卫生职业技术学院	丽水中心医院
	雷　波	男	25 岁	畲族	宁波卫生职业技术学院	丽新乡卫生院
	钟雪丽	女	25 岁	畲族	金华职业技术学院	莲都小学
	李　洁	男	29 岁	汉族	杭州师范大学	美国
	高洪伟	男	30 岁	汉族	美国留学	丽水市中心医院
	高王伟	男	27 岁	汉族	长春工业大学	—
	张　宇	女	24 岁	汉族	湖南师范大学	丽水外国语学校
	张妙娟	女	25 岁	汉族	杭州师范大学	丽水电业局
	钟官晖	女	25 岁	畲族	浙江工商大学杭州商学院	—
	张　楠	女	25 岁	汉族	宁波大红鹰学院	—
	钟张璐	女	25 岁	畲族	义乌工商职业技术学院	—
	张　鹏	男	24 岁	汉族	金肯职业技术学院	—

续表 12-9-2-8

行政村名	姓名	性别	年龄	民族	毕业学校	工作去向
后坑村	蓝俊鹏	男	28 岁	畲族	丽水广播电视大学	庆元百兴菇业有限公司
	钟建成	男	35 岁	畲族	丽水广播电视大学	莲都区政府
	钟晓霞	女	27 岁	畲族	温州大学	青田县山口镇中学
	钟晓芳	女	36 岁	畲族	嘉兴学院	青田鹤城镇卫生院
	蓝柳红	女	33 岁	畲族	浙江经贸职业技术学院	莲都区农商银行
	雷丽娟	女	34 岁	畲族	浙江工商大学	丽新乡政府
	李志红	女	50 岁	汉族	浙江师范大学	丽水梅山中学
	雷灵宏	女	25 岁	畲族	中国计量大学	—
	钟晓鹏	男	28 岁	畲族	丽水学院	庆元百兴菇业有限公司
	雷小美	女	38 岁	畲族	温州医学院	丽新乡开药店
老竹村	肖　峰	男	27 岁	汉族	浙江万里学院	—
	蓝勇飞	男	21 岁	畲族	温州大学	—
	李欣宇	女	25 岁	汉族	东北师范大学	杭州
	方　静	女	30 岁	汉族	丽水学院	上海
	吴杨杨	女	25 岁	汉族	浙江师范大学经济与管理学院	丽水
	梁家卉	女	25 岁	汉族	宁波大红鹰学院	丽水
	黄晓俊	女	31 岁	汉族	丽水日报社	丽水
	张雄伟	男	32 岁	汉族	浙江水利水电学院	丽水
	李　庆	男	31 岁	汉族	汕头大学	杭州
	陈林燕	女	34 岁	汉族	武汉学院	宁波
	史巧云	女	28 岁	汉族	杭州职业技术学院	永康
	李佳钰	女	29 岁	汉族	武汉生物工程学院	丽水
	李　芬	女	25 岁	汉族	绍兴文理学院	丽水
	李　欢	女	29 岁	汉族	杭州职业技术学院	丽水
	李　瑶	女	26 岁	汉族	台州职业学院	宁波
	陈海芬	女	34 岁	汉族	浙江水利水电专科学院	经商
	黄　伟	男	25 岁	汉族	河南理工大学	宁波汽车厂
	陈　剑	男	28 岁	汉族	宁波大红鹰学院	雅一电站
	梁俊妙	女	30 岁	汉族	浙江师范大学	丽水机关幼儿园

续表 12-9-2-8

行政村名	姓名	性别	年龄	民族	毕业学校	工作去向
老竹村	江于蓓	男	36岁	汉族	浙江财经大学	丽水发改委
	何　艳	女	26岁	汉族	中国美术学院	杭州房地产
	陈柳美	女	33岁	汉族	温州医学院	缙云人民医院
	江巧燕	女	35岁	汉族	丽水学院	在外经商
	江巧芬	女	32岁	汉族	浙江财经学院	在外经商
	章丽君	男	32岁	汉族	浙江交通职业技术学院	在外经商
	江军伟	男	32岁	汉族	南京大学	丽水市测绘中心
	江春伟	男	36岁	汉族	丽水学院	宁波立人中学
	江　应	男	33岁	汉族	南京林业大学	杭州金田毫迈木业机械贸易有限公司
	章秀清	女	22岁	汉族	丽水学院	丽水市残联
	江海燕	女	37岁	汉族	哈尔滨工业大学	中国燃气
	蒋丽敏	女	38岁	汉族	浙江教育学院	莲都区农业局
	江　倩	女	26岁	汉族	丽江文化旅游学院	上海
	江刘梦	女	20岁	汉族	丽水学院	丽水
	蓝益南	男	31岁	畲族	温州医学院	丽水中心医院
	戴超超	女	29岁	汉族	暨南大学	上海世像传媒
	蓝育健	男	25岁	畲族	江西软件职业技术学院	万邦会计事务所
	江巧男	女	32岁	汉族	湖北大学(研究生)	澳大利亚
	章丽娟	女	35岁	汉族	浙江工业大学	在外经商
	章　燕	女	34岁	汉族	浙江林学院	杭州自办企业
	李　佳	女	27岁	汉族	浙江海洋学院	丽水市市场监督管理局
	李超伟	男	39岁	汉族	华东理工大学	莲都区委宣传部
	兰张明	女	36岁	畲族	浙江大学	莲都区梅山小学
	应淑丽	女	30岁	汉族	宁波职业技术学院	宁波
	江飞鹏	男	31岁	汉族	金华职业技术学院	丽水莲都区老竹畲族镇派出所
	江飞杰	男	29岁	汉族	同济大学	中国铁路一建
	邓家明	男	25岁	汉族	杭州电子科技大学	杭州外企
	江军华	男	40岁	汉族	中央广播电视大学	大洋路小学
	黄贵萍	女	36岁	汉族	中央广播电视大学	水东小学

续表 12-9-2-8

行政村名	姓名	性别	年龄	民族	毕业学校	工作去向
老竹村	江王鑫	女	23 岁	汉族	丽水学院	青田教育局
	钱益芬	女	29 岁	汉族	浙江万里学院	高溪教书
	王钧剑	男	22 岁	汉族	浙江工商大学杭州商学院	丽水
	章伟胤	男	36 岁	汉族	台州学院	丽水纳爱斯公司
	蓝妙云	女	36 岁	畲族	长江职业学院	务农
	范梅珍	女	29 岁	汉族	浙江工商大学	杭州
	江丽勇	男	49 岁	汉族	浙江政法专科学校	经商
	钟日娟	女	47 岁	畲族	湖北民族学院	丽水市莲都区政协副主席，民革莲都区委员会主委
	江琳静	女	32 岁	汉族	南京大学	青田县舒桥乡政府
	江林鸿	男	30 岁	汉族	马来西亚理科大学	马来西亚
	范　文	男		汉族	上海交通大学	已故
	陈旭飞	男	29 岁	汉族	浙江工业大学	丽水邮政银行
	朱桃霞	女	34 岁	汉族	浙江医药专科学校	执业药师
	江丽芳	女	43 岁	汉族	丽水学院	处州中学
	江朝林	男	65 岁	汉族	浙江大学	退休
	江　敏	女	28 岁	汉族	南京大学	丽水市国税局
	诸葛林	男	83 岁	汉族	北京农业大学	丽水市工商局
	戴王剑	男	32 岁	汉族	南昌大学	丽水市物价局
	周炳南	女	26 岁	汉族	长安大学	教书
	徐焕美	女	33 岁	汉族	温州大学	伐门公司
	徐　君	男	36 岁	汉族	北京大学	房地产
	江　威	男	35 岁	汉族	浙江海洋学院	中国农商银行
	陈东东	男	34 岁	汉族	浙江大学	松阳县交警队
	戴志杰	男	36 岁	汉族	宁波工程学院	宁波
	江益红	女	23 岁	汉族	温州科技职业学院	丽水处州门诊部
	江益琳	女	26 岁	汉族	吉林师范大学	丽水
	刘佳佳	女	24 岁	汉族	宁波大学科学技术学院	温州银行丽水分行
	陈　波	男	30 岁	汉族	浙江电力职业技术学院	中国石化

续表 12-9-2-8

行政村名	姓名	性别	年龄	民族	毕业学校	工作去向
老竹村	陈小君	男	47 岁	汉族	武汉体育学院	丽水市莲都区括苍中学
	林晓苑	女	42 岁	汉族	福建师范大学	丽水市莲都区大洋路小学
	张伟丽	女	33 岁	汉族	江西师范大学	经商
	邹　俊	女	31 岁	汉族	杭州师范大学	浙医一院
	肖丽芳	女	36 岁	汉族	浙江工业大学之江学院	自由职业
	肖樟炜	男	33 岁	汉族	丽水学院	打工
	肖伟琴	女	29 岁	汉族	浙江师范大学	莲都幼儿园
	钟肖丹	女	28 岁	畲族	丽水广播电视大学	老竹村便民服务中心
	赖俭武	男	33 岁	汉族	丽水学院	打工
	吴慧清	女	27 岁	汉族	浙江医学院	莲都健康药房
	肖永南	男	78 岁	汉族	浙江大学	退休(江西大学)
	吴海峰	男	31 岁	汉族	浙江师范大学	市外国语学校
	陈　悦	女	21 岁	汉族	丽水学院	—
	章　健	男	29 岁	汉族	宁夏理工大学	—
	刘伟雅	女	33 岁	汉族	宁波大学外国语学院	经商
	刘　燕	女	33 岁	汉族	浙江师范大学	经商
	郑　铃	女	23 岁	汉族	丽水学院	—
	刘　敏	女	34 岁	汉族	温州学院	—
	刘青青	女	30 岁	汉族	湖州师范学院	—
	陈旭东	男	28 岁	汉族	浙江警察学院	松阳公安局
	陈淑霞	女	29 岁	汉族	温州学院	丽水中心医院
	章琳妙	女	29 岁	汉族	宁波天一职业技术学院	畎岸医院
	江金晶	女	25 岁	汉族	宁波职业技术学院	老竹邮政银行
	江巧红	女	29 岁	汉族	浙江师范学院	在外经商
	江　烨	女	33 岁	汉族	宁波大红鹰学院	在外经商
	江　昕	女	28 岁	汉族	浙江万里学院	上海
	江　萧	女	45 岁	汉族	北京外国语大学	德国
	江　雪	女	48 岁	汉族	杭州电子科技大学	深圳
	江　熠	男	31 岁	汉族	北京交通大学	宁波电业局

续表 12-9-2-8

行政村名	姓名	性别	年龄	民族	毕业学校	工作去向
老竹村	江星希	男	32 岁	汉族	华东政法大学	上海
	江希蒲	男	26 岁	汉族	哈尔滨工业大学	丽水
	肖日进	男	47 岁	汉族	浙江大学(博士)	美国
	钟葱敏	女	29 岁	畲族	浙江同济科技职业学院	丽水市招商局
周坦村	庄春和	男	33 岁	汉族	日本留学(博士)	日本
	林宏建	男	32 岁	汉族	明尼苏达大学(博士后)	浙江大学
	冯巧波	男	28 岁	汉族	上海理工大学(博士)	上海理工大学教授
	涂李傲	男	25 岁	汉族	清华大学软件学院(硕士)	清华大学智能产业研究所
	林 颖	女	20 岁	汉族	浙江师范大学	丽水职业高级中学
	王凌浩	男	21 岁	汉族	浙江农林大学	上海普陀公安分局
	谢庆飞	男	22 岁	汉族	浙江工业大学	杭州杭城专利事务所有限公司
	刘 琳	女	31 岁	汉族	江苏食品药品职业技术学院	丽水市景鑫置业有限公司
	刘 杰	男	18 岁	汉族	温州农业学校	浙江大兴建设管理咨询公司
	刘 捷	男	21 岁	汉族	金华农业学校	杭州临平区临平街道
	刘君杰	男	28 岁	汉族	南京大学	河南长沙房地产公司
	刘 瑛	男	19 岁	汉族	丽水职业技术学院	老竹镇农业站
	刘祥兴	男	41 岁	汉族	浙江邮电职业技术学院	丽水电信
	郑和勇	男	36 岁	汉族	杭州师范学院	丽水中学
	刘永海	男	41 岁	汉族	丽水学院幼儿师范学院	水东小学
	刘春富	男	63 岁	汉族	中国人民解放军军事学院	退休
	刘海成	男	45 岁	汉族	中国人民解放军军事学院	苏州市交通运输局
	刘海富	男	50 岁	汉族	丽水学院幼儿师范学院	丽水实验学校
	刘云龙	男	58 岁	汉族	丽水学院幼儿师范学院	丽水市莲都区碧湖中学退休
	何伟军	男	46 岁	汉族	丽水学院幼儿师范学院	丽水市莲都区中山小学
	谢李军	男	37 岁	汉族	宁波大学商学院	丽水市社保局
	谢文军	男	34 岁	汉族	温州医学院	台州疾控中心
	谢刘勇	男	37 岁	汉族	浙江万里学院	丽水 4S 店上班
	林家明	男	—	汉族	长春工业大学	莲都区财政局
	林应杰	男	25 岁	汉族	浙江大学城市学院	波司登公司

续表 12-9-2-8

行政村名	姓名	性别	年龄	民族	毕业学校	工作去向
郑丰村	蓝　虹	女	29 岁	畲族	湖州师范学院	上海某设计公司
	雷君丽	女	28 岁	畲族	绍兴文理学院	务农
	雷　虹	女	28 岁	畲族	丽水学院	丽水水阁工业区制药公司
	钟丽芬	女	32 岁	畲族	丽水学院	务农
	蓝秀秀	女	23 岁	畲族	宁波工程学院	宁波某公司员工
	蓝佩佩	女	25 岁	畲族	宁波职业技术学院	温州制鞋厂
	任　芳	女	30 岁	汉族	浙江理工大学	上海经商
梁村	梁家荣	男	30 岁	汉族	复旦大学	—
	梁晓静	女	30 岁	汉族	浙江工商大学	—
	梁宏昱	男	27 岁	汉族	宁波城市职业技术学院	企业工作
	梁妙俊	女	30 岁	汉族	杭州电子科技大学	—
	梁美丹	女	31 岁	汉族	浙江科技学院	—
	梁晓珩	男	29 岁	汉族	浙江警察学院	—
	梁　磊	男	28 岁	汉族	湖北大学知行学院	—
	梁华勇	男	30 岁	汉族	杭州电子科技大学	经商
	梁王敏	女	31 岁	汉族	中华女子学院	丽水自来水公司
	梁　丽	女	33 岁	汉族	浙江树人学院	—
	梁泽坤	男	29 岁	汉族	重庆信息工程学院	私企
	梁芳芳	女	31 岁	汉族	浙江大学	—
	梁浩昱	男	27 岁	汉族	浙江大学	—
	梁巧华	女	46 岁	汉族	浙江师范大学	丽水中学
	梁铁伟	男	51 岁	汉族	浙江工商大学	建行丽水分行
	梁岳平	男	59 岁	汉族	浙江教育学院	丽水市党校
	梁建成	男	57 岁	汉族	中共浙江省委党校	市政府行政中心
	梁增文	男	59 岁	汉族	南京气象学院	长春市 93175 部队(退休)
	梁禄生	男	64 岁	汉族	浙江医科大学	龙泉市卫生局
	梁海林	男	54 岁	汉族	对外经济贸易大学	丽水学院
	梁和平	男	59 岁	汉族	台州师范专科学校	丽水市莲都区大洋路学校
	梁益平	男	51 岁	汉族	丽水学院幼儿师范学院	丽水市莲都区联城中学

续表 12-9-2-8

行政村名	姓名	性别	年龄	民族	毕业学校	工作去向
梁村	梁铁强	男	54 岁	汉族	浙江大学	杭州芝江饭店
	梁银树	男	61 岁	汉族	中共丽水市委党校	富岭乡人民政府
	梁葱女	女	49 岁	汉族	浙江农业大学	丽水市莲都区农业局
	梁建中	男	59 岁	汉族	松阳师范学校	丽水市莲都区教育局
	梁伟建	男	38 岁	汉族	浙江医科大学	丽水市莲都区老竹畲族镇医院
	梁明禄	男	42 岁	汉族	浙江师范大学	丽水市莲都区莲都小学
	梁岳连	男	63 岁	汉族	丽水师范专科学校	丽水市莲都区城关镇教办
	梁象林	男	81 岁	汉族	杭州大学	原丽水市莲都区曳岭中学
	梁铁勇	男	45 岁	汉族	浙江大学	丽水市工商局
	梁铁龙	男	60 岁	汉族	中央广播电视大学	浙江金龙集团
	梁海斌	男	51 岁	汉族	浙江大学	联社办事处
	梁亚芬	女	46 岁	汉族	中国邮政学院	丽水邮电局
	梁科君	男	36 岁	汉族	丽水学院	丽水市莲都区岩泉小学
	梁笑月	女	33 岁	汉族	吉林大学	大韩航空公司
	梁永欢	女	39 岁	汉族	工商大学	丽水市建行
	梁铁美	女	53 岁	汉族	浙江大学	丽水市中心医院
	梁妙丽	女	40 岁	汉族	温州学院	丽水市人民医院
	梁　圭	男	36 岁	汉族	丽水师范专科学校	丽水第二中学
	梁勇青	男	43 岁	汉族	杭州大学	丽水市莲都区水电工程队
	梁霄飚	男	37 岁	汉族	丽水学院幼儿师范学院	丽水市莲都区刘英小学
	梁王俊	男	32 岁	汉族	浙江师范大学	丽水新华保险公司
	梁柳波	男	38 岁	汉族	浙江电力职业技术学院	丽水市莲都区水利局
	梁丽波	女	36 岁	汉族	丽水学院幼儿师范学院	丽水市莲都区中山小学
	梁丽玉	女	39 岁	汉族	丽水职业技术学院	丽水纳爱斯集团
	梁群利	女	28 岁	汉族	宁波大学	宁波北仑工商所
	梁群晔	女	32 岁	汉族	温州大学	宁波北仑工商所
	梁君欢	女	30 岁	汉族	丽水学院	—
徐庄村	潘鑫荣	男	27 岁	汉族	金华职业技术学院	老竹开农家乐
	潘鑫美	女	24 岁	汉族	宁波职业技术学院	丽水经商

续表 12-9-2-8

行政村名	姓名	性别	年龄	民族	毕业学校	工作去向
徐庄村	华海霞	女	25 岁	汉族	绍兴职业技术学院	杭州经商
	华土根	男	26 岁	汉族	杭州师范大学	丽水教书
	蒋霞芬	女	25 岁	汉族	温州医学院	丽水市莲都区仙度医院
	蒋霞丽	女	22 岁	汉族	丽水学院	杭州经商
	揭南存	男	26 岁	汉族	金华职业技术学院	金华法制报社
	揭建东	男	25 岁	汉族	杭州大学	杭州大学
	揭勇军	男	25 岁	汉族	宁波职业技术学院	萧山经商
	揭晓军	男	24 岁	汉族	宁波职业技术学院	丽水经商
	章　庆	男	23 岁	汉族	丽水学院	丽水经商
	章巧飞	男	21 岁	汉族	丽水学院	金华经商
	华　锋	男	25 岁	汉族	浙江工贸职业技术学院	上海经商
	华　勇	男	24 岁	汉族	义乌工商职业技术学院	海宁经商
	华巧芬	女	23 岁	汉族	金华职业技术学院	丽水经商
	蓝灵波	男	28 岁	畲族	武警武汉指挥学院	丽水南城派出所
	蓝灵俊	男	25 岁	畲族	浙江工贸职业技术学院	杭州余北网公司
	蓝健波	男	25 岁	畲族	义乌工商职业技术学院	莲都区投标公司
	雷　宏	女	28 岁	畲族	温州医科大学	丽水中心医院
	蓝巧玲	女	26 岁	畲族	绍兴工贸大学	联城家电
	鄢丽丽	女	27 岁	汉族	温州医科大学	温州市医院
	徐　栋	男	28 岁	汉族	清华大学	法国留学
	徐　杰	男	24 岁	汉族	浙江警察学院	北京信访局
	史俊杰	男	24 岁	汉族	绍兴职业技术学院	绍兴电力公司
	黄锦勇	男	28 岁	汉族	宁波大学	丽水建设银行
	章雪淼	女	27 岁	汉族	海南医科大学	丽水中心医院
	章黄燕	女	26 岁	汉族	杭州师范大学	金华医院
	黄炳勇	男	28 岁	汉族	杭州师范大学	绍兴经商
	唐雪燕	女	24 岁	汉族	杭州师范大学	丽水财产保险公司
	鄢杨东	男	25 岁	汉族	杭州师范大学	上海经商
	吕伟球	女	30 岁	汉族	杭州师范大学	宁波经商

续表 12-9-2-8

行政村名	姓名	性别	年龄	民族	毕业学校	工作去向
徐庄村	吕黄艳	女	24岁	汉族	北京大学	出国留学
	鄢益波	男	30岁	汉族	杭州师范大学	余杭教书
	华敏杰	男	26岁	汉族	浙江警察学院	丽水万象派出所
	华百寿	男	26岁	汉族	宁波大学	丽水联通公司
	华百威	男	26岁	汉族	宁波职业技术学院	上海经商
	华芬芳	女	25岁	汉族	温州医科大学	丽水中心医院
	华勇杰	男	26岁	汉族	丽水学院	丽水教书
	黄巧丽	女	24岁	汉族	丽水学院	丽水经商
	华建武	男	25岁	汉族	绍兴职业技术学院	嘉兴经商
	钟增伟	男	50岁	汉族	浙江师范大学	丽水梅山中学
丁公村	邓如海	男	52岁	汉族	北京市科学技术研究院(硕士研究生)	外企
	邓旭军	男	45岁	汉族	本科学士	宁波造船厂
	王力翔	男	43岁	汉族	研究生	上海市审计局
	邓 丽	女	37岁	汉族	温州医学院	上海市审计局
	邓莉丽	女	33岁	汉族	丽水学院幼儿师范学院	市妇保院
	邓艳丽	女	33岁	汉族	丽水学院幼儿师范学院	私营
	邓晓丽	女	31岁	汉族	丽水学院幼儿师范学院	市残联
	邓妙丽	女	30岁	汉族	中山大学	市妇保院
	邓梦洁	女	28岁	汉族	中山大学	深圳华丽企业
	邓刘立	男	33岁	汉族	浙江科技学院	杭州电商
	吴金钗	女	31岁	汉族	浙江科技学院	杭州电商
	邓 侈	男	29岁	汉族	浙江东方职业技术学院	武义县王宅镇政府
	邓柳勇	男	29岁	汉族	丽水学院幼儿师范学院	永康民营企业
	邓欢欢	女	29岁	汉族	丽水学院	莲都区水利局审计员
	邓勇杰	男	32岁	汉族	丽水学院幼儿师范学院	杭州学教
	金晓丽	女	33岁	汉族	丽水学院幼儿师范学院	杭州学教
	邓 俊	男	26岁	汉族	南昌交通学院	杭州高速交警
	邓婷燕	女	29岁	汉族	上海财经大学	出嫁上海
	邓慧耀	男	33岁	汉族	丽水学院幼儿师范学院	私营企业

续表 12-9-2-8

行政村名	姓名	性别	年龄	民族	毕业学校	工作去向
丁公村	邓柏南	男	24 岁	汉族	江西工程学院	丽水金龙集团
	陈晨艳	女	30 岁	汉族	浙江广播电视大学	私营经商
	唐建霞	女	32 岁	汉族	浙江中医药大学	私营经商
	邓丽彪	男	32 岁	汉族	绍兴文理学院	私营经商
	邓丽琴	女	30 岁	汉族	宁波大学	私营经商
	邓李勇	男	35 岁	汉族	宁波城市职业技术学院	宁波
	周巧娜	女	32 岁	汉族	宁波城市职业技术学院	宁波
	邓尧军	男	34 岁	汉族	金华职业技术学院	私营经商
	邓　燕	女	25 岁	汉族	丽水学院幼儿师范学院	丽水电信营业厅
	邓鹏飞	男	23 岁	汉族	新西兰维多利亚惠灵顿大学	留学
	邓志远	男	21 岁	汉族	桂林学院	留校
	杨柳青	女	40 岁	汉族	中国青年政治学院	莲都区工商局
	徐有杰	男	43 岁	汉族	丽水师范专科学校	丽水花园中学老师
	徐月友	男	54 岁	汉族	大学	丽水林业局
	徐曾浩	男	27 岁	汉族	宁波大红鹰学院	丽水市莲都区文广旅体局
	徐士平	男	52 岁	汉族	长安大学	青岛
	徐建尧	男	54 岁	汉族	浙江师范学院	武义县王宅中学
	徐建林	男	44 岁	汉族	浙江农林大学	经商
	徐嘉文	女	24 岁	汉族	丽水学院	毕业实习
	徐杰浩	男	24 岁	汉族	北京航空航天大学	—
丁公麻铺	杨金伟	男	35 岁	汉族	中国人民解放军陆军工程大学(研究生)	江西赣州部队团长
	杨金燕	女	31 岁	汉族	东北财经大学	杭州壹佳壹网络公司
	杨慧芬	女	34 岁	汉族	沈阳理工大学	杭州马云集团
	杨慧芳	女	34 岁	汉族	沈阳理工大学(研究生)	丽水市管委会
	余海燕	女	38 岁	汉族	丽水广播电视大学	莲都农商银行业务部主任
	杨　东	女	32 岁	汉族	浙江师范大学	经商
	杨　阳	女	30 岁	汉族	宁波公安海警学院	经商
	杨　波	男	33 岁	汉族	宁波大学	莲都区纪委
	杨　涛	男	30 岁	汉族	宁波大学	经商

续表 12-9-2-8

行政村名	姓名	性别	年龄	民族	毕业学校	工作去向
丁公麻铺	杨　燕	女	29 岁	汉族	杭州职业技术学院	杭州天奥电梯
	杨一青	男	26 岁	汉族	浙江万里学院	丽水园林管理处
	杨亚波	男	32 岁	汉族	义乌工商职业技术学院	个体经商
	杨建锋	男	30 岁	汉族	丽水学院	青田县少年宫
	杨建军	男	39 岁	汉族	武汉大学	杭州设计院
	杨丽丽	女	32 岁	汉族	丽水学院幼儿师范学院	经商
	杨海丽	女	30 岁	汉族	丽水学院幼儿师范学院	经商
	刘浩强	男	25 岁	汉族	浙大宁波理工学院	阿里巴巴集团
	杨慧俊	女	34 岁	汉族	宁波卫生职业技术学院	宁波第一医院护士长
	杨慧敏	女	31 岁	汉族	浙江广厦建设职业技术学院	西安房地产
	杨国栋	男	29 岁	汉族	丽水学院	莲都区园林处
	雷杨明	男	24 岁	畲族	中国人民大学	丽水市中心医院
	杨　洁	男	29 岁	汉族	上海东华大学	上海工商银行
	杨芸鹤	男	31 岁	汉族	浙江长征职业技术学院	个体户
	杨红艳	女	32 岁	汉族	青岛黄海学院	经商
	杨敏工	女	31 岁	汉族	丽水广播电视大学	莲都区建筑设计
	杨　乐	男	42 岁	汉族	浙江交通职业技术学院	莲都区交通局
	杨　杰	男	41 岁	汉族	浙江工商大学杭州商学院	丽水英雄金笔厂
	杨　丽	女	38 岁	汉族	浙江中医药大学	杭州邵逸夫医院
赤坑村	雷湾山	男	67 岁	畲族	北京大学	福建省委党委校长
	刘炜红	女	29 岁	汉族	北方民族大学	宁波音王集团
	雷　挺	男	34 岁	畲族	丽水学院	自创业
	蓝　杰	男	29 岁	畲族	浙江师范大学	浙江澳星机器人科技有限公司
	雷霏霏	女	30 岁	畲族	浙江大学	莲都区农业局
	雷益雨	男	23 岁	畲族	丽水学院	一鸣牛奶公司
	雷小立	男	30 岁	畲族	衢州学院	丽水建筑公司
	雷　剑	男	28 岁	畲族	浙江工业大学	丽水建筑公司
	刘竹坤	男	30 岁	汉族	河北工程大学	烟台荏原空调设备有限公司
	蓝倩倩	女	31 岁	畲族	湖州学院	经商

续表 12-9-2-8

行政村名	姓名	性别	年龄	民族	毕业学校	工作去向
赤坑村	刘　燕	女		汉族	台州学院	丽水市莲城铅笔制造有限公司
	钟佩佩	女	29 岁	畲族	浙江交通职业技术学院	宁波创业
	蓝媛媛	女	26 岁	畲族	福建师范大学	奉化经商
	雷鑫波	男	25 岁	畲族	浙江万里学院	丽水之江监狱狱警
	雷　伟	男	30 岁	畲族	中央民族大学	中国人民银行丽水支行
	雷　萍	女	27 岁	畲族	丽水学院	丽新畲族乡人民政府
赤坑高畔	李晓鹏	男	26 岁	汉族	浙江财经大学	丽水泰隆银行
	刘　倩	女	28 岁	汉族	杭州医学院	中医院
	李晶晶	女	27 岁	汉族	浙江工贸职业技术学院	莲都区建设局
	李源鸿	男	29 岁	汉族	浙江科技职业技术学院	丽水三环建设有限公司
	吕国钧	男	30 岁	汉族	浙江大学	在杭州某科研院所
	吕亚军	男	28 岁	汉族	浙江海洋学院	丽水市合力资产经营有限公司
	蔡巧慧	女	23 岁	汉族	绍兴职业技术学院	广东兴艺装潢有限公司
	李柏青	男	30 岁	汉族	义乌工商职业技术学院	丽水
	鲍柏南	男	32 岁	汉族	温州大学瓯江学院	丽水纳爱斯集团有限公司
	郑海勇	男	31 岁	汉族	云南农业大学(研究生)	丽水农业局

注:统计时间至 2015 年 12 月 31 日。

从　　录

丽水市人民政府关于进一步繁荣发展少数民族文化事业的实施意见

（丽政发〔2012〕9 号）

为全面贯彻落实党的十七届六中全会精神、《国务院关于进一步繁荣发展少数民族文化事业的若干意见》（国发〔2009〕29 号）和《浙江省人民政府关于进一步繁荣发展少数民族文化事业的实施意见》（浙政发〔2009〕73 号），进一步繁荣发展我市少数民族文化事业，现提出如下实施意见：

一、充分认识繁荣发展我市少数民族文化事业的重要意义

少数民族文化是中华文化的重要组成部分，是中华民族的共有财富。我市有 9.06 万少数民族常住人口，占总人口的 4.28%，占全省少数民族常住人口的 21.2%；有全国唯一的畲族自治县——景宁畲族自治县，7 个少数民族乡（镇），208 个少数民族人口占 30%以上的行政村。新中国成立后，特别是改革开放以来，我市的少数民族文化事业得到了长足发展。少数民族优秀传统文化得到进一步传承和弘扬，少数民族文学艺术日益繁荣，少数民族群众的文化生活不断丰富，少数民族和民族地区文化产业初具规模。但是，我市少数民族文化事业还面临着不少亟待解决的困难和问题。各地、各部门一定要从贯彻落实科学发展观，巩固民族团结，推动民族文化大发展、大繁荣的战略高度，深刻认识繁荣发展我市少数民族文化事业的特殊重要性和历史紧迫性，把繁荣发展少数民族文化事业作为建设绿谷文化和生态文化的重要组成部分，加大工作力度，推动我市少数民族文化事业的进一步繁荣和发展。

二、明确繁荣发展我市少数民族文化事业的指导思想、基本原则和目标任务

（一）指导思想。全面贯彻党的十七大、十七届六中全会精神，高举中国特色社会主义伟大旗帜，以邓小平理论和“三个代表”重要思想为指导，深入贯彻落实科学发展观，牢牢把握社会主义先进文化的前进方向，紧紧围绕共同团结奋斗、共同繁荣发展的民族工作主题，以建设社会主义核心价值体系为主线，以完善公共文化服务体系为重点，以加强基础设施建设为手段，以推动文化创新为动力，以改革体制机制为保障，以满足少数民族群众日益增长的精神文化需求为出发点和落脚点，大力发展少数民族文化事业，为增强“瓯江文化”的影响力，打造“秀山丽水、养生福地”，建设生态文明和全面小康社会，提供强有力的思想保证、精神动力、智力支持和文化条件，为推动社会主义文化大发展大繁荣作出积极贡献。

(二)基本原则。坚持为人民服务、为社会主义服务的方向和百花齐放、百家争鸣的方针，大力弘扬丰富多彩的少数民族文化；坚持贴近实际、贴近生活、贴近群众，创作生产更多更好适应各族群众需求的优秀少数民族文化产品；坚持面向现代化、面向世界、面向未来，促进少数民族文化在继承中创新；坚持把社会效益放在首位，实现经济效益与社会效益相统一，充分发挥政府和市场的作用，促进少数民族文化事业和文化产业协调发展；坚持基本公共文化服务均等化，保障少数民族和民族地区群众的基本文化权益；坚持因地制宜、分类指导，不断完善扶持少数民族文化事业发展的政策措施，大力发展少数民族和民族地区文化事业。

(三)目标任务。按照“做大文化事业、做强文化产业、做精文化作品、做优文化队伍”的要求，推动社会主义先进文化更加深入人心，社会主义精神文明和物质文明更加全面发展，各族人民的思想道德素质和科学文化素质全面提高，文艺创作活动更加迸发，文化生活更加丰富多彩，基本文化权益得到更好保障。到2020年，全市少数民族聚居地区公共文化基础设施完备，覆盖少数民族和民族地区公共文化服务体系基本完善，少数民族群众的文化生活得到进一步丰富，主要指标接近或达到全省平均水平。着力提升畲族文化，建设民族文化队伍，创作民族文化精品，丰富民族文化生活，培育民族文化产业，把景宁畲族自治县建成在全国具有一定影响力的畲族文化发展基地。

三、落实繁荣发展我市少数民族文化事业的政策措施

(一)加强少数民族和民族地区公共文化基础设施建设。大力推进少数民族聚居地区图书馆、文化馆、乡镇综合文化站、村文化室的建设。建设好景宁畲族自治县“畲族文化中心”。各民族乡(镇)要建设集图书阅读、宣传教育、文艺演出、科技推广、科普培训、青少年校外活动等功能为一体的标准化综合性文化站，各民族村要建文化体育活动点。各民族乡(镇)文化站、人口聚集的民族村要建立图书流通点。大力推进数字文化下乡，加强公共文化产品提供和服务，形成县、乡、村实用便捷高效的公共文化设施网络。着力解决偏僻少数民族聚居地区群众收听收看广播电视难的问题，扩大少数民族聚居地区广播电视覆盖面，不断提高少数民族聚居地区广播电视“村村通”水平，力争有农户 20 户以上的少数民族自然村优先全部通广播电视，确保少数民族聚居区广播电视长期通、安全通。

（二）**大力开展丰富多彩的群众性少数民族文化体育活动**。尊重少数民族群众首创精神，发挥各族群众在文化建设中的主体作用。鼓励举办具有民族特色的文化展演和体育活动，结合地方民俗文化、旅游和特色文化节等活动，支持基层开展丰富多彩的群众性少数民族文化体育活动。扶持和培育民族文化示范户，创建民族传统文化体育活动展示区和互动区。支持发掘整理畲族民间传统体育形式，鼓励民族体育项目进课堂、进运动会，在各级各类学校推广传统民族体育项目。创建国家级少数民族传统体育项目基地，重点打造龙舟水上训练基地，积极参与全国和全省少数民族传统体育运动会等重大少数民族体育活动。大力扶持景宁畲族自治县、“竹柳新桥”等少数民族聚居地区办好“三月三”等少数民族传统节庆活动，进一步提升知名度和美誉度。依托地方院校和文化单位开展畲族音乐舞蹈和体育项目的收集、研究和提升工作，积极参加全国少数民族文艺会演。各地、各有关部门要根据广大少数民族群众的文化生活需求，利用农闲、民族节日和集市，积极组织文化馆、图书馆、艺术表演团体和体育讲师团开展文化体育下乡活动，并逐步形成制度。

（三）**切实加强少数民族优秀传统文化的保护、传承和弘扬**。建立和完善相关工作机制，使少数民族优秀传统文化的保护、传承和弘扬工作进入常态化、制度化。加强少数民族文化遗产的普查、抢救和保护工作，做好少数民族文物工作，提升管理、研究和展示服务水平。动员社会力量开展弘扬、扶持少数民族文化事业发展的结对帮扶活动。积极开展少数民族文化传承基地的建设工作，在少数民族聚居地区逐步建设一批非物质文化遗产生态保护区和民族传统节日标志地，大力推进非物质文化遗产的“活态”传承，加强畲族生态村保护。积极开展畲族特色村寨保护和发展工作，组织开展畲族特色民居建筑设计工作，指导畲族乡村开展畲族特色村寨的保护、改造、提升和建设，到 2020 年在全市创建 30 个畲乡风情浓郁、生态环境优良的畲族特色村寨，形成示范效应，推进畲族风情旅游健康、快速发展。加强乡村少数民族民间文化资源的系统发掘、整理和保护，培育扶持一批文化畲乡以及畲族名村、名园、名人、名品和少数民族民间文化生态保护区，实施民族特色文化品牌战略。积极创造条件，大力支持景宁畲族自治县、高等院校和市畲族文化研究会、市畲族医药研究会等社会团体开展卓有成效的研究工作,切实尊重、保护和传承具有民族特色的语言文字、饮食习惯、衣着服饰、建筑风格、技术技艺、文学艺术、节日风俗等,加强对畲族古籍、畲医畲药的普查、利用和开发。

(四)大力扶持少数民族文化产业发展。少数民族聚居地区要利用独特的自然和人文优势,发展少数民族文化会展业、文化演艺业和工艺美术业等相关的产业。打造畲族传统文化特色品牌,开展畲族等少数民族特需用品研发。培植一批有一定规模和影响的少数民族文化产业项目,把民族文化资源优势变为促进少数民族聚居地区经济社会发展的现实优势。

(五)进一步繁荣少数民族文艺创作。要重视少数民族文艺创作,鼓励创作具有民族特色和时代气息的优秀文化作品,特别是鼓励创作面向基层、面向少数民族群众的优秀作品,树立精品意识,健全激励机制,加大对少数民族艺术精品创作扶持力度,鼓励文艺工作者多出精品、多出佳作。大力扶持少数民族图书、音像制品等出版项目,加大对少数民族文艺作品的宣传推广力度。

(六)加大少数民族文化人才队伍建设力度。要不断完善少数民族文化事业发展的体制机制,积极探索新形势下少数民族文艺人才培养的有效途径,努力造就一支数量充足、素质较高的少数民族文化工作者队伍。积极保护和扶持少数民族优秀民间艺人和濒危文化项目传承人,对有突出贡献的非物质文化遗产传承人,按照有关规定给予表彰。地方文化艺术院校招生时,在同等条件下应优先录取少数民族考生,对经济困难的少数民族学生要通过助学金、奖学金的方式给予资助。各地要加强少数民族文化艺术人员的岗位培训。有条件的地区可以设立少数民族文艺人才教育基金,用于少数民族文艺人才的培养。

(七)加大政府对少数民族文化事业的投入。各级政府要加大对少数民族文化事业发展的支持力度,现有文化专项资金要向少数民族聚居区文化事业倾斜,保证有一定比例用于少数民族文化建设,促进当地少数民族文化事业进一步繁荣与发展。市财政增加安排少数民族发展专项资金50万元,专项用于畲族文化建设、加强畲族重点文化遗产的保护与抢救、精品创作、文化活动、人才培养等,进一步加大对畲族文化产业建设项目的扶持力度。少数民族人口较多的县(市、区)也要安排畲族文化发展专项资金。

四、加强对少数民族文化工作的领导

各级政府和有关部门要站在维护祖国统一、维护民族团结、维护社会稳定的战略高度,切实加强对少数民族文化工作的领导。建立健全政府统筹协调、有关部门密切配合、社会各界广泛参与的少数民族文化工作格局。认真贯彻落实全国和全省少数民族文化工作会议精神，把少数民族文化工作摆到更加突出的位置，列入重要的议事日程，定期研究、及时解决少数民族文化工作中的困难和问题。

各级政府要关心支持少数民族聚居地区民族、文化等工作部门和单位的建设，改善工作条件，充分调动和有效保护少数民族文化工作者的积极性、主动性和创造性。各级民族、文化工作部门要积极主动争取各有关部门和社会各界对少数民族文化工作的支持，形成合力，努力开创少数民族文化工作的新局面。

少数民族聚居地区的县（市、区）政府及有关部门要按照本实施意见的精神，结合实际，制定贯彻实施的具体措施和办法。市级有关部门要加强对本实施意见贯彻执行情况的督促检查。

二〇一二年三月五日

后 记

由丽水学院主持编纂的《浙江省民族乡(镇)志第十二卷·老竹畲族镇志》(下称《老竹畲族镇志》),于2016年5月正式启动,历时6年幸得完稿。其间,丽水市民宗局副局长朱超模,《浙江省民族乡(镇)志》执行主编、丽水学院图书馆馆长施强,丽水学院民族学院教授杨杰等领导、专家多次到老竹给予指导和帮助。

老竹畲族镇党委、政府十分重视志书的编纂工作,于2016年5月成立《老竹畲族镇志》编纂委员会,由书记、镇长分别担任主任、副主任,编委会分管领导做了4次调整,下设编辑部,聘任李祖平、章定海为主编。《老竹畲族镇志》编辑部主持召开4次镇村资料员会议,培训镇村资料员13名;主持召开20场行政村和镇属部门一把手资料收集工作座谈会,有109名老党员、老干部、老前辈参加座谈会,其中90岁以上的有6人。已经调离的前任镇党委书记叶东、镇长蓝海霞都十分关注镇志的编纂工作,对编辑工作提出建设性的意见和建议。钟圣权、蔡金林、蓝海松、肖进逸等为志稿编纂提供了有参考价值的书籍资料。

在《老竹畲族镇志》编纂过程中,编纂人员5次到莲都区档案局查阅档案,也查阅了丽水学院图书馆、莲都区史志办、党史办、区人大、水利局、教育局、卫生局与供销社等部门单位的文献资料与档案。莲都区民政局、民宗局、农业局、林业局、交通局、国土局、建设局、广电局、统计局、丽水市博物馆、丽水城市规划馆等为志稿编纂提供了相关文献资料,特别是武义县档案局与《柳城畲族镇志》编辑部给予大力支持。镇属18个部门单位为《老竹畲族镇志》编纂提供了本系统所有的相关资料。期间,我们收集到珍贵的历史档案资料5000多条,拍摄人文图片资料300多张。

老竹畲族镇是浙江省第一个畲族建制镇。历史文化悠久,畲族人口居全镇姓氏之首。宋时蔡氏状元故乡、民族解放斗争根据地、国家AAAA级旅游景区均彰显了老竹畲乡特色。《老竹畲族镇志》包括图版、概述、大事记与正文,其中正文有9章。概述由李祖平、章定海共同完成;李祖平负责撰写大事记,第一、三、六、八章和丛录部分;章定海负责撰写第二、四、五、七、九章。两人分工合作,殚精竭虑。志稿的完成,承蒙各级领导的关怀和重视,全凭上述各单位通力协作,凝聚着全体资料员、有识之士的汗水和心血。值此,谨向支持镇志编纂工作的各界人士致以崇高的敬意和衷心的感谢!

由于经验不足、资料不全、水平有限,加之时间紧、人手少,志稿中缺点错误在所难免。纰缪不当之处,敬请读者批评指正。

老竹畲族镇志》编辑部

2022年6月15日